Struktur- und Arbeitsmarktziele der Ruhrgebietsstädte

ARBEITEN ZUR RHEINISCHEN LANDESKUNDE

ISSN 0373—7187

Herausgegeben von

W. Lauer · P. Höllermann · W. Matzat · K.-A. Boesler · G. Aymans · J. Grunert

Schriftleitung: H.-J. Ruckert

Heft 62

Michael Karutz

Struktur- und Arbeitsmarktziele der Ruhrgebietsstädte

Eine politisch-geographische Analyse von
Handlungskonzepten der kommunalen Wirtschaftsförderung

1993

In Kommission bei
FERD. DÜMMLERS VERLAG · BONN
— Dümmlerbuch 7162 —

Struktur- und Arbeitsmarktziele der Ruhrgebietsstädte

Eine politisch-geographische Analyse von
Handlungskonzepten der kommunalen Wirtschaftsförderung

von

Michael Karutz

Mit 28 Abbildungen und 28 Tabellen

In Kommission bei
FERD. DÜMMLERS VERLAG · BONN
1993

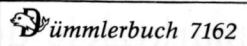   Dümmlerbuch 7162

Gedruckt mit Unterstützung des Landschaftsverbandes Rheinland

Alle Rechte vorbehalten

ISBN 3-427-71621-X

© 1993 Ferd. Dümmlers Verlag, 5300 Bonn 1
Herstellung: Richard Schwarzbold, Witterschlick b. Bonn

Vorwort

"Der traditionelle Erkenntnisbereich der Politischen Geographie ist das Verhältnis von politischen Zuständen und Prozessen auf der einen und räumlichen Gegebenheiten auf der anderen Seite."[1]

Trotz dieses offenen Definitionsansatzes wurde in der deutschen Politischen Geographie eine Auseinandersetzung mit den Raumbezügen des regionalen politischen Systems bisher weitgehend vernachlässigt. Eine Integration von kommunalem Verwaltungshandeln und Selbstverwaltung beschränkt sich in der Regel auf die Einordnung als Systemelemente des politischen Systems.

Mit der strategieorientierten Analyse kommunaler Wirtschaftsförderung als Beispiel für raumgebundenes und raumwirksames Verwaltungshandeln wird ein weiteres Defizit räumlich orientierter Politikforschung angegangen. Die Mehrzahl der vorliegenden Arbeiten zur kommunalen Wirtschaftsförderung beschränkt sich auf eine Analyse des Instrumenteneinsatzes oder eine Abklärung rechtlicher Rahmenbedingungen. Diese Arbeit zielt auf eine räumliche Differenzierung kommunaler Wirtschaftsförderungsaktivitäten aus der Perspektive der kommunalen Politikentwicklung. Mit dem Ruhrgebiet steht ein altindustrialisierter Verdichtungsraum im Mittelpunkt der Analyse, der vor besonderen gewerbepolitischen Herausforderungen steht. Gleichzeitig bot sich für mich die Chance, einen bescheidenen Beitrag zur Wirtschafts- und Regionalpolitik in meiner Heimat leisten zu können.

Die Arbeit wäre ohne die großzügige Unterstützung zahlreicher Mitarbeiter in den beteiligten Wirtschaftsförderungsdienststellen nicht zustande gekommen. Stellvertretend gilt mein besonderer Dank den Herren Siegers und Hollmann (Entwicklungsgesellschaft Oberhausen mbH), Herrn Dr. Günsch (WFG Duisburg mbH), Herrn Heidemanns (Stadt Witten), Herrn Lutzny (Stadt Marl) sowie Herrn Rogge (Stadt Gelsenkirchen) und Herrn Dr. Rosenfeld (Stadt Bochum).

Zur Hilfestellung bei der Vermittlung von Kontakten möchte ich mich recht herzlich bei Herrn Abgeordneten Dr. Lammert bedanken. Desweiteren gilt mein Dank für die Bereitstellung von Materialien Mitarbeitern der CDU-Fraktionsgeschäftsstellen in Dortmund, Duisburg, Essen und Oberhausen.

Mein ganz besonderer Dank gilt Herrn Prof. Dr. Klaus-Achim Boesler nicht nur für die Bereitstellung und Unterstützung dieses Themas, sondern insbesondere für die die grundsätzlich vertrauensvolle Förderung während meines Studiums und das große Engagement für die Veröffentlichung dieser Arbeit. In diesen Dank schließe ich alle Herausgeber mit ein.

Nürnberg, im Oktober 1992   Michael Karutz

---

[1] Boesler, K.-A: Gedanken zum Konzept der Politischen Geographie. In: Die Erde, 105, 1974, S.7.

Inhaltsverzeichnis

Inhaltsverzeichnis VII
Verzeichnis der Abbildungen X
Verzeichnis der Tabellen XII
Verzeichnis der Abkürzungen XIV

1.	**Raumgebundenheit und Raumwirksamkeit der kommunalen Wirtschaftsförderung**	**1**
1.1	Problemstellung	1
1.2	Gang der Untersuchung	2
2.	**Kommunale Wirtschaftsförderung, politisches Handeln und Politische Geographie**	**3**
2.1	Kommunalpolitik als Objektbereich der Politischen Geographie	3
2.2	Kommunale Selbstverwaltung, Verwaltungshandeln und die Problematik der kommunalpolitischen Handlungsspielräume	8
2.3	Kommunale Wirtschaftsförderung als Querschnittsaufgabe innerhalb des kommunalen Handelns	12
2.3.1	Zur Definition der kommunalen Wirtschaftsförderung	12
2.3.2	Instrumente	14
3.	**Zieldefinitionen und Handlungskonzepte in der kommunalen Wirtschaftsförderung**	**19**
3.1	Oberziel und Hauptziele	20
3.1.1	Das Oberziel der "kommunalen Wohlstandsmehrung"	20
3.1.2	Hauptziele kommunaler Wirtschaftsförderung	21
3.2	Die strategisch-konzeptionelle Bedeutung von Wirtschaftsstruktur- und Arbeitsmarktzielen	22
3.2.1	Wirtschaftsstrukturziele	22
3.2.2	Arbeitsmarktziele	24
3.3	Zum Begriff des "Handlungskonzeptes"	24
3.4	Politische Aktionsfelder im Rahmen der Wirtschaftsstruktur- und Arbeitsmarktziele	26
3.4.1	Ansiedlungspolitik	28
3.4.2	Bestandspflege	33
3.4.3	Lokale Arbeitsmarkt- und Beschäftigungspolitik	34
4.	**Voraussetzungen kommunaler Wirtschaftsförderung im Ruhrgebiet**	**43**
4.1	Zur Abgrenzung des Untersuchungsraumes	43
4.2	Zur wirtschaftsräumlichen Entwicklung	46
4.2.1	Allgemeine ökonomische Entwicklungstrends	46
4.2.2	Sektorale und regionale Beschäftigungsentwicklung innerhalb ausgewählter Wirtschaftsunterabteilungen in der Zeit von 1984 bis 1988	47
4.2.3	Qualifikationsstruktur der sozialversicherungspflichtig beschäftigten Arbeitnehmer	54
4.2.4	Arbeitslosigkeit	57
4.3	Kommunale finanzpolitische Voraussetzungen	59

4.3.1	Realsteuerkraft, Gewerbesteuereinnahmen und Sachinvestitionen.	60
4.4	Die Vorgaben der regionalen Wirtschaftsförderung	63
4.4.1	Ziele und Förderrichtlinien	65
4.4.2	Zur Verteilung der Fördermittel	67
4.5	Die Regionalisierung der regionalen Wirtschaftsförderung	67
4.5.1	Die Zukunftsinitiativen Montanregionen (ZIM) und Nordrhein-Westfalen (ZIN)	67
4.5.2	Die Internationale Bauausstellung Emscherpark	68
5.	**Methodische Ansätze zur Analyse von politischen Aktionsfeldern und Entscheidungsprozessen**	**69**
5.1	Halbstandardisierte Interviews mit den für kommunale Wirtschaftsförderung verantwortlichen Dienststellen	70
5.2	Inhaltliche Analyse von Konzepten und Jahresberichten der kommunalen Wirtschaftsförderung	70
5.3	Inhaltliche Analyse von Vorlagen und Niederschriften der Wirtschaftsausschüsse aus den Jahren 1988-1990	72
6.	**Struktur- und Arbeitsmarktziele kommunaler Wirtschaftsförderung in den Ruhrgebietsstädten**	**72**
6.1	Zur Organisation der kommunalen Wirtschaftsförderung	72
6.2	Struktur- und arbeitsmarktpolitische Strategieansätze	77
6.2.1	Verwaltungshandeln und Zieldarstellung	77
6.2.2	Zielorientierte Aktionsfelder und Zielindikatoren	79
6.2.2.1	Zielbereich "Sicherung und Schaffung von Arbeitsplätzen"	80
6.2.2.2	Zielbereich "Verbesserung der Wirtschaftsstruktur" und "Forcierung des strukturellen Wandels"	81
6.2.2.3	Zielbereich "Beeinflussung des Arbeitsmarktes"	89
6.2.2.4	Zielbereich "Ansiedlungspolitik und Bestandspflege"	90
6.2.3	Zur Bedeutung von Zielindikatoren	91
6.3	Ansiedlungspolitik	93
6.3.1	Gewerbeflächenpotentiale und Standortentwicklung	93
6.3.2	Zur strategischen Bedeutung der Ansiedlungspolitik innerhalb der Wirtschaftsförderung	99
6.3.3	Zielgruppenorientierte Ansiedlungspolitik	102
6.3.3.1	Branchenbezogene, regionale und betriebliche Zielgruppenwahl	102
6.3.3.2	Exkurs: Zur branchen- und technologieorientierten Ansiedlungsförderung im Bereich der Umwelttechnologien	107
6.3.4	Standortmarketing und Ansiedlungswerbung	113
6.3.4.1	Instrumente und Inhalte der Ansiedlungswerbung	113
6.3.4.2	Preis- und finanzpolitische Marketinginstrumente	118
6.4	Bestandspflege	119
6.4.1	Flächenpolitik und Informationssicherung	119
6.4.2	Bestandsorientierte Leistungsangebote	123
6.5	Arbeitsmarkt- und Beschäftigungspolitik	128
6.5.1	Zur Sicherung und Schaffung von Arbeitsplätzen als Aktivitätsnachweis der kommunalen Wirtschaftsförderung	128

6.5.2	Zur Implementation arbeitsmarkt- und beschäftigungspolitischer Ziele im Rahmen der kommunalen Wirtschaftsförderung	129
6.5.3	Direkte Beschäftigungsförderung	132
6.5.4	Technologieorientierte Standortgemeinschaften - Ansätze kommunaler Technologieförderung	135

7. Entscheidungsprozesse in der kommunalen Wirtschaftsförderung: Anmerkungen zur Auswertung der Ausschußvorlagen und Niederschriften 144

7.1	Anmerkungen zu den vorliegenden Dokumenten	144
7.2	Entscheidungsprozesse und Entscheidungskonflikte	145
7.2.1	Organisation der Wirtsschaftsförderung	181
7.2.2	Zu Diffusionsprozessen kommunalpolitischer Strategieentwicklung	146
7.2.3	Strukturpolitisch orientierte Ansiedlungsbeschränkungen im kommunalpolitischen Entscheidungsprozeß	146
7.2.4	Arbeitsmarktpolitische Konzeptentwicklung	147
7.2.5	Zur Beantragung regionalpolitischer Fördermittel	148
7.3	Methodischer Ausblick	148

8. Ansätze zu einer räumlichen und strategieorientierten Typisierung von Wirtschaftsförderungskonzepten 149

8.1	Eine räumliche Differenzierung nach konzeptimmanenten Kriterien	149
8.2	Landespolitische Einflüsse und Steuerungsversuche	154
8.2.1	Regionale Wirtschaftsförderung und Zukunftsinitiativen (ZIM/ZIN)	154
8.2.2	Zur Bedeutung der Internationalen Bauausstellung Emscherpark	158
8.3	Konkurrenzstrukturen, regionale Kooperationen und strategische Nischen	161

9.	**Abschließende Überlegungen**	165
9.1	Raumgebundenheit und Raumwirksamkeit kommunaler Wirtschaftsförderung unter Berücksichtigung methodischer Aspekte	165
9.2	Kommunale Wirtschaftsförderung und Regionalpolitik: Auf dem Wege zu einer Föderalismusdebatte	167

10.	**Zusammenfassung**	174
	Epilog	175
	Bibliographie	176

ANHANG

Verzeichnis der Abbildungen

Abb.1
Instrumente kommunaler Wirtschaftsförderung (verändert nach Grätz (1983), Heuer (1985), Naßmacher (1987) und Sternberg (1988)) 16

Abb.1
Instrumente kommunaler Wirtschaftsförderung (Forts.) 17

Abb.2
Beispiel: Zielsystem "Abbau struktureller Defizite 25

Abb.3
Kommunale Wirtschaftsförderung: Ziele und Politikbereiche 27

Abb.4
Strategiebereiche der Ansiedlungspolitik 31

Abb.5
Strategiebereiche der Bestandspflegepolitik 35

Abb.6
Strategiebereiche der Arbeitsmarkt- und Beschäftigungspolitik 41

Abb.7
Zur Abgrenzung des Untersuchungsraumes 45

Abb.8
Zur Veränderung der Ausgabenstruktur der kommunalen Haushalte in ausgewählten kreisfreien Städten des Ruhrgebietes (1984-1987) 62

Abb.9
Fördergebiete und Fördersätze 65

Abb.10
Zur Verteilung von Fördermitteln zur Förderung der gewerblichen Wirtschaft auf Förderprogramme und Kommunen (Januar 1988 bis April 1989) 67

Abb.11
Mitarbeiter in der kommunalen Wirtschaftsförderung im Ruhrgebiet 76

Abb.12
Zur Darstellung von Wirtschaftsförderungszielen in den Ruhrgebietsstädten 78

Abb.13
Die Formulierung von Zielbereichen kommunaler Wirtschaftsförderung in den Ruhrgebietsstädten 79

Abb.14
Selektionsorientierte Zielformulierungen im Rahmen von Strukturzielen (ohne Vorgabe von Branchen) 84

Abb.15
Selektionsorientierte Zielformulierungen in bezug auf den tertiären Sektor 86

Abb.16
Schaffung einer ausgewogenen Wirtschaftsstruktur: Ziele und Maßnahmen 87

Abb.17
Zielindikatoren in Textdokumenten zur kommunalen Wirtschaftsförderung 92

Abb.18
Erschlossene, kurzfristig verfügbare Gewerbeflächen im Ruhrgebiet 94

Abb.19
Verfügbares Gewerbeflächenpotential in den Ruhrgebietsstädten
(mittel- bis langfristige Planung) 95

Abb.20
Ansiedlungsorientierte Branchenpräferenzen in den Textdokumenten 103

Abb.21
Durchgeführte gutachterliche Studien zur Wirtschafts- und Arbeitsmarktstruktur in den
Ruhrgebietsstädten im Zeitraum von 1985-1990 120

Abb.22
Strukturräumliche und arbeitsmarktbezogene Analyseindikatoren in den Textdokumenten der
Ruhrgebietsstädte 121

Abb.23
Betriebsbesuche als Instrument der Bestandspflege 125

Abb.24
Besondere Leistungsangebote für "mittelständische Unternehmen" 127

Abb.25
Technologieorientierte Infrastrukturen im Ruhrgebiet (Standorte) 143

Abb.26
Zur räumlichen Differenzierung von strukturpolitischen Konzeptelementen
in der kommunalen Wirtschaftsförderung in den Ruhrgebietsstädten 150

Abb.27
Zur räumlichen Differenzierung von arbeitsmarktpolitischen Konzeptelementen
in der kommunalen Wirtschaftsförderung in den Ruhrgebietsstädten 152

Abb.28
Ziele der IBA-Projekte aus der Perspektive der kommunalen Wirtschaftsförderung 160

Verzeichnis der Tabellen

Tab.1
Entwicklung der sozialversicherungspflichtig Beschäftigten im Ruhrgebiet in der Zeit von 1984 bis 1988 48

Tab.2
Beschäftigungstrends in den Wirtschafts(unter)abteilungen Bergbau/Energie und Eisen/Metallerzeugung im Zeitraum von 1984 bis 1988 50

Tab.3
Beschäftigungstrends in den technologie- und F&E-intensiven Wirtschaftsunterabteilungen 51

Tab.4
Sozialversicherungspflichtig beschäftigte Arbeitnehmer in produktionsorientierten Dienstleistungen mit Beschäftigungswachstum 1984-1988 im Bundesgebiet (eig. Berechnungen nach LDS) 53

Tab.5
Beschäftigungsentwicklung in den "produktionsorientierten Dienstleistungen" im Ruhrgebiet im Zeitraum 1984-88 (eig Berechn. n.LDS) 53

Tab.6
Beschäftigungstrends im Qualifikations- und Berufsfeld der F&E-Tätigkeiten 55

Tab.7
Beschäftigungstrends im Qualifikations- und Berufsfeld der Management-, Beratungs-, und leitenden Verwaltungstätigkeiten 56

Tab.8
Beschäftigungstrends im Qualifikations- und Berufsfeld der Techniker 57

Tab.9
Arbeitslosigkeit im Ruhrgebiet: Bestände und Bestandsveränderungen 58

Tab.10
Zur kommunalen Finanzsituation im Ruhrgebiet 61

Tab.11
Bewilligte Investitionszuschüsse zur Förderung von Infrastrukturmaßnahmen im Rahmen der regionalen Wirtschaftsförderung in den Jahren 1985 - 1989 (in Mio. DM) 66

Tab.12
Industrie- und Gewerbeflächensanierung durch den Grundstücksfonds Ruhr in den Ruhrgebietsstädten (Stand 31.12.1988) 96

Tab.13
Personalausstattung und Arbeitsaufwand für Ansiedlungswerbung 101

Tab.14
Umwelttechnologieförderung im Ruhrgebiet: Projekte und strategische Ansätze 112

Tab.14
Umwelttechnologieförderung im Ruhrgebiet: Projekte und strategische Ansätze (Forts.) 113

Tab.15
Geschaltete Anzeigen in den Printmedien als Instrument der Ansiedlungs-
und Standortwerbung (eig. Erhebungen) 114

Tab.16
Kosten und Erlöse der Brachflächenmobilisierung am Beispiel Essener Zechenbrachen 118

Tab.17
Schaffung und Sicherung von Arbeitsplätzen durch Unternehmensansiedlung und intrakommunale
Verlagerungen in den Jahren 1988 und 1989 128

Tab.18
Zur Bedeutung der arbeitsmarkt- und beschäftigungspolitischen Strategiediskussion in den
Textdokumenten 131

Tab.19
Arbeitsmarktpolitische Maßnahmen in den Ruhrgebietsstädten 132

Tab.20
Zu Beschäftigung und Arbeitsmarkteffekten der von der kommunalen Wirtschaftsförderung
betreuten Beschäftigungsinitiativen 133

Tab.21
Kommunale Finanzhilfen für Beschäftigungsinitiativen (durchschnittliche jährliche Förderung
1988/89) 134

Tab.22
Realisierte technologieorientierte Standortgemeinschaften im Ruhrgebiet (Stand Juli 1990) 137

Tab.23
Technologieorientierte Standortgemeinschaften (projektiert oder in Planung) 138

Tab.23
Technologieorientierte Standortgemeinschaften (projektiert oder in Planung) (Forts.) 139

Tab.24
Inhalte der vorliegenden Ausschußdokumente (1988-1990) 144

Tab.25
ZIM/ZIN-Projektmaßnahmen erster Priorität nach Aktionsfeldern und Arbeitsmarktregionen (1988-
1990) 155

Tab.26
Projektinhalte der Fördermittelbeantragung in Duisburg 1988-1989 155

Tab.27
Bewilligte Mittel für Projekte in öffentlicher Trägerschaft bzw. von besonderem öffentlichen
Interesse im Rahmen der Zukunftsinitiative Montanregionen (ZIM) in den
Jahren 1988 und März 1989 (Stand 31.03.1989) 157

Tab.28
Projektvorschläge zur Internationalen Bauausstellung Emscherpark 159

Verzeichnis der Abkürzungen

a.a.O.	an angegebenen Ort
Abb.	Abbildung
ABM	Arbeitsbeschaffungsmaßnahme
AFG	Arbeitsförderungsgesetz
AfK	Archiv für Kommunalwissenschaften
AP	Arbeitsplätze
BauGB	Baugesetzbuch
BauNVO	Baunutzungsverordnung
Bd.	Band
Bearb.	Bearbeiter, Bearbeitung
BerAB	Berichte zur Arbeitsmarkt- und Berufsforschung
Beschäft.	Beschäftigte
BImSchG	Bundesimmissionsschutzgesetz
BMBau	Bundesministerium für Raumordnung, Bauwesen und Städtebau
BMWI	Bundesministerium für Wirtschaft
BO	Bochum
BSHG	Bundessozialhilfegesetz
BT	Bottrop
BT	Deutscher Bundestag
Castr.-R;CR.	Castrop Rauxel
Dienstl.;DL	Dienstleistungen
Diss.	Dissertation
DO	Dortmund
Dorst.	Dorsten
DöV	Die öffentliche Verwaltung
DS	Drucksache
DU	Duisburg
DVBl.	Deutsches Verwaltungsblatt
E Vertr	Einigungsvertrag
ECU	European Currency Unit
EG	Europäische Gemeinschaft
ES	Essen
et.al.	et aliterum
f.;ff.	folgende
Förd.	Förderung
F&E	Forschung und Entwicklung
Gelsenk.;GE	Gelsenkirchen
GA	Gemeinschaftsaufgabe
GG	Grundgesetz
GO NW	Gemeindeordnung Nordrhein-Westfalen
GR	Geographische Rundschau
GRW	Gemeinschaftsaufgabe zur "Verbesserung der regionalen

	Wirtschaftsstruktur"
GZ	Geographische Zeitschrift
HA;Hatt.	Hattingen
HE	Herne
Hrsg.	Herausgeber
HT	Herten
IfR	Institut für Raumordnung, Dortmund
IHK	Industrie- und Handelskammer
Industr.	Industrie
Invest.	Investitionen
IzR	Informationen zur Raumentwicklung
KVR	Kommunalverband Ruhrgebiet
LDS	Landesamt für Datenverarbeitung und Statistik
LEG	Landesentwicklungsgesellschaft Nordrhein-Westfalen
LISA	Lokales Informationssystem Arbeitsmarkt
LT	Landtag Nordrhein-Westfalen
LÜ	Lünen
MH	Mülheim (Ruhr)
MittAB	Mitteilungen zur Arbeitsmarkt- und Berufsforschung
MSWV	Ministerium für Wohnen und Verkehr des Landes Nordrhein-Westfalen
MWMT	Ministerium für Wirtschaft, Mittelstand und Technologie des Landes Nordrhein-Westfalen
NRW	Nordrhein-Westfalen
OB	Oberhausen
REC;Recklhsn.	Recklinghausen
Reg.Stud.	Regional Studies
ROG	Raumordnungsgesetz
RuR	Raumforschung und Raumordnung
RWI	Rheinisches Institut für Wirtschaftsforschung
Schuld.	Schuldendienst (Zinsen und Tilgung)
SVA	Sozialversicherungspflichtige Arbeitnehmer
SVR	Siedlungsverband Ruhrkohlenbezirk
TDM	Tausend Deutsche Mark
TZ	Technologiezentrum
UN	Unna
Verar.Gew.	Verarbeitendes Gewerbe
VZ	Volkszählung
WFG	Wirtschaftsförderungsgesellschaft
WT	Witten

1. Raumgebundenheit und Raumwirksamkeit der kommunalen Wirtschaftsförderung

1.1 Problemstellung

Mobilitätsorientierte Regionalpolitik ist in den letzten Jahren vor allem in bezug auf die Langfristigkeit ihrer regional und lokal wirksam werdenden Struktureffekte problematisiert worden.[1] Abnehmende interregionale Ansiedlungspotentiale, das Problem nur kurzfristig beschäftigungswirksam werdender Mitnahmeeffekte sowie die Einsicht, Wachstumshemmnisse "vor Ort" vielleicht besser erkennen zu können, haben zu einer Diskussion ergänzender kommunaler Entwicklungsstrategien geführt.

Handlungsdruck resultiert in bezug auf zusätzliche wirtschaftspolitische Initiativen insbesondere in den altindustrialisierten Verdichtungsräumen aus einer zunehmenden Begrenzung der finanzpolitischen Spielräume. Hohe Sozialausgaben und Steuermindereinnahmen als Folge allgemeiner Wachstumsschwäche, Unterbeschäftigung und eines sich nur zögerlich vollziehenden Strukturwandels schränken insbesondere die kommunalen Investitionsspielräume zur Sicherung der Infrastrukturausstattung ein.

NAßMACHER weist "alle auf die örtliche Wirtschaft bezogenen kommunalpolitischen Aktivitäten" der kommunalen Wirtschaftsförderung zu und charakterisiert sie als eine Koordinierungs- und Querschnittsaufgabe innerhalb der Kommunalpolitik.[2]

Mit den Begriffen "Raumgebundenheit" und "Raumwirksamkeit" wird hier auf das Eingebundensein und die Steuerungspotentiale der kommunalen Wirtschaftsförderung verwiesen. "Raumgebundenheit" dokumentiert sich im Einfluß wirtschaftsräumlicher Voraussetzungen, regionalpolitischer Vorgaben sowie resultierender finanzpolitischer Spielräume auf die Gestaltung der kommunalen Wirtschaftsförderung. Ihre "Raumwirksamkeit" soll hier im Zusammenhang mit den von den Kommunen angestrebten Steuerungszielen Berücksichtigung finden.

Mittelpunkt der Arbeit ist eine vergleichende Analyse von Handlungskonzepten der kommunalen Wirtschaftsförderung in den Ruhrgebietsstädten in bezug auf ihre struktur- und arbeitsmarktpolitischen Zielsetzungen. Mit dem Ruhrgebiet fällt die Wahl auf einen altindustrialisierten Verdichtungsraum, der besonders durch die oben skizzierten wirtschaftsstrukturellen und kommunalpolitischen Problemlagen gekennzeichnet ist.

Über eine Instrumentenanalyse hinausgehend, sollen Ansätze einer Gesamtkonzeption der kommunalen Wirtschaftsförderung herausgearbeitet werden. POHL weist deutlich auf die bestehenden Defizite in den vorliegenden Analysen hin. Zumeist steht die Bewertung einzelner

---

[1] Ewers, H.J.; Wettmann, R.W.: Innovationsorientierte Regionalpolitik. Bonn 1980.; Sternberg, R.: Technologie- und Gründerzentren als Instrument der kommunalen Wirtschaftsförderung. Bewertungen auf der Grundlage von Erhebungen in 31 Zentren und 177 Unternehmen. Dortmund 1988, S. 48f.

[2] Naßmacher, H.: Wirtschaftspolitik "von unten". Ansätze und Praxis der kommunalen Gewerbebestandspflege und Wirtschaftsförderung. Basel 1987.

Instrumente "ohne Bezug auf die jeweiligen Problemlagen" im Vordergrund.[3] Außerdem sind regionale Fallstudien bekannt.

Soweit möglich, sollen kommunalpolitische Entscheidungsprozesse im Zusammenhang mit den Inhalten der Handlungskonzepte der kommunalen Wirtschaftsförderung diskutiert werden. BOESLER hebt die "Frage nach dem Zustandekommen" von Entscheidungsprozessen und der "Entscheidungsfindung über Ziele und Instrumente" als Teil der empirischen politisch-geographischen Analyse besonders hervor.[4]

Darüber hinaus soll die vorliegende Arbeit einen Beitrag zu einer verstärkten Integration der "kommunalen Dimension" in die Theorie und Empirie der Politischen Geographie leisten. Sie findet bisher vor allem in der Differenzierung von Maßstabsebenen Berücksichtigung.

HEROLD spricht in diesem Zusammenhang sehr allgemein von "politischen Zuständen (Strukturen), Vorgängen oder Funktionen und Entwicklungen".[5] Auch BOESLER weist auf das Problem einer Integration der "kommunalen Ebene" in das Konzept der Politischen Geographie hin, wenn er bezugnehmend auf KÖNIG von "funktionalen und dysfunktionalen Zusammenhängen" zwischen staatlicher Verwaltung und kommunaler Selbstverwaltung spricht.[6]

Im Rahmen der empirischen politisch-geographischen Analyse werden Prozesse raumwirksamer Kommunalpolitik aufgezeigt. Damit kann vielleicht ein Beitrag zu einer noch zu leistenden Integration von raumwirksamer Kommunalpolitik und raumwirksamer Staatstätigkeit geleistet werden.[7] Es geht hier primär um die "Entscheidungsfindung...raumbezogenen Politikhandelns".[8]

1.2   Gang der Untersuchung

Der Aufbau der Arbeit orientiert sich an der politisch-geographischen Fragestellung. In Kapitel 2 wird zunächst eine Herleitung kommunalpolitischer Problemkreise aus inhaltlichen Konzepten der Politischen Geographie versucht. Eine zentrale Rolle spielt hier die Einordnung von Verwaltungshandeln und kommunaler Selbstverwaltung in den politisch-geographischen Kontext. Letztendlich kann dann die Rolle der kommunalen Wirtschaftförderung innerhalb des kommunalpolitischen Handelns geklärt werden.

---

[3] Pohl, M.: Wirtschaftsförderung in Großstädten. Ein Struktur- und Standortvergleich der 16 größten Städte im Bundesgebiet. Bremen 1988.

[4] Boesler, K.-A.: Politische Geographie. Stuttgart 1983.

[5] Herold, D.: Politische Geographie und Geopolitik. In: Politik und Zeitgeschichte, Beilage zu "Das Parlament" B 12/73, 1973, S. 14; vgl. auch Ante, U.: Politische Geographie. Braunschweig 1981.

[6] Boesler, K.A. 1983, a.a.O., S. 106; vgl. König, K.: Funktionen und Folgen der Politikverflechtung. In: F.W. Scharpf, B. Reisert u. F. Schnabel (Hrsg.): Politikverflechtung II, Kronberg 1977, S. 75 - 122.

[7] Vgl. Boesler, K.-A.: Politisch-geographische Grundlagen. In: Boesler, K.-A. et.al.: Geographie Deutschlands. Berlin, Stuttgart 1990, S. 73ff.

[8] Ante, U: Zur Grundlegung des Gegenstandsbereiches der Politischen Geographie. Stuttgart 1985, S. 50f.

Kapitel 3 setzt sich mit Aspekten des Politikzyklus innerhalb der kommunalen Wirtschaftsförderung auseinander. Im Mittelpunkt stehen Politikentwicklung und Implementation. Ausgehend von einer hierarchisch orientierten Zielbeschreibung wird auf die besondere Rolle von Struktur- und Arbeitsmarktzielen abgehoben. Aspekte der Zielimplementation werden vor allem im Rahmen einer synoptischen Darstellung der Instrumente der kommunalen Wirtschaftsförderung behandelt.

In Kapitel 4 wird auf die Voraussetzungen der kommunalen Wirtschaftsförderung im Ruhrgebiet eingegangen. An die Abgrenzung des Untersuchungsraumes schließt sich eine primär statistische Analyse der wirtschaftlichen und finanzpolitischen Voraussetzungen.

Das methodische Vorgehen der empirischen Analyse wird in Kapitel 5 erläutert und diskutiert. Dabei kommen neben der inhaltlichen Strukturierung der Befragung auch Probleme zur Inhaltsanalyse von Wirtschaftsförderungskonzepten sowie der Auswertung von Sitzungsunterlagen der mit Wirtschaftsförderung befaßten kommunalpolitischen Ausschüsse zur Sprache.

Kapitel 6 setzt sich mit der Beschreibung und Implementation der Struktur- und Arbeitsmarktziele in den Ruhrgebietsstädten auseinander. Basierend auf Befragung und Inhaltsanalyse von Wirtschaftsförderungskonzepten wird eine qualitätsorientierte Differenzierung angestrebt und, soweit möglich, auf Zusammenhänge mit wirtschaftlichen und und finanzpolitischen Voraussetzungen hingewiesen.

Die Problematik einer Auswertung von Sitzungunterlagen kommunalpolitischer Ausschüsse wird erneut in Kapitel 7 aufgegriffen. Soweit möglich, wird kommentierend auf Entscheidungsprozesse eingegangen. Dabei kommt auch eine mögliche Weiterentwicklung der Methodik zur Sprache.

Kapitel 8 zeigt Ansätze zu einer räumlichen strategieorientierten Typisierung der kommunalen Wirtschaftsförderungskonzeptionen auf. Dabei wird auf konkrete Handlungsspielräume und Defizite der kommunalen Strategieentwicklung eingegangen.

Kapitel 9 faßt die Ergebnisse der Arbeit im Kontext von Raumbindung und Raumwirksamkeit zusammen und schließt mit Überlegungen zu Wechselwirkungen zwischen kommunaler Wirtschaftsförderung und Regionalpolitik. Es resultieren Anstöße für eine Föderalismusdebatte.

2. Kommunale Wirtschaftsförderung, politisches Handeln und Politische Geographie

2.1 Kommunalpolitik als Objektbereich der Politischen Geographie

Eine theoriegeleitete Einordnung von Kommunalpolitik und kommunalpolitischem Handeln als Objekte politisch-geographischer Analyse muß sich an der Diskussion zu Grundkonzeptionen der politischen Geographie orientieren. Hieraus können verschiedene Anhaltspunkte für die Analyse kommunalpolitischer Aktivitäten im politisch-geographischen Kontext gewonnen werden. WEHLING beschreibt Kommunalpolitik inhaltlich als "Daseinsfürsorge, Infrastrukturpolitik, Wirtschaftsförderung, Sozialpolitik, Kulturpolitik" für einen räumlich eindeutig definierten

Verantwortungsbereich. Sie ist in der "Gestaltung menschlichen Zusammenlebens ein Element der Gesellschaftspolitik".[9]

Als "räumliche Analyse von politischen Phänomenen" charakterisieren KASPERSON und MINGHI die Inhalte der Politischen Geographie. Sie rücken dabei die Wechselbeziehungen zwischen politischen Prozessen und Systemen auf der einen, und räumlichen Strukturen auf der anderen Seite in den Vordergrund.[10] BOESLER spricht hier vom "traditionellen Erkenntnisbereich" der Politischen Geographie, der an die systemtheoretische Betrachtungsweise in der Politikwissenschaft anknüpft.[11] EASTON hat einen einfachen, allgemeinen Ansatz entwickelt. Er charakterisiert die wechselseitigen Beziehungen zwischen Systemumwelt und politischem System (Regierung, Verwaltung) als einen "Umwandlungsprozeß von systemumweltinduzierten Bedürfnissen in Entscheidungen und Handlungen".[12] Letztere wirken wieder auf die Systemumwelt und verändern somit die Bedürfnisstrukturen.[13] Das politische System wird als ein Entscheidungssystem gedeutet. Das "Politische" dieses Entscheidungssystems kommt durch diejenigen Handlungen zum Ausdruck, "die eine autoritative, für alle Mitglieder der Gesellschaft, zumindest potentiell und von ihrem Anspruch her gültige Entscheidungsfindung treffen".[14] Bezugnehmend auf PRESCOTT spricht von systemerhaltenden und systemstabilisierenden Aufgaben im politischen System.[15]

Mit der Systemumwelt wird auch die räumliche Dimension angesprochen. Die räumliche Umwelt konstituiert sich als eine komplexe Erscheinung, z.B. in der Form von konkurrierenden Nutzungsgefügen oder inter- und intraregionalen Verflechtungen.[16]

Mit der Bewertung einzelner Raumkategorien durch das politische System werden die Wechselwirkungen zwischen Raumstruktur und politischem Handeln zu einer elementaren Grundlage der politischen Entscheidungsfindungsprozesse. Dabei wirkt sich die Wahrnehmung räumlicher Potentiale in erster Linie räumlich differenzierend aus.[17] Es lassen sich hieraus zwei unterschiedliche Motivationen politischen Handelns ableiten:

a) Räumliche Potentiale werden konkret wahrgenommen und führen zu aus den räumlichen Gegebenheiten ableitbaren Handlungen. Sie sind auf Veränderung und Steuerung des räumliches Potentials ausgerichtet. Angesprochen wird hier die Raumgebundenheit und zielgerichtete Raumwirksamkeit politischen Handelns.

b) Auch die nicht wahrgenommenen räumlichen Potentiale werden raumwirksam und führen in der Wahrnehmung ihrer Folgewirkungen ggf. zu einer Korrektur politischen Handelns.

Aus der Wahrnehmungsproblematik heraus wird eine "Mehrdimensionalität politischer Wirklichkeit" abgeleitet. STAMMER definiert dabei Realität als "in den vorfindbaren, beschreibbaren Strukturen

---

[9] Wehling, H.-G.: Kommunalpolitik in der Bundesrepublik Deutschland. Stuttgart 1986
[10] Kasperson und Minghi (1971) zit. nach Ante, U., a.a.O., 1981, S.24.
[11] Boesler, K.-A.: Gedanken zum Konzept der politischen Geographie. In: Die Erde, 1974, H. 1, S. 7-33
[12] Easton, interprtiert nach Boesler, K.-A.: a.a.O, 1983, S.18f.
[13] Ebenda, S. 18.
[14] Berg-Schlosser 1977, S. 163, zit. nach Boesler,K.-A: a.a.O., 1983, S.137.
[15] Ante, U.: a.a.O., 1981, S. 77f.
[16] vgl. Ante, U.: a.a.O., S. 59.
[17] Boesler, K.-A.: a.a.O., 1983, S.149ff.

objektiv" und zugleich subjektiv aufgrund der ihr "durch Menschen verliehenen Sinn".[18] Die Raumbezüge politischer Systeme können aus dieser Perspektive auch als Wechselwirkungen zwischen objektiven institutionellen Gegebenheiten und subjektiven Handlungen der Akteure sowie ihren zugehörigen Umwelten aufgefaßt werden.

Sieht man von der Differenzierung von Akteuren und Wahrnehmungen innerhalb der System-Umwelt-Wechselwirkungen ab, so bleibt doch eine Verknüpfung und Ausgliederung von Teilsystemen innerhalb des politischen Systems im Rahmen politisch-geographischer Konzeptionen eher skizzenhaft. Grundsätzlich wird hier das Systemmodell als dimensionslos angesehen. ANTE hebt hervor, daß hierdurch gestattet ist "unterschiedliche politische Erscheinungen wie den Staat, Regierungen, Parteien, Verbände, Bürgerinitiativen...als Systeme darzustellen".[19] Doch steht die Perspektive des Staates in der Konzeption der Politischen Geographie im Vordergrund. Es bleibt vielfach bei einer Auflistung von funktionalen und territorialen Gliederungen unterhalb der Staatsebene.[20]

KÜCHENHOFF und KÜCHENHOFF interpretieren föderale Strukturen im Vergleich zur unitaristischen Struktur in dem Sinne, daß "Teile" des Gesamtstaates "selbst Staatscharakter haben".[21] Die problematische einseitige Orientierung auf den "Staat" als Erkenntnisobjekt der politischen Geographie stellt ANTE mit dem Hinweis in Frage, daß "das was wir gewohnt sind, politisches Leben zu nennen, mit dem Wort *Staat* nicht erschöpfend bezeichnet ist".[22] BOESLER nähert sich der Problematik in der Erläuterung seines Konzeptes der "raumwirksamen Staatstätigkeit". Bezugnehmend auf STORBECK differenziert er zwischen der "allgemeinen Staatstätigkeit ohne besondere regionale Zielsetzung, aber mit räumlichen Auswirkungen" und der "regional gezielten Staatstätigkeit, welche die Raummuster direkt beeinflussen soll."[23] Im Zusammenhang mit der Rolle des Staates als dem "nach innen gerichteten Gestalter seines Territoriums" wird dann auch deutlich, daß "kommunale Entwicklungspolitik praktisch eine regional gezielte Staatstätigkeit darstellt"[24]. Hierdurch gelingt es BOESLER ansatzweise, eine zu formulierende raumwirksame Kommunalpolitik in das Konzept der raumwirksamen Staatstätigkeit zu integrieren. Politische Geographie als "Lehre von der raumwirksamen Staatstätigkeit und ihren Motivationskreisen" berücksichtigt die von ANTE formulierte Mehrdimensionalität politischer Wirklichkeit *("Motivationskreise")* als auch die Integration unterschiedlicher Maßstabsebenen Berücksichtigung.

BOESLER verweist aber auf den Tatbestand, daß "noch kein systematisch durchdachter und in der empirischen Forschung operationalisierter Ansatz für eine so aufgefaßte Politische Geographie" vorliegt.[25] HAMPEL greift die "Erfassung des innerstaatlichen Kraftfeldes" als Problem auf.

---

[18] T. Stammer 1971, S.55, zit. nach Ante, U.: Zur Grundlegung des Gegenstandsbereiches der Politischen Geographie. In: Erdkundliches Wissen, H. 75, S. 120f
[19] Vgl. Ante, U.:a.a.O., 1981, S.50.
[20] Ante, U.: a.a.O., 1981, S.127.
[21] Vgl. Küchenhoff/Küchenhoff (1971), zit. nach Ante, U.: a.a.O., S. 70ff.
[22] Vgl. Ante, U.: a.a.O., 1985, S. 41.
[23] Hieraus leitet sich das Konzept einer Differenzierung von direkter (beabsichtigter) und indirekter (nicht beabsichtigter Raumwirksamkeit ab. Siehe hier die von BOESLER (1983) formulierten gemeinsamen Ansätze von politischen Handeln und Geographie. ANTE (1989) spricht von den Raumbezügen des politischen Systems. Vgl. Ante, U.: Zu aktuellen Leitlinien der Politischen Geographie. In: Zeitschrift für Wirtschaftsgeographie, H.1-2, 1989, S.30-40.
[24] Vgl. Boesler, K.-A: a.a.O., 1974; sowie ders.: a.a.O., 1983.
[25] vgl. Boesler, K.-A: a.a.O., 1974.

Verwaltungsgliederung und Aufgabenteilung zwischen den Gebietskörperschaften finden zwar bei Boeslers Ansatz Berücksichtigung, doch bleibt die "Schwierigkeit der Formulierung und Durchsetzung übergeordneter Zielsetzungen" im innerstaatlichen Kraftfeld aufgrund der "starken Stellung der Kommunen im verfassungsrechtlichen System".[26] Dieses innerstaatliche Kraftfeld kann auch durch Austauschbeziehungen zwischen dem zentralstaatlichen politischen System und dem regionalen politischen System, gekennzeichnet durch Selbstverwaltung und Auftragsverwaltung, beschrieben werden.[27]

Angesprochen wird damit die Frage von Autonomien spezifischer Gebietskörperschaften oder auch Teilstaaten. Eine Würdigung des deutschen Verfassungsgebotes der kommunalen Selbstverwaltung (Art. 28 GG Abs.2), auf das im nächsten Kapitel näher einzugehen ist, bleibt im politisch-geographischen Kontext eher allgemein. BOESLER weist auf die "funktionalen und dysfunktionalen Zusammenhänge" zwischen staatlicher Verwaltung und kommunaler Selbstverwaltung hin.[28] Damit wird auf das Problem von Zielkonflikten, Konsensfindung und abgrenzbaren Spielräumen einzelner Gebietskörperschaften sowie ihrer Verwaltungen hingewiesen.

In diesem Zusammenhang rückt auch die Raumwirksamkeit rechtlicher Instrumente in den Vordergrund. Es sind verfassungsrechtliche Gebote und Rechtsnormen, die Beziehungen und Handlungsspielräume zwischen einzelnen Gebietskörperschaften festsetzen. Damit erhält die rechtsgeographische Perspektive ein besonderes Gewicht im Rahmen einer kommunalpolitischen Orientierung der Politischen Geographie.[29]

In angelsächsischen Konzeptionen zur Politischen Geographie findet die Analyse von teilstaatlicher und gebietskörperschaftlicher Autonomie sowohl in der theoriegeleiteten Diskussion als auch in bezug auf empirische Befunde eine weitaus größere Beachtung. PADDISON stellt gerade die Frage der Autonomie in den Mittelpunkt der Analyse von Wechselbeziehungen zwischen räumlichen Strukturen und politischen Prozessen: "If political geography is concerned with the interaction between political process and space, our primary concern here is with different types of political area within the state".[30] Vor allem ein fehlendes Verfassungsgebot zur kommunalen Selbstverwaltung in Großbritannien und damit eine fehlende staatliche Bestandsgarantie für kommunale politisch adimnstrative Verwaltungseinheiten mag die hohe Sensibilität in bezug auf die Sicherung von kommunalpolitischen Handlungsspielräumen erklären, die in den angelsächsischen politisch-geographischen Ansätzen präsent ist.

Im Mittelpunkt steht hier eine qualitative Bewertung der Wechselbeziehungen und Abhängigkeiten zwischen Zentralstaat und "Local State". Als "Local State" wird jeder institutionalisierte Akteur mit

---

[26] Hampel, V.: Staatliches Handeln im Raum und politisch-räumlicher Konflikt. Eine politisch-geographische Untersuchung mit Beispielen aus Baden- Württemberg. In: Forsch. z. dt. Landeskunde, Bd. 224, Trier 1985.

[27] Boesler, K.-A.: Die Raumbezüge politischen Handelns - Ansätze einer Neubelebung der Politischen Geographie in der Bundesrepublik Deutschland. In: Verhandlungen des Deutschen Geographentages, Bd.45, Stuttgart 1987, S.83-94.

[28] Vgl. Boesler, K.-A.: a.a.O., 1983, S. 106.

[29] Vgl. Boesler, K.-A.: a.a.O., 1987, S.89, sowie Boesler, K.-A.; Graafen, R.: Zum Problem der Raumwirksamkeit rechtlicher Instrumente aus politisch-geographischer Sicht. In: G.Z., 1984, S.197-200; Graafen, R.: Die rechtlichen Grundlagen der Ressourcenpolitik in der Bundesrepublik Deutschland. Ein Beitrag zur Rechtsgeographie. Bonn 1984, S.1-8.

[30] Paddison, R.: The fragmented State. Oxford 1983, S.14.

abgegrenzter räumlicher Kompetenz unterhalb der zentralstaatlichen Ebene angesehen.[31] FINCHER hebt hier auf die Vielzahl politischer Akteure ab, die durch unterschiedliche lokale Autonomien und politische Legitimation gekennzeichnet sind.[32] Der Zentralstaat weist den regionalen und kommunalen Körperschaften Funktionen zu. Die Bewertung von kommunalen Handlungsspielräumen erfolgt sodann über Art und Finanzierung der zugewiesenen Aufgaben und Funktionen. SAUNDERS verweist auf vier Themenbereiche, die zur Analyse der Qualität der Beziehungen zwischen Zentralstaat und "Local State" entscheidend beitragen:[33]

a) Analyse der politischen und wirtschaftlichen Verflechtungen zwischen verschiedenen räumlichen politischen Ebenen;

b) Analyse der finanzpolitischen Spielräume der "Local states" und die Bedeutung zentralstaatlicher Finanzzuweisungen;

c) Bewertung von Anpassungsprozessen in der Aufgabenverteilung auf verschiedene politische Ebenen;

d) Erfassung von Dezentralisierungspotentialen im politischen System.

Die Autonomie lokaler politischer Akteure wird grundsätzlich durch die rahmensetzenden Bedingungen des Zentralstaates präzisiert. JOHNSON bewertet diese zugestandene Autonomie nicht als "reale" Autonomie.[34] Deutlich wird hier das Defizit verfassungsgarantierter Teilautonomien.

DEAR und CLARK beziehen die Analyse der Aufgabenverteilung zwischen verschieden räumlichen politischen Ebenen auf die Funktion und Bewertung des Staates im gesellschaftlichen System.[35] Sie differenzieren zwischen seiner Rolle als Anbieter von Dienstleistungen, als Steuerungsinstanz im marktwirtschaftlichen System, als sozialen Ingenieur, als Schiedsrichter und als Instanz zur Festlegung von gesellschaftlichen Mindestnormen. Je nach staatlichem Rollenverständnis fällt die Auswahl und Struktur staatlicher und kommunaler Aufgaben aus.[36] In diesem Rahmen geht SAUNDERS von einer dualistischen Staatsauffassung aus, in der Zentralstaat und "Local States" unterschiedliche grundsätzliche gesellschaftspolitische Funktionen zugewiesen werden.[37] Während der Zentralstaat zur Sicherung wirtschaftlichen Wachstums insbesondere auf eine Konflikt-minimierung zwischen Kapital- und Arbeitsverwertungsinteressen abzielt, trägt die kommunale Ebene zunächst zu einer Konsensbildung und politischen Willensbildung von "unten" bei. SAUNDERS fordert hier trotz einer strikten Bewertung staatlicher Politik aus der Perspektive wirtschaftlicher Interessen eine differenzierende Analyse von politischen Entscheidungsprozessen, in dem er auf

---

[31] Vgl. Dear, M.: A theory of the local state. In: Burnett, A.D. u. Taylor, P.J. (Hrsg.): Political Studies from Spatial Perspectives, Chichester, New York, Toronto 1981.

[32] Fincher, R.: The political economy of the local state. In: Peet, R.;Thrift, N.(Hrsg.): New models in geography Vol. 1. London 1989, S. 338-360.

[33] Vgl. Saunders, P.: Rethinking Local Politics. In: Boddy, M. u. Fudge, C.: Local Socialism. London 1984.

[34] Johnston, R.J.: The state, political geography, and geography. In: Peet, R. u. Thrift, N.: a.a.O, S. 292-337.

[35] Vgl. Dear, M.; Clark, G.L.: State apparatus. Boston 1984.

[36] Johnston, R.J.: a.a.O., 1989.

[37] Vgl. Saunders, P.: a.a.O., 1984.

unterschiedliche Verflechtungen zwischen gesellschaftlichen Bedürfnissen und politischem Handeln verweist.[38]

Die Perspektive der Interessenkonflikte zwischen Zentralstaat und "Local State", hat das Gewicht der politisch-geographischen Analyse im angelsächsischen Raum sehr auf konflikttheoretische Ansätze ausgerichtet. Es besteht hier die Gefahr, politische Entscheidungsprozesse in erster Linie im Rahmen einer verteilungspolitischen Polarisierung zu interpretieren.[39] Diese Perspektive hat zu einer Reihe ideologisch, vor allem marxistisch orientierter Studien geführt, in dem die Rolle und Aufgaben des "Local State" vor allem im Zusammenhang einer größtmöglichen Förderung von Kapitalverwertungsinteressen dargestellt werden.[40] Solche monokausal motivierten Analysen müssen ebenso wie eine ausschließlich wohlfahrtsorientierte Bewertung staatlicher und kommunaler Aufgaben im Rahmen des systemorientierten politisch-geographischen Ansatzes auf Schranken stoßen.[41]

Der maßstabslose systemtheoretische Ansatz ist auch offen für eine kommunal orientierte Analyse der Raumwirksamkeit politischen Handelns. Trotzdem findet die kommunalpolitische Ebene meistens aber nur indirekte Erwähnung, indem von "politischen Strukturen und politischen Zuständen" gesprochen wird. Die immer noch zentrale Rolle des Staates als "Erkenntnisobjekt der Politischen Geographie"[42] läßt bisher die Integration einer raumwirksamen Kommunalpolitik unter Berücksichtigung des deutschen Verfassungsgebotes der kommunalen Selbstverwaltung in den Hintergrund treten. Die angelsächsischen Ansätze leisten hier insbesondere einen Beitrag zur Analyse von Autonomiestrukturen.

2.2　　Kommunale Selbstverwaltung, Verwaltungshandeln und die Problematik der kommunalpolitischen Handlungsspielräume

Kommunalpolitik kann allgemein als Daseinsfürsorge für das verfassungsrechtlich als "Gemeinde" bezeichnete Gebiet verstanden werden. NAßMACHER und NAßMACHER beschreiben in bezug auf kommunalpolitisches Handeln Politik als "jeden Ausschnitt des gesellschaftlichen Lebens der durch Wählen unter alternativen Handlungsmöglichkeiten allgemein verbindliche Entscheidungen hervorbringt".[43] Als unterste Ebene der politischen Willensbildung sind die Gemeinden in das

---

[38] Vgl. Saunders, P.: Why Study Central-Local Relations? In: Local Government Studies, 1982, S. 55 - 66; vgl. auch Duncun, S. u. Goodwin, M.: The Local State and Uneven Development. Oxford 1988.

[39] Der konflikttheoretische Ansatz ist von OSSENBRÜGGE aufgegriffen und zur Diskussion gestellt worden. Vgl.: Ossenbrügge, J.: Zwischen Lokalpolitik, Regionalismus und internationalen Konflikten: Neuentwicklungen in der anglo-amerikanischen Politischen Geographie. In: GZ, 1984, S.22f.

[40] vgl. Boddy, M.; Fudge, C.: a.a.O., London 1984; siehe auch Duncan, S. u. Goodwin, M.: a.a.O., 1988; sowie Hirsch, J.: The apparatus of the State, the reproduction of capital and urban conflicts. In: Dear, M. u. Scott, A.J.: Urbanization and Urban Planning in Capitalist Society. London 1981, S. 593-608.

[41] "Who gets what, why, and where ?" Vgl: Smith, D.M.: Human Geography. A welfare approach. London 1977, S. 300ff; sowie Smith, D.M.: Where the Grass is Greener. Harmondsworth 1979, S. 310ff.

[42] vgl. Ante, U.: a.a.O., 1981

[43] Grauhan, R.R., 1972, S. 149, zit. nach Naßmacher, H. u. Naßmacher, K.H.: Kommunalpolitik in der Bundesrepublik. Opladen 1979, S. 10.

politische System eingebunden und insbesondere durch Verflechtungen mit den höheren Ebenen des politischen Systems gekennzeichnet.[44]

Die Spielräume und Begrenzungen kommunalpolitischen Handelns sind in der Bundesrepublik Deutschland verfassungsrechtlich in der Garantie der kommunalen Selbstverwaltung in Art. 28 GG (2) angelegt:

"Den Gemeinden muß das Recht gewährleistet sein, alle Angelegenheiten der örtlichen Gemeinschaft im Rahmen der Gesetze in eigener Verantwortung zu regeln..."

Diese Garantienorm wird in Art. 78 (2) Verf NW bestätigt und in § 2 GO NW unter Bezugnahme auf den Geltungsbereich des Gemeindegebietes wie folgt beschrieben:

"Die Gemeinden sind in ihrem Gebiet, soweit die Gesetze nicht ausdrücklich etwas anders bestimmen, ausschließliche und eigenverantwortliche Träger der öffentlichen Verwaltung"

Mit der Selbstverwaltungsgarantie wird eine organisatorisch selbständige kommunale Ebene der öffentlichen Verwaltung verfassungsrechtlich anerkannt. Es handelt sich um eine institutionelle Garantie dieser Verwaltungsform und -ebene, aus der jedoch keine weitergehenden Ansprüche, z.B. auf Territorium oder Zuweisung ständig gleichbleibender Aufgaben abgeleitet werden können. Die Gemeinden bleiben ein mittelbarer Teil der Staatsverwaltung ohne selbst Staatscharakter zu haben.[45]

Eine Gleichstellung von Bund, Ländern und Gemeinden erfolgt im Rahmen der in Art. 28 (1) GG verankerten demokratischen Legitimation der Gebietskörperschaften. Kommunale hoheitliche Rechte spiegeln sich im Satzungsrecht wider.[46] Die besondere Qualität des "hochrangigen Rechtsgutes" der Selbstverwaltung kommt in der Dezentralisierung der politischen Macht zum Ausdruck. Politische Entscheidungsprozesse erhalten eine größere Ortsnähe und sind ständig mit den "Lebensbedingungen der verstädterten Gesellschaft" konfrontiert.[47] Es resultieren Überschaubarkeit der Entscheidungsprozesse, vielfältige Möglichkeiten der Bürgerbeteiligung sowie die Entlastung der übergeordneten politischen Ebenen. MAYNTZ charakterisiert die Gleichzeitigkeit politischen Handelns auf mehreren Entscheidungsebenen als den entscheidenden Vorteil eines starken föderalen Systems. Es werden simultan mit den "Interessen des größeren Ganzen" auch die "territorial gebundenen Partikularinteressen vertreten.[48]

Die in der Selbstverwaltungsgarantie formulierte "Allzuständigkeit" der Gemeinden findet zunächst ihre Schranken in dem Gesetzesvorbehalt "im Rahmen der Gesetze". Mit der in Art. 20 (1) GG definierten Sozialstaatlichkeit wird ein wichtiger Handlungsspielraum der kommunalen

---

[44] Neben dem verfassungsrechtlichen, ist hier insbesondere der politikwissenschaftliche Gemeindebegriff von Bedeutung, der auf die Rolle als unterste Ebene der politischen Willensbildung mit einem sinnvollen Rahmen für die Entscheidungsfindung und Planung abhebt.

[45] Naßmacher, H. u. Naßmacher, K.H.: a.a.O., 1979, S. 11; siehe auch Pauley, R. u. Uppendahl, H.: Die Zukunft der kommunalen Selbstverwaltung im Vereinigten Königreich und in der Bundesrepublil Deutschland . Ein Tagungsbericht. In: AfK, I, 1985, S. 90-98.

[46] vgl. Benzing, A. et.al.: Verwaltungsgeographie. München 1978, S. 180.

[47] Vgl. Naßmacher, H. u. Naßmacher, K.-H.: a.a.O., S. 11ff

[48] Vgl. Mayntz, R.:Föderalismus und die Gesellschaft der Gegenwart. In: MPI/FG Discussion Paper 3/89. Köln 1989

Selbstverwaltung abgesteckt. Im Zusammenhang mit dem Gedanken der Gleichheit und Gleichbehandlung aller Menschen läuft das Prinzip der Sozialstaatlichkeit auf den Ausgleich sozialer Gegensätze durch die Herstellung gleichwertiger Lebensverhältnisse hinaus. Der Bund behält sich hier mit der Staatszielbestimmung der Einheitlichkeit der Lebensverhältnisse im Rahmen der konkurrierenden Gesetzgebung rahmensetzende Kompetenzen vor (Art. 72 (2) GG; Art. 75 GG). Sie werden konkret mittels ROG und BauGB konkret genutzt. §2 (2) ROG formuliert als einen Grundsatz der Raumordnung die Sicherung und Weiterentwicklung der räumlichen Struktur der Gebiete mit ausgewogenen wirtschaftlichen, sozialen und kulturellen Verhältnissen.[49] In §5 (4) ROG werden die Kommunen zur Orientierung ihrer Politik an die Grundsätze der Raumordnung verpflichtet. Das BauGB ordnet die Bauleitplanung in §1 (5) den Zielen der Raumordnung und Landesplanung unter.

Die kommunale Allzuständigkeit wird hier jenseits eines Aufgabenwandels oder der Veränderung von Einflußfaktoren diskutiert. Insbesondere die Problematik dualistischer Arbeitsmärkte, strukturelle Anpassungsprozesse sowie die Herausforderungen des Umweltschutzes haben die Aufgaben der Daseinsfürsorge wachsen und somit den traditionell verstandenen Autonomieanspruch der kommunalen Selbstverwaltung problematisch werden lassen. Arbeitslosigkeit und Strukturprobleme machen sich zwar insbesondere auf der kommunalen Ebene bemerkbar, sind aber im allgemeinen nicht kommunal verursacht.[50] FREY problematisiert in diesem Zusammenhang die Funktion der kommunalen Selbstverwaltung in bezug auf eine wachsende Politikverflechtung. Die zunehmende Zentralisierung von gesamtstaatlichen Steuerungs- und Kontrollfunktionen führt letzendlich zu einer Integration der kommunalen Ebene in den staatlichen Politikvollzug. Die seit den fünfziger Jahren zu beobachtende Ausweitung der Leistungsangebote sozialstaatlicher Daseinsvorsorge führte sowohl zu einer Ausweitung kommunaler Handlungsbereiche als auch zu einer Einengung von spezifischen Entscheidungsspielräumen. Angesprochen wird hier die stetige Veränderung kommunaler Aufgaben, die KORTE als Dynamik der Selbstverwaltung interpretiert.[51]

Die zunehmende Politikverflechtung ist auch an der Einführung von Gemeinschaftsaufgaben[52] ablesbar (Art. 91a).[53] Weiteres Indiz sind die "besonders bedeutsamen Investitionen" zur "Abwehr einer Störung des gesamtwirtschaftlichen Gleichgewichtes"[54] mit denen der Bund steuernd auf die wirtschaftspolitischen Konzepte der Kommunen Einfluß nehmen kann. Es ist das Ziel mit diesen Programmen und Fördermaßnahmen in die Prioritätensetzung der Kommunen einzugreifen. Die Attraktivität der Förderprogramme mißt sich vor allem an der festgesetzten kommunalen Eigenbeteiligung. Diese "Programmvielfalt" relativiert allerdings die staatlichen Steuerungspotentiale aufgrund der angebotenen Auswahlmöglichkeiten.

---

[49] ROG in der novellierten Fassung vom 19.07.1989, geändert durch EVertr. v. 31.08.1990.
[50] Frey, R.: a.a.O., 1988, S.5-23.
[51] Korte, H.: Stadtsoziologie. Darmstadt 1986, S. 45ff.
[52] Hier insbesondere die Gemeinschaftsaufgabe zur Verbesserung der regionalen Wirtschaftsstruktur.
[53] Lange, K.: Möglichkeiten und Grenzen der kommunalen Wirtschaftsförderung. Köln 1981, S. 45ff; siehe auch Naßmacher, H. u. Naßmacher, K.-H.: a.a.O., 1979, S. 32
[54] gem. Art. 104a (4) GG. Das Steuerungspotential von Finanzzuweisungen hebt Johnson hervor; vgl. Johnson, N.: Institutionelle Rahmenbedingungen der Gemeindepolitik: ein englisch-deutscher Vergleich. In: Mayntz, R. (Hrsg.): a.a.O., Berlin 1981, S.21-56.

Nicht zu vernachlässigen ist die Beschränkung der kommunalen Selbstverwaltung auf die "Träger der öffentlichen Verwaltung".[55] Das staatliche Aufsichtsrecht ist damit verknüpft. Selbstverwaltung und staatliche Aufsicht bedingen sich einander. Dieses wird beispielsweise an der "partiellen Finanzautonomie" der Kommunen deutlich, denen nach Art. 106 GG das Hebesatzrecht für kommunale Steuern eingeräumt wird. Gleichzeitig wird im Bereich der Haushaltspolitik ein Aufsichtsrecht der Länder und des Bundes gegenüber den Kommunen festgeschrieben (Art. 109 GG), das in der GO NW.[56]

Eine eindeutige Einordnung der Selbstverwaltung in den Staatsaufbau bleibt schwierig. Sie ist weder "ureigenste örtliche Angelegenheit der Kommune, noch dem Staat subordiniert".[57]

Unbestritten ist die Planungshoheit der Kommunen (§ 1 BauGB) mit zwei wichtigen Einschränkungen. Zum einen sind das die Ziele der Raumordnung und Landesplanung (§ 1 (4) BauGB), zum anderen der Schutz des privaten Eigentums.[58] Innerhalb der Regelungen des BauGB spiegelt sich besonders deutlich das Wechselverhältnis von autonomen kommunalen Verwaltungsakten und der staatlichen Aufsicht wider. Das Gegenstromprinzip, also das garantierte Recht auf Beteiligung an der Regional- und Landesplanung (§ 5 (2) ROG; § 21 (2) LPlG NW), erweitert gleichzeitig die kommunalen Handlungsspielräume. In Nordrhein-Westfalen ist diese Beteiligung durch die Bezirksplanungsräte besonders institutionalisiert (§ 7 LPlG NW).

Die Handlungsspielräume der kommunalen Selbstverwaltung und deren stetige dynamische Veränderung durch systemimmanente staatliche Interventionen gestalten das konkrete Verwaltungshandeln. Im Mittelpunkt stehen Bargaining-Prozesse zwischen exekutierender Verwaltung und den legitimierenden Akteuren (Rat).[59]

Im folgenden wird zunächst der Politikbereich der kommunalen Wirtschaftsförderung aus dem funktionalen Selbstverständnis der kommunalen Selbstverwaltung abgeleitet. Daran schließt sich die Bewertung von Instrumenten und Zielen. Sie mündet schließlich in der konkreten raumbezogenen Analyse unterschiedlicher Strategien und Handlungsspielräume. Das analytische Vorgehen orientiert sich letztendlich an den Begriffsinhalten von Staatstätigkeit und Verwaltungshandeln, die als "fortwährendes zielorientiertes Abwägen und Entscheiden"[60] charakterisiert werden können.

---

[55] gem. Art. 78 (2) Verf NW und § 2 GO NW.
[56] gem. §§ 65 - 77 GO NW; siehe insbesondere Johnson, N.: a.a.O., 1981, S.21-56.
[57] Frey, R.: a.a.O., 1988, S.9.
[58] Vgl. insbesondere Boesler, K.-A.: In: Boesler, K.-A. et.al (Hrsg): Geographie Deutschlands. Zur Kernbereichshypothese siehe auch Lange, K: a.a.O. Köln 1981
[59] Die differenzierte verhaltensorientierte Analyse zu einzelnen politischen Akteuren auf der Kommunalebene findet sich bei Fürst, D.: Kommunale Entscheidungsprozesse. Baden-Baden 1975.
[60] C. Böhret (1970), S.14, zit. nach Boesler, K.-A.: a.a.O., 1974.

2.3 Kommunale Wirtschaftsförderung als Querschnittsaufgabe innerhalb des kommunalen Handelns

2.3.1 Zur Definition der kommunalen Wirtschaftsförderung

Umfassende Definitionen zur kommunalen Wirtschaftsförderung sind selten; zumeist erfolgt eine Charakterisierung mittels eines "Bündels von Aufgaben".[61] Dieses Defizit erfordert zunächst eine synoptische Analyse der Literatur zur kommunalen Wirtschaftsförderung.

Im Vordergrund steht bisher zunächst die Beschreibung einzelner Wirtschaftsförderungsinstrumente in bezug auf ihre Effizienz und Legitimation. Desweiteren wurden regionale Einzelfallstudien mit Vergleichen zum Instrumenteneinsatz durchgeführt.

Die Arbeiten von LANGE[62] und CHRIST[63] bauen auf den erstgenannten Ansatz auf und sind rechtssystematisch geleitet. Ausgehend von der kommunalen Selbstverwaltungsgarantie werden Handlungsspielräume skizziert. Neben der systematischen verfassungsrechtlichen Interpretation entlang der Rechtsdefinitionen "Angelegenheiten der örtlichen Gemeinschaft" und "öffentliches Interesse" werden spezifische rechtliche Schranken, z.B. im Rahmen der haushaltsrechtlichen Bestimmungen ausgeleuchtet. Das Spannungsfeld zwischen europäischem Gemeinschaftsrecht und kommunalen Wirtschaftsförderungsmaßnahmen wird bisher nur sehr allgemein berührt.

Die Arbeiten von GRÄTZ[64] und HEUER[65] seien stellvertretend für inter- und intraregionale Vergleiche bezüglich des Instrumenteneinsatzes genannt. Im Vordergrund steht die statistische Auswertung unter Berücksichtigung einzelner Strukturkriterien wie Organisation der Wirtschaftsförderung und Einwohnerzahl der Kommunen. GRÄTZ versucht darüberhinausgehend Marketingkonzepte auf die Wirtschaftsförderung anzuwenden. FEUERSTEIN[66] stellt die Instrumentenanalyse in den Zusammenhang von Organisations- und Informationsbedürfnissen der gewerbepolitischen Akteure.

Die jüngeren Studien von NAßMACHER und POHL[67] weisen den Weg zu einer stärker integrativen, strategischen und konzeptorientierten Betrachtungsweise. Beide Arbeiten gehen in ihrer methodischen Konzeption weit über die bloße Instrumentenanalyse hinaus. Mit der Bezugnahme auf wirtschaftsräumliche Voraussetzungen und politische Entscheidungsprozesse werden einzelne Einflußfaktoren auf die Konzeption der kommunalen Wirtschaftsförderung diskutiert. POHL rückt die Verknüpfung von wirtschaftsstrukturellen Entwicklungstrends und Standortqualität mit Zielen und Strategien der kommunalen Wirtschaftsförderung in den Vordergrund. Dabei wird insbesondere

---

[61] Knemeyer, F.-L.; Rost-Hagis, B.: Kommunale Wirtschaftsförderung. In: DVBl, H. 6, 1981, S. 241-247
[62] Lange, K.: a.a.O., 1981.
[63] Christ, J.S.: Direkte kommunale Wirtschaftsförderung. Ihre Zulässigkeit und ihr Verhältnis zur regionalen Wirtschaftsförderung von Bund und Ländern. Augsburg 1983.
[64] Grätz, C.: Kommunale Wirtschaftsförderung. Kritische Bestandsaufnahme ihrer Funktion und Organisation. Bochum 1983.
[65] Heuer, H.: Instrumente kommunaler Gewerbepolitik. Ergebnisse empirischer Erhebungen. Stuttgart 1985.
[66] Feuerstein, S.: Aufgabenfelder und Informationsbedarf kommunaler Wirtschaftsförderungspolitik. München 1981.
[67] Naßmacher, H.: a.a.O., 1987; Pohl, M.: a.a.O., 1988.

auf den Einfluß der Standortqualität auf die kommunalen Handlungsspielräume abgehoben. Die Analyse kommunaler Entscheidungsprozesse ist dagegen das Ziel der Studie von NAßMACHER im Rahmen eines verhaltens- und motivationsorientierten Städtevergleichs zwischen Leonberg, Solingen und Oldenburg., Er setzt bei den politischen Akteuren an.

Die "traditionellen" Begriffsdefinitionen zur kommunalen Wirtschaftsförderung stellen das kommunale Steuerungspotential in bezug auf die lokalen Standortbedingungen und die wirtschaftsstrukturellen Entwicklungsmöglichkeiten in den Vordergrund. So beschreibt KELM "alle Maßnahmen einer Gemeinde zur Verbesserung der Standortbedingungen, Wirtschaftsstruktur und Wirtschaftskraft im Interesse des Gemeinwohls ihrer Bürger" als Aufgabe und Identität der kommunalen Wirtschaftsförderung.[68] MÖLLER hat mit dem ersten umfassenden Definitionsversuch gleich auf den eindeutigen Zusammenhang zwischen Selbstverwaltung und Wirtschaftsförderungsaufgaben hingewiesen. Sie werden als "Teil der öffentlichen Gemeindeaufgaben" aufgefaßt, der "primär eine Begünstigung der örtlichen Wirtschaft durch Verbesserung...ihrer Produktivität...zum Gegenstand hat".[69]

Die Einordnung der Wirtschaftsförderung als kommunale Gestaltungsaugabe ist grundsätzlich unbestritten, wobei die Garantienorm der Selbstverwaltung und das Sozialstaatsprinzip mit dem Staatsziel der "Schaffung von ausgewogenen Lebensverhältnissen" als die legitimierenden Fundamente angesehen werden können. Die Möller'sche Definition fordert aber auch zum Widerspruch heraus. Das "Primat von Wirtschaftsförderungsaufgaben innerhalb der kommunalpolitischen Aktivitäten ist in Frage zu stellen. LANGE unterstreicht im Rahmen der Diskussion zur Rechtmäßigkeit von direkten, finanzgebundenen Wirtschaftsförderungsmaßnahmen, daß "ausschließlich an individuellen Interessen einzelner Unternehmer oder Grundstückseigentümer" orientierte Maßnahmen, die gleichzeitig eines "darüber hinausgehenden Zielbezugs" entbehren, nicht in Anspruch nehmen können, zum öffentlichen Aufgabenbereich zu gehören.[70] Damit wird auch auf eine unbedingte Einbindung kommunaler Wirtschaftsförderung in die Aufgaben der kommunalen Daseinsvorsorge gefordert.

STERNBERG beschreibt kommunale Wirtschaftsförderung als Bestandteil einer kommunalen Entwicklungsplanung.[71] Damit werden auch Maßnahmen angesprochen, die über den direkten Unternehmensbereich hinausgehen. So rückt insbesondere die Verknüpfung von individuellen Wirtschaftsinteressen und Umweltschutzbelangen in den Vordergrund. STERNBERG ergänzt seine Definition durch einen Aufgabenkatalog, der aber nicht eindeutig zwischen Zielen, Instrumenten und Maßnahmen der Wirtschaftsförderung unterscheidet. Es werden sowohl zielorientierte Aufgaben wie die "Verbesserung von Standortbedingungen" oder "das Anstreben von Vollbeschäftigung" genannt, als auch Instrumente wie die Unternehmensberatung, Mitwirkung bei der Bauleitplanung und die Vermarktung von Gewerbeflächen aufgezählt.

---

68 Kelm, W.: Voraussetzungen für eine erfolgreiche Wirtschaftsförderung. In :Kommunalwirtschaft, H.2, 1973, S.53ff.
69 Möller, F.: Kommunale Wirtschaftsförderung. Stuttgart 1963, S.42.
70 Lange, K.: Rechtsprobleme kommunaler Wirtschaftsförderung. In: DVBl 21, 1977, S.873ff; vgl. auch Lange, K.: a.a.O., 1981.
71 Sternberg, R.: a.a.O., 1988, S.8ff.

NAßMACHER beschreibt als Wirtschaftsförderung allgemein "alle auf die örtliche Wirtschaft (das Gewerbe) bezogenen kommunalpolitischen Aktivitäten".[72] Ihre Beschränkung auf das Gewerbe ist grundsätzlich zu problematisieren. Im Rahmen dieser wirtschaftsbezogenen kommunalpolitischen Aktivitäten findet eine angestrebte weitestgehende Nutzung ökonomischer Ressourcen ihre Grenzen in der gleichzeitigen Absicherung anderer Entwicklungsaufgaben, wie z.B. die Sicherung von Wohn- und Umweltqualität. Damit wird kommunale Wirtschaftsförderung in die Gesamtheit kommunalpolitischer Aufgaben eingeordnet. Koordinationsbedarf wird deutlich. Er erfordert ein strategisches Handeln in der Formulierung von Zielen und Maßnahmen. Der Naßmacher'sche Definitionsansatz ist auf die einzelnen politischen Akteure orientiert. Es wird auf Verflechtungen zwischen kommunalen Verwaltungsinstanzen und mittleren sowie unteren staatlichen Verwaltungen hingewiesen.

Kommunale Wirtschaftsförderung kann nur verbleibende Spielräume innerhalb bestehender politischer und ökonomischer Verflechtungen nutzen. Sie ist damit in Bezug auf ihre Zielsetzungen zum pragmatischen Erkennen lokaler Handlungsspielräume zwischen kommunaler Daseinsfürsorge und staatlicher Wirtschaftspolitik angehalten.

Ausgehend von der hier geführten Begriffsdiskussion kann für die beabsichtigte empirische politisch-geographische Analyse von Handlungskonzepten der kommunalen Wirtschaftsförderung folgende grundlegende Defintion vorgeschlagen werden:

Kommunale Wirtschaftsförderung ist als Bestandteil der aus der Garantienorm der Selbstverwaltung ableitbaren Daseinsfürsorge ein koordinierender Politikbereich, welcher versucht, mittels direkter und indirekter Steuerungsinstrumente strategisch und zielorientiert zum Wohle der Kommune und ihrer Bewohner in die wirtschaftsräumliche Entwicklung steuernd einzugreifen.

Das damit verbundene Verwaltungshandeln hat auf einen Ausgleich zwischen allen für die kommunale Entwicklung bedeutenden Interessen Rücksicht zu nehmen und muß trotzdem auf eine im Rahmen der gesetzlichen Möglichkeiten maximale Unterstützung unternehmerischer Interessen aller Wirtschaftsbereiche bedacht sein.

2.3.2 Instrumente

Das Instrumentarium der kommunalen Wirtschaftsförderung steckt die konkreten zielorientierten Handlungsspielräume ab. Wesentliche Instrumente der staatlichen Wirtschaftspolitik, wie z.B. Geld- und Außenwirtschaftspolitik, stehen den Kommunen nicht zur Verfügung. Das wirtschaftspolitische Instrumentarium einer Kommune zielt vor allem auf eine Beeinflussung von Investitions- und Standortentscheidungen unternehmensorientierter Akteure zugunsten der agierenden Kommune ab.

Die kommunalen Wirtschaftsförderungsinstrumente können zunächst nach dem Grad der Verbindlichkeit differenziert werden. Verbindliche Erlaubnisse, Ge- und Verbote verpflichten die Adressaten zu bestimmten Handlungen, wogegen unverbindliche Instrumente wie Information und Beratung oder Imagekampagnen ein allgemeines kommunales Serviceangebot darstellen. Die Differenzierung zwischen direkten und indirekten, bzw. unmittelbaren und mittelbaren Instrumenten orientiert sich an der Frage, ob die Maßnahmen unmittelbar an die zu fördernde Unternehmung gerichtet sind.

---

[72] Naßmacher, H.: a.a.O., 1987, S.15.

Desweiteren kann das Instrumentarium nach funktionalen Kriterien und Politikfeldern typisiert werden. Hier soll zunächst einer funktionalen Gliederung (Abb. 1) gefolgt werden:[73]

Analyse- und Planungsinstrumente sind die Grundlage kommunaler wirtschaftspolitischer Strategieentwicklung. Amtliche Statistik, Kommunalstatistik, eigene Erhebungen sowie extern vergebene Gutachten decken die Informationsbedürfnisse für die Formulierung von Entwicklungszielen sowie die Erstellung von zukunftsorientierten fachlichen und räumlichen Entwicklungskonzepten ab.

Mit den *Gestaltungsinstrumenten* werden die Steuerungspotentiale in bezug auf die infrastrukturelle Ausstattung angesprochen. Im Mittelpunkt steht dabei die Gewerbeflächenbereitstellung. Eine vorausschauende Bodenvorratspolitik sichert die Verfügbarkeit von Gewerbeflächen durch kommunalen Grunderwerb, planende Absicherung in Flächennutzungs- und Bebauungsplänen sowie den gezielten Verkauf und die Vermittlung von Gewerbeflächen. Angebote zur Vermietung und Verpachtung von Gewerbeflächen sowie die Vergabe von spezifischen Nutzungsrechten tragen zu einer flexiblen Gewerbeflächenbereitstellung bei. Nicht zu vernachlässigen ist die Steuerungsfunktion der allgemeinen Baugenehmigungspraxis. Zunehmende Bedeutung gewinnt das Gewerbeflächenrecycling. Der Ausbau der wirtschaftsnahen Infrastruktur determiniert kommunale Standortqualitäten. Im Vordergrund steht die Sicherung überregionaler und lokaler Verkehrsanbindungen. Dabei gewinnt die Entwicklung von Verkehrslenkungskonzepten zur optimalen Nutzung aller Verkehrsträger an Bedeutung. Desweiteren übernehmen kommunale Ver- und Entsorgungseinrichtungen Funktionen des Infrastrukturausbaus.

Die Verknüpfung von Wirtschaftsförderungsinteressen und Zielen der Stadtentwicklung spiegelt sich in der konkreten zielgruppenorientierten Entwicklung von Standorten wider. Angesprochen sind hier Standortgemeinschaften vom Wissenschafts- und Forschungspark, über Technologie- und Gründerzentren bis hin zu kommunalen Gewerbehöfen. Gemein ist ihnen die Konzentration "von relativ jungen und zumeist neu gegründeten Stammunternehmen" sowie das mögliche Angebot zentraler Dienstleistungen. Dabei handelt es sich um Ver- und Entsorgungseinrichtungen oder insbesondere auch um qualitativ anspruchsvolle Kommunikationsinfrastrukturen vom zentralen Schreibdienst bis zum Datenverarbeitungszentrum und ISDN-Anschluß. In technologieorientierten Einrichtungen ist in der Regel auch eine Institution der Technologieberatung integriert. STERNBERG differenziert diese Standortgemeinschaften, die neben ihrer strukturpolitischen Aufgabe auch als Imageträger bedeutend sind, nach der Technologie- und Innovationsorientierung der angesiedelten Unternehmen.[74] Gewerbehöfe und Gründerzentren wenden sich in der Regel primär nicht an technologieorientierte Unternehmen. Zu den Gestaltungsinstrumenten gehört auch die Bereitstellung von Räumlichkeiten für Beschäftigungsinitiativen und Existenzgründern.

---

[73] Ausführliche Kataloge zu Instrumenten der kommunalen Wirtschaftsförderung finden sich bei HEUER (1985) und GRÄTZ (1983). CHRIST (1983) geht stärker auf die rechtliche Problematik einzelner Instrumente ein.

[74] Vgl. Sternberg, R.: a.a.O., 1988, S.86ff; sowie Sternberg, R: a.a.O., 1986, S.533-535

Abb.1: Instrumente kommunaler Wirtschaftsförderung
(verändert nach GRÄTZ (1983), HEUER (1985), NAßMACHER (1987) und STERNBERG (1988))

Instrument-typ	Instrument-bereich	Maßnahmen-ebene	Politikbereich
Analyse- und Planungsinstrumente (Strategien)	Amtl.Statistik Kommunalstatistik Erhebungen Gutachten	Bevökerungs-prognosen Struktur-analysen Arbeitsmarkt Flächenplanung Umweltplanung Marketingkonzepte Wirtschaftsförde-rungskonzepte	Deckung von Informations-bedarfen
Gestaltungs-instrumente	Gewerbeflächen-bereits-stellung	Ankauf/Verkauf Gewerbeflächen Vermietung Verpachtung Nutzungsrechte Brachenrecycling Gebote/Verbote Dispenstertei-lungen	Bestandspflege und Ansiedlungs-politik
	Ausbau wirtschafts naher Infrastruktur	Verkehrsplanung Verkehrslenkung Erschließung Ver-/Entsorgung kommunale Ver-/Entsorgungs-unternehmen	Bestandspflege und Ansiedlungs-
	Kommunale Gewerbehöfe Industrieparks Technologie-zentren	Angebot zentra-ler Dienste, insb.anspruchs-volle Kommuni-kationsinfra struktur Existenzgrün-dungsförd. Hochschulkoop.	Technologie-, Arbeitsmarkt-, Image-politik

Abb.1: Instrumente kommunaler Wirtschaftsförderung (Forts.)

Instrument-typ	Instrument-bereich	Maßnahmen-ebene	Politikbereich
Gestaltungs-instrumente	nicht finanz-gebundene Beschäftigungs förderung	Bereitstellung von Räumlich-keiten	Arbeitsmarkt-politik
	Ausbau haus-haltsnaher Infrastruktur	attraktive Wohnumfelder ÖPNV-Systeme	Imagepolitik
Wirtschafts-förderungs-instrumente im engeren Sinne, geringere Haushalts-effekte	Werbe- und Marketing-instrumente	Standort-prospekte (Gewerbeatlas, Messebesuche, Ausstellungen) Anzeigen Direktwerbung	Ansiedlungs-politik
	Beratungs-instrumente	Jahresberichte Betriebsbesuche Standortberat. Finanzberat. Info-Blätter Kontaktbüros Verhandlungs-hilfe	(Bestandspflege) (Ansiedlungspolitk) (Technologiepolitik) (Arbeitsmarktpolitik)
Wirtschafts-förderung instrumente im engeren Sinne, hohe Haus haltseffekte	steuer-, tarif-pol. Maßnahmen	Hebesätze Sondertarife	Haushalts-politik
	unternehmens-bezogene Finanzhilfen Förderung Be-schäftigungs-initiativen	Darlehen Zuschüsse Subvention Bürgschaften	
	kommunale Beteiligungs-gesellschaft	Beschäftigung Flächenrecyc-ling	
	Auftragsvergabe		

Bei den *Wirtschaftsförderungsinstrumenten im engeren Sinne* lassen sich zunächst Marketing- und Beratungsinstrumente von finanzpolitischen Instrumenten unterscheiden. Zu den Werbe- und Marketinginstrumenten gehören die Herausgabe von Standortprospekten, Förderungsfibeln, Gewerbeatlanten sowie die Teilnahme an Messen- und Ausstellungen. Bei der Werbung mittels Zeitungsanzeigen ist bezüglich der Reichweite und des Zeitungstyps (Tageszeitung, Fachzeitschriften) zu unterscheiden. Direktwerbung weist auf eine zielorientierte Ansprache von Unternehmen hin. Im Rahmen der Beratungsinstrumente stehen die detaillierte Beratung zu Standortproblemen und zu Finanzierungsfragen (Vermittlung von Förderprogrammen) im Vordergrund. Betriebsbesuche können zusätzlich zur Klärung von Standort- und Entwicklungsproblemen beitragen. Als ergänzende Maßnahmen fungieren Informationsblätter, Vorträge und Versammlungen. Beratung heißt aber vor allem die Übernahme einer Lotsenfunktion, so daß die Wirtschaftsförderung grundsätzlich erster Ansprechpartner für Unternehmer, Beschäftigungsinitiativen und Existenzgründer innerhalb der Kommunalverwaltung ist. Somit resultieren aus den Beratungsaufgaben Koordinierungsanforderungen, z.B. in bezug auf die Arbeitsverwaltung und die örtlichen Kreditinstitute.

Im Bereich des finanzpolitischen Instrumentariums muß zwischen der rahmensetzenden Steuer- und Tarifpolitik sowie den direkten unternehmensbezogenen Finanzierungshilfen unterschieden werden. Steuer- und Tarifpolitik beinhalten Entscheidungsspielräume im Rahmen des kommunalen Hebesatz- und des allgemeinen Satzungsrechtes. So können selbständig Gebühren und Nutzungstarife festgesetzt werden. Die Gewährung von Sondertarifen oder Stundung von Gebühren und Steuern im Rahmen der gesetzlichen Möglichkeiten (siehe insbesondere haushaltsrechtliche Bestimmungen, §§ 62, 66, 68, 72, 77 GO NW) sind bereits als direkte Finanzhilfen aufzufassen, zu denen außerdem unternehmensbezogene Zuschüsse, Darlehen und Bürgschaften zählen. Zielgruppen können sowohl ansiedlungswillige und ansässige Unternehmen, als auch Existenzgründer und Beschäftigungsinitiativen sein. Desweiteren müssen hier die subventionierte Veräußerung von Grundstücken, besondere Erbpachtregelungen und die Reduzierung von Erschließungsbeiträgen genannt werden.

Besonders haushaltswirksam werden auch kommunale Beteiligungsgesellschaften. Sie stehen im Zusammenhang mit der Etablierung von "public-private-partnerships"[75] und sollen die Koordinationsfähigkeit zwischen Verwaltung, weiteren Trägern öffentlicher Belange und Wirtschaft ausbauen helfen. "Public-private-partnerships orientieren sich auf spezifische Politikbereiche, z.B. Beschäftigungsförderung, Erschließung von Brachflächen oder aber auch Regionalisierung der Wirtschaftsförderung.

Während vor allem die Gestaltungs- und Beratungsinstrumente, als strategisches Potential des Wirtschaftsförderungsinstrumentenkastens anerkannt sind, ist die Zulässigkeit von direkten, einzelne Akteure begünstigenden Förderinstrumenten umstritten. Dazu haben haben auch widersprüchliche politische und rechtliche Vorgaben beigetragen. Der nordrhein-westfälische Runderlaß vom

---

[75] HARDING weist auf die bis heute nicht eindeutige Definition der "public private partnerships hin. Allgemein kann von einer institutionalisierten Kooperation von kommunalen oder staatlichen Instanzen mit der privaten Wirtschaft zum Zwecke einer Programmentwicklung und/oder Programmumsetzung ausgegangen werden; siehe Harding, A.: Public-Private Partnerships in Urban Regeneration. In: Campell, M.: Local Economic Policy. London 1990, S. 108f.

13.12.1961 erklärt, daß direkte Fördermaßnahmen, "analog den Förderungsplänen von Bund und Land", nicht zum Aufgabenbereich der kommunalen Wirtschaftsförderung gehören.[76]

Grundsätzlich problematisch bleibt die bewußte Bevorzugung einzelner Akteure mittels Subvention, da hier ein Verstoß gegen den Grundsatz der Gleichbehandlung (Art. 3 GG) vorliegen kann. Die Entschließung der Wirtschaftsministerkonferenz vom 27./28.08.1980 hält zwar direkte kommunale Wirtschaftsförderung für zulässig, beschränkt diese jedoch "auf wenige Ausnahmefälle".[77] Seit dem 11. Rahmenplan zur Gemeinschaftsaufgabe werden die Kommunen bezüglich direkter Wirtschaftsförderungsinstrumente an Bundes- und Landestreue erinnert.[78]

Zusätzliche Beschränkungen ergeben sich im europarechtlichen Kontext. Art. 92 Abs. 1 EWGV sieht "Beihilfen, die durch Begünstigung bestimmter Unternehmer oder Produktionszweige den Wettbewerb verfälschen oder zu verfälschen drohen" als mit dem Gemeinsamen Markt unvereinbar an. Allerdings öffnet Art. 93 Abs. 3 (1) EWGV den Weg für Ausnahmeregeln. Hier haben sich dann "Beihilfen von geringer Bedeutung" etablieren lassen.[79]

Ein klärendes Wirtschaftsförderungs-Rahmengesetz konnte bisher in keinem Bundesland vorgelegt werden. Solche Versuche sind bisher immer an dem Vorhaben, Rahmenbedingungen für direkte Wirtschaftsförderung zu definieren sowie Probleme in bezug auf Bürgschaften und Interventionen bei drohenden Arbeitsplatzverlusten zu klären, gescheitert. Zielkonflikte kommunaler Wirtschaftsförderung berühren also bereits die Ausgestaltung des Instrumentenkastens. Die Instrumentenwahl und -kombination sind entscheidend von der Zieldiskussion innerhalb der einzelnen Politikfelder abhängig.

3. Zieldefinitionen und Handlungskonzepte in der kommunalen Wirtschaftsförderung

Die Auseinandersetzung mit den konkreten Zielsetzungen der kommunalen Wirtschaftsförderung verlangt zunächst eine Klärung der Begriffe *Ziel*, *Maßnahme*, *Programm* und *Leitbild*, die eng miteinander verknüpft sind. *Ziele* sind "normative Elemente eines Entscheidungsprozesses". Sie formulieren angestrebte zukünftige Zustände, die "durch konkretes Verwaltungshandeln erreicht" werden können.[80] *Programme* zeichnen Maßnahmen nach Art, Raum und Zeit zum Zweck der Erreichung von Zielen auf. Programme enthalten mit der Maßnahmenwahl zur Zielerreichung eine strategische Komponente. *Maßnahmen* können im Rahmen eines Programms als Handlungsschema für die "Zielrealisierung" im Rahmen charakterisiert werden. *Handlungen* beschreiben die konkreten Tätigkeiten unter Einsatz von Instrumenten entlang der Maßnahmenpläne.

---

[76] Vgl. Knemeyer, F.-L.: Möglichkeiten und Grenzen kommunaler Wirtschaftsförderung. In: Knemeyer, F.-L.; Schäfer, D.; von der Heide, H.-J.: Kommunale Wirtschaftsförderung. Stuttgart 1981, S.7-21, sowie Lange, K.: a.a.O., 1981, S.97ff

[77] WMK-Vorlage vom 28.08.1980

[78] Naßmacher, H.: a.a.O., 1987, S.143; vgl. auch 18. Rahmenplan der Gemeinschaftsaufgabe "Verbesserung der regionalen Wirtschaftsstruktur". BT-Drucksache 11/5099

[79] Vgl. Cuny, R.: Die Bestandspflege rückt in den Vordergrund. In: Wirtschaftsdienst, 1987, S.34-39.

[80] Benzing, A. et.al.: a.a.O. 1978, S.236ff; vgl. auch Boesler, K.-A.: Raumordnung. Darmstadt 1982, S.77ff.

Die Differenzierung zwischen unterschiedlich konkreten Zielen ermöglicht schließlich die Entwicklung von tendentiell hierarchisch geordneten Zielsystemen. In der Regel stehen lehrformelartige Leitsätze am Anfang und quantifizierbare Zielkriterien am Ende der Zielkette. Im Rahmen kommunalpolitischer Zielformulierungen fehlt allerdings bis heute weitgehend ein Operationalisierungskonzept.[81]. Ein umfassendes weitgehend konfliktfreies und mittels Erfolgskontrollen überprüfbares Zielsystem kann gerade für die kommunale Wirtschaftsförderung nicht angeboten werden. Die Festlegung detaillierter quantitativer Zielkriterien wird zwar von der Planungstheorie gefordert, ist aber in der Realität politisch nicht durchsetzbar.[82]

3.1 Oberziel und Hauptziele

3.1.1 Das Oberziel der "kommunalen Wohlstandsmehrung"

Das Oberziel kommunaler Wirtschaftsförderung leitet sich direkt aus den durch die kommunale Selbstverwaltung vorgegebenen Handlungsspielräumen ab. Im Rahmen der kommunalen Daseinsfürsorge verfolgt auch die kommunale Wirtschaftsförderung das Oberziel der "Mehrung des Wohlstandes für die Kommune und ihrer Mitglieder".[83] Mit dieser leitbildorientierten Zielformulierung wird auf die ressortübergreifende Querschnittsaufgabe abgehoben. Der Begriff der "Wohlstandsmehrung" bleibt zunächst ungeklärt. Er kann sowohl allgemein als Erhaltung und Verbesserung von Lebensqualität als auch in Bezug auf einzelne Einkommens- und Arbeitsmarkteffekte interpretiert werden. Während die außerökonomische Zielkomponente der Lebensqualität sich an den Interessen der Wohnbevölkerung orientiert, sind die ökonomischen Zielaspekte vornehmlich auf die privaten Unternehmer ausgerichtet.[84] Die Förderung von Unternehmen soll letztendlich aber auch der ortsansässigen Bevölkerung vermehrten Nutzen einbringen. ZILL sieht hier sogar eine Gleichsetzung von "lokaler Wohlfahrt" mit der "Prosperität der ortsansässigen Firmen".

Die sich hier andeutenden Zielkonflikte und Koordinierungsprobleme zwischen unternehmerischen Interessen und Aspekten der Lebensqualität signalisieren die Schwierigkeit, über einzelne Zielfelder hinausgehend zu einem umfassenden Zielsystem in der kommunalen Wirtschaftsförderung zu gelangen. Der Begriff der Wohlstandsmehrung wird problematisch, wenn auf Wohlfahrtsziele abgehoben wird. Verwiesen sei hier auf die Diskussion im angelsächsischen Raum, wo Wohlfahrtziele primär Umverteilungsprobleme in den Vordergrund politischen Handelns stellen.[85]

---

[81] Vgl. Meise, J.; Volwahsen, A.: Stadt- und Regionalplanung. Ein Methodenhandbuch. Braunschweig 1980, S.89-122; Jägemann, H. B.: Zielbildungsprozesse in der Stadtplanung. Planungstechniken und -strategien aus planungstheoretischer Perspektive. Frankfurt a. M., 1977, S.35-48; BMBau (Hrsg): Methoden und Möglichkeiten der Erfolgskontrolle städtischer Entwicklungsmaßnahmen. Bonn 1977, S.70-94.

[82] Vgl. exemplarisch Meise, J.; Volwahsen, A.: a.a.O., 1980, S.89-122

[83] vgl. aufgabenbezogene Definitionsansätze zur kommunalen Wirtschaftsförderung, KELM (1973); HEUER (1985).

[84] GRÄTZ weist auf die nicht unproblematische Dualität dieser wohlstandsorientierten Zieldefinitionen hin. Vgl. Grätz, C.: a.a.O., 1983, S.13.

[85] vgl. z.B. Duncan, S.; Goodwin, M.: The Local State and Uneven Development. Oxford 1988.

MILBRADT vermeidet die "Wohlstandsdefinition", in dem er die ökonomischen Zielaspekte in den Vordergrund stellt und die "Sicherung und Weiterentwicklung der ökonomischen Lebensgrundlagen" als das Oberziel der kommunalen Wirtschaftsförderung formuliert.[86]

3.1.2 Hauptziele kommunaler Wirtschaftsförderung

Die Präzisierung des "Wohlstandsmehrungsziels" erfolgt für die kommunale Wirtschaftsförderung primär im ökonomischen Zielbereich. Allgemein werden drei Hauptziele abgeleitet:[87]

(1) Sicherung und Schaffung von Arbeitsplätzen
(2) Erhaltung und Schaffung einer ausgewogenen Wirtschaftsstruktur
(3) Stärkung der Wirtschafts- und Finanzkraft
Einkommensteueranteil aufgrund des zusätzlichen Arbeitsplatzangebotes im Vordergrund.

Die **"Sicherung und Schaffung von Arbeitsplätzen"** steht allgemein im Mittelpunkt der kommunalen Wirtschaftsförderungskonzeptionen. 87,0 % der Kommunen mit mehr als 50.000 Einwohnern nannten diese Zielsetzung in einer Studie von HEUER.[88] Das Arbeitsplatzziel beinhaltet vor allem die Prioritätensetzung zwischen Ansiedlungsbemühungen und Bestandspflege des örtlichen Unternehmertums. Bis in die achtziger Jahre hinein stand die Schaffung von neuen Arbeitsplätzen im Vordergrund. Mittels Neuansiedlungen sollte zu einer Beseitigung von Strukturproblemen Arbeitzplatzdefiziten beigetragen werden. Maßnahmen zur Betreuung und Förderung ortsansässiger Unternehmen rückten erst im Verlaufe der letzten zehn Jahre in den Mittelpunkt der Arbeitsplatzsicherung.

Seit Mitte der siebziger Jahre ist für die Bundesrepublik Deutschland ein abnehmendes interregionales Um- und Ansiedlungspotential zu beobachten. Spektakuläre Ansiedlungsfälle werden zu singulären Ereignissen. Pohl mißt die geringe Neuansiedlungsneigung an der Tatsache, daß nur noch 10 bis 20 % der kommunalen Gewerbeflächen für Neuansiedlungen bereitgestellt werden.[89] Der strategische Kurswechsel hin zur verstärkten Bestandspflege vollzieht sich trotzdem bisher nur schleppend. Gewerbepolitische Probleme werden meistens noch reaktiv bearbeitet.

Das Ziel der **"Erhaltung und Schaffung einer ausgewogenen Wirtschaftsstruktur"** ist eng mit der Arbeitsplatzsicherung verknüpft. Es orientiert sich vor allem an der langfristigen Stabilität des Arbeitsplatzangebotes. Es beinhaltet die bewußte Förderung und Vernachlässigung einzelner Wirtschaftsbranchen. Das strukturpolitische Hauptziel findet sich im Vergleich zum Arbeitmarktziel weniger häufig in kommunalen wirtschaftspolitischen Leitlinien. Es ist auch auf die damit verbundenen Bewertungsprobleme zurückzuführen. Zu klären ist, in welchem Umfang Arbeitsplatzerhaltungssubventionen zu vertreten sind und welche Wirtschaftsbranchen durch ihre Wachstumschancen insbesondere zu einer Stabilisierung des Arbeitsmarktes beitragen sollen.

---

86 Milbradt, G.: Die Kommunen - Motor der Wirtschaftsentwicklung ? Manuskript zum Vortrag vom 24.06.1988. Köln 1988.
87 vgl. Grätz, C.: a.a.O., 1983, S.13ff.
88 vgl. Heuer, H.: a.a.O., 1985, S.28ff.
89 nach den Umfrageergebnissen von Pohl,M.: a.a.O., 1988, S. 106.

Das Ziel der "**Stärkung der Wirtschafts- und Finanzkraft**" spielte vor allem bis Mitte der siebziger Jahre im Rahmen der Ansiedlungspolitik eine entscheidende Rolle. Steuerrechtsänderungen wie die Abschaffung der Lohnsummensteuer und die Erhöhung von Freibeträgen haben die Gewerbesteuer "quasi zu einer reinen, fast nur noch den Gewinn besteuernden Großbetriebssteuer" werden lassen.[90] Vor allem struktureller Anpassungsdruck schränkt in strukturschwachen Regionen die Spielräume der Hebesatzpolitik ein. Seit Mitte der achtziger Jahre zwingt der drastische Anstieg der kommunalen Sozialausgaben zu einem Gegensteuern mittels aktiver kommunaler Wirtschaftspolitik. Die Schaffung und Erhaltung von Arbeitsplätzen im Verständnis einer Vermeidung zusätzlicher Arbeitslosigkeit und damit zunehmender Sozialleistungsverpflichtungen wird gleichzeitig zu einem Ziel der "Erhaltung der kommunalen Finanzkraft".

Die hier nur skizzenhafte Charakterisierung der Hauptziele kommunaler Wirtschaftsförderung deutet eine Reihe von Zielkonflikten an, die sich auf der Ziel-Mittel-Ebene besonders auswirken:

a) Die Sicherung und Schaffung von Arbeitsplätzen beinhaltet gleichzeitig eine strukturpolitische Entscheidung.

b) Die Förderung bzw. Nichtförderung unternehmerischer Interessen, insbesondere in bezug auf die Beseitigung von betrieblichen Entwicklungshemmnissen ist auch eine Entscheidung über die örtlichen Lebens- und Arbeitsbedingungen

c) Haushaltspolitische Spielräume müssen bei einer angestrebten Entlastung der Sozialetats verstärkt für investive Ausgaben genutzt werden können. Auch die Ausgabenpolitik hat strukturpolitische Wirkung.

3.2 Die strategisch-konzeptionelle Bedeutung von Wirtschaftsstruktur- und Arbeitsmarktzielen

Mit den Wirtschaftsstruktur- und Arbeitsmarktzielen wird der Kernbereich wirtschaftspolitischer Entscheidungsprozesse angesprochen. Im Vordergrund stehen Selektionsprozesse der Förderung und Vernachlässigung von Wirtschaftsbranchen und Zielgruppen.

3.2.1 Wirtschaftsstrukturziele

Wirtschaftsstrukturziele bewerten die Bedeutung und Dringlichkeit von strukturellen Anpassungsprozessen. Im Vordergrund steht die nachvollziehbare Wahl von Zielgruppen, auf die das wirtschaftspolitische Instrumentarium angewendet werden soll. Ansiedlungspolitik und Bestandspflege sind gleichermaßen von der Zielgruppenselektion betroffen.

POHL spricht von einer sektoral orientierten Strategieentwicklung, welche die regionale strategische Komponente (Neuansiedlung/Bestandspflege) überlagert. Angesprochen wird in diesem

---

[90] Klein, R. R.: Stadtfinanzen am Ende oder kommunalfinanzpolitische Wende. In: Hesse, J. J.: Erneuerung der Politik von "unten"?. Stadtpolitik und Selbstverwaltung im Umbruch. Opladen 1986, S.62ff.

Zusammenhang vor allem die zunehmende Tertiärisierung innerhalb des verarbeitenden Gewerbes. Während in den Industriegruppen Maschinenbau, Elektrotechnik/Feinmechanik sowie Schiff-, Luft- und Raumfahrzeugbau der Anteil tertiärer Aktivitäten mittlerweile bei 25 % liegt, beträgt dieser in den Branchen Chemie sowie Nahrungs- und Genußmittel bereits deutlich über 30 %.[91]

Eine strukturpolitisch orientierte und motivierte Zielgruppengruppenwahl strebt eine Schaffung und Sicherung von innovationsorientierten, langfristig gesicherten Arbeitsplätze an. Gleichzeitig wird auf einen wachstumsorientierten Branchenmix abgehoben. Die Förderung von Schlüsseltechnologien spielt dabei eine zentrale Rolle. Sie sind Grundlage technologischen Fortschritts und ermöglichen mittels verbesserter Kosten-Nutzen-Verhältnisse die Erschließung neuer Absatzmärkte. BURBERG ET.AL. nennen Biotechnologie, Umweltschutztechnologie, Medizintechnik, Mikroelektronik, Lasertechnnologie und Kommunikationstechnologien als die wichtigsten Schlüsseltechnologien.[92]

Für die Ermittlung von Zielgruppen einer auf Strukturstabilisierung und -verbesserung ausgerichteten Wirtschaftsförderung werden in der Regel sehr technokratisch-mechanistische Operationalisierungskonzepte diskutiert. Sie erfordern jedoch eine Informationsdichte, die auf betrieblichen Einzeldaten aufbaut und daher im Rahmen des Verwaltungshandelns kaum realisierbar sind.

Ein möglicher Lösungsansatz ist die Förderung von Einzelprojekten. Dabei ist z.B. an Standortgemeinschaften für einzelne Wirtschaftszweige und Technologien zu denken. Sie sind durch das Angebot entsprechender Infrastrukturen (von der lokalen Verkehrsanbindung bis ggf.Teleport) zu entwickeln und im Rahmen eines konsequenten Standortmarketings zu vermitteln. Eine entscheidende Rolle spielt das Beratungsinstrumentarium (insbesondere Technologieberatung und Förderung des Technologietransfers) Voraussetzung sind sehr detaillierte Kenntnisse über die spezifischen Forschungs- und Technologieangebote in der Kommune und in der Region. Die spezialisierte Technologieförderung ist auch in bezug auf das Ziel "Sicherung der Wettbewerbsfähigkeit" nicht zu unterschätzen.

Instrumente der Außenhandelsförderung, z.B. spezialisierte Aquisitionsstrategien oder die Einrichtung von Kontaktbüros, leisten ebenfalls einen Beitrag zu strukturpolitischen Entwicklungsstrategien. Im Bereich der Dienstleistungförderung ist der "Ausbau zentralörtlicher Funktionen" eine wichtige Zielsetzung.

Die Analyse strukturpolitischer Ziele der kommunalen Wirtschaftsförderung muß zu ermitteln versuchen, wie konkret spezifische Zielgruppen angesprochen werden, und welche "Angebote" diesen unterbreitet werden. Es geht damit um die gezielte inhaltliche Beschreibung einzelner Wirtschaftsförderungsinstrumente. Es muß sich zeigen, ob und wie eine Kommune versucht, im Rahmen der angestrebten Verbesserung der Wirtschaftstruktur auf eine Besetzung von Nischen als Ausweis "des Besonderen" abzuheben. Es ist z.B. zu unterscheiden, ob ein "Technologiepark" nur als Standortgemeinschaft angeboten wird oder ob begleitende Maßnahmen wie z.B. die Kooperation mit Hochschulen vorgesehen sind.

---

[91] Pohl, M.: a.a.O., 1988, S. 103ff.
[92] Vgl. Burberg, P.-H.; Michels, W.; Sallandt, P.: Zielgruppenorientierte kommunale Wirtschaftsförderung. Münster 1983, S.105.

Im Rahmen einer konsequenten strukturpolitischen Orientierung muß auch bedacht werden, inwieweit Wirtschaftsförderungsinstrumente zum Erhalt wenig überlebensfähiger Unternehmen eingesetzt werden. Konfliktpotentiale zwischen den strukturpolitischen Zielsetzungen und dem Arbeitsplatzziel sind nicht zu übersehen.

Eine kommunalpolitische Zieloperationalisierung bleibt unbefriedigend. Zielkriterien lassen sich problemlos aufstellen, können sich aber im kommunalpolitischen Entscheidungsprozeß kaum behaupten, da es nicht im Interesse der politischen Akteure liegt, Ziele ex ante exakt festzulegen.[93] Des weiteren sei auf Probleme der Informationssicherung hingewiesen (siehe Abb. 2).

3.2.2 Arbeitsmarktziele

Arbeitsmarktziele orientieren sich an der Beeinflussung regionaler Arbeitsmärkte. Als Zielkriterien sind die regionale Arbeitslosenquote, der Anteil der Langzeitarbeitslosigkeit sowie die nachgefragte und angebotene Qualifikationsstruktur der Beschäftigten zu nennen. Grundsätzlich muß zwischen Qualifikations- und Arbeitsmarktzielen unterschieden werden.

Arbeitsmarktziele sind an einer Erhöhung des Beschäftigungsstandes orientiert. Ihre Problematik liegt im direkten Eingriff in die Arbeitsmärkte. Mit der Förderung von Beschäftigungsinitiativen wird von kommunaler und staatlicher Seite künstlich ein Arbeitsplatzangebot geschaffen. Je nach Tätigkeitsfeld der Beschäftigungsinitiativen besteht auch die Gefahr marktmotivierte Initiativen zu verdrängen.[94] Neben dem Abbau von Arbeitslosigkeit oder der Schaffung von sozialversicherungspflichtigen Arbeitsverhältnissen liegt auch eine strukturpolitische Dimension in der Selektion von förderungswürdigen Beschäftigungsprojekten. Arbeitsmarktziele können sowohl qualitativ als auch quantitativ beschrieben werden.

Arbeitsmarktziele, die sich an Qualifikationszielen orientieren, sind gleichzeitig strukturpolitisch motiviert. In der Regel wird auf Qualifizierungsangebote abgehoben.

3.3 Zum Begriff des "Handlungskonzeptes"

Der Begriff des "Handlungskonzeptes" ist strategischer Natur und enthält neben einer impliziten Zielordnung Handlungsanweisungen für die Umsetzung von Einzelzielen und Zielebenen. Das strategische Element kommt vor allem in der Definition von Handlungspräferenzen zum Ausdruck. Desweiteren spielen konkrete Zielbeschreibungen, die sowohl Umsetzungsvorschriften als auch Begriffkategorien enthalten können, eine entscheidene Rolle.

---

[93] Vgl. Naßmacher, H.: a.a.O., 1987, S.61-74.
[94] Heuer (1985) ordnet arbeitsmarktpolitische Initiativen der Sozialpolitik zu. Vgl. auch Göb, R.: a.a.O., 1987, S.66ff.

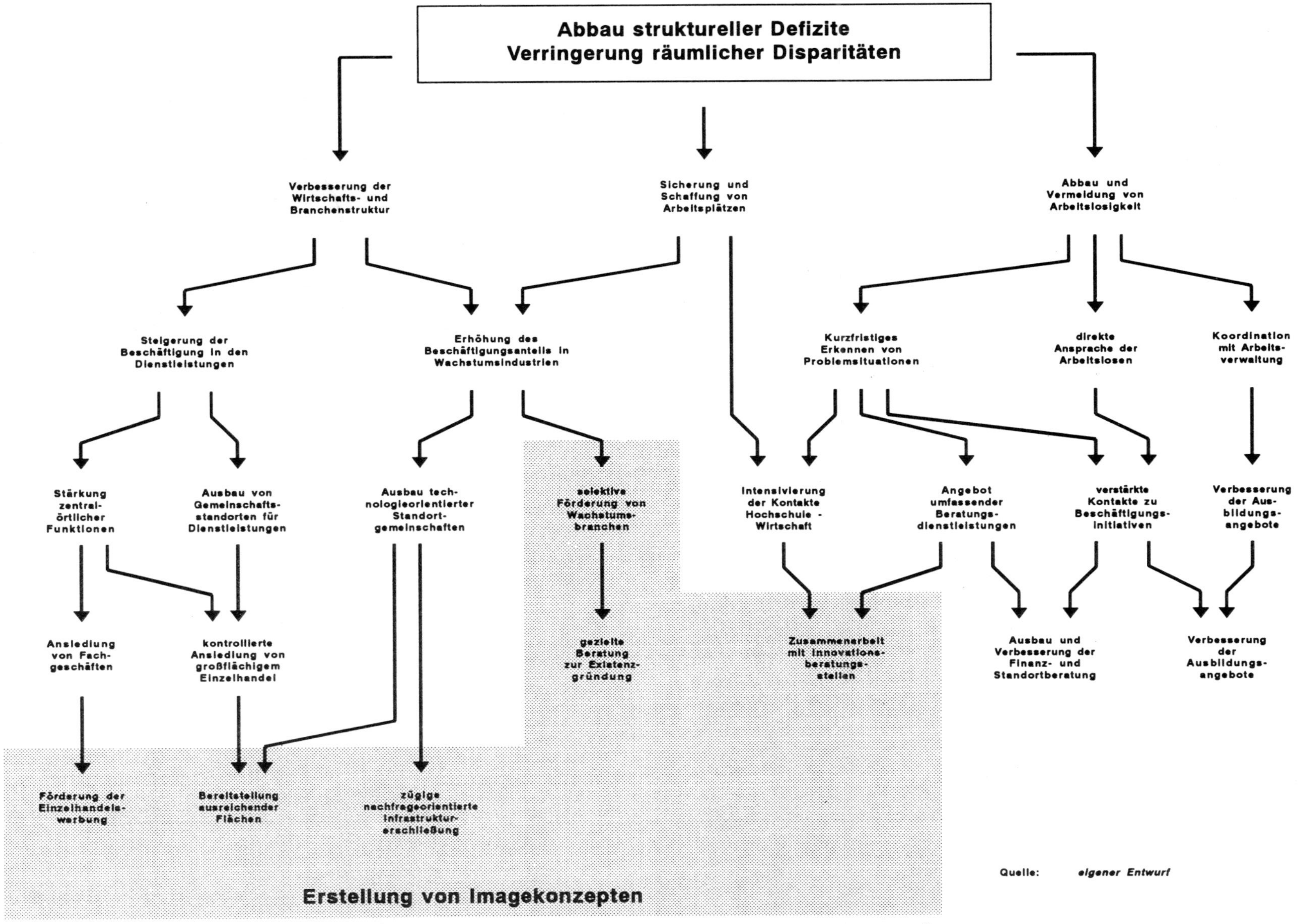

Abb. 2: Beispiel: Zielsystem "Abbau struktureller Defizite"

Nach MEISE und VOLWAHSEN gehen Konzepte "über Ziele hinaus", indem sie auf einen zeitlichen Ablauf zum Erreichen der Ziele abheben. Konzepte legen also einen Arbeitsplan zur Zielumsetzung vor. Sie formulieren Aufgaben und Handlungsspielräume. VON ROHR faßt den Konzeptbegriff wie folgt zusammen: "Ein Konzept betrifft zusammengefaßt das zeitliche Zusammenspiel aller erforderlicher Entscheidungen und Handlungen, um eine gestellte Aufgabe im Sinne der damit verbundenen Ziele zu erfüllen".[95] STORBECK unterstreicht den Umstand, daß "Konzepte im Gegensatz zu Konzeptionen keine konfliktfreie und eindeutig nach Prioritäten geordnete Zielumsetzung enthalten können[96]. Es handelt sich um Strategieentwürfe sowie Bewertungen von möglichen politischen Handlungs- und Entscheidungsmustern.

Handlungskonzepte der Wirtschaftsförderung, folgt man dem allgemeinen Typisierungsansatz nach VON ROHR, sind sowohl planungs- bzw. strategie- , als auch umsetzungsorientiert. Im Vordergrund steht eine rahmensetzende Vorbereitung von wirtschaftspolitisch orientierten Entscheidungen und damit auch die Diskussion von Entscheidungsvarianten.

Der Begriff des "Handlungskonzeptes" ist aus formalistischer Sicht weit zu fassen. Er bezieht sich sowohl auf von den Legitimatoren zur Kenntnis genommenen oder verabschiedeten Textdokumenten, als auch auf verwaltungsinterne Strategiepapiere. Desweiteren sind Handlungskonzepte auch durch die Setzung politikfeldbezogener Prioritäten und der konkreten Reihung von Entscheidungsabläufen innerhalb des Verwaltungshandelns charakterisiert.

3.4 Politische Aktionsfelder im Rahmen der Wirtschaftsstruktur- und Arbeitsmarktziele

Politische Aktionsfelder sind durch abgrenzbares, strategisches politisches Entscheidungshandeln gekennzeichnet. Eine Wichtung zwischen einzelnen politischen Aktionsfeldern findet über die Definition und Ordnung von Zielen statt.

Im Vordergrund steht zunächst die Festlegung einer regionalen Dimension, die auf eine strategieorientierte Wichtung zwischen Ansiedlungspolitik und Bestandspflege hinausläuft.[97] Das Verhältnis zwischen diesen beiden Politikbereichen kann nur über die sie steuernden Einflußgrößen geklärt werden. Dabei ist auch auf mögliche Zielgruppenorientierungen einzugehen.

Arbeitsmarkt- und Beschäftigungspolitik eröffnen Handlungsspielräume für eine sektorale Politikentwicklung. Die vorliegende Arbeit konzentriert sich hier auf strukturpolitisch motivierte Selektionen und Arbeitsmarkteffekte innerhalb der direkten Beschäftigungsförderung sowie die Ansätze einer kommunalen Technologiepolitik. Dabei wird insbesondere auf die strukturpolitische und konzeptionelle Bedeutung von technologieorientierten Standortgemeinschaften einzugehen sein.

Abb.3 versucht Zusammenhänge zwischen wirtschaftspolitischer Zielhierarchie, Verwaltungshandeln und Verflechtungen mit betroffenen politischen Aktionsfeldern darzustellen. Sie skizziert auch den

---

[95] vgl. Rohr, H.-G. von: Angewandte Geographie. Braunschweig 1990, S.121.
[96] Storbeck spricht abstrakt von einem "unvollkommenen Rationalitätsanspruch" der Konzepte, vgl. Storbeck, D.: Konzepte der Raumordnung in der Bundesrepublik. In: Grundriß der Raumordnung. Hannover 1982, S.227.
[97] Auf die Differenzierung nach regionaler und sektoraler Systematik der Wirtschaftsförderungskonzepte wurde bereits hingewiesen, vgl. Pohl 1988, S.103.

Abb.3:

Kommunale Wirtschaftsförderung

Ziele und Politikbereiche

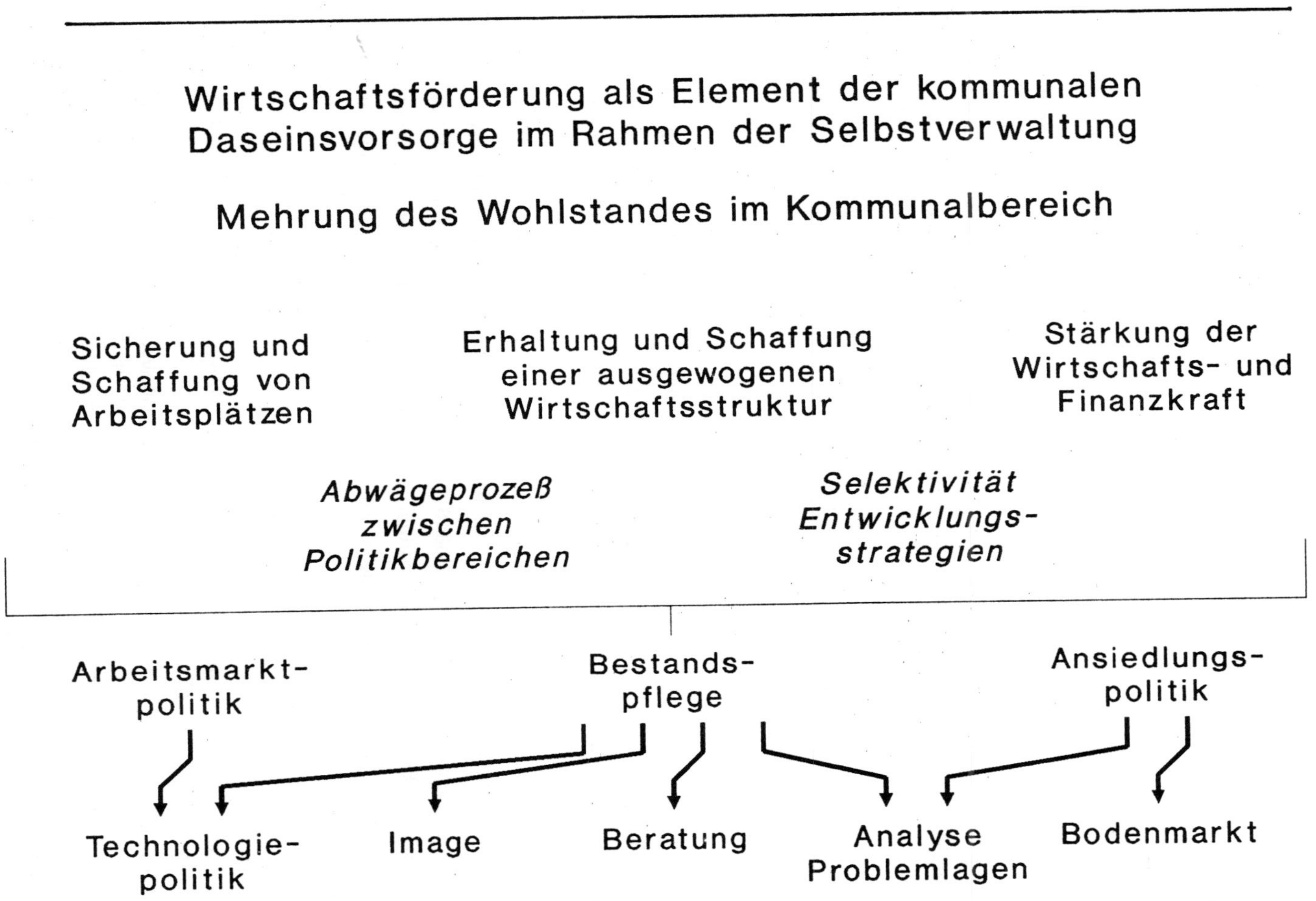

Wirtschaftsförderung als Element der kommunalen
Daseinsvorsorge im Rahmen der Selbstverwaltung

Mehrung des Wohlstandes im Kommunalbereich

| Sicherung und Schaffung von Arbeitsplätzen | Erhaltung und Schaffung einer ausgewogenen Wirtschaftsstruktur | Stärkung der Wirtschafts- und Finanzkraft |

Abwägeprozeß zwischen Politikbereichen   *Selektivität Entwicklungsstrategien*

Arbeitsmarktpolitik → Image
Technologiepolitik → Beratung
Bestandspflege → Analyse Problemlagen
Ansiedlungspolitik → Bodenmarkt

analytischen Rahmen der vorliegenden Arbeit. Die einzelnen politischen Aktionsfelder bzw. Politikbereiche können mit dem Instrumentenkasten der Wirtschaftsförderungspolitik verknüpft werden (vgl. auch Abb.1).

3.4.1 Ansiedlungspolitik

Die kommunale Ansiedlungspolitik ist grundsätzlich vor dem Hintergrund eines ständig abnehmenden interkommunalen Ansiedlungspotentials zu bewerten. Verläßliche Daten liegen nur für die siebziger Jahre vor. GANSER schätzt den Anteil neu errichteter und verlagernder Betriebe in der zweiten Hälfte der siebziger Jahre auf 0,1 % des Bestandes.[98] Seit Beginn der achtziger Jahr ist noch von einem Ansiedlungspotential von 200 Betrieben im Jahr auszugehen.[99] Standortentwicklung und Standortmarketing sind die Steuerungsgrößen ansiedlungsorientierter Strategieansätze (Abb. 4).[100]

Die Handlungsspielräume der Standortentwicklung werden primär durch die Bereitstellung von Gewerbeflächen abgesteckt. Bauleitplanung, Liegenschaftswesen und Infrastrukturpolitik setzen damit entscheidene Daten für die Wirtschaftsförderungspolitik.[101] Im Mittelpunkt steht die größtmögliche Einflußnahme auf den kommunalen Bodenmarkt, dessen Angebots- und Nachfragestrukturen durch die Bodenmarktpreisbildung abgebildet werden.[102] Eine auf Gewerbeansiedlung abzielende Bodenvorratspolitik ist abhängig vom Potential disponibler Flächen. Es wird durch den Erweiterung- und Verlagerungsdruck ansässiger Unternehmen und zunehmende Flächenumwidmungen, vor allem im Rahmen verschärfter Umweltschutzbestimmungen, begrenzt. In diesem Zusammenhang rücken als flächenbezogene Gestaltungsinstrumente die Vergabe von Nutzungsrechten, Geboten und Verboten in den Vordergrund.

Die Entwicklung neuer Standorte geht über die Ausweisung und Erschließung von Flächen hinaus. Eine Reihe von Einflußfaktoren ist zu berücksichtigen. Zunächst wirken unvereinbare Planungshorizonte zwischen der unternehmerischen Investitionsplanung und den wenig flexiblen öffentlichen Planungsprozessen. Desweiteren werden selten konkrete Standortkonzeptionen erarbeitet. Sie werden durch Bargaining-Prozesse behindert, die zumeist jenseits der legitimierenden Ratsarbeit ablaufen. Ferner fehlen oftmals die finanziellen Mittel für eine vorrausschauende Bodenvorratspolitik. Die Liegenschaftsämter können meistens erst während der Bauleitverfahren tätig werden. Es ist auch im Sinne einer Konfliktvermeidung zu verstehen. Mögliche Planungskonflikte sollen nicht voreilig einen Hemmfaktor einer beabsichtigten Standortentwicklung signalisieren.

---

[98] Ganser, K.: Großräumige und kleinräumige Konflikte bei Verteilung von Arbeitsplätzen. In: Stadtbauwelt 1978 (57), S. 24ff.

[99] vgl. GEWOS (Hrsg): Strukturelle Anpassung altindustrieller Regionen. Hamburg 1989, S.20ff.

[100] Vgl. Stelzer-Rothe, T.: Das Konzept der Wirtschaftsförderung der Stadt Köln. In: Kölner Forschungen zur Wirtschafts- und Sozialgeographie, Bd. 35, 1988, S.163-178; Roesler, K.: Klassische Tätigkeitsfelder der Wirtschaftsförderung und Veränderungen des Aufgabenfeldes. Bonn 1983.

[101] Vgl. Heuer, H.: a.a.O., 1985.

[102] H. NAßMACHER hebt das zentrale Steuerungspotential der Bodenmärkte mit einem Zitat von PETERSON hevor: "Land is the faktor of production which cities exercise the greatest control", vgl. Naßmacher, H.: a.a.O., 1987, S.157.

Im Rahmen der kommunalpolitischen Legitimation wird in der Ausweisung von Ansiedlungsflächen als "Aktivitätsnachweis" für ein hinreichendes Ansiedlungsbemühen interpretiert. Dies ist insbesondere für Städte mit größeren Beschäftigungsproblemen und eher mäßigen Ansiedlungserfolgen zu beobachten.[103] Die Entwicklung neuer Standorte wird von den lokalen Akteuren zumeist als ein Anreizprogramm aufgefaßt. Die Problematik fehlenden Ansiedlungspotentials wird oftmals heruntergespielt. Die Bauleitplanung ist dabei in der Versuchung, sich eher an Wunschwerten als an der realen Nachfrage zu orientieren. HEUER lehnt die Festlegung von quantitativen Flächenpotentialen als Vorgabe einer kommunaler Bodenvorratspolitik ab. Unterschiedliche Flächenqualitäten, betriebsspezifische Bedürfnisse sowie die Gemengelagenproblematik erschweren solche Potentialabschätzungen.[104]

Strukturpolitische Leitbilder werden in bezug auf die ansiedlungspolitische Flächenbereitstellung bisher eher vernachlässigt. GÖB formuliert den Ausbau und die Veränderung von Standorten als Merkmal einer flächenbezogenen Strukturpolitik.[105] Ein Ansatz ist die Entwicklung von Standortgemeinschaften, die durch eine herausragende, auch branchenspezifische Infrastruktur, und besondere städtebauliche Gestaltungsformen gekennzeichnet sind. Sie können damit zu einer Verbesserung des kommunalen Images beitragen. Die von der LEG Nordrhein-Westfalen[106] als Standortentwicklungsprojekte begonnene Initiative "Arbeiten im Park", die auch im Rahmen der IBA Emscherpark[107] aufgegriffen wird, zielt auf die Entwicklung von Gewerbegebieten, die sowohl bezüglich ihrer landschaftlichen Gestaltung als auch ihrer städtebaulichen Konfigurationen eine imageorientierte Signalwirkung entfalten können. KAHNERT betont hier insbesondere Strategien einer selektiven Belegungspolitik und zeigt damit die mögliche strukturpolitische Dimension der Standortentwicklung auf. In diesem Zusammenhang wird auch auf Ausstrahlungseffekte auf das Standortumfeld angespielt. Desweiteren läßt der steigende Anteil tertiärer Betriebe sowie die zunehmende Bedeutung tertiärer Funktionen innerhalb des sekundären Sektors neue Qualitätsanforderungen für Standorte definieren. Sie sind für Technologieparks mit ihrem sehr spezifischen Adressatenkreis und ihrer anspruchsvollen Infrastrukturaustattung am höchsten. Selektionsstrategien der Standortentwicklung geben entscheidende Hinweise auf strukturpolitische Akzente der kommunalen Wirtschaftsförderung.

Die Problematik des Brachflächenrecycling berührt vor allem eine mittel- bis langfristige Mobilisierung von Gewerbeflächen. ESTERMANN definiert als Brachland "Flächen, die aufgrund ihrer Lage, ihrer natürlichen Bedingungen oder wegen ihrer ehemaligen Nutzungen nicht mehr wirtschaftlich genutzt werden können, weil die Kosten einer Erschließung oder Aufbereitung im Verhältnis zu einem möglicherweise auf dieser Fläche zu erzielenden Gewinn zu hoch sind".[108] 1985

---

103 Vgl. Naßmacher, H.: a.a.O., 1987, S.297f.
104 Vgl. Heuer, H.: a.a.O., 1985, S.70
105 Vgl. Göb, R.: Kommunale Wirtschaftspolitik. In: Bauwelt, H. 24, 1987, S.892-895.
106 Die Landesentwicklungsgesellschaft für Städtebau und Agrarordnung Nordrhein-Westfalen (LEG) ist ein Organ der staatlichen Wohnungspolitik sowie ein allgemein bestätigter Sanierungsträger im Dienste der regionalen Strukturpolitk des Landes NRW. Sie gehört zu 56 % dem Land, zu ca. 40 % den öffentlichen Banken und Versicherungen sowie zu 1,5 % Städten, Kreisen, Unternehmen und anderen. Vgl. hierzu Estermann, H: Industriebrachen. Karlsruhe 1986, S.147.
107 Vgl. MSWV (Hrsg.): Internationale Bauausstellung Emscherpark. Memorandum. Düsseldorf 1988.
108 vgl. Estermann, H.: Industriebrachen im Ruhrgebiet und der Grundstücksfonds Ruhr. Dortmund 1983, S.2f.

gab es in der Bundesrepublik Deutschland schätzungsweise 10.000 ha industrielles Brachland, von denen 6.000 ha auf das Ruhrgebiet entfielen. Das Hauptproblem der Brachflächen liegt in den nicht kongruenten Angebots- und Nachfragestrukturen des Bodenmarktes. Eine fehlende Verkaufsbereitschaft der ehemaligen Nutzer trifft auf eine risikoaverse Nachfrage aufgrund möglicher Folgekosten einer Altlastensanierung.

Mit dem Grundstücksfonds, der treuhänderisch von der LEG verwaltet wird, versucht das Land NRW der Bodensperre entgegenzuwirken. Der Grundstücksfonds kauft Brachflächen auf, um sie nach Sanierung wieder zu veräußern. Für die Sanierung von 2 Mio. t kontaminierten Bodens werden 350-500 Mio. DM Sanierungskosten veranschlagt.

ESTERMANN problematisiert die durch den Grundstücksfonds Ruhr erfolgenden Eingriffe auf dem Bodenmarkt. Der Grundstückfonds tritt zunächst als Nachfrager für Brachflächen auf. Er bietet Bodenpreise, die über dem Marktniveau für Brachflächen liegen. Zweifelsohne werden hierdurch Brachen mobilisiert. Es resultiert jedoch gleichzeitig eine wachsende Spekulationsbereitschaft der Grundeigentümer, die daran interessiert sind, zu besonders hohen Bodenpreisen an die LEG zu veräußern. Die Gefahr, der Grunstücksfonds entwickle sich zu einem "Musterbeispiel staatlich subventionierter Bodenspekulation"[109], läßt sich nicht von der Hand weisen. Nach erfolgter Sanierung tritt der Grundstücksfonds als ein bedeutender Anbieter von Gewerbeflächen auf. Die zeitliche und räumliche Abfolge von Sanierungsprojekten wird entscheidend die interkommunalen Konkurrenzstrukturen in bezug auf das ansiedlungsorientierte Gewerbeflächenangebot beeinflussen.

Mit der Gründung kommunaler Entwicklungsgesellschaften ist ein neues Instrument zur Gewerbeflächenmobilisierung in den Vordergrund gerückt. Sie werden entweder vollständig in kommunaler Regie oder als public-private-partnership geführt. Sie sind in der Regel durch nicht öffentliche Verhandlungen zwischen politischen Akteuren und Investoren gekennzeichnet. Über konkrete ansiedlungspolitische Konzepte der Entwicklungsgesellschaften ist bisher wenig bekannt. Damit bleibt auch ein strukturpolitischer Gestaltungsraum der kommunalen Wiertschaftsförderung unerschlossen.

Das Problem des Käufermarktes führt mit Blick auf die interkommunale Konkurrenz und das in den letzten Jahren geringe Ansiedlungspotential zu einer zunehmend strategischen Bedeutung des finanzpolitischen Instrumentariums.

---

[109] KRUMMACHER nimmt hier besonders kritisch Stellung, vgl. Krummacher, M: Ruhrgebietskrise - wirtschaftsstrukturelle Ursachen und das Aktionsprogramm Ruhr der Landesregierung. In: Katalyse: Ruhrgebiet - Krise als Konzept. Bochum 1982.

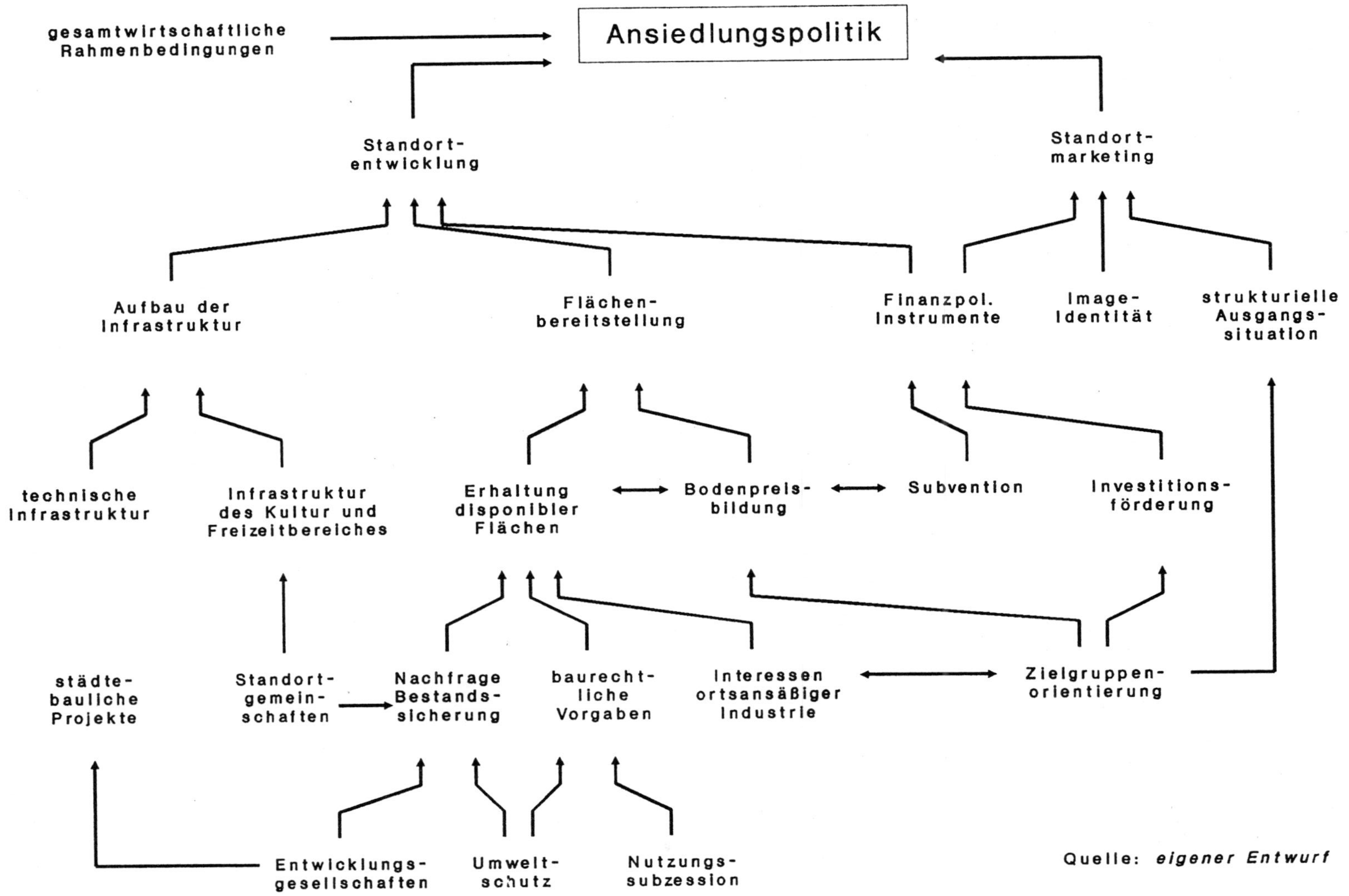

Abb.4: Strategiebereiche der Ansiedlungspolitik

Quelle: *eigener Entwurf*

Im Vordergrund stehen eine begrenzte Subventionierung der Grundstückspreise sowie die Reduzierung von Erschließungsbeiträgen. Im Rahmen der rechtlichen Handlungsspielräume beeinflußt die Ausgestaltung des finanzpolitischen Instrumentariums Wechselwirkungen zwischen Standortentwicklung und Standortmarketing. Aus Marketinggründen gewährte Subventionen binden Finanzmittel, die für eine zusätzliche Standortentwicklung nicht mehr zur Verfügung stehen.

Das *Standortmarketing* umfaßt allgemein das nach außen gerichtete "Aufmerksammachen" auf besondere Standortbedingungen. Es beinhaltet letztendlich das "Übertragen der Aktionslogik der Konsumgüterwerbung auf die Standortgemeinde".[110] Dabei soll die lokale Identität und damit die Gemeinde als spezifische Einzelerscheinung herausgestellt werden.[111] Im Mittelpunkt der Standortwerbung steht zunächst das beschreibbare Image einer Gemeinde. KRÜGER beschreibt Image als eine "gefilterte, gedeutete und gewertete mentale Representation der kommunalen Wirklichkeit. Ein spezifisches Gemeindeimage läßt sich durch die Übernahme verschiedener Vorstellungen zusammenstellen, umgestalten und in Wort und Bild kommentieren".[112] Es kann einzelne Standorte und Aspekte der Standortentwicklung herausstellen oder aber auch auf eine selektive Ansiedlungswerbung zielen.[113] Letzteres liefert wichtige Hinweise auf strukturpolitisch orientiertes Wirtschaftsförderungshandeln. HOTZ verweist in diesem Zusammenhang auf ein nicht unbedeutendes Konfliktpotential zwischen dem Wunsch sich möglichst prägnant und originell zu profilieren und der Befürchtung gerade dadurch auf potentielle Zielgruppen abschreckend zu wirken.[114] Eine Erfolgskontrolle des Standortmarketing ist bisher kaum erfolgt. Die Effekte werden aber eher zurückhaltend beurteilt. BURGESS und WOOD sprechen von komplexen Prozessen des Codierens (Entwicklung des Images) und Decodierens (Bewertung durch die angesprochene Zielgruppe), die für die Wirkung von Marketingmaßnahmen verantwortlich sind.[115] Oftmals verbirgt sich hinter dem Standortmarketing ein "Prinzip Hoffung", doch einen Vorteil im interkommunalen Konkurrenzkampf zu erlangen.[116] Es ist sicher auch verantwortlich dafür, daß eigentlich jede Kommune eine Art von Ansiedlungspolitik betreibt, auch wenn sie sich primär auf Bestandspflege oder beschäftigungspolitische Maßnahmen orientiert hat.

3.4.2 Bestandspflege

Die kommunale Gewerbebestandspflege, als das zentrale Aufgabenfeld der Wirtschaftsförderungspolitik, konzentriert sich auf die Gestaltungsmöglichkeiten der ansässigen Unternehmen. Diese sollen durch die kommunalen Leistungsangebote "zur Aufrechterhaltung ihres Standortes" motiviert werden und damit eine langfristige Existenzsicherung der Unternehmen fördern.[117] Bestandspflegepolitik ist als eine strategische Aufgabe zu begreifen, die im

---

[110] Nokielski, H: Von Ansiedlungswerbung zu lokaler Strukturpolitik. Ansätze kommunaler Wirtschaftsförderung. In: Die Verwaltung, Bd.14, 1981, S.19ff.
[111] Vgl. Singer, C.: Kommunale Imageplanung. In: AfK, 1988, S.271-279.
[112] Krüger, R.: Die Geographie auf der Reise in die Postmoderne ?. Oldenburg 1988, S.63ff.
[113] Hier kommt eine weitere Verzahnung von Standortentwicklung und Standortmarketing zum Ausdruck. Auf die gezielte Imagewirkung von Gewerbeparks wurde bereits verwiesen.
[114] Vgl. Hotz, D.: Zielgruppe. Unbekannt. Informationsmarketing in der kommunalen Wirtschaftsförderung. In: RaumPlanung, Nr. 30, 1985, S.164.
[115] Vgl. Burgess, J.; Wood, P.: Decoding Docklands. In: Eyles, J.; Smith, D.M. (Hrsg.): Qualitative Methods in Human Geography. Oxford 1988, S.94-117
[116] Vgl. Heuer, H.: a.a.O., 1985, S.60ff
[117] Vgl. Nokielski, H.: a.a.O., 1981, S.19ff.

Zusammenhang mit dem Ziel einer Verbesserung bzw. Erhaltung der kommunalen Einnahmesituation bei einem abnehmenden Neuansiedlungspotential an Bedeutung gewinnen muß. Dabei ist auf die interkommunale Konkurrenzsituation Rücksicht zu nehmen. Sie fordert zu einer ständige Kontrolle des kommunalen Leistungsangebotes heraus. Es geht darum, Verlagerungsdruck zu erkennen und zu begegnen, indem der Abbau unternehmerischer Entwicklungshemmnisse soweit wie möglich gefördert wird. EWRINGMANN und ZIMMERMANN sprechen hier von einem gegenseitigen Ausbeutungsverhältnis zwischen Kommunen und Unternehmen. Während die Kommunen auf eine optimale Einnahmensituation und eine Verminderung gesamtwirtschaftlicher Krisenanfälligkeit abzielen, liegt neben einem ansprechenden Gewinniveau und der optimalen Internalisierung externer Erspanisse die "Absicherung langfristiger Persistenz" im Interesse der Unternehmen.[118]

Eine aktive Bestandspflegepolitik ist daher zunächst auf unternehmens- und standortrelevante Informationen angewiesen. Die Organisation der Informationsbeschaffung stellt damit ein entscheidendes Fundament für die Qualität der Bestandspflegepolitik dar. Standortinformationen beziehen sich einerseits auf wirtschaftsräumliche Entwicklungstrends, die über statistische Analysen sowie gutachterliche Tätigkeiten zu erfassen sind, und andererseits auf flächenbezogene Daten. Baurechtliche und umweltbezogene Informationen lassen sich dabei effektiv in Gewerbeflächenkatastern oder Standortatlanten beschreiben. Die Qualität der betrieblichen, auf das unternehmerische Handeln bezogenen, Informationen hängt vor allem von den Informationsflüssen zwischen Unternehmern und politischen Akteuren ab. Dazu gehören informelle und institutionelle Kontakte mit Verwaltung und Legitimatoren wie auch das Abfragen spezifischer Informationen durch Betriebsbesuche und schriftliche Befragungen.

Informationsdefizite werden allgemein als das Hauptproblem einer umfassenden Bestandspflegepolitik identifiziert. In der Regel kann die Verwaltung nur auf durch staatliche Gewerbeaufsicht oder Betroffene signalisierten Problemlösungsbedarf reagieren. HEUER fordert in diesem Zusammenhang eine prophylaktische Gewerbepolitik ein, die in der Lage ist, betriebliche Problemlagen auch vorausschauend im Sinne einer Entwicklungspolitik zu behandeln.[119]

Im Mittelpunkt stehen dabei Entwicklungshemmnisse und Nutzungskonflikte aus Gemengelagen. Aus Umweltschutzgründen resultierender Verlagerungsdruck kann sowohl auf produktionsbedingte Immissionswirkungen als auch durch zunehmenden Siedlungsdruck verursachtes Heranrücken der Wohnbebauung an Gewerbe- und Industriegebiete zurückgeführt werden. Im letzteren Fall treten neben den Umweltbeeinträchtigungen auch fehlende Erweiterungsflächen zur betrieblichen Expansion als Verlagerungsdruck auf. Desweiteren kann eine forcierte, städtebaulich erwünschte Sanierung Abwanderungsdruck erzeugen. Sie wirkt sich möglicherweise negativ auf die betrieblichen Kostenstrukturen aus. NOKIELSKI problematisiert Stadtsanierungsmaßnahmen im Rahmen der Bestandspflegepolitik als Arbeitsplatzvernichtung. Nur in Einzelfällen wird die Verwaltung zum Sanierungspartner von Unternehmen. Großräumige Entwicklungsprojekte werden oftmals aufgrund von Interessenkonflikten zwischen politischen Akteuren und Investoren aufgegeben.[120]

---

[118] Vgl. ebenda, S.19ff.
[119] Vgl. hierzu die empirischen Ergebnisse bei HEUER (1985) und die Kommentierung bei NAßMACHER (1987). Siehe Heuer, H., a.a.O., 1985, S.75ff.; Naßmacher, H.:a.a.O., 1987, S.54ff.
[120] Vgl. Nokielski, H.: a.a.O., S.19ff.

Unter der Prämisse der arbeitsmarktorientierten Wirtschaftsförderungsziele bleiben als Bearbeitungsstrategien die intrakommunale Verlagerung von Betrieben sowie die Bestandssicherung am "alten" Standort. Die grundsätzliche Entscheidung hängt neben der Qualität der zur Verfügung stehenden Verlagerungsflächen von der Wahrnehmung des Standortproblems ab. Intrakommunale Verlagerungen müssen langfristig als die "Sicherung von Erweiterungsinvestitionen" und damit als eine zukunftsorientierte Sicherung von Arbeitsplätzen aufgefasst werden.[121] Finanz- und Flächenengpässe stellen hier aber gerade in altindustrialisierten Regionen eine erhebliche Beschränkung der Handlungsspielräume dar.

Die Qualität der Bestandssicherung hängt in entscheidendem Maße von der Konfliktfähigkeit und Risikoaversion der politischen Akteure ab. Die Handlungsspielräume einer bestandssichernden Politik sind vor allem in unbestimmten Rechtsbegriffen des BauGB und dessen Kommentierung angelegt.

Bezüglich der mit Gemengelagen verknüpften rechtlichen Regelungen stellen STICH ET.AL. resignierend fest, daß es selbst für Experten nahezu unmöglich ist, "die Einzelheiten und ihre Zusammenhänge zu erfassen, zu durchschauen und zu beherrschen".[122] HENNINGS problematisiert grundsätzlich ein Vollzugsdefizit aufgrund der unbestimmten Rechtsbegriffe in den §§ 30, 31, 34, 35 BauGB, die den Anforderungen von Problemlösungen nur unzureichend gerecht werden.[123]

Diese Problematik führt zurück zur Bewertung von standörtlichen und betrieblichen Informationen im Rahmen der Bestandspflegepolitik. Nur durch den Abbau von Informationsdefiziten und der Offenlegung des zur Verfügung stehenden baurechtlichen Instrumentariums kann ein qualitativ ansprechendes Beratungsangebot der kommunalen Wirtschaftsförderung entwickelt werden. Es muß akzeptable Verhandlungsspielräume zur Lösung von Standortproblemen anbieten und mittels einer konkreten Zielgruppenorientierung strukturpolitische Akzente setzen.

Wirtschaftsförderung hat sich als Moderator zu verstehen, der Konfliktlösungen anbietet und Ermessensspielräume absteckt. Neben einem differenzierten Beratungsangebot ist die flächen- und betriebsbezogene Informationssicherung effizient zu gestalten. Insbesondere müssen Koordinationsmängel zwischen verschiedenen kommunalen Ämtern und ihren Kompetenzbereichen abgebaut werden, um eine "rein zufällige" Bearbeitung von gewerbepolitischen Informationen auszuschließen (Abb. 5).

3.4.3 Lokale Arbeitsmarkt- und Beschäftigungspolitik

Arbeitsmarktorientierte Zieldefinitionen konzentrieren sich im Rahmen der kommunalen Wirtschaftsförderung zunächst auf die Sicherung und Schaffung von Arbeitsplätzen. Im Vordergrund stehen unternehmensorientierte Strategien und Förderinstrumente (Abb. 6).

---

[121] Vgl. ebenda, S.19ff.
[122] Stich, R.; Porger, K.W.; Steinbach, C.: Planen und Bauen in immissionsbelasteten Gemengelagen. Verwaltungspraxis - Rechtsprechung - Novellierungsvorschläge. Berlin 1983, S.75ff.
[123] Vgl. Hennings, G.: a.a.O., 1984, S.6-12

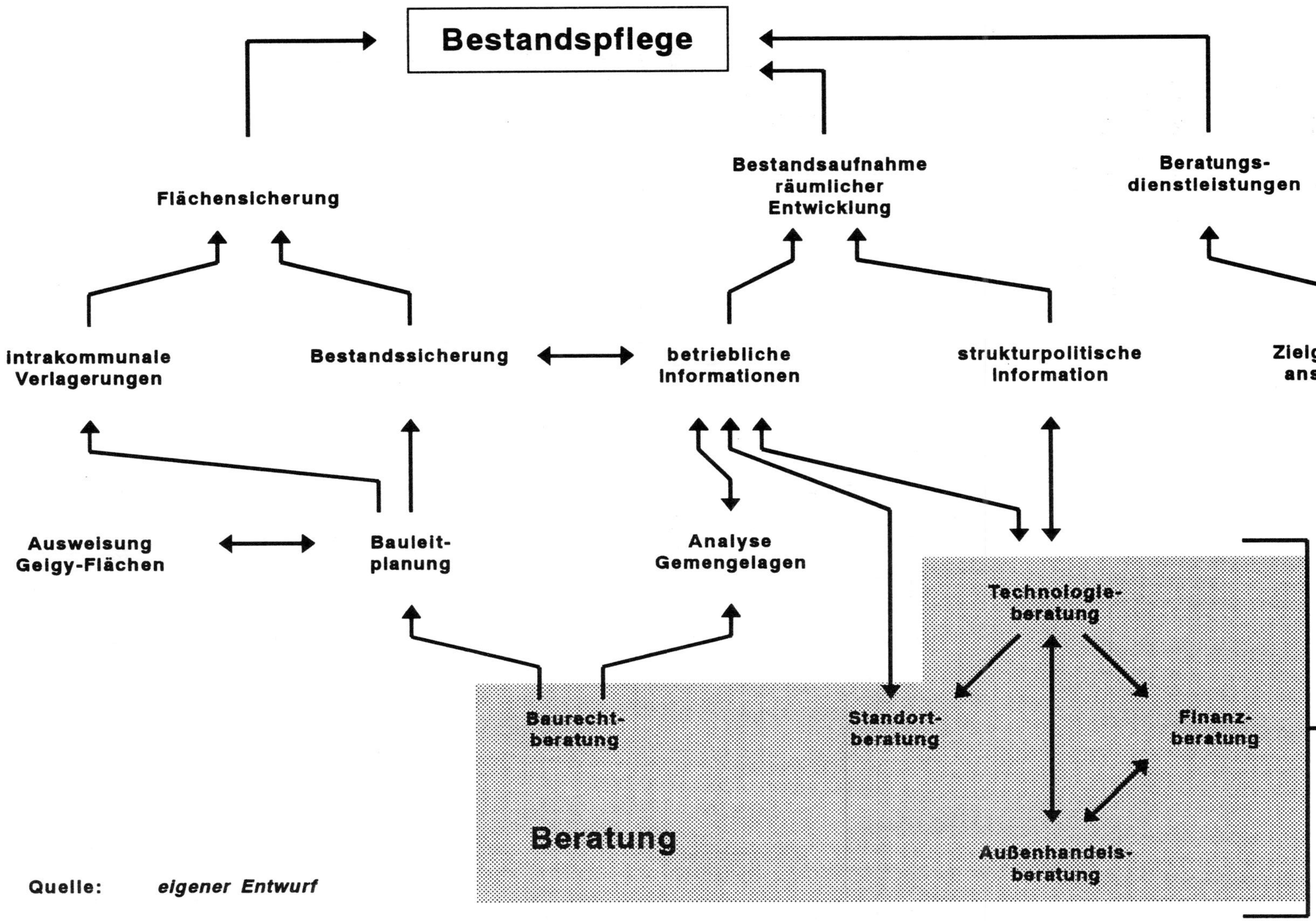

Abb. 5: Strategiebereiche der Bestandspflegepolitik

Quelle: *eigener Entwurf*

Die zielbezogene Thematisierung der im regionalen Vergleich überproportionalen Arbeitslosigkeit weist dagegen in eine andere Richtung. Sie bezieht sich auf die Folgewirkungen der Arbeitslosigkeit für das Wirtschafts- und Sozialsystem. Die Betroffenheit der Kommunen zeigt sich dabei in verringerten Steuereinnahmen (insbesondere Einkommensteueranteil), dem Ausfall von Gebühreneinnahmen und einer abnehmenden Auslastung öffentlicher Einrichtungen. Im Vordergrund steht aber die zunehmende Belastung der kommunalen Haushalte durch Transferzahlungen (Sozialhilfeleistungen).[124] Die Erhaltung finanzpolitischer Handlungsspielräume als zentrales Fundament der Sicherung kommunaler Daseinsfürsorge wird von GÖB als ist die entscheidende Motivation für die Konzeption einer kommunalen Arbeitsmarktpolitik eingeschätzt.[125] Diese kann desweiteren aus einer zunehmenden Ausdifferenzierung regionaler Arbeitsmärkte abgeleitet werden.[126]

Die Möglichkeit und Notwendigkeit einer kommunalen arbeitsmarktpolitischen Gegensteuerung ist aber umstritten. HEUER weist der kommunalen Arbeitsmarkt- und Beschäftigungspolitik primär eine sozialpolitische Dimension zu, die bei Verzicht auf strukturpolitische Effekte vorrangig auf eine Milderung sozialer Härten abhebt.[127] POHL verzichtet auf die Erörterung beschäftigungspolitischer Strategien im Rahmen ihrer vergleichenden Analyse großstädtischer Wirtschaftsförderung.

Die Einordnung einer kommunalen Arbeitsmarktpolitik in das Verwaltungshandeln und die kommunalpolitischen Entscheidungsprozesse werden zur Zeit sehr kontrovers diskutiert. Im Mittelpunkt steht die Frage nach den Rahmenbedingungen und Handlungsspielräumen kommunaler arbeitsmarktpolitischer Strategien. Im Bereich der Arbeitsvermittlung und Arbeitsbeschaffung liegt konkurrierende Gesetzgebung vor (Art. 74 (12) GG), die mit dem AFG einseitig vom Bund in Anspruch genommen wurde. Das AFG gibt für die lokale Ebene einen Implementations- und Exekutionsrahmen vor. MAIER verweist auf die unterschiedlichen Organisationsformen und Befugnisstrukturen zwischen zentralstaatlich initiierter Arbeitsverwaltung und kommunaler Wirtschaftsförderung. Während die kommunale Wirtschaftsförderung der "Gestaltung durch lokale Akteure" unterliegt, ist die Arbeitsverwaltung keine kommunale Einrichtung, sondern eine "nationale Einrichtung mit Richtlinienbefugnis gegenüber den exekutivisch orientierten Arbeitsämtern und Landesarbeitsämtern".[128] Hier eröffnen sich die strategischen Handlungsbereiche einer kommunalen Beschäftigungspolitik. Sie kann als Summe aller beschäftigungspolitischen Aktivitäten, die kommunal implementierbar und exekutierbar sind, beschrieben werden.

Zunächst müssen die *Spielräume der zentralen Programmierung* ausgelotet werden. Grundlage sind die "Gestaltungsmöglichkeiten im Rahmen der arbeitsmarktpolitischen Zielvorgaben des AFG. Es steckt Handlungsrahmen (§ 2 AFG) und Zielgruppen (§ 3 AFG) ab. Damit werden die zentralen direkten Instrumente einer kommunalen Arbeitsmarktpolitik extern vorgegeben:

---

[124] Vgl. Pröpper, F.-J.: Mit wenig Geld viel machen - Spielräume aus der Sicht des Stadtkämmerers. In: Maier,H.; Wollmann, H.: Lokale Beschäftigungspolitik. Basel 1986, S.66f.
[125] Göb, R.: a.a.O., 1987.
[126] Maier hebt auf regionale Disparitäten zwischen regionalen Arbeitsmärkten ab. Vgl. Maier, F.: Beschäftigungspolitik vor Ort. Berlin 1988, S.23ff.
[127] Vgl. Heuer, H.: a.a.O., 1985, S.70ff.
[128] vgl. Maier, F.: a.a.O., 1988, S.25, sowie Blankenburg, E.; Krautkrämer, U.: Aktivierung lokaler Arbeitsmarktpolitik. In: AfK, 1979, S.61ff.

a) Arbeitsbeschaffungsmaßnahmen (ABM) zeichnen sich durch die staatliche Finanzierung von Lohnkostenanteilen aus. Die durch die AB-Maßnahme entstehenden Sachkosten sind in der Regel vom Träger der Maßnahme zu tragen, der ein "öffentliches Interesse" der Maßnahme nachzuweisen hat. Zielgruppen sind Anspruchsberechtigte auf Arbeitslosengeld oder Arbeitslosenhilfe sowie Personen, die vor Zuteilung von Unterstützungsleistungen mindestens sechs Monate arbeitslos gemeldet waren.[129]

b) Die §§ 91-96 AFG ermöglichen staatliche Beihilfen zur Umschulung, Fortbildung, Einarbeitung sowie zur Überbrückung kurzfristiger Arbeitslosigkeit.

c) Im Rahmen des Bundessozialhilfegesetzes (BSHG) werden Möglichkeiten zur Beschäftigung von Sozialhilfeempfängern geschaffen. Befristete sozialversicherungspflichtige Arbeitsverhältnisse eröffnen den Beteiligten wieder den Zugang zu Unterstützungsleistungen nach dem AFG und entlasten die kommunalen Transferzahlungen (§ 19a BSHG). Nicht sozialversicherungspflichtige Beschäftigungen für Sozialhilfeempfänger haben primär sozialpolitische Bedeutung.

d) Weitere Programme des Landes NRW zur Verringerung der Jugendarbeitslosigkeit (z.B. Nachholen des Hauptschulabschlusses im Programm "Arbeiten und Lernen) oder der Beschäftigung von Sozialhilfeempfängern ("Arbeit statt Sozialhilfe") sollen die Schwelle zwischen Arbeitslosigkeit und Beschäftigung herabsetzen helfen.

e) Programme des Strukturfonds der EG (ESF). Sie werden in Nordrhein-Westfalen im Rahmen eines gemeinsamen EG-NRW-Ziel 3-4-Programms in das Förderangebot mit einbezogen. Zielgruppen sind Langzeitarbeitslose und arbeitslose Jugendliche.

Die sich hier andeutende Programmvielfalt läßt den Kommunen erhebliche *Entscheidungsspielräume in der Inanspruchnahme einzelner beschäftigungsfördernder Programme.*

---

[129] vgl. Heinelt, H.: Chancen und Bedingungen arbeitsmarktpolitischer Regulierung am Beispiel ausgewählter Arbeitsamtsbezirke. In: MittAB H.2, 1989, S.294ff.

REISSERT verweist in diesem Zusammenhang insbesondere auf die Bedeutung langfristig kostenneutraler Maßnahmen, da zusätzliche Einnahmen und die Mobilisierung zusätzlicher Ressourcen im Rahmen des kommunalen Finanzausgleichs nahezu ausgeschlossen sind. Ziel eines arbeitsmarktpolitischen kommunalen Finanzmitteleinsatzes muß die Absenkung des Transferzahlungsanteils sein, um neue Handlungsspielräume zu gewinnen.[130]

Orginäre kommunale Handlungsspielräume bezüglich einer Arbeitsmarkt- und Beschäftigungspolitik sind auch in deren grundsätzlicher Einordnung in den strategischen Kontext gewerbepolitischer Aktivitäten angelegt. Damit rücken zunächst die Organisationsstrukturen in das Blickfeld. Es muß hier geklärt werden, welche Koordinierungsmechanismen zwischen Wirtschaftsförderung und Arbeitsmarktpolitik im Rahmen des Verwaltungshandelns ausgestaltet werden. In jüngster Zeit ist in der Praxis zu beobachten, daß Arbeitsmarkt- und Beschäftigungspolitik, sofern sie als eigener Politikbereich wahrgenommen wird, entweder als Abteilung der Wirtschaftsförderung oder selbständige Stabsstelle etabliert werden. Darüber hinaus wird die Gründung von kommunalen Beschäftigungsgesellschaften diskutiert. In diesem Zusammenhang wird auch die Realisierung von "public-private-partnership"-Modellen ausgelotet.

Größere strukturpolitische Bedeutung besitzt die Förderung von Beschäftigungsinitiativen durch die Vermittlung verschiedener staatlicher beschäftigungsfördernder Programme. Kommunen können hier auch mittels des klassischen Wirtschaftsförderungsinstrumentariums (z.B. Bereitstellung von Gebäuden) sowie kommunalen Finanzierungszuschüssen tätig werden. Bei örtlichen Beschäftigungsinitiativen handelt es sich nach KAISER um "vielfältige Projekte und Selbsthilfegruppen auf privater und öffentlicher Basis, die darauf abzielen sinnvolle Arbeitsplätze zu schaffen und in ihrer Arbeitsweise und/oder von ihrer Entstehungsgeschichte von traditionellen Betrieben und Institutionen abweichen".[131] Während alternativ-ökonomische Beschäftigungsinitiativen, die zumeist aus Belegschaften stillgelegter Unternehmen hervorgehen, langfristig auf rentable Produktion abzielen, steht bei sozialen Beschäftigungsinitiativen (einschließlich Arbeitsloseninitiativen) die Beschäftigung an sich im Vordergrund.

Mit der Auswahl und Förderung von Beschäftigungsinitiativen ist den Kommunen ein wichtiges strukturpolitisches, selektiv wirkendes Instrument der Arbeitsmarktpolitik an die Hand gegeben. Beschäftigungsinitiativen können auch als zentrale arbeitsmarktorientierte Projekte Fundament einer zu gründenden kommunalen Beschäftigungsgesellschaft sein.[132] Im Rahmen dieser Arbeit wird auf Beschäftigungsinitiativen eingegangen, sofern sie Strategieelement der Wirtschaftsförderungspolitik sind. SUND hebt in diesem Zusammenhang grundsätzlich auf eine langfristig angelegte ABM-Politik ab, die konkrete Einsatzfelder erschließen muß. AB-Maßnahmepolitik hat in den letzten Jahren zweifelsohne mit dem hohen Finanzierungsanteil bei Beschäftigungsinitiativen zu ihrer Akzeptanz als Instrument einer strukturpolitisch orientierten Arbeitsmarktpolitik beigetragen. Trotzdem darf die Wirkung von ABM und weiterer AFG-Förderprogramme nicht überschätzt werden. HEINELT schätzt, daß mittels ABM nur 10 % der Beteiligten Dauerarbeitsplätze erreichen konnten.

---

[130] Vgl. Reissert, B.: Finanzielle Spielräume für kommunale Beschäftigungspolitik ?. In: Maier, H.; Wollmann, H. (Hrsg.): Lokale Beschäftigungspolitik. Basel 1986, S.35-63.

[131] Vgl. Kaiser, M.: Qualifizierung in Beschäftigungsinitiativen. In.: MittAB, H.3, 1987, S.305-320.

[132] In Dortmund war ausgehend von Beschäftigungsinitiativen im Recyclingbereich die Gründung einer langfristig angelegten Beschäftigungsgesellschaft "Arbeit und Umwelt GmbH" beabsichtigt. Das Projekt, bei dem neben der Stadt Dortmund auch die Gewerkschaften und Unternehmen als Träger auftraten, mußte schließlich aber fallen gelassen werden.

Desweiteren bleibt die an Arbeitsmarktstrukturen orientierte Zielgruppenwahl aufgrund der Zugangsbeschränkungen problematisch. Für die Kommunen sind insbesondere jene AB-Maßnahmen attraktiv, wo keine Sachkosten anfallen. Es handelt sich hierbei in der Regel um weniger qualifikationsorientierte Einsatzbereiche im Gartenbau und Umweltschutz. Diese kommunalen arbeitsmarktpolitische Maßnahmen zielen auf die Förderung des sogenannten "zweiten" Arbeitsmarktes ab können lediglich begleitenden Charakter haben.

Im Gegensatz zum direkten arbeitsmarktpolitischen Instrumentarium definiert HEINELT als kommunale Beschäftigungspolitik die Summe "aller indirekten Interventionen auf den Arbeitsmärkten". Sie sind nicht direkt auf die Verbesserung von Beschäftigungschancen orientiert.[133]

Die kommunale Auftragsvergabe ist weitgehend Resultat von "Bargaining"-Prozessen und Entscheidungsmechanismen innerhalb der gewerbepolitischen Akteure. Nachweise sind schwer zu führen. Es ist davon auszugehen, daß in Abhängigkeit von den jeweiligen Kommunikationsstrukturen in jeder Kommune das Instrument der kommunalen Auftragsvergabe eingesetzt wird.

Die kommunale Qualifizierungsförderung enthält sowohl arbeitsmarkt- als auch beschäftigungspolitische Elemente. Zum einen sind zielgruppenbezogene Aus- und Weiterbildungsangebote zu nennen, die im Rahmen von Trägerschaftskooperationen zwischen Kommune und Arbeitsverwaltung und der AFG-Programmierung implementiert werden können. Dabei können die Volkshochschulen, insbesondere in bezug auf die Qualifizierung von arbeitslosen Jugendlichen, eine wichtige Rolle übernehmen. Zum anderen hat ein selektiver, qualitativer Ausbau der Bildungsinfrastrukturen, die mittelfristig flexibel auf die am Arbeitsmarkt nachgefragten Qualifikationsniveaus reagieren können, eine strukturpolitische Signalwirkung. Die Technologie- und Innovationsförderung zielt langfristig auf die Sicherung von Wettbewerbsvorteilen ab. Das Konzept orientiert sich an produktionszyklustheoretischen Annahmen, die Wachstums- und Wettbewerbsvorteile eng mit der Entwicklung von Basisinnovationen zu verknüpfen. Als innovative Technologie wird jene Verarbeitung von Rohstoffen und Vorprodukten bezeichnet, die die Marktfähikeit bestehender Produkte langfristig sichert und jene neuer Produkte realisiert. Darüber hinaus ermöglicht Innovationsförderung die "Einhaltung politischer Standards" (z.B. umweltpolitische Vorgaben für Produktionsprozesse) und trägt zur Verknüpfung unterschiedlicher Technologiebereiche bei.[134] Die indirekte beschäftigungspolitische Komponente der Technologie- und Innovationsförderung liegt in der Bindung qualifizierter Arbeitskräfte und damit von technologischem Wissen, das Voraussetzung für eine hohe Innovationsfähigkeit ist.

Im Mittelpunkt steht die zielgruppenorientierte Förderung von bestehenden und neu anzusiedelnden technologieorientierten Unternehmen. Eine Abgrenzung technologieorientierter Unternehmen muß

---

[133] Heinelt, H.: Kommunen und Arbeitslosigkeit. Finanzielle Belastungen sowie arbeitsmarkt- und beschäftigungspolitische Aktivitäten. Diskussionspapiere Institut für Pol.Wissenschaften. Hannover 1988, S.21; sowie Hegner, F.: Handlungsfelder und Instrumente kommunaler Beschäftigungs- und Arbeitsmarktpolitik. In: Blanke, B.; Evers, A.; Wollmann, H. (Hrsg.): Die Zweite Stadt. Leviathan-Sonderheft, 1986, S.120.

[134] Aden, W.: Strukturwandel, technologische Innovation, Wissenstransfer - Das Ruhrgebiet. In: ILS (Hrsg.): Innovation in alten Industriegebieten. Dortmund 1988, S.96.

unscharf bleiben, weil die zugrunde liegenden Begriffe "Technologieorientierung" und "Hochtechnologie" ebenfalls nicht geklärt sind.[135] MEYER-KRAMER definiert pragmatisch:

"An innovating firm is defined...as a firm engaged in R & D (regularly or occasionally). A non-innovating firm is a firm not engaged in R & D."[136]

Die kommunalpolitische Implementation dieser selektiven Strategien der Innovationsförderung vollzieht sich im Angebot spezialisierter Beratungsdienstleistungen und der Schaffung technologieorientierter Infrastrukturen. Das Beratungsangebot soll Informationsflüsse zwischen Unternehmen mit betrieblichen Problemlagen und Partnern mit Problemlösungspotentialen effizient ausgestalten. ALLESCH hebt dabei die Notwendigkeit zur fallbezogenen Entwicklung ganzheitlicher Transferkonzepte hervor. Technologietransfer muß neben dem Informationstransfer auch Optionen für Personaltransfer und Qualifikationstransfer enthalten.[137] Lokale Technologie- und Innovationspolitik stützt sich desweiteren auf den Ausbau der technologieorientierten Infrastruktur mittels Technologie- und Gründerzentren. In Anlehnung an HEUER können diese als "Standortgemeinschaften von jungen, vorwiegend neu gegründeten Unternehmen verstanden werden, deren betriebliche Tätigkeit vorwiegend in der Entwicklung technologisch neuer Produkte liegt".[138] Ihr strukturpolitisches Potential liegt in der Projekt- und Zielgruppenorientierung sowie der Bündelung verschiedener Fördermittel.

STERNBERG differenziert vier Standortgemeinschaften nach Technologieorientierung, dominanten Betätigungsfeldern und Ausstattung mit Gemeinschaftseinrichtungen:

Kommunale Gewerbehöfe und -parks weisen die geringste Technologieorientierung auf. Sie sind eher ein Instrument der Bestandspflegepolitik mit im Vergleich geringer Ausstattung an Gemeinschaftseinrichtungen. *Gründerzentren* weisen in der Regel eine höhere Technologieorientierung auf. Sie ist jedoch abhängig von der realisierbaren und politisch sanktionierten Zielgruppenorientierung. Die Spezialisierung auf Existenzgründer impliziert eine dementsprechende Ausstattung mit Gemeinschaftseinrichtungen. *Technologiezentren* stehen zwischen Gründerzentren und Forschungsparks. Ihre Technologieorientierung und Betätigung im F&E-Bereich sind bereits sehr hoch. Desweiteren liegt wie in den Forschungsparks eine hohe internationale Absatzorientierung vor. Im Vergleich zu den Forschungsparks sind Technologiezentren noch stärker produktions- und vermarktungsorientiert. Desweiteren kennzeichnet sie die größte Vielfalt an Gemeinschaftseinrichtungen, wobei die Technologieberatung den höchsten Stellenwert besitzt. Technologiezentren und *Forschungsparks* können durch institutionalisierte Kooperation oder Standortnähe mit Hochschuleinrichtungen oder Großforschungszentren verbunden sein. Das gewerbepolitische Verwaltungshandeln konzentriert sich auf die Übernahme des "Behördenengineerings" mit dem Versuch, Kooperationen zwischen potentiellen Partnern zu erleichtern und zu begleiten. Im Bereich der Informationssicherung ist als

---

[135] Definitionen zur Technologieorientierung der Unternehmen können sowohl über Inputfaktoren (absolute und relative F&E-Ausgaben) als auch über Outputfaktoren (Zahl der Patentanmeldungen, Marktanteil technologischer Produkte) nur Teilaspekte beleuchten; vgl. Sternberg, R.: a.a.O., 1988, S.30f.

[136] Meyer-Krahmer, F.: Innovation, Behaviour and Regional Indigenous Potential. In: Regional Studies 19, 1985, S.525.

[137] Allesch, J.: The role of Innovation Centers for Economic Development. In: Allesch, J.; Fiedler, H. (Hrsg.): Management of Science Parks and Innovation Centers. Berlin 1985, S.42-51

[138] vgl. Heuer, H.: a.a.O.,1985, S.166.

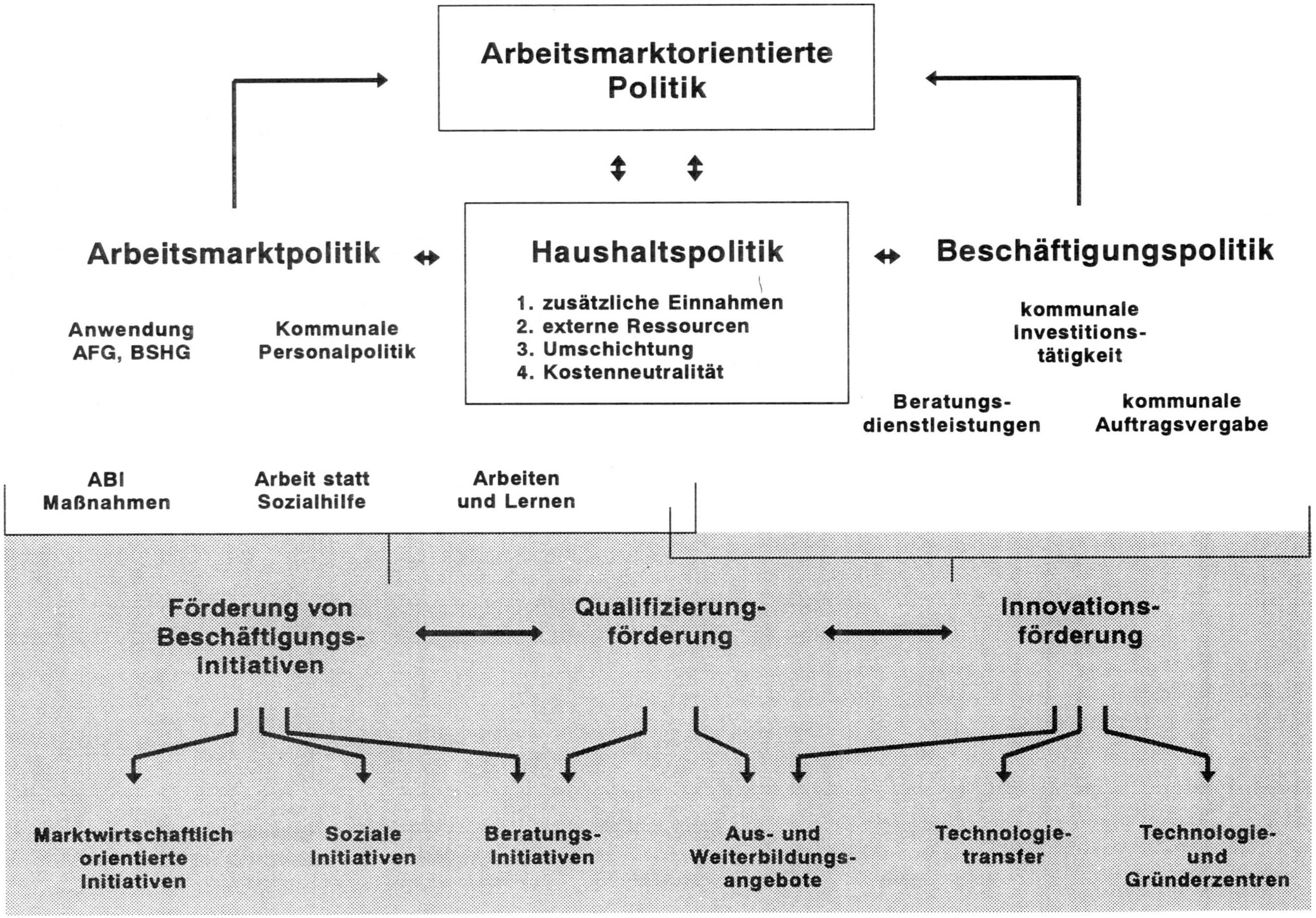

Arbeitsmarktorientierte Politik

Arbeitsmarktpolitik

Anwendung AFG, BSHG

Kommunale Personalpolitik

↔

Haushaltspolitik

1. zusätzliche Einnahmen
2. externe Ressourcen
3. Umschichtung
4. Kostenneutralität

↔

Beschäftigungspolitik

kommunale Investitionstätigkeit

kommunale Auftragsvergabe

Beratungsdienstleistungen

Förderung von Beschäftigungs-Initiativen ↔ **Qualifizierungsförderung** ↔ **Innovationsförderung**

ABI Maßnahmen — Marktwirtschaftlich orientierte Initiativen

Arbeit statt Sozialhilfe — Soziale Initiativen

Arbeiten und Lernen — Beratungs-Initiativen

Aus- und Weiterbildungsangebote

Technologietransfer

Technologie- und Gründerzentren

Abb.6: Strategiebereiche der Arbeitsmarkt- und Beschäftigungspolitik

Grundlage für strategisches Handeln die Erfassung des lokalen Innovationsangebotes von Bedeutung. Dadurch kann die Entwicklung bedarfsgerechter Transferformen erleichtert werden.[139]

Eine Abgrenzung der technologieorientierten Standortgemeinschaften bleibt nicht nur aufgrund des problematischen "Technologiebegriffes" schwierig. Bei vielen Projekten stellen Kommunen die Imagefunktion anstelle der strukturpolitischen Ziele in den Vordergrund, so daß es zu einem inflationären Gebrauch des Begriffes "Technologiezentrum" gekommen ist. In die gleiche Richtung zielt die Kopplung mit den Begriffsfeldern "Park" und "Landschaft", so daß Tendenzen eines drohenden Subventionswettlaufs nicht zu übersehen sind.

1988 waren in der Bundesrepublik Deutschland 40 Technologie- und Gründerzentren realisiert oder in der letzten Errichtungsphase und ca. 140 Projekte angedacht. HALL und MARKUSEN weisen grundsätzlich auf die Spezifität von technologieorientierten Unternehmenskonzentrationen hin und verweisen vor allem auf deren Anbindung an Hochschulen und Großforschungseinrichtungen hin:

...though high-technology industry industry is not bound to certain locations by reasons of scarce or bulky materials, or ties to immediate markets, nevertheless it shows a pronounced tendency to cluster in a few locations and to appear hardly at all in many others".[140]

Regionale Innovations- und Beschäftigungsimpulse durch Technologie- und Gründerzentren sind nur an wenigen Standorten zu erwarten. Die Gefahr eines Infrastruktur-Überangebotes ist mit Blick auf die derzeitigen kommunalen Planungsaktivitäten nicht zu übersehen. Bereits bei der Realisierung von 50 Technologiezentren entstünde ein Angebot für 1000 Firmen. Eine Nachfrage dieser Größenordnung ist bei Berücksichtigung des gegenwärtigen Ansiedlungs- und Existenzgründungspotentials nicht realistisch.[141] Das Instrument der technologieorientierten Standortgemeinschaften erfordert eine anspruchsvolle selektionsorientierte Konzeption. Regionale Koordinationsabsprachen und Kooperationen erscheinen unbedingt geboten.

Kommunale Arbeitsmarktpolitik, Qualifizierungskonzepte und Technologieförderung werden vielfach als "neue" Instrumente kommunaler Wirtschaftsförderung charakterisiert. Sie werden gleichzeitig als kommunales Strategieelement einer "potentialorientierten Regionalpolitik" verstanden, die an der Förderung "endogener Entwicklungspotentiale" orientiert ist. Als entscheidender Vorteil dezentralisierter Innovationspolitik wird die verminderte Problemkomplexität innerhalb von lokalen und regionalen Bezugssystemen angesehen.[142] Die lokale Technologieförderung kann aber nur partiell als ein Element endogener Entwicklungskonzepte aufgefaßt werden. Die Errichtung von technologieorientierten Standortgemeinschaften stützt sich in der Regel auch auf staatliche Fördergramme und damit exogene unternehmensbezogene Investitionen. Die lokale Arbeitsmarktpolitik ist über das AFG-Instrumentarium noch stärker an eine externe Programmierung angebunden.

---

[139] Sternberg, R.: a.a.O., 1988, S.51f.
[140] Hall, P.; Markusen, A.: Silicon Landscapes, S.154.
[141] Vgl. Hilpert, U.:Technologieparks und der Mythos vom Silicon Valley - Zur Möglichkeit lokaler Aktivitäten regionaler technologisch-industrieller Innovation. In: Hucke, J.; Wollmann, H. (Hrsg.): Dezentrale Technologiepolitik?. Bonn 1989, S.564ff.
[142] Lehner, F., Nordhause-Janz, J.: Dezentrale Technologiepolitik: Neue Chancen für die Steuerung technisch-ökonomischer Innovationsprozesse. In: Hucke, J.; Wollmann, H. (Hrsg): Dezentrale Technologiepolitik ? Basel 1989, S.99-130.

BRUGGER und RÜTER verweisen auf die Theoriedefizite eines endogenen Entwicklungskonzeptes. Der Einsatz endogener Produktionsfaktoren im Interesse eigenständiger Entwicklung verlangt zudem nach eindeutig regional verankerten Entscheidungsfunktionen, die in den hier betroffenen Politikbereichen nicht der Realität entsprechen.[143]

Ohne tiefer in die theoretische Diskussion einsteigen zu wollen, muß hier dennoch festgehalten werden, daß sowohl kommunale Arbeitsmarktpolitik als auch beschäftigungsorientierte Technologieförderung zentralstaatliche Politiken ergänzen und örtliche Entwicklungschancen auszunutzen versuchen. Diese kommunalpolitischen Ansätze können jedoch nicht von zentralstaatlichen Vorgaben entkoppelt werden.[144]

4. Voraussetzungen kommunaler Wirtschaftsförderung im Ruhrgebiet

4.1 Zur Abgrenzung des Untersuchungsraumes

Mit der politisch-geographischen Analyse von strukturpolitischen und arbeitsmarktorientierten Zielen der kommunalen Wirtschaftsförderung im Ruhrgebiet wird auf die Problematik kommunaler wirtschaftspolitischer Handlungsspielräume in altindustrialisierten Wirtschaftsräumen eingegangen. Der regionalpolitische "Problemtyp" der altindustrialisierten Region ist durch spezifische sektorale Anpassungsprobleme (hier Steinkohlenbergbau und Montanindustrie) gekennzeichnet.[145] Sie sind von Beschäftigungsabbau und überdurchschnittlich hoher struktureller Arbeitslosigkeit begleitet. "Altindustrialisiert" signalisiert zunächst eine "mangelnde strukturelle Regenerationsfähigkeit". Neben den Arbeitsmarktdisparitäten fällt insbesondere die "Bodensperre" ins Gewicht. Sie ist durch eine steigende Zahl der Brachflächen und geringe Handlungsspielräume bei der Neuerschließung von Gewerbeflächen gekennzeichnet.[146]

Eine räumliche Abgrenzung und Definition des "Ruhrgebietes" ist schwierig. Allgemein spricht man von "Ruhrgebiet, Revier" und "Kohlenpott", wenn der Wirtschaftsraum zwischen den Flüssen Ruhr und Lippe beschrieben werden soll, dessen wirtschaftliche Basis Steinkohlenbergbau und Montanindustrie waren.[147] Es handelt sich hierbei um einen "von außen" herangetragenen Begriff zur Charakterisierung eines spezifischen Wirtschaftsraumes. Bedeutender als diese gesamträumliche Definition sind die wirtschaftsräumlichen und genetischen Untergliederungen von der Ruhrzone im Süden über die Hellwegzone bis zur Emscher- und Lippezone im Norden.[148] Das Ruhrgebiet hat

---

[143] Vgl. Brugger, E.A.: "Endogene Entwicklung". Ein Konzept zwischen Utopie und Realität. In: IzR, H.1/2, 1984, S.1-19; sowie Hartke, S.: Endogene und exogene Entwicklungspotentiale. Dargestellt für unterschiedliche Teilräume des Zonenrandgebietes. In: GR, H.8, 1985, S.395-399.

[144] Vgl. hier die abschließenden Überlegungen in Kap.9.2.

[145] RWI (Hrsg): Strukturelle Anpassung altindustrieller Regionen im internationalen Vergleich. Essen 1989, S. 3f.

[146] Vgl. z.B. Estermann, H.: a.a.O., 1986, S.39-55.

[147] vgl. Dege, W.; Dege, W.: Das Ruhrgebiet. Kiel 1980, S.9.

[148] Diese intraregionale Gliederung orientiert sich an der historischen Erschließung des Steinkohlenbergbaus und folgt physischen und sozioökonomischen Abgrenzungskriterien. Die Ruhrzone beschreibt den ältesten Teil der Bergbaugebiete an der unteren und mittleren Ruhr. Die Hellwegzone ist nach der mittelalterlichen Handelsstraße zwischen Rhein und Bördenlandschaft benannt. Die heutigen vier Oberzentren Duisburg, Essen, Bochum und

Anteil an drei großen Naturlandschaften. Im Süden partizipiert es am Süderbergland am Rande des Rheinischen Schiefergebirges, im Westen an der Niederrheinischen Tiefebene und im Norden an der Westfälischen Tieflandsbucht. Topographisch kann das Ruhrgebiet allgemein wie folgt umschrieben werden. Es erstreckt sich "vom Rhein im Westen bis Hamm im Osten", sowie von den "Ruhrhöhen und dem Bergischen Land im Süden bis zur Lippe und dem Münsterland im Norden."[149]

Eine administrative Abgrenzung des Ruhrgebietes ist durch den Zuständigkeitsbereich des Kommunalverbandes Ruhrgebiet (KVR) gegeben. Zu ihm zählen neben neun kreisfreien Städten zwischen Duisburg und Hamm die Kreise Recklinghausen, Wesel, Unna und Ennepe-Ruhr. Das Verbandsgebiet umfaßt eine Fläche von 4973, km^2 mit 1988 4,897 Mio. Einwohnern.

Bezieht man sich auf räumliche Identitäten so sind zwei grundsätzliche Trends ablesbar. Zum einen zeigen sich in den Hellwegstädten "mentale Absetzbewegungen" mit dem Versuch, sich nicht als Teil des Ruhrgebietes einzuordnen. Zum anderen wird oftmals die Emscherzone mit "Ruhrgebiet" gleichgesetzt, weil sich hier die strukturellen Anpassungsprobleme am deutlichsten zeigen. Als "ruhrgebietstypisch" gilt in diesem Zusammenhang "die Dominanz montanindustrieller Großbetriebe, eine lokale Kultur des Lebens und Arbeitens mit den Großbetrieben sowie eine Interessenidentität von Arbeit und Kapital mit dem Ziel der Strukturerhaltung".[150]

Die vorliegende Arbeit konzentriert sich auf die Hellwegstädte und die Emscherzone. Sie bezieht sich in der räumlichen Abgrenzung auf administrative und regionalplanerische Kriterien. Zum Analyseraum gehören neben den Städten und Gemeinden des Ballungskerns auch die sich direkt anschließenden Kommunen der Ballungsrandzone (nach LEP I/II § 20 LePro).[151] Während im Süden mit der Ausnahme von Hattingen die Ruhr das Untersuchungsgebiet begrenzt, dient im Norden und Osten die Begrenzung des Planungsbereiches der Internationalen Bauausstellung Emscherpark (IBA, siehe Kap. 4.5.2) als Orientierung. Aufgrund während der Analysen aufgedeckter planungsorientierter und wirtschaftsräumlicher Verflechtungen im Emscher-Lippe-Raum schließt der Untersuchungsraum im Norden auch die Städte Dorsten und Marl jenseits des IBA-Planungsraumes ein.

Die östliche Grenze bilden die Städte Lünen, Dortmund, Bergkamen und Kamen. Die Regionalisierung der kommunalen Wirtschaftsförderung im Kreis Unna mittels einer Wirtschaftsförderungsgesellschaft (WFG Unna) macht einige Informationen nur für den gesamten Kreis Unna zugänglich. Der Analyseraum umfaßt eine Fläche von 2078,54 km^2 mit 1988 3,98 Mio. Einwohnern (Abb. 7).

Dortmund werden auch als Hellwegstädte charakterisiert. Emscher- und Lippezone grenzen den Raum zwischen Lippe und Hellwegstädten ab. Vgl. ebenda, S.9ff.

[149] RWI (Hrsg.): a.a.O., 1989, S.137.
[150] vgl. Aring, J.; Butzin, B.: Danielzyk, R: Krisenregion Ruhrgebiet? In: Wahrnehmungsgeographische Studien zur Regionalentwicklung, Bd.8, Oldenburg 1989, S.151ff.
[151] Landesentwicklungsplan (LEP NW) I/II vom 01.05.1979.

Abb.7: Zur Abgrenzung des Untersuchungsraumes

Nr.	Stadt/Gde.	Einwohner	Fläche (km^2)	Einw./km^2
1	Duisburg	527.447	232,89	2265,5
2	Essen	620.594	210,31	2950,3
3	Bochum	389.087	145,38	2676,2
4	Dortmund	587.328	280,20	2096,0
5	Oberhausen	221.017	77,03	2869,2
6	Mülheim	175.458	91,27	1922,6
7	Bottrop	116.363	100,59	1156,8
8	Gelsenkirchen	287.255	104,85	2739,7
9	Herne	174.664	51,39	3397,5
10	Gladbeck	79.518	35,90	2205,8
11	Dorsten	75.518	171,54	441,3
12	Marl	89.651	87,39	1025,8
13	Herten	68.111	37,31	1825,5
14	Recklinghausen	121.666	66,40	1832,0
15	Castrop-Rauxel	77.660	51,66	1503,3
16	Waltrop	28.475	46,97	606,2
17	Hattingen	56.242	71,37	787,9
18	Witten	103.637	72,33	1432,2
19	Kamen	44.771	40,93	1093,8
20	Bergkamen	48.489	44,79	1082,6
21	Lünen	85.584	59,04	1448,4

Quelle: eig. Berechnungen nach Angaben des LDS NRW.

4.2 Zur wirtschaftsräumlichen Entwicklung

4.2.1 Allgemeine ökonomische Entwicklungstrends

Die derzeitigen strukturellen Anpassungsprobleme im Ruhrgebiet sind vor allem auf ein verzögertes Auftreten der Strukturkrise zurückzuführen. Erst die beiden Ölkrisen in den siebziger Jahren haben mit der schließlich resultierenden grundlegenden Veränderung der Preis- und Kostenrelation den international wirksam werdenden Anpassungsdruck offengelegt. BUTZIN geht davon aus, daß eine erste notwendige Produktivitätsanpassung im Steinkohlenbergbau und in der Montanindustrie im Ruhrgebiet durch den Vorkriegsboom im Ruhrgebiet nicht zum Tragen kam.

In den fünfziger Jahren stand der Wiederaufbau im Vordergrund.[152] Bis 1970 konnten die Arbeitsplatzverluste im Steinkohlenbergbau und Montanbereich durch Schaffung neuer Arbeitsplätze im verarbeitenden Gewerbe außerhalb der Montanindustrie sowie im Dienstleistungssektor ausgeglichen werden. Die politische Absicherung des Steinkohlenbergbaus[153] hat hier auch zu einer Verlangsamung der Arbeitsplatzverluste beigetragen.

Nach 1970 blieb das Beschäftigungswachstum auch außerhalb des Montanbereichs deutlich zurück. Erst jetzt wurden die interregionalen wirtschaftlichen Abkopplungsprozesse deutlich[154]. Während im Bundesgebiet im langfristigen Beschäftigungstrend in der Zeit von 1970 bis 1987 ein Wachstum von 1,6% zu verzeichnen war, schrumpfte die Beschäftigung im Ruhrgebiet um 9,6 %. Die im Vergleich überproportionalen Beschäftigungsrückgänge im Steinkohlenbergbau und Verarbeitenden Gewerbe sind begleitet von einer nur unterproportionalen Zunahme der Beschäftigung im tertiären Sektor. Resultat ist eine strukturelle Arbeitslosigkeit mit kaum realistischen Chancen zum Abbau ihres hohen Niveaus auch im Bereich der Langzeitarbeitslosigkeit.[155]

Die strukturelle Dominanz des Steinkohlenbergbaus und der Montanindustrie zeigt sich heute weniger in den Beschäftigungszahlen, sondern an den Folgewirkungen strukturellen Wandels. Eine entscheidende Rolle spielt die strategische Bodenvorratspolitik der Großbetriebe. Die hieraus resultierende "Bodensperre" ist ein wesentliches Hindernis bei der Atrahierung neuer innovationsfördernder Investitionen. Sie prägt ganz wesentlich die Strategie des "Abwartens und Weitersehens".[156]

Ferner hat vor allem das Vorherrschen großbetrieblicher Strukturen, geprägt durch hohe betriebliche Kapitalintensitäten, zur Hemmung eines unternehmensexternen Innovationspotentials beigetragen.

---

[152] Butzin, R.: Zur These eines regionalen Lebenszyklus im Ruhrgebiet. In: Mayr, A.; Weber, P. (Hrsg.): 100 Jahre Geographie an der Westfälischen Wilhelms-Universität Münster. Paderborn 1987, S.191-210.

[153] Gründung der Ruhrkohlen AG im Jahre 1967, Lieferverträge zwischen Bergbau und Hüttenindustrie sowie Bergbau und Energieversorgung.

[154] Aring, J.; Butzin, B.; Danielzyk, R.: a.a.O., 1989, S.44f.

[155] GEWOS (Hrsg.): Strukturelle Anpassung altindustrieller Regionen im internationalen Vergleich. Hamburg 1989, S.43f; siehe auch RWI (Hrsg): a.a.O., 1989, S.146ff.

[156] Klemmer, P.: Adoption Problems of Old Industrialized Areas. The Ruhr Area as an Example. In: Hesse, J.J. (Hrsg.): Regional Structural Chance and Industrial Policy in International Perspective: United States, Great Britain, France, Federal Republic of Germany. Baden-Baden 1988.

Von den "Diversifizierungsstrategien der regional beherrschenden Großunternehmen" haben oftmals Regionen außerhalb des Ruhrgebietes stärker profitieren können. Betriebswirtschaftlich orientierte Konzernstrategien stützten sich vor allem auf Firmenaufkäufe in anderen Regionen Deutschlands und im Ausland.[157]

Die verpaßte frühe strukturelle Anpassung zur Sicherung der internationalen Wettbewerbsfähigkeit hat den regionalen montanindustriell geprägten Wachstumspol Ruhrgebiet (inclusive Kohlechemie und Energiewirtschaft) zu einem Schrumpfungspol werden lassen.[158] Im Sog traditioneller Zulieferverflechtungen haben gerade auch mittlere und kleinere Betriebe auf eine Differenzierung der Produktpalette sowie die Erhaltung der Innovationsfähigkeit verzichtet und sind somit gleichermaßen von der Strukturkrise getroffen worden.

ARING ET.AL. sprechen von "negativen kumulativen Entwicklungstrends". Aus den sich selbst verstärkenden Arbeitsplatzverlusten resultiert zunehmende Arbeitslosigkeit, die sich in der Verringerung der Haushaltseinkommen niederschlägt und letztendlich zu einer Abschwächung der kommunalen Finanzkraft (sinkende Einkommensteuereinnahmen, steigende Sozialausgaben) führt. Kommunale Finanzschwäche kann schließlich zu einer Vernachlässsigung der Infrastrukturausstattung führen und sich somit negativ auf die allgemeinen Standortbedingungen auswirken.[159]

Die insgesamt positive konjunkturelle Entwicklung seit Mitte der achtziger Jahre in der Bundesrepublik Deutschland hat partiell auch im Ruhrgebiet zu Beschäftigungswachstum geführt. Während sich vor allem die Hellwegstädte Essen, Bochum und Dortmund zu Dienstleistungszentren entwickelt haben, bleibt die Emscherzone immer noch primär industriell geprägt. Geht man auf das Argument des regionalen Entwicklungszyklus ein, so zeigen sich unterschiedliche Geschwindigkeiten und Überlagerungen in der Entwicklung neuer Produktzyklen.[160] Die intraregionalen Disparitäten wirken konfliktverschärfend.

4.2.2   Sektorale und regionale Beschäftigungsentwicklung innerhalb ausgewählter Wirtschaftsunterabteilungen in der Zeit von 1984 bis 1988

Die Entwicklung der sozialversicherungspflichtigen Gesamtbeschäftigung verläuft innerhalb des Ruhrgebiets in der Zeit von 1984 bis 1988, in einer gesamtwirtschaftlichen konjunkturellen Aufschwungphase mit Beschäftigungswachstum, sehr unterschiedlich. Während die Städte Essen, Bochum, Mülheim, Bottrop und Herne sowie die Kreise Unna und Recklinghausen Beschäftigungszuwächse aufweisen, sind die Städte Duisburg, Dortmund, Oberhausen und Gelsenkirchen durch Beschäftigungsverluste gekennzeichnet. Im Vergleich zur Beschäftigungsentwicklung in Nordrhein-Westfalen zeigen, wie aus dem Regionalfaktor der Shift-

---

[157] GEWOS (Hrsg): a.a.O., 1989, S.68; Welsch, J.: Branchenstrukturwandel im Ruhrgebiet. Referat vom 26.05.1987.

[158] Hamm, R.; Schneider, H. K.: Wirtschaftliche Erneuerung im Ruhrgebiet - Zum Umstrukturierungsproblem altindustrialisierter Ballungsräume. "List Forum", Bd. 14, Düsseldorf 1988, S.171, zit. nach RWI (Hrsg): a.a.O., 1989, S.152.

[159] Aring, J. et.al.: a.a.O., 1989, S.56.

[160] Ebenda, 1989, S.64ff; Vgl. auch Butzin, B.: a.a.O., 1987.

Analyse hervorgeht[161], bis auf die beiden Kreise und die Städte Herne und Bottrop alle anderen Kommunen einen unterproportional verlaufenden Beschäftigungstrend (Tab.1). 71,6 % der Arbeitsplatzverluste im Untersuchungsraum, von insgesamt 14.000, entfallen auf die beiden Städte Duisburg und Gelsenkirchen. Dieser Entwicklung stehen Beschäftigungsgewinne von insgesamt 22.979 gegenüber, die zu 60,9 % aus der überproportionalen Beschäftigungsentwicklung in den Kreisen Recklinghausen und Unna resultieren. Mit der Ausnahme von Essen sind alle Städte und Kreise im Vergleich zur Beschäftigungsstruktur in Nordrhein-Westfalen durch Shift-Strukturfaktoren von kleiner als eins gekennzeichnet. Hier deutet sich das strukturelle Übergewicht von wachstumsschwächeren Wirtschaftszweigen an.

Im folgenden soll zunächst auf die Beschäftigungstrends in den beiden Krisenbranchen des Ruhrgebietes *Energie/Bergbau* sowie *Eisen- und Metallerzeugung* eingegangen werden. Sie sind der Kern der komplexen montanindustriellen Verflechtungen, die den Untersuchungsraum kennzeichnen und sowohl Kohlechemie als auch Stahlproduktion einschließen.[162]

Tab.1: Entwicklung der sozialversicherungspflichtig Beschäftigten im Ruhrgebiet in der Zeit von 1984 bis 1988

Gebiet	Beschäftigte 1988	Saldo 1984-1988	%-Ver-änderung	Shift-Faktoren Regional-	Struktur-
Duisburg	185103	- 6476	+ 3,38 %	0,9249	0,9781
Essen	217675	+ 1051	+ 0,49 %	0,9619	1,0067
Bochum	128813	+ 3166	+ 2,52 %	0,9814	0,9991
Dortmund	203876	- 1331	- 0,65 %	0,9511	0,9917
Mülheim	60929	+ 44	+ 0,07 %	0,9580	0,9854
Oberhausen	63045	- 2753	- 4,18 %	0,9173	0,9866
Bottrop	27300	+ 1554	+ 6,04 %	1,0151	0,9862
Gelsenkirchen	91622	- 3840	- 4,02 %	0,9188	0,9748
Herne	53314	+ 3150	+ 6,28 %	1,0174	0,9688
Recklinghsn., Kr.	163641	+ 9236	+ 5,98 %	1,0146	0,9850
Unna, Kr.	100293	+ 4769	+ 4,99 %	1,0051	0,9814

(Quelle: LDS NRW, eig. Berechnungen)

Mit der Beschränkung auf die direkt im Bergbau und in der Metallerzeugung beschäftigten Arbeitnehmer kann hier nur auf einen Ausschnitt der durch die montanindustriellen Verflechtungen hervorgerufenen Belastungen für die örtlichen Wirtschaftsstrukturen hingewiesen werden. Eine Analyse der Beschäftigungsanteile des Bergbaus und der Eisen-/Metallerzeugung in den Kommunen

---

[161] Zur Methodik der Shiftanalyse siehe Lauschmann, E: Grundlagen einer Theorie der Regionalpolitik. Taschenbuch zur Raumplanung, Bd.2, Hannover 1976, S.119-137, sowie Klemmer, P.: Die Shift-Analyse als Instrument der Regionalforschung. In: ARL (Hrsg.): Methoden der empirischen Sozialforschung. Forschungs- und Sitzungsberichte, Bd.87, 1973, S.117-129.
[162] Vgl. GEWOS (Hrsg.): a.a.O.,189, S.52ff.

des Untersuchungsgebietes führt zu folgendes Resultat. Bezüglich des Bergbaus ergibt sich für 1987 eine Konzentration der Beschäftigung in den Kommunen der nördlichen Emscher- und Lippezone (Bottrop, Marl, Herten) sowie in den Städten Lünen und Bergkamen. Der Anteil an der Gesamtbeschäftigung bewegt sich hier zwischen 15 % und 48 %. Desweiteren sind die Städte Oberhausen, Gelsenkirchen und Dortmund bei geringeren Beschäftigungsanteilen mit mehr als 500 Beschäftigten im Bergbau gekennzeichnet.

Die Beschäftigten der Eisen- und Metallerzeugung konzentrieren sich 1987 auf die Hellwegstädte sowie die Städte Gelsenkirchen, Hattingen, Witten und Lünen. Die Beschäftigungsanteile bewegen sich dort zwischen 4,0 % und 28,1%, wobei die Städte Duisburg und Hattingen Anteile von über 20 % aufweisen.

Zur dynamischen Analyse muß auf die Statistik der sozialversicherungspflichtig beschäftigten Arbeitnehmer zurückgegriffen werden. Sie ist allerdings bezüglich der Wirtschaftsabteilung "Energie/Bergbau" mit Unsicherheiten behaftet.[163]

Die im Verlaufe der letzten 20 Jahre forcierte Nordwanderung des Steinkohlenbergbaus spiegelt sich in den Beschäftigungstrends der Wirtschaftsabteilung "Energie/Bergbau" in Jahren 1984 bis 1988 wider. Während die Städte Bottrop und Herne sowie die Kreise Recklinghausen und Unna Beschäftigungszunahmen verbuchen, zeigen sich überproportionale Beschäftigungsverluste in Dortmund und Gelsenkirchen. Berücksichtigt man die Beschäftigungsverhältnisse zwischen Energiewirtschaft und Bergbau aus der Arbeisstättenzählung so ist davon auszugehen, daß die Beschäftigungsgewinne in Mülheim und Bochum nicht auf den Bergbau zurückzuführen sind.

Für die Wirtschaftsunterabteilung "Eisen- und Metallerzeugung" dokumentieren sich im Zeitraum 1984-1988 bis auf den Kreis Recklinghausen im gesamten Untersuchungsgebiet Beschäftigungsverluste im Zeitraum 1984-1988. Sie fallen mit jeweils mehr als 1000 Arbeitsplätzen in Duisburg, Dortmund, Mülheim und Oberhausen besonders hoch aus (Tab. 2).

Mit dem Ziel "Schaffung einer ausgewogenen Wirtschaftsstruktur" wird in Regionen mit einer Dominanz von schrumpfenden Wirtschaftszweigen in der Regel eine erwünschte Ausweitung und Stärkung der Wachstumsindustrien angesprochen. Im Vordergrund steht die langfristig orientierte Sicherung von weniger konjunkturanfälligen Arbeitsplätzen.

Im Rahmen der politischen Strategieentwicklung wird der Begriff der "Wachstumsindustrie" primär auf Arbeitsplatzeffekte abgestellt. Produktivitätskriterien, Prozeß- und Produktinnovationen bleiben unberücksichtigt. BRÜCHER verweist auf MAGAZOL und bewertet die Beschäftigung als "ein paläotechnisches Kriterium"[164] innerhalb regionaler Strukturanalysen. Wenn auch überzeichnet, weist diese Charakterisierung auf ein strukturräumliches und strukturpolitisches Bewertungsproblem hin.

---

[163] Zwischen den Daten Arbeitsstättenzählung 1987 und der Statistik der sozialversicherungspflichtig beschäftigten Arbeitnehmer bestehen erhebliche Differenzen. Sie sind auf unterschiedliche Erfassungsmethoden bezüglich der Zuordnung zu Betriebsstandorten zurückzuführen, z.B. Beschäftigte im Bergbau in Essen: AZ/VZ 1987: 13; sozialversicherungspflichtige Arbeitnehmer (1988): 13820.

[164] Brücher, W.: Industriegeographie. Braunschweig 1982, S.24.

Tab.2: Beschäftigungstrends in den Wirtschafts(unter)abteilungen Bergbau/Energie und Eisen/Metallerzeugung im Zeitraum von 1984 bis 1988

Gebiet	Energie/Bergbau		Eisen-/Metallerzeugung	
	Saldo	%-Veränd.	Saldo	%-Veränd.
Duisburg	- 752	- 5,45 %	- 5.229	- 11,18 %
Essen	-1.015	- 6,84 %	- 459	- 10,55 %
Bochum	608	32,72 %	- 723	- 6,92 %
Dortmund	-6.720	- 27,21 %	- 2.418	- 13,35 %
Oberhausen	- 554	-11,89 %	- 2.536	- 44,00 %
Mülheim	20	+ 0,47 %	- 1.478	16,65 %
Bottrop	130	2,59 %	- 4	- 0,97 %
Gelsenkirchen	- 7.703	- 31,93 %	- 331	- 6,89 %
Herne	1.640	14,92 %	- 55	- 6,21 %
Reckl. Kr.	3.805	17,58 %	11	0,36 %
Unna, Kr.	277	2,06 %	- 648	7,29 %

Quelle: eig. Berechnungen nach Statistk LDS NRW

BURBERG/SALLANDT/MICHELS diskutieren hier Anpassungsfähigkeit und geringere Konjunkturanfälligkeit einzelner Branchen. Beschäftigungseffekte werden vor allem auch mit Blick auf die indirekten Absatz- und Zulieferverflechtungen bewertet.[165] Dabei steht eine langfristige Arbeitsplatzsicherung im Vordergrund. BURBERG ET.AL. differenzieren zwischen rezessiven und technologieintensiven Wirtschaftszweigen. Die vier als innovations- und forschungsorientiert ausgewiesenen Wirtschaftsunterabteilungen Chemie/Mineralölverarbeitung, Kunststoff/Gummi/Asbest, Stahl-/Maschinen-/Fahrzeugbau und Elektotechnik/Feinmechanik/Optik wiesen in der konjunkturellen Aufschwungphase von 1984 bis 1988 im Bundesgebiet ein Beschäftigungswachstum von 11,5 % mit einer Zunahme von 540.231 Arbeitsplätzen auf.

im Ruhrgebiet weisen nur die Städte Bochum, Oberhausen, Gladbeck, Marl, Castrop-Rauxel, Waltrop, Witten und Kamen einen im Landesvergleich überproportionalen Besatz mit den oben als technologieintensiv charakterisierten Wirtschaftszweigen auf. (Tab.3). Dabei sind die Städte Marl (Großchemie), Bochum (Fahrzeugbau) und Waltrop (extrem geringe Beschäftigungszahlen) durch besondere Standortsituationen gekennzeichnet. Einen deutlich unterproportionalen Besatz mit technologieorientierten Wirtschaftsunterabteilungen weisen die Städte Duisburg, Bottrop und Dortmund mit 9,7 %, 10,3 % bzw. 12,0 % auf.

Geht man zur dynamischen Analyse des Beschäftigungswachstums über, für das nur Daten auf dem Aggregationsniveau der kreisfreien Städte und Kreise vorliegen, so zeigt sich zunächst, daß im Ruhrgebiet nirgends das Beschäftigungswachstum der technologieintensiven Wirtschaftszweige im Bundesgebietes von 11,5 % erreicht wird. Die höchsten Wachstumsraten entfallen mit 8,5 % bzw. 6,4% auf die Städte Dortmund und Bottrop. Beide Städte gingen von einem deutlich

---

[165] Burberg, H. et.al.: a.a.O., 1983.

unterproportionalen Beschäftigungsbesatz aus, womit im regionalen Kontext ein "Aufholen" zum Ausdruck kommt.

Beschäftigungsverluste innerhalb der technologieintensiven Wirtschaftsunterabteilungen zeigen sich in Duisburg, Mülheim und Bochum (Tab.3).

Tab.3: Beschäftigungstrends in den technologie- und F&E-intensiven Wirtschaftsunterabteilungen

Gebiet	Bestand 1988 SVA	Bestand 1887 VZ	%-Anteil 1987 VZ	Saldo 84-88	%-Veränd. 84-88
NRW	1.285.898	1.257.223	17,8 %	+ 85.345	+ 7,2 %
Duisburg	21.773	21.619	9,7 %	- 892	- 3,9 %
Essen	33.745	33.931	13,3 %	+ 215	+ 0,6 %
Bochum	35.745	36.154	21,6 %	- 616	- 1,7 %
Dortmund	26.599	31.337	12,0 %	+ 2.093	+ 8,5 %
Oberhausen	16.944	16.286	19,2 %	+ 59	+ 0,3 %
Mülheim	10.803	12.054	16,5 %	- 951	- 8,1 %
Bottrop	3.262	3.456	10,3 %	+ 196	+ 6,4 %
Gelsenkirchen	15.366	13.947	12,0 %	+ 205	+ 1,4 %
Herne	9.422	8.680	14,3 %	+ 239	+ 2,6 %
Gladbeck		4.204	18,2 %		
Dorsten		2.101	10,4 %		
Marl		14.881	38,9 %		
Recklinghs.		4.458	10,3 %		
Herten		1.107	4,0 %		
Castrop-Rauxel		4.399	20,4 %		
Waltrop		1.121	17,8 %		
Reckl., Kr.	34.683	35.663	17,1	1.465	+ 4,4 %
Hattingen		2.509	13,3 %		
Witten		10.955	25,1 %		
Lünen		4.573	14,6 %		
Bergkamen		2.969	13,1 %		
Kamen		3.027	23,8 %		
Unna, Kr.	18.620	21.030	15,6 %	+ 314	+ 1,7 %

(Quelle: eig. Berechnungen nach Statistik LDS NRW)

Beschäftigungsverluste und unterproportionales Wachstum weisen deutlich auf den sich noch vollziehenden Strukturwandel hin. Wirken sich die Beschäftigungsverluste kurz- bis mittelfristig noch belastend auf die Arbeitsmärkte aus, so können sie jedoch gleichzeitig auch ein Hinweis auf notwendige rationalisierungsorientierte Anpassungsprozesse sein.

Die strukturpolitische Bedeutung von Dienstleistungen im Kontext der kommunalen und regionalen Wirtschaftsförderung wird zur Zeit noch kontrovers diskutiert. Erst seit Mitte der achtziger Jahre wird die Ansiedlung von Dienstleistungsbetrieben als Zielvorgabe der regionalen Wirtschaftsförderung stärker berücksichtigt.[166]

Die grundsätzlich schwierige Begriffsbestimmung der Dienstleistungen läßt auch kaum eine allgemeine Abgrenzung von produktionsorientierten Dienstleistungen zu. BUTTLER und SIMON bestimmen Dienstleistungen im Rahmen wirtschaftstheoretischer Bilanzierungen als "Veränderung im Zustand einer ökonomischen Einheit", die durch Aktivität einer anderen ökonomischen Einheit bewirkt wird[167]. Sie werden vor allem aus der Perspektive der Nachfragestrukturen in intermediäre und finale Dienstleistungen unterschieden. Dabei kann nur nach dem Konzept des vorherrschenden Aktionsbereichs vorgegangen werden, da Dienstleistungsbranchen gesamtwirtschaftlich aggregiert weder der einen noch der anderen Kategorie eindeutig zugeordnet werden können.

Hier soll sich auf die primär intermediären, produktionsorientierten Dienstleistungen konzentriert werden, die in der konjunkturellen Aufschwungphase 1984-1988 durch Beschäftigungswachstum im Bundesgebiet gekennzeichnet waren (Tab. 4). Gestützt auf Branchenkataloge produktionsorientierter Dienstleistungen von GERSHUNY/MILES und NOLL wird auf die summarische Beschäftigungsentwicklung der Wirtschaftsunterabteilungen Handelsvermittlung, Kredit-/Finanzdienste, Wissenschaft/Kunst/Publizistik, Gesundheits-/Veterenärwesen sowie Rechts-/Wirtschaftsberatung abgehoben.[168]

1988 waren in den so abgegrenzten produktionsorientierten Dienstleistungen im Bundesgebiet 3.660.307 sozialversicherungspflichtig beschäftigte Arbeitnehmer tätig, was einen Beschäftigungsanteil von 17,2 % ausmachte. In Nordrhein-Westfalen lag er mit 924.778 Beschäftigten bei 16,5 % etwas niedriger. Das Beschäftigungswachstum im Zeitraum von 1984 bis 1988 erreichte im Bundesgebiet 11,7 % und blieb in Nordrhein-Westfalen mit 8,9 % hinter dem Bund zurück (Tab. 4 und 5).

In bezug auf den Beschäftigungsanteil der produktionsorientierten Dienstleistungen in den Ruhrgebietsstädten ergeben sich im Vergleich zum Landesdurchschnitt überproportionale Anteile nur in den Städten Essen, Dortmund, Gelsenkirchen, Dorsten und Recklinghausen. Die beiden Hellwegstädte profitieren auch von ihrer tradtionell starken Stellung im Bereich der oberzentralen Funktionen. Die verbleibenden Oberzentren Duisburg und Bochum sind durch einen deutlich unterproportionalen Beschäftigungsanteil gekennzeichnet. Bochum weist aber hinter Bottrop das höchste Beschäftigungswachstum in der Zeit von 1984 bis 1988 auf. Beide Städte haben damit bezüglich des Beschäftigungsanteils produktionsorientierter Dienstleistungen aufholen können.

---

[166] Siehe z.B. 18. Rahmenplan zur "Gemeinschaftsaufgabe zur Verbesserung der regionalen Wirtschaftsstruktur. BT-Drucksache 11/5099, S.18f.

[167] Vgl. Buttler, G.; Simon, W.: Wachstum durch Dienstleistungen. Beiträge zur Wirtschafts- und Sozialpolitik. Inst. der deutschen Wirtschaft, Bd. 156. Berlin, 1988,S.8f.

[168] Eine ausführliche Darstellung findet sich bei Gershuny,J.; Miles, I.: The new service economy. London 1983;Vgl. auch Noll, W.: Dienstleistungen im Ruhrgebiet. Die Bedeutung höherwertiger Produktionsdienste für den Strukturwandel. In: GR, H.7/8, 1988, S.22-27

Tab.4: Sozialversicherungspflichtig beschäftigte Arbeitnehmer in produktionsorientierten Dienstleistungen mit Beschäftigungswachstum 1984-1988 im Bundesgebiet (eig. Berechnungen nach LDS)

Wirtschafts-unterabt.	Beschäf-tigte 1988	%-Anteil an Gesamt-beschäft.	Saldo 1984-1988	%-uale Verände-rung
Handelsvermittlung	191.460	0,9 %	+ 31.178	+ 19,44 %
Kredit/Finanzwesen	615.223	2,9 %	+ 43.761	+ 7,66 %
Wissenschaft/Bildung	887.027	4,2 %	+ 78.997	+ 9,78 %
Gesundheitswesen	1.232.237	5,8 %	+ 129.338	+ 11,73 %
Rechts-/Wirtschaftsberat.	734.360	3,5 %	+ 100.552	+ 15,86 %
zusammen	3.660.307	17,2 %	+ 388.812	+ 11,7 %

Tab.5: Beschäftigungsentwicklung in den "produktionsorientierten Dienstleistungen" im Ruhrgebiet im Zeitraum 1984-88 (eig Berechn. n.LDS)

Gebiet	Bestand 1988 SVA	Bestand 1887 VZ	%-Anteil 1987 VZ	Saldo 84-88	%-Veränd. 84-88
NRW	924.778	892.482	12,/ %	+ 81.848	+ 8,9 %
Duisburg	24.010	20.906	9,3 %	+ 895	+ 3,9 %
Essen	48.852	50.402	19,7 %	+ 1862	+ 4,0 %
Bochum	23.930	15.708	9,4 %	+ 3668	+ 15,3 %
Dortmund	36.128	37.290	14,3 %	+ 1541	+ 9,4 %
Oberhausen	9.217	7.029	8,3 %	- 144	- 1,5 %
Mülheim	8.376	8.610	11,9 %	+ 719	+ 9,4 %
Bottrop	4.067	3.405	10,1 %	+563	+ 16,1 %
Gelsenkirchen	12.858	15.094	13,0 %	+ 959	+ 8,1 %
Herne	7.029	7.381	12,1 %	+ 525	+ 8,1 %
Gladbeck		2.081	9,0 %		
Dorsten		2.741	13,6 %		
Marl		2.616	6,8 %		
Recklinghs.		7.866	18,2 %		
Herten		1.789	6,5 %		
Castrop-Rauxel		2.499	11,6 %		
Waltrop		675	10,7 %		
Reckl., Kr.	24.915	22.950	11,0 %	+ 1.995	+ 8,7 %
Hattingen		1.915	10,1 %		
Witten		3.491	8,0 %		
Lünen		2.791	10,7 %		
Bergkamen		1.197	5,3 %		
Kamen		1.248	9,8 %		
Unna, Kr.	12.631	12.804	9,5 %	1.437	12,8 %

Mit über 8 % liegt die Beschäftigungsentwicklung in den Städten Mülheim, Gelsenkirchen und Herne im Bereich des Landestrends. Desweiteren fällt auf, daß sich die beiden Kreise Recklinghausen und Unna durch ein relativ hohes Beschäftigungswachstum auszeichnen. Essen bleibt aufgrund des bereits deutlich überproportionalen Beschäftigungsanteils in der Wachstumsentwicklung zurück. Die produktionsorientierten Dienstleistungen liegen im Beschäftigungswachstum in allen Städten über dem der Gesamtbeschäftigung und tragen damit entscheidend zur Kompensation von Beschäftigungsverlusten bei.

4.2.3 Qualifikationsstruktur der sozialversicherungspflichtig beschäftigten Arbeitnehmer

Die Analyse der branchenbezogenen Beschäftigungstrends gibt nur ein unvollkommenes Bild über die regionale Beschäftigungs- und Arbeitsmarktentwicklung wieder. Die Branchenzusammensetzung erklärt nicht ihre Beschäftigungswirkungen.

Mit Blick auf die lokalen Arbeitsmarktstrukturen und die potentiellen politischen Steuerungsmöglichkeiten ist eine Analyse der Beschäftigtenentwicklung nach beruflichen Qualifikationsniveaus geboten.[169] Damit lassen sich weitere Hinweise auf die regionale Innovationsfähigkeit gewinnen. Qualifikation soll hier im weiteren Sinne als "Gesamtheit der Kenntnisse, Fähigkeiten und Fertigkeiten über die eine Person als Voraussetzung für eine ausreichende Breite in der beruflichen Einsetzbarkeit verfügen muß" verstanden werden.[170] Der sektorale und tätigkeitsbezogene Strukturwandel kann, folgt man BOESLER ET.AL., im wesentlichen auf drei Prozesse zurückgeführt werden:[171]

- branchenkonjunkturelle Entwicklungen, die sich aus den sektoralen und regionalen Verflechtungen zu Faktor- und Absatzmärkten ergeben;
- technische und organisatorische Veränderungen in den Unternehmen aufgrund von Innovationen, sehr häufig des technischen Fortschritts,
- Veränderungen in der internationalen Arbeitsteilung.

Es resultiert hieraus eine ständige Veränderung der Qualifikationsniveaus zugunsten höherer Qualifikationen. Dabei müssen zwei Effekte unterschieden werden. Während der *Tätigkeitsstruktureffekt* die Zunahme der Tätigkeiten, die relativ hohe Anteile an qualifizierten und höher qualifizierten Arbeitskräften enthalten, beschreibt, erfaßt der *Tätigkeitsbesetzungseffekt* die Veränderung der Qualifikationsniveaus innerhalb der einzelnen Tätigkeitsbereiche.[172] DOSTAL verweist auf die damit verbundene Dynamik der Arbeitsmarktsegmentierung.[173]

---

[169] Wird ansatzweise problematisiert in Kling, M.: Grundelemente der Erwerbsstruktur in der Bundesrepublik Deutschland. In: MittAB, H.4, 1985, S.481-491.
[170] Vgl. Dostal, W.: Bildung und Beschäftigung im technischen Wandel. In: Beiträge zur Arbeitsmarkt und Berufsforschung, Bd.65, Nürnberg 1983, S.92ff.
[171] Boesler, K.-A., Breuer, H., Loeser, A.: Zum Problem der Prognose kommunaler Arbeitsmärkte aus wirtschaftlicher Sicht. In: Colloquium Geographicum, 1986, S.57f.
[172] Vgl. Rothkirch, C. von; Tessaring, M.: Projektionen des Arbeitskräftebedarfes nach Qualifikationsebenen bis zum Jahr 2000. In: MittAB, H.1, 1986, S.105-118; siehe auch Stooß, F.; Weidig, I.: Der Wandel der Arbeitslandschaft bis zum Jahr 2000 nach Tätigkeitsfeldern. In: MittAB, H.1, 1986, S.88-104.
[173] Dostal, W.: Bildung und Beschäftigung im technischen Wandel. In: a.a.O., 1983, S.92ff.

Im Rahmen dieser Arbeit kann nur auf allgemeine Entwicklungstrends qualifikationsorientierter Berufsfelder eingegangen werden. Es folgt eine Analyse der relativen Entwicklung der Gesamtbeschäftigung nach ausgewählten qualifikatorischen und funktionalen Kriterien. Um der Rolle der Qualifkationsniveaus noch stärker Rechnung zu tragen wurde das von NIEMANN und BOESLER entwickelte Typisierungsschema der funktionsorientierten Berufsbereiche verändert und an das zugängige Datenmaterial angepaßt.[174] Folgende Qualifikationsbereiche innerhalb der sozialversicherungspflichtigen Gesamtbeschäftigung in den Jahren 1985 und 1988 sollen betrachtet werden:

- F&E-Tätigkeiten: Qualifikation über Hochschul- und Fachhochschulabschluß
- Management und Beratung: Qualifikation über Hochschul- und Fachhochschulausbildung
- Techniker

Neben den Hellwegstädten weisen nur Oberhausen und Herne im Landesvergleich einen überdurchschnittlichen Anteil an *F&E-Tätigkeiten* in bezug auf die Gesamtbeschäftigung auf. In der Zeit von 1985 bis 1988 erreichte keine kreisfreie Stadt und kein Kreis des Untersuchungsraumes die Wachstumsrate des Landes. Während Bottrop und Herne erhebliche Beschäftigungsverluste von über 10,0 % kennzeichnen, zeigen Duisburg, Bochum, Dortmund und Gelsenkirchen positive Beschäftigungstrends bei den F&E-Tätigkeiten. Im letzteren Fall wird die NRW-Wachstumsrate annähernd erreicht. Diese Beschäftigungstrends deuten insgesamt auf eine im regionalen Vergleich gehemmten Innovationsfähigkeit der Ruhrgebietsstädte hin, die einer politischen Gegensteuerung bedürfen (Tab.6).

Tab.6: Beschäftigungstrends im Qualifikations- und Berufsfeld der F&E-Tätigkeiten

Stadt/Kreis	Beschäftigte 1988	%-Anteil an allen Beschäftigten	%-Veränd. 1985-1988
Duisburg	4.882	2,64 %	+1,37 %
Essen	7.350	3,38 %	- 0,12 %
Bochum	3.334	2,59 %	+1,80 %
Dortmund	5.629	2,76 %	+3,28 %
Oberhausen	1.981	3,15 %	-1,54 %
Mülheim	1.420	2,33 %	- 4,31 %
Bottrop	194	0,71 %	- 14,16 %
Gelsenkirchen	1.524	1,67 %	+8,16 %
Herne	1.475	2,78 %	- 10,17 %
Recklinghs.,Kr.	2646	1,62 %	+5,97 %
Unna, Kr.	1.215	1,22 %	+3,85 %
KVR	36.377	2,22 %	+1,82 %
NRW	116.809	2,13 %	+8,70 %

(Quelle: eig. Berechnungen nach LISA/KVR

---

[174] Vgl. Boesler, K.-A., Hartog-Niemann, E. den: Konsequenzen des EG-Binnenmarktes für die Wirtschaftsförderung in der Region Köln. Teilstudie: Analyse der Wirtschaftsstruktur der Region Köln. Bonn 1990. Das vorliegende Datenmaterial stützt sich auf "Zweisteller" in der Berufsbereichssystematik der Bundesanstalt für Arbeit.

Gleichzeitig werden erhebliche intraregionale Unterschiede sichtbar. Grundsätzlich positiv zu werten ist aber, daß bei unterproportiomnalem Entwicklungstrend positive Wachstumsraten im Bereich der F&E-Tätigkeiten überwiegen.

Essen profitiert im Bereich der *Management-, Beratungs-, und leitenden Verwaltungstätigkeiten* von der Standortkonzentration der Firmenverwaltungen. Neben Essen wird nur in Dortmund und Mülheim ein Anteil an der Gesamtbeschäftigung in der Höhe des Landesdurchschnitts erreicht (Tab.7).

Die höchsten Wachstumsraten zeigen sich, allerdings von einem niedrigen Niveau ausgehend, in Bottrop und Gelsenkirchen, Sie werden gefolgt vom Kreis Unna und der Stadt Essen. Einen Beschäftigungsabbau im Bereich der Management- und Beratungsberufe verzeichnen dagegen Duisburg, Bochum und Herne. In der regionalen Sicht bleibt auch hier das Ruhrgebiet deutlich in der Wachstumsentwicklung hinter dem Land zurück, wobei aber erhebliche intraregionale Disparitäten festzustellen sind (Tab.7).

Tab.7: Beschäftigungstrends im Qualifikations- und Berufsfeld der Management-, Beratungs-, und leitenden Verwaltungstätigkeiten

Stadt/Kreis	Beschäftigte 1988	%-Anteil an allen Beschäftigten	%-Veränd. 1985-1988
Duisburg	4.676	2,53 %	- 1,66 %
Essen	8.280	3,81 %	+ 7,80 %
Bochum	3.255	2,53 %	- 0,64 %
Dortmund	5.336	2,62 %	+ 4,81 %
Oberhausen	1.396	2,22 %	+ 4,88 %
Mülheim	1.799	2,96 %	+4,71 %
Bottrop	457	1,68 %	+14,25 %
Gelsenkirchen	2.008	2,20 %	+ 11,25 %
Herne	863	1,63 %	- 4,32 %
Recklinghsn., Kr.	2.764	1,69 %	+ 7,05 %
Unna, Kr.	1.717	1,73 %	+ 9,99 %
KVR	39.378	2,40 %	+ 5,67 %
NRW	150.467	2,74 %	+ 9,81

(Quelle: eig. Berechnungen nach LISA/KVR)

Bei den *Technikern* dominieren in den Ruhrgebietsstädten Beschäftigungsverluste, wogegen im Landestrend Zuwächse zu verzeichnen sind. Es handelt sich hier um ein Tätigkeitsfeld, das von den Beschäftigungswirkungen des Strukturwandels negativ betroffen ist. Positive Wachstumsraten sind nur im Kreis Recklinghausen sowie in Bottrop und sehr mäßig in Gelsenkirchen anzutreffen. In Bottrop fällt die hohe Wachstumsrate mit einem sehr geringen Ausgangsniveau zusammen (Tab.8).

Tab.8: Beschäftigungstrends im Qualifikations- und Berufsfeld der Techniker

Stadt/Kreis	Beschäftigte 1988	%-Anteil an allen Beschäftigten	%-Veränd. 1985-1988
Duisburg	13.027	7,04 %	- 1,96 %
Essen	11.010	5,07 %	- 2,10 %
Bochum	6.470	5,03 %	- 1,84 %
Dortmund	11.220	5,51 %	- 3,57 %
Oberhausen	2.503	3,97 %	- 2,38 %
Mülheim	3.351	5,51 %	-5,69 %
Bottrop	694	2,55 %	+ 12,85 %
Gelsenkirchen	3.654	4,00 %	+ 0,72 %
Herne	5.705	10,75 %	- 5,39 %
Recklinghs., Kr.	7.326	4,47 %	+ 7,18 %
Unna, Kr.	2.463	2,48 %	- 2,49 %
KVR	81.289	4,98 %	- 1,10 %
NRW	249.068	4,54 %	+ 3,80 %

(Quelle: eig. Berechnungen nach LISA/KVR)

Die Auseinandersetzung mit beruflichen Qualifikationsstrukturen der sozialversicherungspflichtigen Gesamtbeschäftigung kann nur erste Hinweise auf Folgewirkungen qualifikationsbezogener Strukturanpassungsprozesse und regionaler Innovationsdefizite liefern. Eine detaillierte Analyse ist im Rahmen dieser Arbeit, die sich auf das Politikangebot konzentriert, nicht zu leisten. Dabei müßte im besonderen auf die Qualifikationsniveaus innerhalb einzelner Wirtschaftszweige abgehoben werden[175].

4.2.4 Arbeitslosigkeit

Die Arbeitslosigkeit im Ruhrgebiet liegt im Vergleich der Arbeitslosenquoten sowohl 1984 als auch 1988 deutlich über dem Bundes- und Landesschnitt. Der Abstand zwischen Bund und Ruhrgebiet hat sich in dieser Zeit unwesentlich verändert.

Innerhalb des Ruhrgebietes bestehen jedoch erhebliche Unterschiede im Niveau der Arbeitslosigkeit. So bewegte sich die Arbeitslosenquote im Juni 1988 zwischen 11,2 % in Unna und 18,8 % in Herne. Arbeitslosenquoten von über 16,0 % wiesen ferner die Städte Bochum, Dortmund, Gelsenkirchen, Castrop-Rauxel, Lünen und Hattingen auf. In der Zeit von Juni 1988 bis Juni 1990 hat sich der allgemeine konjunkturelle Aufschwung auch positiv auf die Arbeitsmärkte im Ruhrgebiet ausgewirkt.

---

[175] Vgl. als exemplarische Fallstudie Boesler, K.-A; Hartog-Niemann, E. den: a.a.O., 1990.

Tab.9: Arbeitslosigkeit im Ruhrgebiet: Bestände und Bestandsveränderungen

Gebiet	Arbeitslosenbestand			%-Veränderungen	
	1984	1988	1990	84-88	88-90
Duisburg	30.928	33.366	26.584	+ 7,9 %	-20,4 %
Essen	30.641	34.737	33.164	+ 13,4 %	- 4,6 %
Bochum	20.022	22.234	18.473	+ 11,0 %	-17,0 %
Dortmund	36.599	37.394	31.266	+ 2,1 %	-16,4 %
Oberhausen	11.481	13.801	10.632	+ 20,2 %	- 13,0 %
Mülheim	6.932	8.813	6.621	+ 27,1 %	-24,9 %
Bottrop	4.937	5.964	5.384	+ 20,6 %	-9,8 %
Gelsenkirchen	16.843	17.021	16.684	+ 1,1 %	- 2,2 %
Herne	9.437	11.604	9.723	+ 23,0 %	- 16,2 %
Gladbeck	3.510	3.920	4.128	+ 11,7 %	+ 5,3 %
Recklinghs.	8.366	7.711	7.692	- 7,2 %	- 0,2 %
Herten	2.903	3.243	3.203	+ 11,7 %	+ 5,3 %
Castrop-Rauxel	4.197	4.483	3.848	+ 6,8 %	- 4,2 %
Witten	5.284	5.189	5.195	- 1,8 %	+ 0,1 %
Hattingen	2.775	3.253	3.072	+ 17,2 %	- 5,6 %
Lünen	5.520	6.322	5.571	+ 14,5 %	- 11,8 %
Kamen	4.844	5.719	4.962	+ 18,1 %	- 13,3 %
Unna	4.530	4.532	3.683	+ 0,0 %	- 19,7 %
NRW	700.437	734.155	633.083	+ 4,8 %	- 13,8 %
Bund	2.112.596	2.131.406	1.807.969	+ 0,9 %	- 15,2 %
Analysegebiet	209.747	229.306	199.850	+ 9,3	- 12,8 %

[1] ohne Dorsten und Marl

Quelle: eig. Berechnungen nach statistischen Erhebungen der Arbeitsämter

So sank die Arbeitslosenquote im Kommunalverband Ruhrgebiet von 15,3 % auf 11,3 %. Die Veränderung im Bestand der Arbeitslosen offenbart erhebliche intraregionale Schwankungen (Tab.9). Sie dokumentieren ferner einen Abkopplungsprozeß des Ruhrgebietes vom bundesweiten Entwicklungstrend. Während die Zahl der Arbeitslosen in der Zeit von Juni 1984 bis Juni 1988 im Bund nur um 0,9 % anstieg, betrug die Zunahme in NRW 4,8 % und im Untersuchungsgebiet (ohne Dorsten und Marl) 9,3 %. Das größte Wachstum der Arbeitslosenzahlen verzeichneten die Städte Oberhausen, Mülheim, Bottrop und Herne mit Wachstumraten von über 20 %.. Nur Recklinghausen und Witten verbuchten eine rückläufige Arbeitslosigkeit.

Auch in der sich anschließenden Erholungsphase, hier dokumentiert bis Juni 1990, bleibt der Untersuchungsraum insgesamt hinter der Bundes- und Landesentwicklung zurück. So verringerte sich die Arbeitslosigkeit im Bund um 15,2 %, in NRW um 13,8 % sowie im Ruhrgebiet um 12,8 %. Trotzdem verzeichnen einige Städte, z.B. Duisburg, Bochum, Dortmund, Mülheim und Herne bemerkenswerte Erfolge. Dort kam es zu einem überproportionalen Rückgang der Arbeitslosigkeit.

Weniger profitieren konnten Essen, Bottrop und Gelsenkirchen. Mit der Ausnahme von Duisburg verzeichneten jedoch jene Städte eine überproportional günstige Entwicklung, die zuvor einen sehr starken Anstieg der Arbeitslosigkeit zu verkraften hatten. Wird auch durch den Rückgang der Arbeitslosigkeit 1990 annähernd das Niveau der Arbeitslosigkeit von 1984 erreicht, so verbleiben doch die Disparitäten zwischen dem Ruhrgebiet und der Entwicklung im Bundesgebiet.

In der Zeit von 1984 bis 1988 waren die meisten Ruhrgebietsstädte auch durch eine überproportionale Zunahme der Langzeitarbeitslosigkeit gekennzeichnet[176]. Während die Langzeitarbeitslosigkeit sich im Bundesgebiet verringerte, nahm sie vor allem in Städten der Emscherzone um mehr als 20 % zu. Eine Verringerung der Langzeitarbeitslosigkeit verzeichneten nur die beiden Hellwegstädte Duisburg und Dortmund sowie Recklinghausen.

Im Rahmen der Analyse kommunaler Wirtschaftsförderungskonzepte ist primär auf die Entwicklung der Arbeitslosigkeit in der Zeit von 1984 bis 1988 abzuheben. Ihre Auswirkungen könnte Impulse für die Konzeptdiskussion im Verlaufe der letzten beiden Jahre gegegeben haben. Zusammenfassend ist festzustellen, daß die Arbeitsmärkte in den kreisfreien Städten der Emscherzone von Oberhausen bis Herne besonders starken Belastungen ausgesetzt waren. Mit Blick auf die Oberzentren ist davon auszugehen, daß Duisburg und Dortmund eine günstigere Entwicklung durchlaufen haben als Essen und Bochum. Für die Politikentwicklung von primärer Bedeutung ist jedoch die generell schwächere Arbeitsmarktentwicklung im Ruhrgebiet im Vergleich zu Land und Bund.

4.3   Kommunale finanzpolitische Voraussetzungen

Die Analyse ausgewählter finanzpolitischer Daten für die Ruhrgebietsstädte soll Hinweise auf die kommunale Handlungsfähigkeit in bezug auf wirtschaftspolitische Aktivitäten liefern. Geht man von der traditionellen Wirtschaftsförderungspolitik aus, so liegt mit dem aus der kommunalen Daseinsfürsorge abgeleiteten Ziel der "Stärkung der Wirtschafts- und Finanzkraft" eine direkte zielorientierte Verknüpfung zwischen kommunaler Haushaltspolitik und Wirtschaftsförderung vor.

Vor allem durch die Steuerreform 1978/79[177] sowie die teilweise Aufhebung der Zweck-Mittel-Bindungen wurden kommunale finanzpolitische Handlungspielräume neu definiert.[178] Die Abschaffung der Lohnsummensteuer (als Teil der Gewerbesteuer) sowie die Erhöhung von Gewerbesteuerfreibeträgen auf Ertrag und Kaptital und der Wegfall der Mindestgewerbesteuer haben die kommunalen steuerlichen Ertrags- und Gesetzgebungskompetenzen tendentiell eingeschränkt. In diesem Zusammenhang wird von einer für die Kommunen "negativ zu wertenden qualitativen Veränderung" des Steuersystems gesprochen. Von staatlicher Seite wurde in den letzten Jahren immer wieder eine grundsätzliche Abschaffung der Gewerbesteuer angedacht.[179]

Auf der kommunalen Einnahmenseite haben mit der Schwächung der steuerlichen Komponente die Mischfinanzierungen an Bedeutung gewonnen. Sie beschreiben die "Beteiligung der staatlichen

---

[176] Als "langzeitarbeitslos" gelten Arbeitslose, die länger als ein Jahr ohne Arbeit.
[177] Vgl. Marcus, P.: Das kommunale Finanzsystem der Bundesrepublik Deutschland. Darmstadt 1987, S.55ff.
[178] Vgl. Mayntz, R.: a.a.O., 1981.
[179] Im Rahmen der Schaffung eines "Niedrigsteuergebietes" für die fünf neuen Bundesländer wird über eine Abschaffung der Gewerbekapitalsteuer diskutiert.

Ebene an finanziellen Lasten, welche bei Erfüllung einzelner öffentlicher Aufgaben durch die Gemeinde entstehen".[180] Durch die Mischfinanzierung sichern sich die staatlichen Ebenen eine indirekte Beeinflussung kommunaler Aufgabenbereiche. Im Vordergrund der von staatlicher Seite durchzusetzenden Zielsetzungen stehen der räumliche Ausgleich, die wirtschaftliche Stabilität sowie eine begrenzte Kompensation von kommunalen Ausgabenplanungen.[181] MARCUS greift den staatlichen und kommunalen Machterhalt als eine weitere Komponente auf.

Grundsätzlich fordert die Problematik der Mischfinanzierungen zu einer Debatte über die Qualität der kommunalen Selbstverwaltung und Finanzautonomien heraus. Die Mischfinanzierungspraxis verdeutlicht besonders die von MAYNTZ skizzierte Verflechtung zwischen Finanzsystem, Haushaltsmittel der Wirtschaftsförderung und deren Instrumente.[182] Die staatlichen Finanzzuweisungen unterscheiden sich dabei sowohl nach den Auflagen der Finanzinstrumente als auch nach deren Verteilungsmodi. Die kommunale Einflußnahme auf die Verteilungsmodi steht dabei in einem direkten Verhältnis zu den von staatlicher Seite angebotenen Alternativen.[183] Der finanzpolitische Rahmen der kommunalen Wirtschaftspolitik ist somit auch eng mit der regionalpolitischen Grundkonzeption verzahnt.

Die Einschränkung kommunaler Handlungsspielräume auf der Ausgabenseite resultiert aus der Verdrängung der, auch strukturpolitisch motivierten, Sachinvestitionen durch die konsumptiven Sozialausgaben.[184] Dieser Prozeß impliziert primär die "kommunalpolitische Betroffenheit" bezüglich der anhaltenden Arbeitsmarktprobleme sowie des anhaltenden Strukturwandels.[185]

4.3.1　　　Realsteuerkraft, Gewerbesteuereinnahmen und Sachinvestitionen.

Die Pro-Kopf-Realsteuerkraft kann als Einnahmenindikator einen Hinweis auf die Finanzkraft der Ruhrgebietskommunen geben. Aus Tab.16 geht hervor, daß 1988 nur die Städte Marl und Herten als Standorte der Großindustrie bzw. des Bergbaus eine im Vergleich zum Landesdurchschnitt überdurchschnittliche Realsteuersteuerkraft/Ew. aufwiesen. Eine besonders ungünstige Einnahmesituation mit einer Realsteuerkraft von weniger als 400 DM/Kopf ergibt sich für die Städte Bottrop Castrop-Rauxel und Waltrop. Vergleicht man die Hellwegstädte mit weiteren Oberzentren Nordrhein-Westfalens so dokumentiert sich ein erheblicher Rückstand der Ruhrstädte[186].

---

[180] Vgl. Marcus, P.: a.a.O., S.27f.
[181] Vgl. Fürst, D.; Mäding, E.: Kommunale Finanz- und Investitionsplanung, Diskussionsbeitrag Nr.1/1982. Konstanz 1982, S.33.
[182] Vgl. Mayntz, R.: a.a.O.,1981, S.156ff.
[183] Es wird hier von einer entscheidenen Strategievariable kommunalpolitischen Handelns gesprochen, siehe neben MARCUS auch Naßmacher, H.;Naßmacher, K.-H.: a.a.O., 1979.
[184] Vgl. z.B. für Essen: GEWOS/RWI: Strukturgutachten "Essen 2000". Bochum/Essen 1989, S.134ff
[185] Vgl. Hesse, J.J. (Hrsg): Erneuerung der Politik "von unten" ? Stadtpolitik und kommunale Selbstverwaltung. Opladen 1986
[186] z.B. Pro-Kopf-Realsteuerkraft 1988 in Düsseldorf 1638 DM, in Münster 1495 DM. "Von wenigen Ausnahmen abgesehen sind die Städte und Kreise des Ruhrgebietes, unabhängig davon, wie hoch ihre Wertschöpfung ist, als besonders steuerschwach anzusehen." Vgl. Zimmermann, H. et.al.: Bestimmungsgründe der kommunalen Finanzsituation. Bonn 1987, S.129; Vgl. auch GEWOS/RWI: a.a.O., S.150.

Das Gewerbesteuereinkommen zeigt in seinen regionalen Niveauunterschieden eine ähnliche Tendenz wie die Realsteuerkraft. Das Gewicht der Gewerbesteuern auf der Einnahmeseite des Verwaltungshaushaltes weist in den meisten Kommunen auf eine überproportionale Abhängigkeit von Finanzzuweisungen hin. Nur die Städte Essen, Mülheim, Marl, Herten, Hattingen und Kamen können sich mit Anteilen von über 20 % auf eine relativ hohe Gewerbesteuerbasis stützen (Tab.10). Hier spielt die Standortbildung durch großindustrielle Betriebsstrukturen bzw. Unternehmenszentralen eine wichtige Rolle.

Tab.10: Zur kommunalen Finanzsituation im Ruhrgebiet

Stadt	Realsteuerkraft pro Kopf (1988)	Gewerbesteuer[1] pro Kopf (1987)	Ant.an Verwaltungshaush. (%)	Sachinv. invest. pro Kopf (1987)	Ant.an Bruttoausgaben (%)	Transferzahlungen[2] pro Kopf (1987)	Ant.an Bruttoausgaben (%)
Duisburg	564	471	16,5	389	9,3	569	15,7
Essen	724	748	26,9	403	10,3	777	19,9
Bochum	503	441	14,7	432	11,2	719	18,6
Dortmund	576	510	16,9	499	13,3	747	19,9
Oberhausen	452	319	12,4	233	6,6	562	15,9
Mülheim	683	647	25,6	311	10,1	562	15,9
Bottrop	370	336	14,5	192	6,8	568	20,2
Gelsenkir.	521	470	15,9	332	9,4	670	19,0
Herne	420	380	26,0	186	6,3	741	25,0
Gladbeck	641	481	18,9	314	10,4	475	15,7
Marl	1032	1370	51,7	230	5,0	428	13,7
Recklinghs.	440	342	14,2	217	9,4	405	13,7
Herten	943	679	26,4	298	10,0	430	14,5
Castrop-R.	376	321	13,1	136	4,6	505	16,9
Waltrop	326	303	14,5	138	6,0	327	14,2
Hattingen	488	336	15,7	380	14,0	438	16,2
Witten	686	518	23,6	288	10,0	297	10,3
Lünen	474	368	17,1	413	14,2	217	7,7
Kamen	463	424	20,6	392	15,1	110	4,2
Bergkamen	481	556	29,0	177	8,0	155	7,0
NRW	750	617	25,3	404	12,9	420	13,4

1 Gewerbesteuereinnahmen inclusive Umlage.
2 Erstattungen, Zuschüsse, Soziale Leistungen und Schuldendienstleistungen an nicht öffentliche Bereiche. Dieser Haushaltstitel beinhaltet mit Ausnahme der Personalkosten den Kernbereich der nicht-investiven Ausgaben.
Quelle: eig. Berechnungen nach Finanzstatistik des LDS.

Tab.10 verdeutlicht auch das Niveau der Sachinvestitionen und deren Anteil an den Bruttoausgaben der kommunalen Haushalte. Hier deutet sich eine räumliche Differenzierung zwischen den Oberzentren und übrigen Ruhrgebietskommunen an. Sieht man von Gelsenkirchen und Gladbeck ab, so ist für die Städte der Emscherzone ein besonders niedriges Niveau der Sachinvestitionen/Ew. abzulesen. Herten, Dorsten, Hattingen und Kamen weichen ebenfalls vom allgemeinen Trend ab.

Die Bestandsaufnahme der Sachinvestitionsniveaus kann nur einen allgemeinen Überblick vermitteln. Die Abrechnung besonderer, aufwendiger Bauprojekte (z.B. Rathausneubau) kann eine nicht unerhebliche Verzerrung verursachen. Abb.8 zeigt am Beispiel ausgewählter kreisfreier Städte die Zusammenhänge zwischen Veränderung der Bruttoausgaben, Sachinvestitionen sowie des haushaltsstatistischen Ausgabenbereichs Erstattungen/Zuschüsse/Soziale Leistungen und Schuldendienst an Private. Der zuletzt genannte Aufgabenbereich hat im Verlaufe der Jahre 1984 bis 1987 seinen Anteil an den Gesamtausgaben ständig ausweiten können. Die Wachstumsrate der Sachinvestitionen blieb dagegen hinter jener der Bruttoausgaben zurück (Abb. 8).

Abb.8: Zur Veränderung der Ausgabenstruktur der kommunalen Haushalte in ausgewählten kreisfreien Städten des Ruhrgebietes (1984-1987)
Wachstum der Bruttoausgaben, Sachinvestitionen und Transferzahlungen

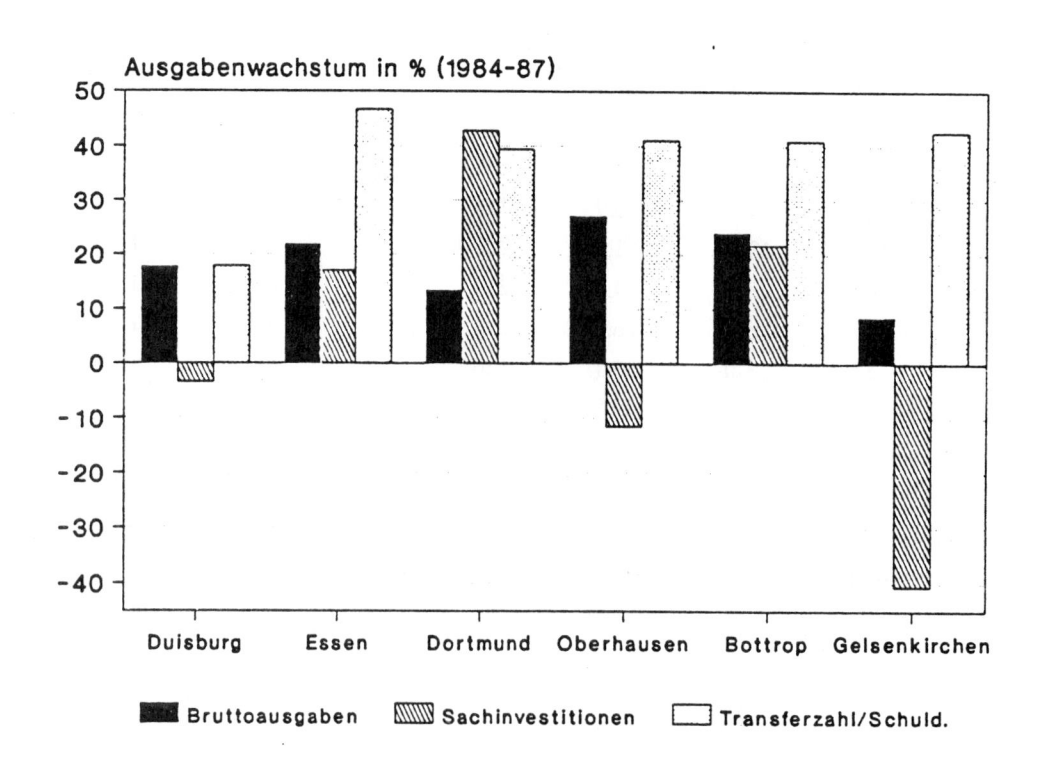

Die durch steigende konsumptive Ausgaben zunehmende Einengung strukturpolitisch orientierter Ausgabenplanungen läßt sich hier sehr deutlich empirisch belegen. Der Anteil der Sozialen Leistungen, Zuschüsse und Zuweisungen an den Bruttoausgaben 1987 war mit über 18 % in den Hellwegstädten Essen, Bochum, Dortmund, Gelsenkirchen und Herne am höchsten. Ein Zusammenhang zum hier auch im regionalen Vergleich hohen Niveau der Arbeitslosigkeit ist nicht von der Hand zu weisen.

Die Analyse der Wirtschaftsförderungskonzeptionen muß letztendlich Hinweise liefern, inwiefern diese Beschränkung finanzpolitischer und haushaltswirtschaftlicher Spielräume sich hemmend auf die gewerbepolitische Strategieentwicklung auswirkt oder diese Motivation für besondere Aktivitäten ist.

4.4 Die Vorgaben der regionalen Wirtschaftsförderung

4.4.1 Ziele und Förderrichtlinien

Die staatlichen Fördermaßnahmen der regionalen Wirtschaftsförderung setzen einen wichtigen Rahmen für die kommunale Wirtschaftsförderung. Sieht man einmal von der Beschränkung direkter kommunaler Fördermaßnahmen ab, so bestimmt das Angebot staatlicher Förderprogramme weitgehend sowohl das Beratungsangebot als auch die Verhandlungsflexibilität der Wirtschaftsförderungsdienststellen.[187]

Kernstück der regionalen Wirtschaftsförderung im Ruhrgebiet ist die "Gemeinschaftsaufgabe zur Verbesserung der regionalen Wirtschaftsstruktur" mit dem Förderinstrumentarium der steuerfreien Investitionszulage und den Investitionszuschüssen. Zur Konzentration der Fördermittel werden unterschiedliche Fördersätze nach Schwerpunktortskategorien festgelegt. In Bezug auf kommunale Handlungsspielräume ist die diskriminierende Wirkung der Fördersatzdifferenzen zu beachten.

Ziel der Gemeinschaftsaufgaben-Regelförderung ist die "dauerhafte Sicherung eines ausreichenden Angebotes an Arbeitskräften".[188] Die Sicherung und Schaffung von Arbeitsplätzen und Einkommensmöglichkeiten soll sich auf Gebiete mit "nachhaltigen Arbeitsmarktproblemen" und "erheblichen Wirtschaftsschwächen"[189] konzentrieren. Das primäre Arbeitsplatzziel wird strukturpolitisch durch eine Negativliste[190] der von der Förderung auszuschließenden Wirtschaftszweige flankiert. Zusätzliche Maßnahmen sind begrenzte Beihilfen zur Schaffung von qualifizierten Arbeitskräften.[191] Neben der Förderung der gewerblichen Wirtschaft werden kommunale Infrastrukturinvestitionen mittels Investitionszuschüssen gefördert.

---

[187] Verpflichtung kommunaler Strukturpolitik zu landes- und bundestreuen Verhalten, insbesondere in bezug auf die Akzeptanz der Vorgaben der regionalen Witschaftsförderung; siehe 18. Rahmenplan zur GRW. BT-DS 11/5099, S.11.
[188] Vgl. 18. Rahmenplan zur GRW. BT-DS 11/5099, S.5f.
[189] Vgl. RdErl. d. Ministers für Wirtschaft, Mittelstand und Technologie NRW v. 30.03.1990, S. 2.
[190] U.a. Land- und Forstwirtschaft, Bergbau, Baugewerbe, Einzelhandel (soweit nicht Versandhandel), Großhandel mit Konsumgütern (soweit nicht Import-/Exportgroßhandel), Transport- und Lagergewerbe.
[191] Betrifft Arbeitsplätze, die für die Innovationsfähigkeit von Betrieben entscheidend sind; Abgrenzung mittels Jahresgehaltes von über 60.000 DM brutto.

In die GRW sind mittlerweile mehrere Sonderprogramme integriert worden. Sie dienten teilweise einer kurzfristigen Erweiterung der Fördergebiete als auch der grundsätzlichen Aufstockung der Fördermittel und der Berücksichtigung weiterer Entwicklungsziele (z.B. Erschließung von Brachflächen, Förderung des Technologietransfers). Für das Ruhrgebiet sind zwei Sonderprogramme sowie ein weiteres EG-NRW-Wirtschaftsförderungsprogramm von Bedeutung:

a) Das Stahlstandorte-Sonderprogramm dient der Schaffung von Ersatzarbeitsplätzen in Stahlstandorten mit zu erwartenden oder bereits eingetretenen Arbeitsplatzverlusten. Die Fördergebiete des 1982 installierten und zum zweiten Male, nun bis 1990, verlängerten Programms genießen den Status von GA-Regelfördergebieten. Bis 1989 wurde hier auch die Investitionszulage von 8,75 % der Investitionssumme gewährt. Das Fördervolumen beträgt insgesamt 180 Mio. DM.

b) Das Sonderprogramm "Montanregionen" wurde 1988 in Folge der Ruhrgebietskonferenz vom 24. Februar 1988 beim Bundeskanzler aufgelegt. Für den Zeitraum von 1988 bis 1991 werden 1 Mrd DM als Fördermittel bereitgestellt, von denen 400 Mio. DM vom Bund und 100 Mio. DM von der EG im Rahmen des RESIDER-Programmes getragen werden. Ziel ist die Sicherung und Schaffung von Arbeitsplätzen außerhalb der Montanindustrie.

c) Das EG-NRW-Ziel-2-Programm für die Jahre 1989 bis 1991 soll Fördermittel für die Modernisierung der Infrastruktur, Verbesserung der Arbeitnehmerqualifikation und die Bereitstellung von Industrie- und Gewerbeflächen (u.a. Umnutzung von Industriebrachflächen) bereitstellen. Das Programm ist stärker strukturorientiert. Bezüglich der Förderrichtlinien gelten die Maßstäbe der anderen Förderprogramme. Die Förderung der gewerblichen Wirtschaft beschränkt sich auf Unternehmen mit einem Jahresumsatz von weniger als 38 Mio. ECU.

Im Rahmen des Stahlstandorte-Sonderprogramms erhielten die Städte Duisburg, Oberhausen, Bochum, Hattingen, Dortmund und Unna Förderregionsstatus. Aufgrund der extrem hohen Arbeitslosigkeit gelangte Gelsenkirchen 1984 in die Normalförderung. Im Rahmen der Neuabgrenzung der Fördergebiete 1986 sind die Städte Dortmund, Bottrop, Herne und der Kreis Recklinghausen in die Normalförderung aufgenommen worden. Die Kreise Recklinghausen und Unna sowie die Städte Dortmund, Gelsenkirchen, Bottrop und Herne partizipieren als Normalfördergebiete in Sonderprogrammen. Hier ist eine Überschreitung der Regelfördersätze bis zu zehn Prozentpunkte möglich.

Abb.9: Fördergebiete und Fördersätze

[:.:] Landesfördergebiet ⊠ GRW-Förderung und Sonderprogramme
[\] Sonderprogramme außerhalb der GRW-Förderung

Quellle: BT-DS 11/5099; RdErl. v. 30.03.1990, MWMT

4.4.2 Zur Verteilung der Fördermittel

Die Verteilung der Fördermittel auf die Kommunen (bzw. Kreise und kreisfreien Städte) im Ruhrgebiet gibt Hinweise auf potentielle Gestaltungsspielräume in der kommunalen Wirtschaftspolitik. Aus der Perspektive der kommunalen Wirtschaftsförderung sind insbesondere die Investitionszuschüsse für Infrastrukturmaßnahmen von Bedeutung. Bei Förderquoten von bis zu 80 % entscheiden meistens die gewährten Fördermittel über die Realisierung und Konzeption einzelner Projekte. Die Fördermittelvergabe hat hier erheblichen Einfluß z.B. auf die Mobilisierung von Brachflächen oder die Qualität der Infrastrukturausstattung von Technologie- und Gewerbeparks. Tab.11 zeigt für die Jahre 1984-1989 eine erhebliche Konzentration der Infrastrukturfördermittel auf die Städte Duisburg (35,8 %) und Dortmund (16,5 %). Grundsätzlich wird eine Diskriminierung zugunsten der Hellwegstädte deutlich. Während für die Städte Duisburg und Dortmund in den Jahren 1985 bis 1989 202,96 Mio. DM als Investitionszuschüsse bereitgestellt wurden, beliefen sich diese im Emscherraum (Stadt Gelsenkirchen und Kreis Recklinghause)n auf nur 9,97 Mio DM (Tab. 11).

Tab.11: Bewilligte Investitionszuschüsse zur Förderung von Infrastrukturmaßnahmen im Rahmen der regionalen Wirtschaftsförderung in den Jahren 1985 - 1989 (in Mio. DM)

Stadt/Kreis	bewilligte Investitionszuschüsse insgesamt.	in % am Gesamt fördervolumen	pro Ew.in DM (1988)
Duisburg	139,91	35,8 %	263
Essen	15,43	4,0 %	25
Dortmund	64,05	16,5 %	109
Gelsenkirchen	4,11	1,1 %	14
Herne	1,41	0,7 %	8
Recklinghsn.,Kr.	5,88	1,5 %	9
Unna, Kr.	18,21	4,7 %	

(Quelle: Berechnungen des MWMT, eig. Berechnungen)

Bei der Gewährung von Investitionszuschüssen an die gewerbliche Wirtschaft und Dienstleistungsunternehmen hat die kommunale Wirtschaftsförderung nur eine vermittelnde Rolle. Die Qualität der Finanzberatung und das konkrete Bemühen um die Realisierung privater Investitionsprojekte prägt entscheidend das vorherrschende Wirtschaftsklima. Obwohl Investitionszuschüsse im Rahmen der regionalen Wirtschaftsförderung oftmals als Mitnahmeeffekte zu bewerten sind, können dennoch intraregionale Fördergefälle die Handlungsspielräume der kommunalen Wirtschaftsförderung differenzieren.

Während innerhalb der verschiedenen regionalen Wirtschaftsförderungsprogramme (GA-Regelförderung, Sonderprogramme Montanregionen und Stahlstandorte, Landesförderung) eine Konzentration der bewilligten Fördermittel festzustellen ist, dokumentiert sich andererseits eine Aufgabenteilung zwischen den Programmen. In der Zeit von Januar 1988 bis April 1989 wurden in allen Wirtschaftsförderungsprogrammen im Untersuchungsraum 371,74 Mio. DM an Investitionszuschüssen bewilligt.

Davon entfielen 26,12 Mio. DM auf die GA-Regelförderung, 171,57 Mio. DM auf das Stahlstandorte-Sonderprogramm, 26,12 Mio. DM auf die GA-Regelförderung und 20,619 Mio. DM auf die Landesförderung. Während im Rahmen des Stahlstandorteprogramms 79,0 % der bewilligten Zuschüsse auf den Kreis Unna und die Stadt Dortmund entfallen, wurden innerhalb des Montanregionen-Sonderprogrammes die bewilligten Mittel auf die Städte Duisburg und Gelsenkirchen konzentriert (Abb.10).

Die erkennbare räumliche Differenzierung der Zuschußbewilligungen für die gewerbliche Wirtschaft und Dienstleistungsunternehmen muß im Zusammenhang mit mehreren Faktoren bewertet werden. Im Vordergrund steht die Investitionsbereitschaft der einzelnen Unternehmen. Hohe Zuweisungsquoten können indirekt auch ein Indiz für eine effektive Förder-und Finanzberatung der kommunalen Wirtschaftsförderung sein. Ein konkreter Nachweis über den Zusammenhang zwischen kommunalen Wirtschaftsförderungsaktivitäten und den Zuweisungen der regionalen Wirtschaftsförderung ist empirisch bisher nicht belegbar.

Abb.10: Zur Verteilung von Fördermitteln zur Förderung der gewerblichen Wirtschaft auf Förderprogramme und Kommunen (Januar 1988 bis April 1989)

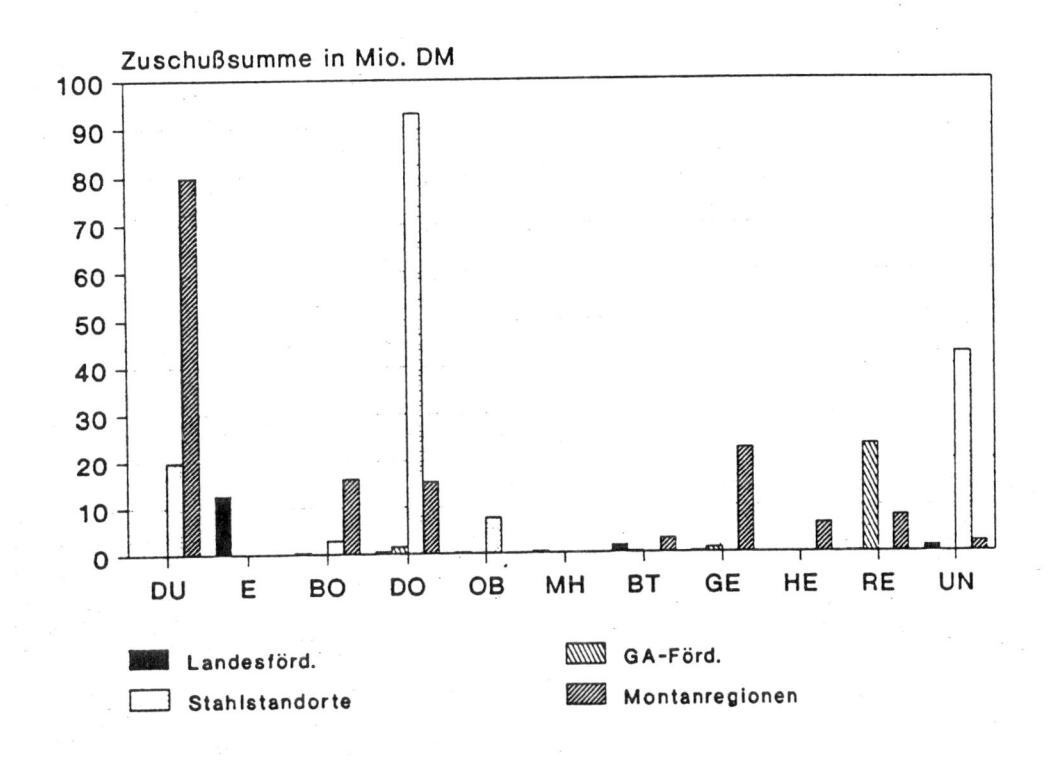

Quelle: eig. Berechnungen nach Angaben des MWMT

4.5 Die Regionalisierung der regionalen Wirtschaftsförderung

4.5.1 Die Zukunftsinitiativen Montanregionen (ZIM) und Nordrhein-Westfalen (ZIN)

Im Mittelpunkt der Zukunftsinitiative Montanregionen (ZIM, die 1989 zur Zukunftsinitiative Nordrhein-Westfalen (ZIN) erweitert wurde), steht eine auf der regionalen Ebene eingeforderte Kooperation zwischen Planungsträgern öffentlicher Belange, der Privatwirtschaft und weiteren Interessengruppen zur Entwicklung, Durchführung und Finanzierung von strukturverbessernden Entwicklungsprojekten. Eine verstärkte Kooperation zwischen den Regionen und dem Land erwächst aus der Bündelung der regionalen Projektvorschläge auf der Landesebene. ZIM und ZIN legen fünf "strukturpolitische Felder" fest, für die Projekte vorgeschlagen werden können:[192]

---

[192] Vgl. MWMT: Zukunftsinitiative für die Regionen Nordrhein-Westfalens. Zwischenbericht. Düsseldorf 1990, S.1f.

- Förderung von Innovationen und Technologie
- zukunftsorientierte Qualifizierung der Arbeitnehmer
- Ausbau und Modernisierung der Infrastruktur
- Verbesserung der Umwelt und Energiesituation
- Maßnahmen zur Schaffung und Sicherung von Arbeitplätzen

ZIM und ZIN greifen primär auf bereits vorhandene sektorale und regionale staatliche Fördermittel zurück. Neben Mitteln der Gemeinschaftaufgabe, den Sonderprogrammen und der landesbezogenen Wirtschaftsförderung soll insbesondere auch auf die Technologieförderung und die Städtebauförderung zurückgegriffen werden. Mit der Forderung nach regionaler Kooperation wird die kommunale Selbstverwaltung berührt.

Die Zukunftsinitiativen fordern zu neuen "Bargaining-Prozessen" in der kommunalen Wirtschaftspolitik heraus. Die Selektions- und Entscheidungsverfahren könnten auch zu einer politisch-strategischen Projektentwicklung führen. Dann werden Projekte entwickelt um an der Vergabe von Fördermitteln beteiligt zu sein oder um einen Aktivitätsnachweis der Verwaltung zu erbringen. Für die erste Antragsrunde 1990 wurden von den Regionen 2000 Projekte vorgeschlagen, von denen 122 für eine kurzfristige Realisierung ausgewählt wurden. Für diese Projekte stehen Fördermittel in der Höhe von 460 Mio.. DM zur Verfügung.[193]

4.5.2   Die Internationale Bauausstellung Emscherpark

Die projektierte Internationale Bauaustellung Emscherpark versucht, die Idee der Zukunftsinitiativen auf eine regionale Städtebau- und Stadtentwicklungspolitik zu übertragen. Im Rahmen von städtebaulichen und landschaftsgestaltenden Musterprojekten soll eine "langfristige, tragfähige Strategie für die ökologische, ökonomische und soziale Erneuerung alter Industriegebiete" eingeleitet werden. Die IBA Emscherpark wurde im Mai 1988 im Rahmen eines Memorandums der Landesregierung als Projektaufruf ins Leben gerufen und ist als ein Planungs- und Entwicklungsgebiet auf einer Fläche von 802,9 km^2 zwischen Duisburg und Bergkamen definiert worden.[194] Als nördliche bzw. südliche Begrenzung fungieren die Bundesautobahnen A 2 und A 43 (B 1). 19 Kommunen sind beteiligt. Die zwischen Kommunen, Privatwirtschaft und weiteren Interessengruppen zu vereinbarenden Projekte müssen sich folgenden Leitbildern einordnen lassen:

- Wiederaufbau von Landschaft - Emscher Landschaftspark
- Ökologische Verbesserung des Emscher-Systems
- Rhein-Herne-Kanal als Erlebnisraum
- Arbeiten im Park
- Industriedenkmäler als Kulturträger
- Neue Wohnformen und Wohnungen
- Neue Angebote für soziale, kulturelle und sportliche Tätigkeiten

---

[193] Ebenda, S.10.
[194] MSWV (Hrsg.): Internationale Bauausstellung Emscherpark. Memorandum. Düsseldorf 1988, S.3f.

Aus der Sicht der kommunalen Wirtschaftsförderung stehen die "Arbeiten im Park"-Projekte im Vordergrund. Sie geben Hinweise auf wirtschaftspolitische Leitbilder und Ziele. Leitbild der "Arbeiten im Park"-Projekte ist die Schaffung qualitativ anspruchsvoller Standortgemeinschaften für Produktion und Dienstleistungsgewerbe, die sich in die städtebauliche Gesamtentwicklung einpassen. Diese Projekte sollen als Imageträger des Strukturwandels fungieren und vor allem zu einer ökonomischen Wiedernutzung von Brachflächen beitragen. Beispiele sind der Ausbau von Technologiezentren, die Schaffung von neuen Betätigungsfeldern für Beschäftigungsinitiativen oder das Angebot von themenbezogenen Gewerbeparks. Die Projekte werden damit auch zu einem Instrument der kommunalen Struktur- und Arbeitsmarktpolitik.

5. Methodische Ansätze zur Analyse von politischen Aktionsfeldern und Entscheidungsprozessen

Die vorliegende Arbeit stellt das an wirtschaftspolitischen und wirtschaftsräumlichen Entwicklungszielen orientierte kommunale Politikangebot in den Mittelpunkt der Analyse. Dieses Angebot ist durch ein strategisches Auswählen und Entscheiden gekennzeichnet, das sich schließlich in einem Anbieten, Vermarkten und Finanzieren von handlungsorientierten Instrumenten niederschlägt.

Das im Verwaltungshandeln verankerte, hier auf die kommunale Wirtschaftsförderung bezogene Entscheidungsverhalten in einem komplexen System erfordert eine als "Spurensuche" angelegte empirische Erhebungsstrategie. Sie kann auf den theoretischen politikwissenschaftlichen Ansatz des Politikzyklus zurückgreifen. Er beschreibt und analysiert Aspekte der Politikentwicklung (Identifikation von Problemlagen), der Politikformulierung (Ziele und strategische Konzeptentwicklung) sowie der Implementation (Instrumenteinsatz und dessen Begleitung). Es sollen hierdurch Hinweise auf Entscheidungsprozesse und Motivationen gewonnen werden[195].

Im Mittelpunkt eines dreistufigen empirischen Erhebungsverfahrens steht ein halbstandardisiertes Interview mit allen Wirtschaftsförderungsdienststellen im Untersuchungsgebiet. Es dient neben der strategieorientierten Politikdiskussion vor allem der Sicherung sowohl quantitativer als auch qualitativer Daten zur Politikentwicklung und Politikimplementation.

Das Interview wird durch eine Inhaltsanalyse wirtschaftsförderungsorientierter Textdokumente ergänzt. Aus ihr sollen zum einen Hinweise auf die Gewichtung von Politikbereichen gewonnen und andererseits grundsätzliche Argumentationsmuster aufgespürt werden, die Schlüsse auf konkrete Entscheidungsprozesse zulassen.

Die auf Politikimplementation und Entscheidungsprozesse orientierte Durchsicht von zugänglichen Sitzungsunterlagen der für Wirtschaftsförderung zuständigen Ratsausschüsse aus vier Städten des Untersuchungsgebietes sollte allgemeine Hinweise auf Entscheidungsprozesse, Interessenkonflikte und Präferenzordnungen abrunden helfen.

---

195 Mayntz, R.: Implementation politischer Programme. Königstein (Taunus) 1980, S.238.

5.1 Halbstandardisierte Interviews mit den für kommunale Wirtschaftsförderung verantwortlichen Dienststellen

Mit 20 halbstandardisierten Interviews, die eine Mischung von geschlossenen und offenen Fragen bzw. Verhaltens- und Meinungsfragen enthalten, konnte eine Totalerhebung erzielt werden. (Siehe Anhang).

Befragt wurden in der Regel die Sachgebietsleiter für "Grundsatzfragen" in 16 kommunalen Dienststellen sowie in vier privatrechtlich institutionalisierten Wirtschaftsförderungsgesellschaften. Unter letzteren nimmt die Wirtschaftsförderungsgesellschaft des Kreises Unna mbH eine Sonderstellung ein. Die Interviews dauerten im Mittel 90 Minuten. Der Interviewer (und Verfasser) strebte ein Verhalten an, daß "zwischen der Methode des neutralen und des weichen Interviewens" liegt[196]. Zu Beginn des Interviews wurden standardisierte Graphiken zur Beschäftigungsstruktur und -entwicklung vorgelegt. Sie sollten vor allem Kompetenz und Problembewußtsein des Interviewers signalisieren und somit den direkten Einstieg in die Frage nach wirtschaftspolitischen Zielen der Wirtschaftsförderung erleichtern. Die Schaffung eines problemorientierten Einstiegs war das wichtigste Resultat eines Pretestes mit Experten außerhalb der betroffenen Kommunen. Er führte auch zu einer reduzierten und konzentrierten Abfrage der quantitativen Planungsdaten. Der Fragebogen folgt den diskutierten Politikbereichen der kommunalen Wirtschaftsförderung. An die Zielbestimmung und Abklärung der Organisationsform schließt sich die am Instrumenteinsatz orientierte Analyse der Bestandspflege- und Ansiedlungspolitik. Sie wird ergänzt durch das Abfragen primär quantitativer Daten zu flächen- und finanzpolitischen Rahmenbedingungen. Es folgt die Beschäftigungs- und Arbeitsmarktpolitik, wobei auf das Angebot von technologieorientierten Standortgemeinschaften und die Konzeption arbeitsmarktpolitischer Maßnahmen abgehoben wird. Für Kommunen im Bereich der Internationalen Bauausstellung Emscherpark schließen sich Angaben zu den vorgesehenen "Arbeiten im Park"-Projekten an. Damit soll die struktur- unds arbeitsmarktpolitische Bedeutung der IBA im Rahmen der kommunalen Wirtschaftsförderung abgeklärt werden.

5.2 Inhaltliche Analyse von Konzepten und Jahresberichten der kommunalen Wirtschaftsförderung

Die Erarbeitung von Textdokumenten zur Darstellung und Kommentierung von stadtplanerischen sowie wirtschaftsstrukturellen Entwicklungszielen ist als Aufgabe des Verwaltungshandelns erst im Verlaufe der achtziger Jahre verstärkt in den Vordergrund getreten. Diese Textdokumente zielen einerseits im Rahmen einer Publizierung erfolgreicher Maßnahmen als Aktivitätsnachweis auf Öffentlichkeitswirkung ab. Andererseits fungieren sie auch als Berichterstattung der Verwaltung gegenüber den Legitimatoren.[197]

---

[196] Vgl. Scheuch, E. K.: Das Interview in der Sozialforschung. In: König, R. (Hrsg.): Handbuch der empirischen Sozialforschung. Stuttgart 1967, S.153.

[197] NAßMACHER hebt insbesondere auf die Öffentlichkeitswirkung von dokumentierten Zieldefinitionen ab. FÜRST verweist auf Kontrollfunktionen der Dokumentation. Vgl.: Naßmacher, H.: a.a.O., 1987, S.59ff; Fürst, D.: Kommunale Entscheidungsprozesse. Baden-Baden 1975, S.35.

HEUER und POHL konstatieren, daß wirtschaftsförderungsbezogene Konzepterstellungen noch bis Mitte der achtziger Jahre kaum anzutreffen waren[198]. Wirtschaftspolitische Aussagen galten als ein untergeordnetes Segment im Rahmen von Zentrenstudien und räumlich funktionalen Entwicklungskonzepten. Hier hat, verstärkt im Verlaufe der letzten fünf Jahre, ein Umdenken stattgefunden. Die Veröffentlichung und politische Legitimierung von Wirtschaftsförderungskonzepten weisen auf die vollzogene Aufwertung der Wirtschaftsförderung und ihre zunehmend strategische Politikentwicklung hin.

Textdokumente von 14 Kommunen wurden im Rahmen dieser Arbeit in die Analyse einbezogen. Es handelt sich hierbei um Wirtschaftsförderungskonzepte, Jahresberichte der Wirtschaftsförderung und verwaltungsinterne Strategiepapiere, die zum Zeitpunkt der Erhebungen noch Arbeitsgrundlage des Verwaltungshandelns waren. Wirtschaftsförderungskonzepte sind vom Rat verabschiedet oder zur Kenntnis genommen worden. Sie enthalten Zielvorgaben sowie Implementationsstrategien und tendieren zu lehrformelähnlichen Aussagen, die komplexe "Bargaining"-Prozesse signalisieren[199]. Jahresberichte zitieren Zielvorgaben oder entwickeln diese im Zusammenhang mit der Offenlegung eingeforderter Aktivitätsnachweise. Jahresberichte werden in der Regel vom Rat zur Kenntnis genommen. Verwaltungsinterne Strategiepapiere sind Arbeitsgrundlagen. Sie dienen der Koordination oder beinhalten detaillierte Informationen (z.B. zur Flächenpolitik oder örtlichen Wirtschaftsstruktur), die auch vom Rat als Entscheidungsgrundlage angefordert werden können.

Insgesamt wurden 17 Dokumente ausgewertet, darunter waren sieben Konzepte, fünf Jahresberichte und fünf verwaltungsinterne Strategiepapiere.

Nach FRIEDRICHS erlaubt die Inhaltsanalyse Schlußfolgerungen auf den "affektiven Zustand" der Verfasser sowie auf die Ziele einer Beeinflussung der Adressaten, an welche die Textinformationen gerichtet sind. Sie ermöglicht eine systematische und objektivierbare Erfassung von zuvor festgelegten Inhaltsmerkmalen[200]. Im Vordergrund steht zunächst eine quantitative inhaltliche Analyse nach der Berücksichtigung einzelner Politikbereiche und Strategiefelder des Verwaltungshandelns. Daran schließt sich die Identifikation einzelner Instrumente und Implementationsansätze aus den Textdokumentinhalten an.

Der letzte im Rahmen der vorliegenden Arbeit vollzogene Analyseschritt weicht aber von den traditionellen statistisch-semantischen und -sigmatischen Verfahren ab. Es handelt sich hier um die Interpretation konkreter textlicher Codierungen in bezug auf strategische Verhaltensmuster, die Verwaltungshandeln dokumentieren. Die inhaltsanalytischen Erhebungen werden vor allem zur Kommentierung der Befragungsergebnisse herangezogen.

---

[198] Vgl. Heuer, H.: a.a.O., 1985; Pohl, M.: a.a.O., 1988.
[199] Vgl. Brösse, U:: Raumordnungspolitik. Berlin 1982, S.34f.
[200] Vgl. Friedrichs, J.: Methoden zur empirischen Sozialforschung. Hamburg 1985, S.135ff.

5.3 Inhaltliche Analyse von Vorlagen und Niederschriften der Wirtschaftsausschüsse aus den Jahren 1988-1990

Bisher ist im Rahmen von Implementationsanalysen zur kommunalen Wirtschaftsförderungspolitik nur vereinzelt auf eine Auswertung von Sitzungsunterlagen der mit Wirtschaftsförderung befaßten Ratsausschüsse zurückgegriffen worden. SIEBEL und BULLINGER fordern gerade im Zusammenhang mit der Analyse von politischen Entscheidungsprozessen einen Methodenmix ein und legen Methodenkataloge vor, die das Aktenstudium als eine wichtige Informationsquelle einordnen. Hauptprobleme bleiben die Generalisierbarkeit von Resultaten aus Einzelfallstudien sowie das Defizit, das Vorfeld von Entscheidungen und Nicht-Entscheidungen zufriedenstellend abstecken zu können[201]. NAßMACHER verweist auf die Problematik, daß die im Verwaltungshandeln und in den Aktivitäten der Legitimatoren (Rats- und Ausschußarbeit) angelegten Dokumentationen primär Hinweise auf Ergebnisse des Entscheidungshandelns geben und weniger tatsächliche Entscheidungsabläufe widerspiegeln[202].

Sitzungsdokumente geben also in der Regel nur allgemeine Hinweise auf beteiligte Akteure politisch-administrativer Vorgänge sowie behandelter Politikbereiche.

Im Rahmen der vorliegenden Arbeit soll die Durchsicht von dem Verfasser zugängigen Auschußunterlagen vom Januar 1988 bis Juli 1990 aus den Städten Duisburg, Essen, Dortmund, Gelsenkirchen und Recklinghausen ergänzende Informationen zu spezifischem Problemdruck und strategischen politischem Handeln liefern. Eine systematische Analyse erweist sich als nicht durchführbar, da die unterschiedliche Qualität der zugängigen Materialien sowie die Dokumentationsstile eine Vergleichbarkeit in Frage stellen. Aus diesem Grunde können diese Quellen hier nur zur Kommentierung Ergebnisse aus Befragung und Textdokumentanalyse herangezogen werden.

6. Struktur- und Arbeitsmarktziele kommunaler Wirtschaftsförderung in den Ruhrgebietsstädten

6.1 Zur Organisation der kommunalen Wirtschaftsförderung

Die Umsetzung der Wirtschaftsförderungsziele ist entscheidend mit der Institutionalisierung der Wirtschaftsförderung und damit ihrer Ausgestaltung als wirtschaftpolitische Querschnittsaufgabe verknüpft. Die personelle Ausstattung ist schließlich ein weiteres Indiz für Einflußmöglichkeiten und die Bedeutung der Wirtschaftsförderung im kommunalen Verwaltungshandeln. Unterschiedliche Entscheidungsprozesse und Umsetzungsstrategien dokumentieren sich in den drei Organisationsformen kommunaler Wirtschaftsförderung im Untersuchungsgebiet:

---

[201] Siebel, W.: Einleitende Bemerkungen zu den Chancen und Möglichkeiten qualitativer Stadtforschung. In: Robert Bosch Stiftung GmbH (Hrsg.): Werkzeuge qualitativer Stadtforschung. Gerlingen 1984, S.11-16; Fürst, D.: Kommunalpolitik im Spannungsfeld von Wissenschaft und Politik. In: Robert Bosch Stiftung (Hrsg.): a.a.O., 1984, S.12-20; Bullinger, D.: Methodisches Vorgehen. In: Robert Bosch Stiftung GmbH (Hrsg.): Gewerbeentwicklung und Gewerbepolitik in der Großstadtregion. Gerlingen 1987, S.23ff.

[202] Naßmacher, H.: a.a.O., S.51.

a) Institutionalisierung als *eigenständiges Amt für Wirtschaftsförderung* oder als *Abteilung eines weiter gefaßten Amtsbereiches* in 15 Städten.

b) Für *Wirtschaftsförderungsgesellschaften in kommunaler Trägerschaft* haben sich die Städte Oberhausen und Herne entschieden. Im Kreis Unna hat die Wirtschaftsförderungsgesellschaft weitgehend die Wirtschaftsförderungsaufgaben der beteiligten Kommunen übernommen, wobei allerdings die Stadt Lünen zusätzlich ein Amt für Wirtschaftsförderung mit den Aufgabenschwerpunkten der Bestandspflege und Beschäftigungsförderung etabliert hat.

c) Die Stadt Duisburg hat eine privatrechtliche Wirtschaftsförderungsgesellschaft mit Beteiligung von Unternehmen und IHK gegründet. Es ist die erste Institutionalisierung als *public-private-partnership*.

Von den 15 Städten mit kommunalen Wirtschaftsförderungsdienststellen haben acht Städte ein eigenständiges Amt für Wirtschaftsförderung. In Bochum ist das Veranstaltungswesen als zusätzliche Dienstleistung angegliedert worden. Liegenschaften und Wirtschaftsförderung sind in vier Städten (Bottrop, Gladbeck, Witten, Herten) in einem Amt zusammengelegt. Synergetische Effekte werden hier vor allem in bezug auf die Gewerbebestandspflege gesehen. Der direkte Zugang zu konkreten flächenbezogenen Daten erleichtert die Lotsenfunktion. Grundsätzlich wird eine enge Kooperation zwischen Liegenschaften und Wirtschaftsförderung für unerläßlich angesehen.[203] In neun der befragten Städte wird auch auf eine solche Kooperation verwiesen.

In drei Städten ist die Wirtschaftsförderung mit der Stadtententwicklungsplanung (Gelsenkirchen und Dorsten) bzw. dem Umweltschutz (Recklinghausen) verknüpft. Derartige Organisationskonzepte zielen auf eine frühzeitige Konfliktvermeidung im Planungsprozeß. GRÄTZ sieht hier die Funktion der Wirtschaftsförderung als Querschnittsaufgabe am ehesten erfüllt. Wirtschaftsförderung wird so zum Bestandteil einer kommunalen Entwicklungspolitik.[204]

Die Integration der Wirtschaftsförderung innerhalb der Organisationshierarchie der Verwaltung gibt nur ansatzweise Aufschluß über Gewichtung der Wirtschaftsförderung im kommunalpolitischen Entscheidungsprozeß. In zehn Städten, mit der Ausnahme von Bottrop nur kreisangehörige Kommunen, ist die Wirtschaftsförderung direkt dem Verwaltungschef (Stadtdirektor) zugeordnet. Hierzu zählt auch die Stadt Waltrop, in der Wirtschaftsförderungsaufgaben als Nebenaufgabe innerhalb des Liegenschaftsamtes wahrgenommen werden. Sechs Städte, hierunter die drei Hellwegstädte Essen, Bochum und Dortmund, ordnen die Wirtschaftsförderung einem Wirtschaftsdezernat zu. Hierdurch wird in der Regel auch eine enge Abstimmung mit dem Liegenschaftswesen gewährleistet.

In der Befragung wurde die Dezernatslösung als Indiz für eine besonderen Berücksichtigung von wirtschaftspolitischen Aktivitäten innerhalb des kommunalen Verwaltungshandelns bewertet. Dem gegenüber scheint der Vorteil einer direkten Verwaltungschefunterstellung in einer effizienteren Kanalisierung von informellen Informationen und Kontakten in das Verwaltungshandeln zu liegen. Diese Argumentation findet sich auch bei HEUER wieder.[205]

---

[203] Vgl. Heuer, H.: a.a.O., 1985, S.139.
[204] Vgl. Grätz, C.: a.a.O., 1983, S.123f.
[205] Vgl. Heuer, H.:a.a.O., 1985.

BANNER diskutiert in diesem Zusammenhang die Rolle eines effizienten verwaltungsinternen Informationsflusses zur Stärkung der Verwaltungspositionen gegenüber den Legitimatoren. Eine direkte Anbindung der Wirtschaftsförderung an den Verwaltungschef kommt in der süddeutschen Ratsverfassung stärker zum Tragen, wo der Legitimator Bürgermeister gleichzeitig der Verwaltung vorsteht und durch eine von der Legislaturperiode des Rates unabhängige Wahl legitimiert ist. Gerade wirtschaftspolitische Entscheidungen können dann im Rahmen wiederwahlorientierten Verhaltens sehr stark an spezifischen Interessenlagen orientiert sein. Im Ruhrgebiet mit der nordwestdeutschen Ratsverfassung hängt die Fristigkeit von Entscheidungsprozessen und deren Legitimation stärker von der Balance der Einflußsphären zwischen den Legitimatoren und den Akteuren der Verwaltung ab[206]. Auch die Befragung lieferte Hinweise, daß Kommunikationswege entlang parteipolitischer und interessengruppenbezogener Verflechtungen institutionalisierte Kommunikationsbeziehungen ersetzen und überdecken können[207]. Sie lassen, zumindest teilweise, die Organisationsfrage in bezug auf die Wirkung kommunalen wirtschaftspolitischen Handelns in den Hintergrund treten.

Eine Dezernatszuordnung eröffnet grundsätzlich die Chance zu einem institutionalisierten Konfliktmanagement zwischen den Fachämtern auf der Ebene der Dezernenten und Beigeordneten. Bezüglich der Koordinierung zwischen den einzelnen Fachämtern zeigt sich vor allem eine institutionelle Koordinierung mit den planenden und technischen Bauämtern in 15 Städten. Auf die Koordination zwischen Wirtschaftsförderung und Liegenschaftsämtern wurde bereits eingegangen.

Nur in den Städten Castrop-Rauxel und Duisburg sowie im Kreis Unna findet eine regelmäßige Koordinierung mit den Umweltschutz- und Grünflächenämtern statt. Konflikte zwischen Umweltschutzbelangen und wirtschaftspolitischen Zielsetzungen werden eher im Rahmen von planungsrechtlichen Abstimmungen eingebracht.

Ein institutionalisierter Informationsaustausch zwischen den Fachämtern ist zumeist in der Form von Arbeitskreisen (6 Städte) oder im Rahmen der Beigeordnetenkonferenzen organisiert (4 Städte). Fünf kreisangehörige Städte (Dorsten, Herne, Lünen, Gladbeck und Waltrop) verzichten auf eine institutionalisierte Koordination zwischen Fachämtern und Wirtschaftsförderung. Nur vier Städte tauschen regelmäßig Informationen mit verwaltungsexternen Trägern öffentlicher Belange wie Arbeitsverwaltung, IHK und Gewerbeaufsicht aus.

Im Rahmen der Analyse von Wirtschaftsförderungskonzepten, Jahresberichten und Maßnahmenkatalogen aus 14 Städten wird die Organisation der Wirtschaftsförderung in sechs Städten angesprochen. Mit der Ausnahme der Stadt Essen wird diese Problematik von den kleineren kreisfreien Städten Oberhausen, Mülheim, Bottrop und den kreisangehörigen Kommunen Hattingen und Lünen aufgegriffen. Im Mittelpunkt steht zunächst die grundsätzliche Entscheidung zwischen der Organisation als koordinierendes Wirtschaftsförderungsamt oder als externe Wirtschaftsförderungsgesellschaft. Diese Diskussion ist vor allem durch die Gründung von Wirtschaftsförderungsgesellschaften in Duisburg und Oberhausen ausgelöst worden. Thematisiert werden Koordinierungs- und Kooperationspotentiale sowie die Qualität von Entscheidungsprozessen. Eine flexiblere Problemverarbeitung wird als der entscheidende Vorteil

---

[206] Vgl. zur Problematik Ratsverfassung und Verwaltungshandeln insb. Banner, G.: a.a.O., 1988, S.120-133.
[207] Vgl. Banner, G.: Kommunale Steuerung zwischen Gemeindeordnung und Parteipolitik am Beispiel der Haushaltspolitik. In: DöV, S. 364-372.

einer privatrechtlichen Gesellschaft angesehen. Desweiteren werden größere Spielräume in der Personalpolitik vermerkt und auf Möglichkeiten einer Beteiligung Dritter hingewiesen. Die Externalisierung von der kommunalen Selbstverwaltung kann sich aber negativ auf die Koordinierung und Informationsflüsse von und zu den Fachämtern auswirken. Die Vorteile einer privatrechtlichen Gesellschaft sind zudem nur gegeben, wenn ein ausreichendes Kapital- und Grundstücksangebot gewährleistet ist.

Mit der Organisationsform wird auch die personelle Ausstattung der kommunalen Wirtschaftsförderung angesprochen. Während in den vier großen Hellwegstädten mehr als 20 Mitarbeiter mit Wirtschaftsförderungsaufgaben betraut sind, liegt mit der Ausnahme von Gelsenkirchen in allen anderen Städten die Zahl der Mitarbeiter bei sechs und weniger. Im Vergleich zu den Studien von HEUER und GRÄTZ zeigt sich, daß es im Laufe der letzten fünf Jahre zu erheblichen Personalaufstockungen im Bereich der Wirtschaftsförderung gekommen ist. In erster Linie profitierten die "großen Städte" von dieser Entwicklung. So hat sich der Personalbestand in Bochum und Dortmund seit Anfang der achtziger Jahre zumindest verdoppelt. Die Städte Herten und Recklinghausen konnten dagegen ihren Personalbestand nur mäßig ausweiten. Beweise für einen besonderen Handlungsdruck in den Hellwegstädten, der zu einer Neufestsetzung wirtschaftspolitischer Prioritäten führte, können hier nicht vorgelegt werden. Von einer im Vergleich zu den kleineren Städten größeren Flexibilität in personalpolitischen Entscheidungen ist dennoch auszugehen (Abb.11).

Aus der Analyse von Konzepten und Jahresberichten geht hervor, daß die Problematik der Personalausstattung von den Städten Mülheim, Bottrop und Herten thematisiert wird. Dabei wird insbesondere auf die fachspezifische Qualifikation der Mitarbeiter und den zunehmenden Arbeitsaufwand im Rahmen der Bestandspflege abgehoben. Die Diskussion zur qualitatitiven Personalausstattung der Wirtschaftsförderungsdienststellen ist auch durch die flexiblere Personalpolitik der Wirtschaftsförderungsgesellschaften ausgelöst worden. Defizite in der Personalpolitik weisen auch auf haushaltspolitische Restriktionen hin. HEUER hebt desweiteren eine stärkere Problematisierung der Personalausstattung in den Städten mit weniger als 200.000 Einwohnern hervor.[208]

Es deuten sich hier nicht unerhebliche räumliche Disparitäten innerhalb der kommunalen wirtschaftspolischen Problembearbeitungskapazitäten an, die weitgehend von der Organisationsform unabhängig sind. Der Wirtschaftsförderungsgesellschaft Duisburg mit über 20 Mitarbeitern stehen die privatrechlichen Gesellschaften in Oberhausen und Herne mit weniger als 10 Mitarbeitern gegenüber.

---

[208] Heuer, H.:a.a.O, 1985

Abb. 11: Mitarbeiter in der kommunalen Wirtschaftsförderung im Ruhrgebiet

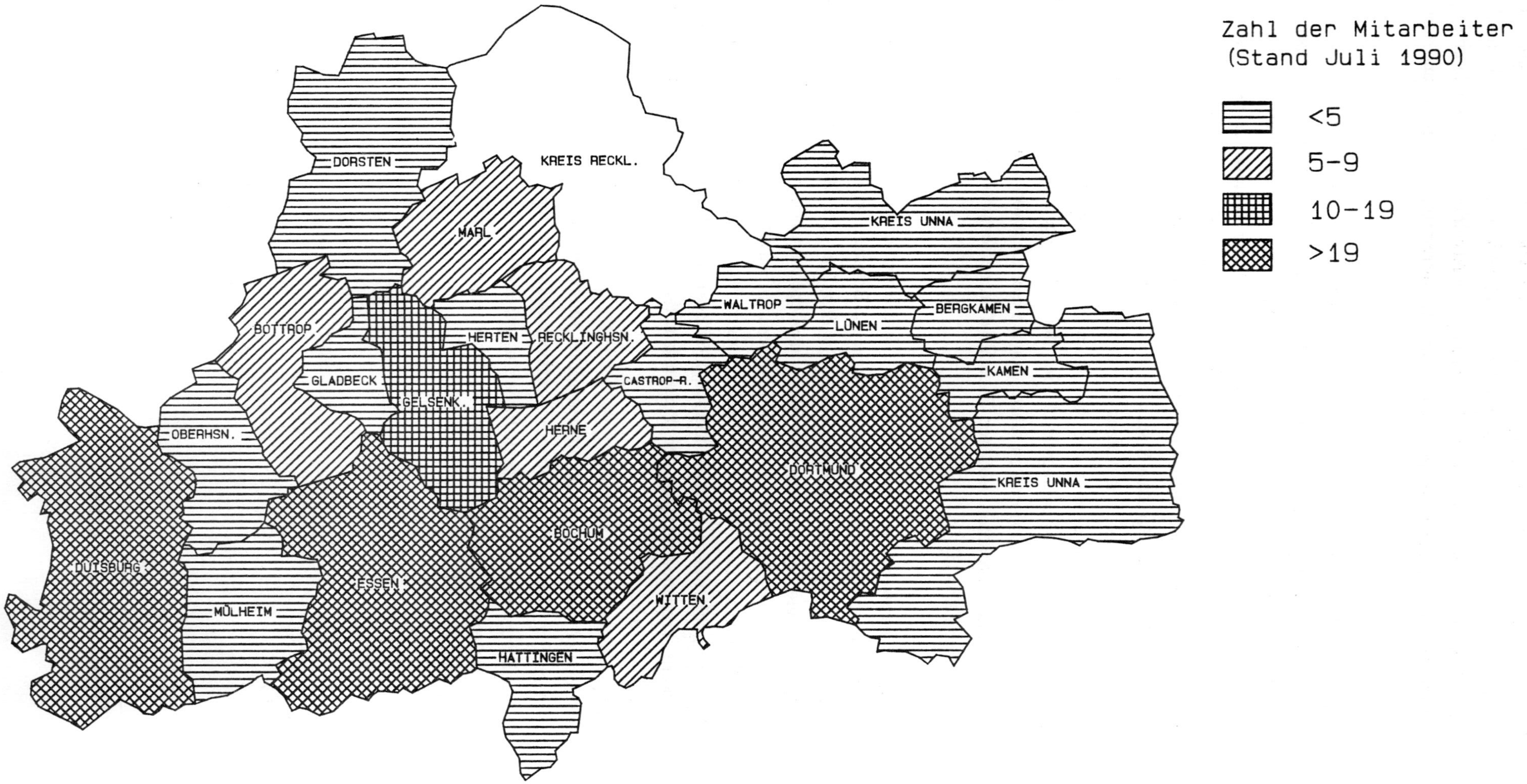

6.2 Struktur- und arbeitsmarktpolitische Strategieansätze

6.2.1 Verwaltungshandeln und Zieldarstellung

Im allgemeinen vollzieht sich gewerbepolitisches Handeln "jenseits der Artikulierung von öffentlichkeitswirksamen Globalzielen". Es gestaltet sich als "Management von Konflikt und Interessenausgleich im Rahmen von Einzelfallentscheidungen der betroffenen und bewußt beteiligten Akteure".[209] Öffentliche Zielartikulationen sind entweder von den Legitimatoren eingeforderte Kontrollen spezifischen Verwaltungshandelns oder Ziel einer strategischen Publizierung von Maßnahmenwirkungen bzw. Handlungserfolgen. Die Festschreibung von Zielen in Wirtschaftsförderungskonzepten, Jahresberichten, Stadtentwicklungskonzepten oder internen Maßnahmenkatalogen und Strategiepapieren kann nur einen sehr allgemeinen Handlungsrahmen abstecken. Er liefert Hinweise auf Zielpräferenzen sowie auf die Orientierung des Verwaltungshandelns an ausgewählten Zielindikatoren.

Im Ruhrgebiet haben elf Städte im Rahmen von Wirtschaftsförderungskonzepten und Jahresberichten Globalziele formuliert und wirtschaftspolitische Entwicklungstrategien skizziert. Von den neun Kommunen, in denen die lokale Arbeitslosenquote 1988 um mehr als 50 % über der des Landes NRW lag[210], artikulieren sieben Kommunen Globalziele in Jahresberichten und Wirtschaftsförderungskonzepten. Es ist ein erster Hinweis auf den Problemdruck der lokalen Arbeitslosigkeit, der kommunale wirtschaftspolitische Entscheidungen mit beeinflußt. In den Städten Dortmund, Oberhausen, Herne, Herten und Castrop-Rauxel finden wirtschaftspolitische Leitlinien zusätzlich in Stadtentwicklungskonzepten Berücksichtigung. Drei Städte in der Emscherzone (Bottrop, Dorsten, Gelsenkirchen) sowie die Stadt Witten und die Wirtschaftsförderungsgesellschaft des Kreises Unna greifen auf verwaltungsinterne Maßnahmenkataloge bzw. interne Strategiepapiere zurück. Sie enthalten allgemeine, unverbindliche räumliche Entwicklungsziele oder diskutieren konkrete Projektvorhaben. Es verbleiben schließlich die kreisangehörigen Städte Waltrop, Gladbeck, Recklinghausen und Hattingen, in denen keine Festschreibung von Zielbereichen vorgenommen wird.

POHL weist im Zusammenhang mit einer Katalogisierung von wirtschaftspolitischen und stadtentwicklungsbezogenen Textdokumenten auf ein Umdenken in bezug auf strategische Wirtschaftsförderungskonzepte hin. Noch zu Beginn der achtziger Jahre wurde von zahlreichen Großstädten angegeben, "daß es gar nicht Aufgabe der Kommunen sei, langfristige strategische Überlegungen zum Arbeitsmarkt anzustellen".[211] Auch in den Ruhrgebietsstädten hat, folgt man den hier aufgezeigten Resultaten, ein Sinneswandel stattgefunden.

---

[209] Naßmacher, H.: a.a.O., 1987, S. 294.
[210] Duisburg, Bochum, Dortmund, Oberhausen, Gelsenkirchen, Herne, Castrop-Rauxel, Hattingen und Lünen.
[211] Vgl. Pohl, M.: a.a.O., 1988, S.101.

Abb. 12: Zur Darstellung von Wirtschaftsförderungszielen in den Ruhrgebietsstädten

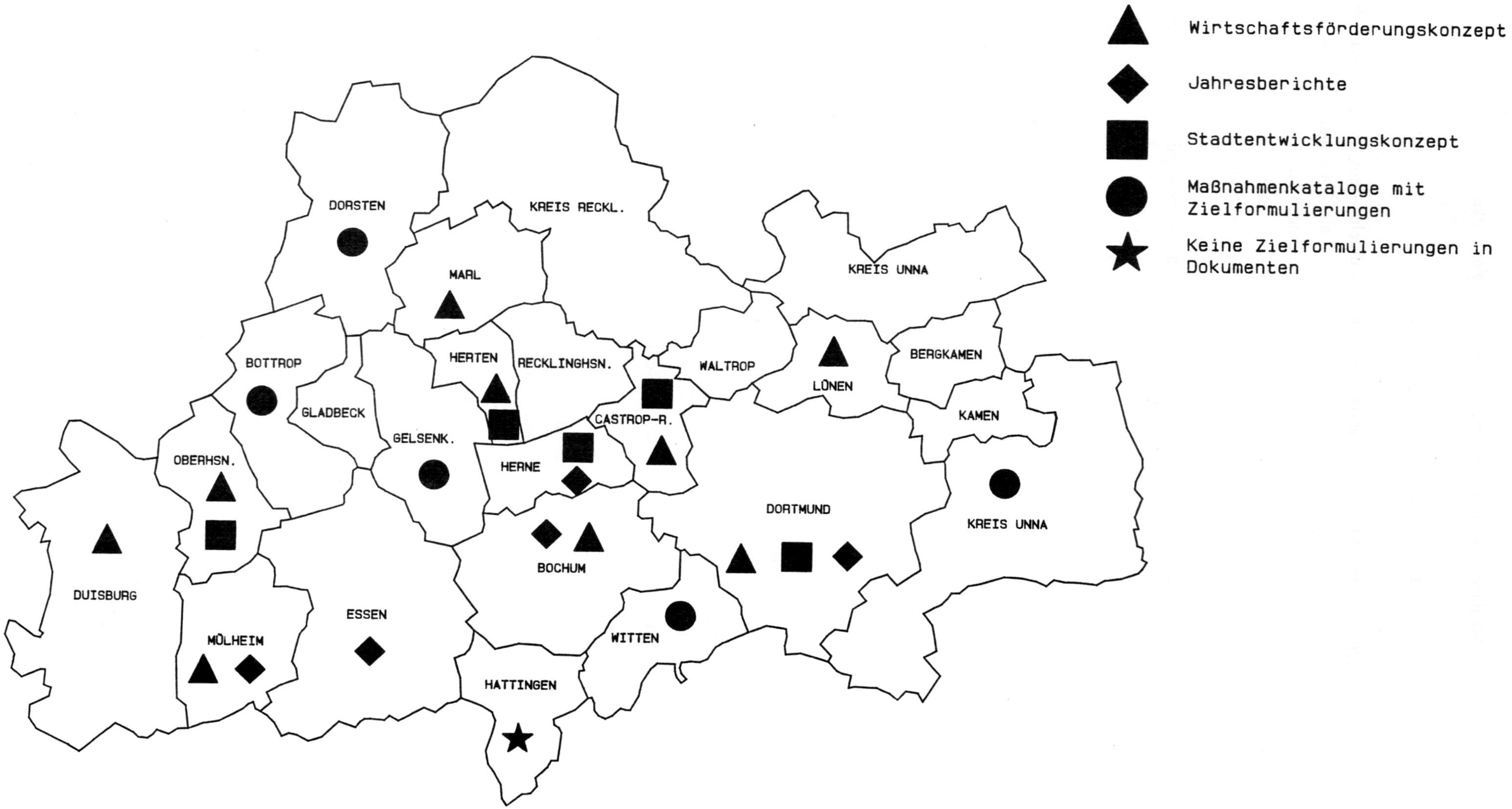

6.2.2 Zielorientierte Aktionsfelder und Zielindikatoren

Strategische Grundkonzeptionen der Struktur- und Arbeitsmarktpolitik müssen zunächst an der Formulierung von Globalzielen bzw. zielorientierten Aktionsfeldern festgemacht werden. Die bewußt offene Fragestellung soll aufzeigen helfen, wie bzw. ob allgemeine Zielvorstellungen konkretisiert werden.

Abb.13: Die Formulierung von Zielbereichen kommunaler Wirtschaftsförderung in den Ruhrgebietsstädten

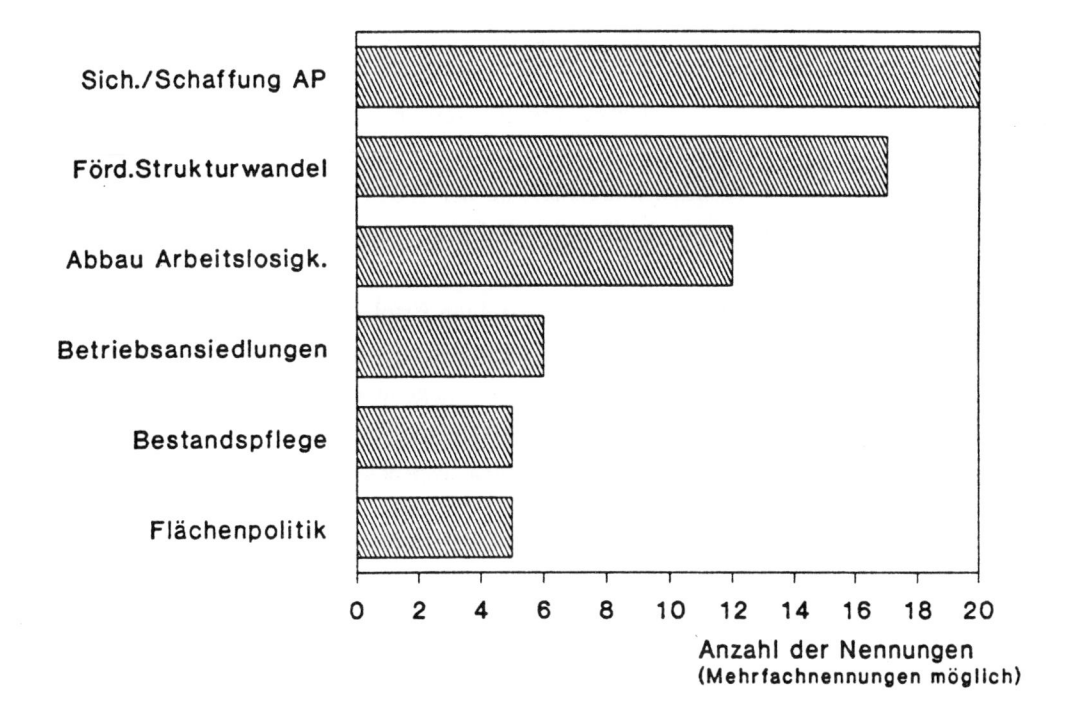

[Balkendiagramm:
- Sich./Schaffung AP: 20
- Förd.Strukturwandel: 17
- Abbau Arbeitslosigk.: 12
- Betriebsansiedlungen: 6
- Bestandspflege: 5
- Flächenpolitik: 5

X-Achse: Anzahl der Nennungen (Mehrfachnennungen möglich)]

Abb.13 zeigt die Häufigkeitsverteilung der Nennung einzelner Zielbereiche im Rahmen der Befragung. Im Ruhrgebiet steht die "Sicherung und Schaffung von Arbeitsplätzen" als Zielvorgabe der Wirtschaftsförderung mit 20 Nennungen an erster Stelle. Es folgen strukturpolitisch motivierte Zielbeschreibungen mit 17 Nennungen. Die Beeinflussung des Arbeitsmarktes und ein an der örtlichen Arbeitslosigkeit orientiertes politisches Handeln stehen bei zwölf Zielformulierungen im Mittelpunkt. Die Ansiedlung von Unternehmen bzw. Unternehmensbereichen kommt in sechs Nennungen zum Ausdruck. Es folgen schließlich Ziele der Gewerbebestandspflege und des Gewerbeflächenmanagement mit je fünf Zielbeschreibungen. Damit wird konkret auf die Gewichtung zwischen Ansiedlungspolitik und Bestandspflege abgehoben.

6.2.2.1 Zielbereich "Sicherung und Schaffung von Arbeitsplätzen"

Die Zielformulierungen der "Sicherung und Schaffung von Arbeitsplätzen" weisen sowohl auf bestandspflege- als auch ansiedlungsorientierte politische Strategien hin. Bestandsorientierte Zielformulierungen wie die "Stabilisierung der örtlichen Industrie"[212] oder die "Sicherung zukunftsträchtiger bzw. bestehender Arbeitsplätze" dominieren mit 13 Nennungen innerhalb der arbeitsplatzbezogenen Zielformulierungen.

Berücksichtigt man nur die Erstzielnennungen, so ergeben sich je vier Nennungen für die *Schaffung* bzw. die *Sicherung* von Arbeitsplätzen. In Herne, Castrop-Rauxel, Witten und Lünen wird die Schaffung von Ersatzarbeitsplätzen als erstes Ziel genannt, während in Bochum, Dortmund, Oberhausen und Marl die Arbeitsplatzsicherung im Vordergrund steht. Letzteres wird auch von den Städten Essen, Bottrop, Witten und Castrop-Rauxel als ein Ziel der Wirtschaftsförderung angesehen. Die Schaffung von Ersatzarbeitsplätzen findet auch in Bochum, Recklinghausen und Hattingen Berücksichtigung. Das Ziel der "Arbeitsplatz*sicherung*" ist mehrdeutig. Es kann auch auf zukünftige, noch zu schaffende, Arbeitsplätze bezogen werden und damit nicht nur in bezug auf die Bestandspflege interpretiert werden. Arbeitsplatzziele werden, zumindest indirekt, in allen vorliegenden Wirtschaftsförderungskonzepten, Jahresberichten und internen Strategiepapieren berücksichtigt. Vor allem die vorliegenden Jahresberichte der Wirtschaftsförderung in den Städten Essen, Bochum, Dortmund und Herne sowie die Wirtschaftsförderungskonzepte der Stadt Duisburg weisen auf die argumentative Bedeutung des Arbeitsplatzzieles hin. Detaillierte Arbeitsplatzstatistiken sollen als Instrument einer angestrebten Erfolgskontrolle das allgemeine oder spezifisch strategische Verwaltungshandeln der Wirtschaftsförderungspolitik belegen helfen. Es handelt sich hierbei um eine "Argumentationshilfe" sowohl gegenüber der Öffentlichkeit als auch gegenüber den Legitimatoren. In diesem Zusammenhang kann auch von einem an Arbeitsplatzdaten orientierten Handeln der kommunalen Wirtschaftsförderung gesprochen werden.[213]

Die Arbeitsplatzziele werden in Textdokumenten der Städte Mülheim, Bottrop, Hattingen und Lünen direkt aus dem Leitbild der kommunalen Daseinsfürsorge entwickelt. Nur in Essen wird ein eindeutiger Zusammenhang zwischen Gewerbebestandspflege und Arbeitsplatzzielen hergestellt:

"Kommunale Wirtschaftsförderung soll dazu beitragen,...Arbeitsplätze zu sichern und neu zu schaffen. Hauptzielgruppe der Anstrengungen der Essener Wirtschaftsförderung sind nicht anzusiedelnde Unternehmen , sondern das sogenannte "endogene Potential", also die am Ort ansässigen Unternehmen und das Potential an möglichen Existenzgründern."[214]

Eine Verbindung der "Sicherung bestehender Arbeitsplätze" mit der "Schaffung zukunftsträchtiger Arbeitsplätze findet sich ausdrücklich in Textdokumenten der Städte Oberhausen, Mülheim, Bochum, Bottrop, Hattingen und Lünen. Zunächst signalisiert diese Zielverknüpfung eine parallele Verfolgung von Bestandspflege und Arbeitsplatzschaffung, ohne jedoch Aufschluß über eine Gewichtung zwischen Bestandspflege und Ansiedlungspolitik zu geben. Desweiteren weist das Begriffsfeld "zukunftsträchtig, modern, krisensicher" auf einen Zeithorizont der Arbeitsplatzsicherung hin. Neue Arbeitsplätze sollen langfristig gesichert werden. Angesprochen

---

[212] Es wird vor allem auf das Beschäftigungsniveau abgehoben.
[213] In diesem Zusammenhang wird im "Konzept für kommunale Wirtschaftsförderung in Herten" eine "Arbeitsplatzfunktion" der kommunalen Wirtschaftsförderung definiert, S.1f.
[214] Vgl. Stadt Essen (Hrsg.): Wirtschaftsförderung in Essen 1987-88. Essen 1989, S.8.

werden hier die Angebots- und Nachfragestrukturen der lokalen Arbeitsmärkte sowie die Entwicklung der örtlichen Wirtschaftsstruktur. Das Duisburger Wirtschaftsförderungskonzept sowie Strategiepapiere der Städte Hattingen und Bottrop stellen die zu leistende Schaffung von Arbeitsplätzen in den Zusammenhang vergangener Arbeitsplatzverluste.

6.2.2.2   Zielbereich "Verbesserung der Wirtschaftsstruktur" und "Forcierung des strukturellen Wandels"

Strukturpolitisch motivierte Zielformulierungen konzentrieren sich zunächst auf die allgemeine Forderung nach "*strukturellen Wandel*" bzw. der "*Verbesserung der (örtlichen) Wirtschaftsstruktur*" (11 Nennungen). Für die Städte Duisburg, Essen, Bottrop, Herten, Castrop-Rauxel sowie der WFG des Kreises Unna steht der Strukturwandel an erster Stelle der Entwicklungsziele.

Mit dem "*Wegkommen von der Monostruktur*", das vom Kreis Unna und drei kreisangehörigen Städten (Gladbeck, Hattingen und Waltrop) als Ziel thematisiert wurde, wird auf die grundsätzliche Problematik des zu leistenden Strukturwandels abgehoben. Der Begriff der "Monostruktur" ist in bezug auf Zielfestsetzungen wegen seiner räumlichen und sektoralen Abgrenzungskriterien problematisch[215]. Hier wird sich auf die branchenstrukturelle Verflechtung von Bergbau und Montanindustrie mit ihren spezifischen Vorwärts- und Rückwärtsverflechtungen bezogen. Die Relevanz des "Monostrukturbegriffes" für das konkrete wirtschaftspolitische Handeln müßte einer näheren Analyse unterzogen werden. ARING ET.AL. charakterisieren ihn im negativen Sinne als "imagetragend" und stellen einen Zusammenhang zu "mentalen Absetzbewegungen"[216] innerhalb des kommunalpolitischen Handelns her. Das "Wegkommen von der Monostruktur" signalisiert nicht nur eine Verringerung der betrieblichen und politischen Abhängigkeit von spezifischen Branchenstrukturen sondern impliziert die Forderung nach der Etablierung neuer, zusätzlicher Wirtschaftszweige, Betriebe oder Produkte. Es resultiert eine auch auf Ansiedlungspolitik orientierte wirtschaftspolitische Konzeption.

Demgegenüber liegt eine direkte Verknüpfung zur Bestandspflegepolitik mit der Zielvorgabe des "*Strukturwandels aus dem Bestand*" vor, die von den Städten Essen, Oberhausen und Herne formuliert wird. Die von den Städten Bochum, Herne und Witten im Rahmen der Befragung als Zielvorgabe eingeforderte "*Sozialverträglichkeit des Strukturwandels*" schlägt einen Bogen zu den grundsätzlichen Strukturproblemen der lokalen Arbeitsmärkte, die Gegenstand eines eigenen Zielbereichs sind. In den vorliegenden Textdokumenten der Städte Duisburg, Essen, Bochum, Hattingen und Lünen wird dabei von einer "sozialen Flankierung"[217] gesprochen. Die "Schaffung ausgeglichener Arbeitsmarktverhältnisse mit begleitenden Arbeitsbeschaffungsmaßnahmen (vor allem zur Wiedereingliederung von Langzeitarbeitslosen) steht hier im Vordergrund. Sozialverträglichkeit wird im politischen Handeln auch als "Politikverträglichkeit" ausgelegt. Sie beinhaltet zweifelsohne eine polit-ideologische Komponente der unbedingten Arbeitsplatzsicherung. Dahinter steht auch der Versuch, Arbeitsplatzverluste in Unternehmen an die gleichzeitige Schaffung von neuen

---

[215] Siehe Kap. 4.2.2 und Kuhligk, S.: a.a.O.,Berlin 1975
[216] wird als eine subjektiv empfunden Differenzierung von räumlichen Einheiten aufgefaßt. Mit dem "Hintersichlassen momostruktureller Raummerkmale verläßt man das "Ruhrgebietstypische", siehe im Detail Aring, J. et.al.: a.a.O., Oldenburg 1989, S. 162ff.
[217] Siehe u.a. Stadt Duisburg (Hrsg.): Duisburg 2000. Perspektiven für eine neue wirtschaftliche Entwicklung. Duisburg 1988, S.21.

Arbeitsplätzen zu koppeln. Im Zusammenhang mit der Zielvorgabe der "Sozialverträglichkeit" muß die Akzeptanz von marktbeschränkenden wirtschaftspolitischen Instrumenten wie z.B. Rationalisierungsschutzabkommen oder eine intensive Sozialplanpolitik diskutiert werden.[218] Sie schränken gerade in bezug auf strukturellen Wandel auch verbleibende kommunale Spielräume ein.

Im Vergleich zur Befragung zeigt die Analyse der Textdokumente eine größere Vielfalt strukturpolitischer Zielformulierungen. Mit jeweils sieben Nennungen stehen die *"wirtschaftliche Erneuerung/Verbesserung der Wirtschaftsstruktur"* und die *"Förderung der örtlichen Wirtschaftsstruktur"* im Vordergrund. In Textdokumenten der Städte Duisburg, Essen, Dortmund, und Bottrop werden beide Zielbeschreibungen nebeneinander gestellt. Die Wirtschaftsförderungskonzepte der Städte Oberhausen und Herten beschränken sich auf die "wirtschaftliche Erneuerung" als Zielvorgabe, während die "Förderung der örtlichen Wirtschaftsstruktur" in den Städten Mülheim, Marl und Witten das "Erneuerungs- bzw. Verbesserungsziel" ersetzt. Mit der *"Sicherung des Erreichten"* wird auf ein Auffangen anhaltend negativer struktureller Entwicklungstrends abgehoben.

Die *Verbesserung von Standortvorteilen* wird als strukturpolitisches Strategieelement in den drei Hellwegstädten Duisburg, Essen und Dortmund herausgestellt. Es geht dabei primär um den Ausbau der Infrastruktur. Unabhängig von der Bewertung als Standortvorteil wird die infrastrukturelle Ausstattung in den Städten Mülheim, Bottrop und Lünen problematisiert. Konkrete Projekte und Maßnahmen, in der Regel Straßenbaumaßnahmen und Brachflächenrecycling, werden in Textdokumenten der Städte Duisburg, Essen, Dortmund, Hattingen, Witten und Lünen vorgestellt. Der Ausbau der Verkehrsinfrastruktur hat jedoch aufgrund der hervorragenden großräumigen Erschließung "ihre standortlenkende Bedeutung" verloren. Neben lokalen Erschließungsproblemen rückt die Verknüpfung von Infrastrukturausstattung und Lebensqualität zunehmend in den Blickpunkt[219]. Die Diskussion des Kultur- und Freizeitangebotes wird in den Städten Bochum, Dortmund Mülheim, Bottrop, Herne, Hattingen und Witten mittels Bestandsaufnahme und der Beschreibung einzelner Maßnahmen geführt. In Lünen wird auf ein allgemeines Leitbild der Verbesserung der Lebensqualität abgehoben. Es fällt auf, daß insbesondere die kleineren Ruhrgebietsstädte diese Problematik herausstellen. Diese Konzepte werden vor allem im Hinblick auf die Aquisition neuer, vor allem technologieorientierter, Unternehmen als ein notwendiges Element der strukturpolitischen Strategieentwicklung angesehen. Die Diskussion der Bewertung der sogenannten "weichen Standortfaktoren" als Imageträger einer Region bzw. eines Standortes bleibt wie ihre tatsächliche Bedeutung für Aquisitionserfolge umstritten.[220] CHAPMAN und WALKER sprechen von einem zunehmenden Gewicht qualitativer, nicht kostenorientierter Faktoren mit Annäherung an die konkreten mikrostandörtlichen Entscheidungsprozesse.[221] Hier liegt eine entscheidende Motivation für eine weiter gefaßte Infrastrukturpolitik. Sie zielt letztendlich darauf ab, eine regionale Standortentscheidung durch die konkret lokale zu veredeln.

---

[218] Vgl. Diskussionsbeiträge von PIEPER und ROHWEDDER zum Thema "Die Verantwortung der Großunternehmen".In: Friedrich Naumann Stiftung (Hrsg.): Regionale Strukturprobleme und Möglichkeiten neuer Technik. Königswinter 1988, S.45-58.

[219] Die Schwerpunkte Freizeitattraktivität, Landschaftspotential Stadtgestalt und Kulturangebot werden im Wirtschaftsförderungskonzept der Stadt Lünen als die entscheidenen Ansatzpunkte einer Verbesserung der Infrastrukturausstattung eingestuft.

[220] NUHN enthält sich einer Wichtung einzelner Standortfaktorenbereiche und spricht lediglich von einer "komplexer werdenen Standortdynamik", die eine Neubewertung einzelner Standortfaktoren sinnvoll erscheinen läßt. Vgl. Nuhn, H.: Industriegeographie. Neuere Entwicklungen und Perspektiven für die Zukunft. In: GR, H.4, 1985, S.187-193.

[221] Chapman, K.; Walker, D.: Industrial Location. Oxford 1987, S. 50f.

Sechs Städte (Duisburg, Essen, Dortmund, Mülheim, Marl, Witten) sprechen die *"Förderung von expansionswilligen Unternehmen"* im strukturpolitischen Kontext an. Diese Zieldefinition weist auf eine allgemeine Sensibilisierung für Bestandspflegeaufgaben hin. Mit der *"Förderung von mittelständischen Betrieben"* wird eine spezifische betriebsgrößenorientierte Selektion angedeutet. Sie ist direkt nur in den Textdokumenten der Städte Bochum und Dortmund festzumachen. Die von den Städten Essen, Herne und Marl eingeforderte *"Förderung der Wettbewerbsfähigkeit"* kann auch im Sinne einer "betrieblichen Orientierung" in der Wirtschaftsförderungspolitik aufgefaßt werden.

Die hier dargestellte Vielfalt strukturpolitisch motivierter Zielformulierungen konzentriert sich auf wenige Städte. Mit mehr als sechs Zieldefinitionen ragen die Städte Essen und Bochum heraus. Es folgen Duisburg, Bochum und Mülheim mit vier Zielbeschreibungen. Direkt auf strukturpolitisches Handeln bezogene Zielformulierungen können für Gelsenkirchen und Hattingen nicht nachgewiesen werden.

Konkrete Hinweise auf die Bedeutung strukturpolitischer Elemente innerhalb der wirtschaftsförderungsbezogenen Politikentwicklung. Aus der Befragung geht hervor, daß nur sieben Kommunen einzelne Wirtschaftsunterabteilungen des Verarbeitenden Gewerbes als strategische Zielvariable der Ansiedlungs- oder Bestandspflegepolitik nenen können (Abb.14).

Ohne direkt den tertiären Sektor anzusprechen, werden "Dienstleistungen" von den Städten Herne, Marl, Herten und Lünen als Zielgruppe der Wirtschaftsförderung genannt. Fragt man aber gezielt nach Zielgruppenwahl innerhalb der Dienstleistungen, so nennen sieben Städte spezifische Dienstleistungsbereiche. Acht Kommunen sprechen von einer "allgemeinen Dienstleistungsförderung". Die fünf Städte Duisburg, Bochum, Mülheim, Recklinghausen und Hattingen können keine besondere Präferenzen für den Dienstleistungsbereich erkennen (Abb.15). Die unterschiedliche Bewertung von Zielgruppen innerhalb des tertiären Sektors in Abhängigkeit von der Fragestellung deutet doch auf eine anhaltende Zweitrangigkeit von Dienstleistungsbranchen innerhalb strukturpolitischer Strategieentwicklung der kommunalen Wirtschaftsförderung hin.[222]

In Herne, Dorsten, Lünen, Waltrop und Herne deutet sich mit der Zielvorgabe "Förderung der zentralörtlichen Funktionen" eine besondere Konkurrenzstruktur im konsumorientierten Dienstleistungsbereich an. Es sollte nicht überraschen, daß gerade kleinere Kommunen, in Mittellage zwischen ausgebauten Mittel- bzw. Oberzentren, bezüglich einer Unterversorgung der lokalen Bevölkerung besonders sensibilisiert sind.

---

[222] CLEMENS weist auf diese Problematik im Rahmen einer Unternehmerbefragung zur Wirtschaftsförderungspolitik hin. NAßMACHER leitet die traditionelle Beschränkung auf das verarbeitende Gewerbe aus der kaum problematisierten Begriffsdefinition "Kommunale Gewerbepolitik" ab. Vgl. Clemens, R.: Kommunale Wirtschaftsförderung und gewerblicher Mittelstand. Bonn 1984; Naßmacher, H.: a.a.O., 1987, S.15f.

Abb. 14: Selektionsorientierte Zielformulierungen im Rahmen von Strukturzielen (ohne Vorgabe von Branchen)

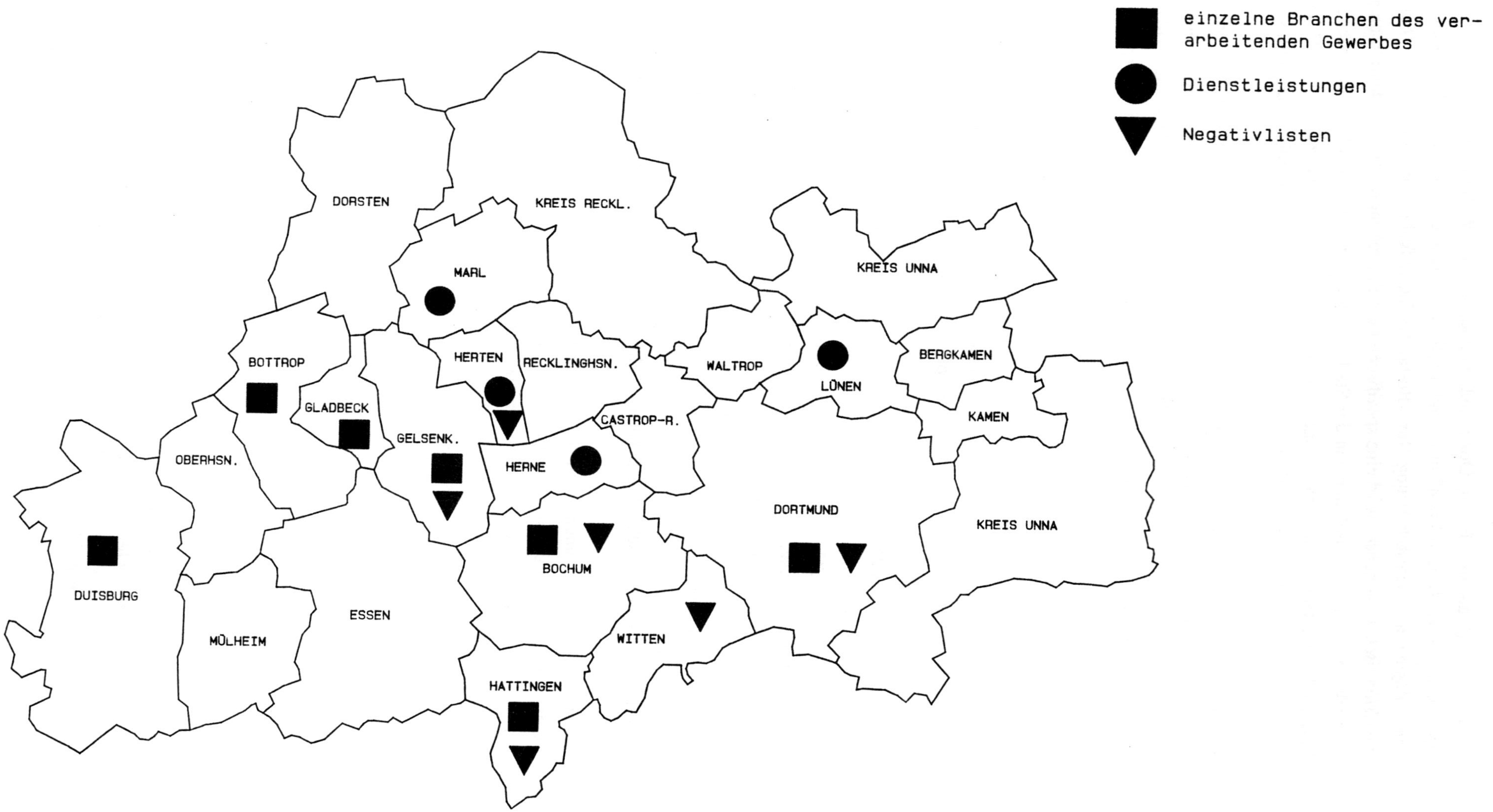

Die Formulierung von Negativlisten kann auch strukturpolitisch selektierend wirken. Sie impliziert entweder eine gezielte Vernachlässigung ausgewählter Betriebe bzw. Wirtschaftszweige im Rahmen der Bestandspflege oder ein eher zurückhaltendes Interesse bei Ansiedlungskandidaten aus solchen Problembranchen. Im Zusammenhang mit der Vorgabe von Negativlisten steht primär der eklatante Gewerbeflächenmangel, auf den noch näher eingegangen wird. Daher ist es nicht verwunderlich, daß insbesondere flächenintensive und arbeitsplatzextensive Betriebe, wie z.B. Läger und Speditionen, zuerst genannt werden. Ferner läßt sich in einigen Städten eine erhöhte Aufmerksamkeit bezüglich umweltpolitischer Folgewirkungen erkennen. In Textdokumenten der Städte Oberhausen, Herne, Herten und Witten ,sowie aufgrund von Hinweisen in der Befragung auch in Bochum und Castrop-Rauxel, wird in diesem Zusammenhang auch die Zielvariable *"Flächenintensität der Arbeitsplatzsicherung und -schaffung"* diskutiert. Die Bedeutung von sogenannten "Negativlisten" als strategische Komponente strukturpolitischer Überlegungen sollte nicht überschätzt werden. Die Befragung offenbart auch, daß vor allem bezüglich ansiedlungspolitischer Konzepte eine aktive Steuerung kaum möglich ist. Die Selektion wird durch das vorhandene Angebot eingeschränkt, so daß ein eher reaktives Verhalten im Vordergrund steht. Dies gilt insbesondere für Betriebe des tertiären Sektors.

Die unterschiedliche, teilweise auch widersprüchliche Auslegung strukturpolitischer Zieldefinitionen im Rahmen der kommunalen Wirtschaftsförderungspolitik soll zunächst am Beispiel der Verknüpfung zwischen Ziel und Maßnahmenbereichen aufgezeigt werden. In der Befragung wurde hier das Ziel "Schaffung einer ausgewogenen Wirtschaftsstruktur" angesprochen. Die Sicherung der räumlichen Struktur mit "ausgewogenen wirtschaftlichen Verhältnissen" ist mit der Novellierung des ROG noch stärker in den Vordergrund gestellt worden. Diese Zielbeschreibung erhält durch die Installierung der regionalpolitischen Gemeinschaftsaufgabe einen dynamischen Charakter. Ausgewogene Lebensverhältnisse sollen auch durch eine Verbesserung der regionalen Wirtschaftsstruktur erreicht werden. Der Begriff der "Ausgewogenheit" bleibt bisher wenig konkret. Er kann annähernd als eine erwünschte Problemminimierung in bezug auf benachteiligte wirtschaftsräumliche Strukturen verstanden werden. Die Bewältigung eines sich vollziehenden Strukturwandels hat sich dabei sowohl auf Beihilfen für die Problembranchen als auch die indirekt selektive Förderung von wachstumsorientierten Branchen und Betrieben (z.B. durch entsprechende Infrastrukturangebote) zu stützen. Ziel ist eine langfristige Stabilität, die durch ein Übergewicht sicherer Arbeitsplätze getragen wird. Wachstums-, stabilitäts-, und verteilungsorientierter Regionalpolitik werden miteinander verknüpft.[223]

---

[223] Vgl. auch im Zusammenhang mit der Diskussion einer Regionalpolitik des mittleren Weges Becker, K.: Das Konzept der ausgeglichenen Funktionsräume. In:ARL (Hrsg): a.a.O., 1982, S.232-237.

Abb. 15: Selektionsorientierte Zielformulierungen in bezug auf den tertiären Sektor

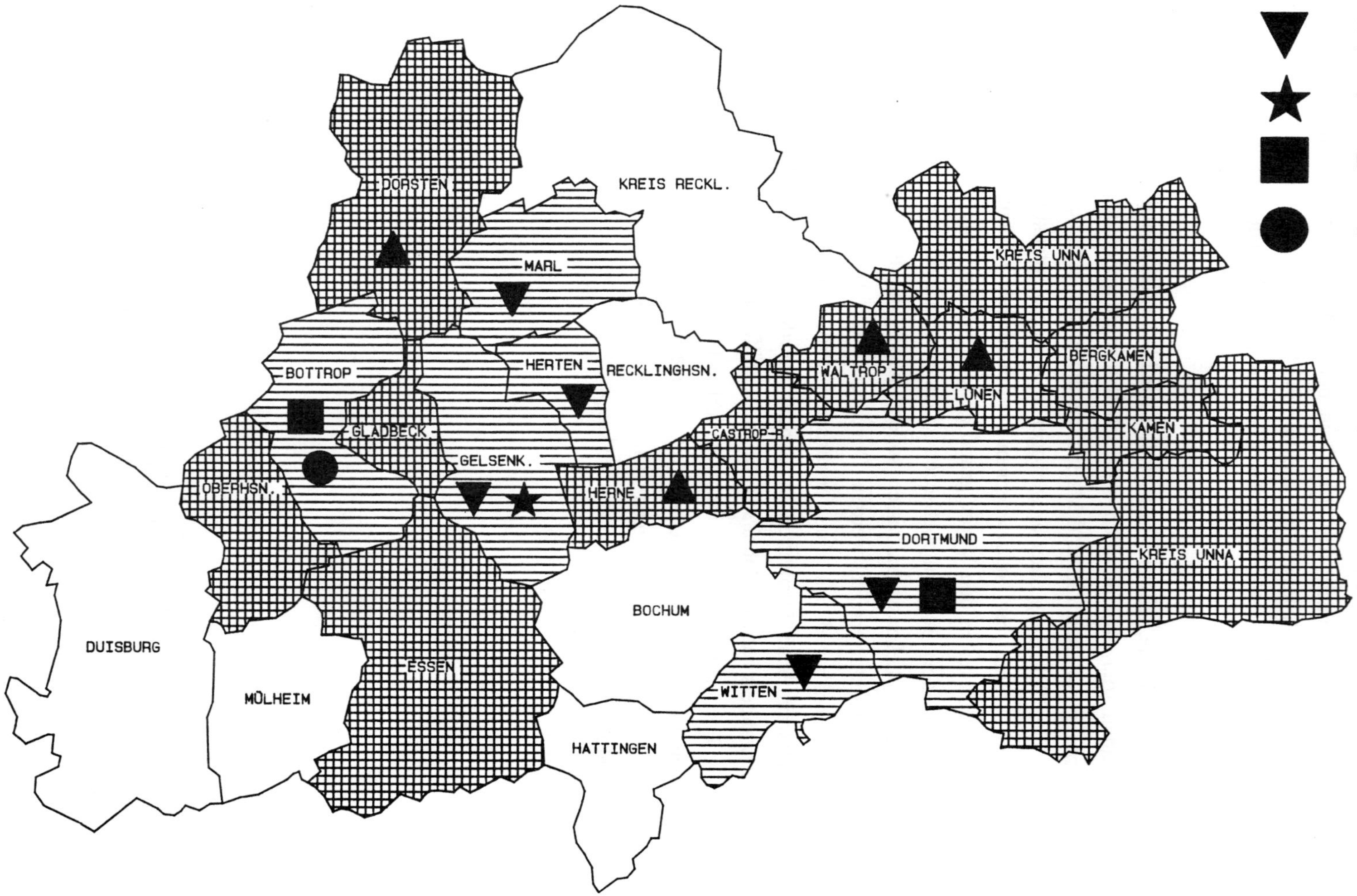

Legende:
- ▦ allgemeine Dienstleistungsförderung
- ▥ einzelne Branchen im tertiären Sektor
- ◀ Stärkung zentralörtlicher Funktionen
- ▶ Ingenieurdienstleistungen; produktionsorientierte Dienstleistungen
- ★ Auslagerung tertiärer Funktionen (aus großbetrieblichen Strukturen)
- ■ Beratungseinrichtungen
- ● staatliche Behörden

Abb.16 zeigt die Häufigkeitsverteilung der Nennung von Maßnahmebereichen im Zusammenhang mit dem Ziel der *"Schaffung einer ausgewogenen Wirtstschaftsstruktur"* in den Ruhrgebietsstädten. An erster Stelle steht hier die Erschließung und Reaktivierung von Gewerbeflächen sowie flächenpolitisches Management. Damit wird insbesondere der rahmensetzende Charakter der Flächenpolitik für wirtschaftsförderungsbezogenes Verwaltungshandeln unterstrichen. Neben Duisburg und Dortmund nennen vor allem Städte der Emscherzone Erschließungsmaßnahmen im Zusammenhang mit dem vorgegebenen strukturpolitischen Entwicklungsziel. Mit sieben Nennungen folgt die Förderung und Errichtung von F. u. E.-Einrichtungen. Diese Strategie konzentriert sich auf einen Ausbau unternehmensorientierter Dienstleistungen sowie die regionale Förderung von Prozeß- und Produktinnovationen. Mit Blick auf die Ruhr-Universitäten und staatlichen Forschungseinrichtungen (z.B. Fraunhofer-Institute) wird damit auch auf die Förderung des sogennanten "endogenen Potentials" abgehoben".[224]

Abb.16: "Schaffung einer ausgewogenen Wirtschaftsstruktur": Ziele und Maßnahmen

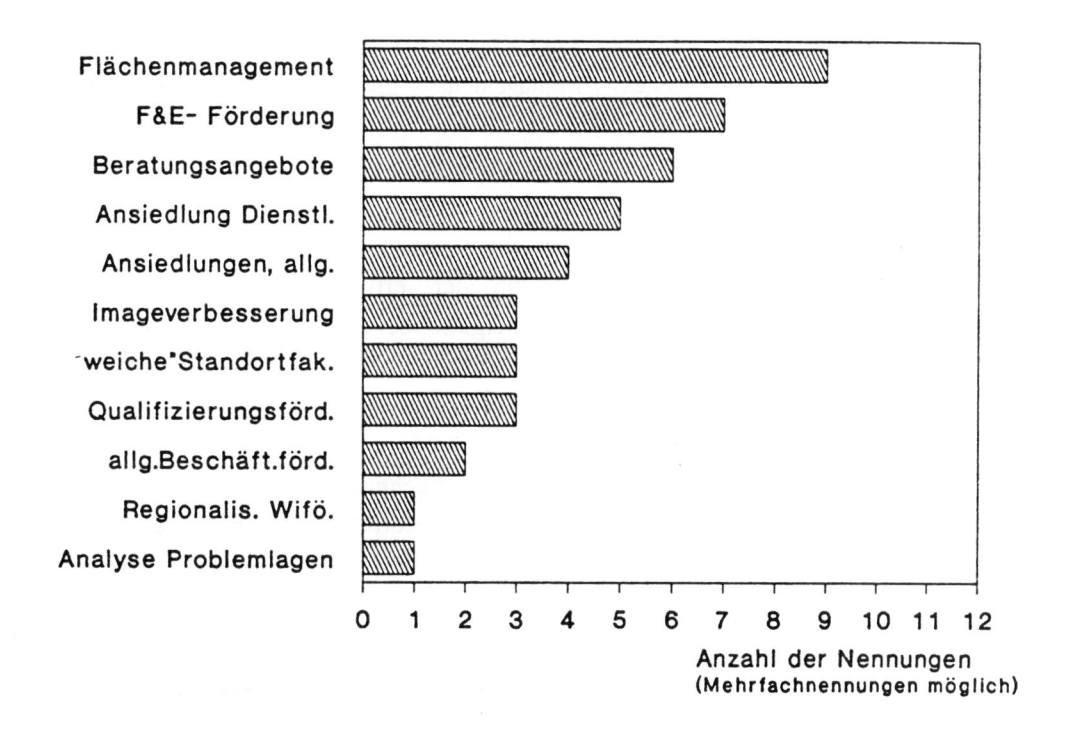

---

[224] Es sollte hier als öffentlichkeitswirksame Argumentation einzelner politischer Akteure verstanden werden und signalisiert z. B. den Ausbau vorhandener Forschungs- und Entwicklungsinfrastrukturen. Der Begriff wird jenseits der wirtschaftstheoretischen Diskussion als "Schlagwort" verwendet. Auf die Bedeutung des Konzeptes der "endogenen Entwicklungspotentiale" für die kommunale Wirtschaftsförderung wird noch in bezug auf die Verflechtungen mit der Regionalpolitik eingegangen.

Das Angebot von Beratungsdienstleistungen wird ebenfalls als ein wichtiges Strategieelement strukturpolitischer Zielsetzungen angesehen. Es ist das zentrale Instrument in den größeren Wirtschaftsförderungsdiensstellen der Hellwegstädte mit mehr als 20 Beschäftigten. Während nur drei Kommunen (Bochum, Marl und Herten) Selektionsstrategien in Bezug auf die Zielvorgabe "Schaffung einer ausgewogwenen Wirtschaftsstruktur" nennen, werden allgemeine Unternehmensansiedlungen sowohl im gewerblichen (vier Nennungen) als auch im Diensleistungsbereich (fünf Nennungen) von neun Städten hervorgehoben. Es ist ein weiteres Indiz für die immer noch große Bedeutung allgemeiner Ansiedlungspolitik.

Mit den Maßnahmenbereichen "Imageverbesserung und "Umweltschutzförderung" wird auf die Beeinflussung der lokalen Standortattraktivität mittels der "weichen Standortfaktoren" abgehoben.[225] Beschäftigungsförderung und weitere Maßnahmen zur Bekämpfung der Arbeitslosigkeit werden von Mülheim und Bochum angeführt. Duisburg, Dortmund und Gelsenkirchen berücksichtigen in diesem Kontext Strategien zur beruflichen Qualifizierung. Sieht man einmal von Mülheim ab, so sind alle Städte, die sich hier auf arbeitsmarktbezogene Maßnahmenfelder beziehen, durch im intraregionalen Vergleich sehr hohe Arbeitslosenquoten gekennzeichnet.

Zusammenfassend ist festzustellen, daß eine konkret strukturpolitisch orientierte Zielvorgabe eine breit gefächerte Liste von Maßnahmebereichen hervorbringt. Es dominieren allgemeine Handlungsfelder wie flächenbezogenes Management und die Formulierung von Ansiedlungswünschen.

Die Analyse der Textdokumente weist auf eine weiter differenzierende Interpretation strukturpolitischer Zielformulierungen hin. Vor allem in den vier Oberzentren bzw. Universitäts- und Gesamthochschulstandorten wird die Verbesserung der örtlichen Wirtschaftsstruktur auf technologieorientierte "entwicklungsfähige Wachstumsimpulse" bezogen. Im Vordergrund steht die Intensivierung von Forschungs- und Entwicklungsaktivitäten. Die "Stärkung der Wettbewerbsfähigkeit" sowie die "bessere Nutzung des technischen Fortschrittes in den Unternehmen" werden als Teilziele abgeleitet.[226] Desweiteren wird eine intensive Kooperation zwischen "Forschungslandschaft" und ansässigen Unternehmen zur Beschleunigung des Strukturwandels und zur Sicherung von Arbeitsplätzen eingefordert. In diesem Zusammenhang werden Ansiedlungserfolge und einzelne Projekte zitiert.[227] Selektionsmechanismen können in der Auflistung von angesiedelten Betrieben nicht eindeutig nachgewiesen werden. Für Herne läßt sich in bezug auf das kommunal initiierte Gründerzentrum eine konsequente Negativselektion belegen.

Für die Städte Bottrop, Gelsenkirchen, Herne, Witten und Hattingen deutet sich eine *Strategie der Partizipation* in bezug auf die in den Hochschulstandorten verfolgten innovations- und technologieorientierten strukturpolitischen Leitbilder an. In Konzepten, Strategiepapieren und Jahresberichten wird auf erwünschte Ausgründungen der Universitäten und die Ansiedlung von Forschungsinstituten abgehoben. Spezifische Forschungsfelder lassen sich kaum abgrenzen. Es zeigt

---

[225] Vgl. Ewringmann, D.; Zimmermann, K.: Kommunale Wirtschaftsförderung und Umweltschutz. In: AfK 1973, S. 281-305.
[226] Vgl. Stadt Bochum (Hrsg): Wirtschaftsförderung 1989 in Bochum. Bochum 1990, S.36ff.
[227] Es erfolgt in Textdokumenten der Städte Essen, Bochum und Dortmund eine intensive Diskussion von Technologie- bzw. qualifizierten Gewerbeparkprojekten.

sich hier deutlich die Abhängigkeit von den Ansiedlungsmärkten, die letzendlich nur Spielraum für reaktives Handeln läßt.

Das Angebot von beruflichen Qualifizierungsmaßnahmen wird auch als strukturpolitisches Strategieelement herausgestellt. Es nimmt breiten Raum in den Textdokumenten der Städte Essen, Bochum, Bottrop, Gelsenkirchen und Lünen ein. Dabei wird auf Synergieeffekte von Forschungs- und Bildungseinrichtungen in bezug auf die Ansiedlungsdynamik angespielt.[228]

Für die Städte Bottrop und Lünen läßt sich darüber hinaus ein sich von den Oberzentren abhebender Ansatz strukturpolitischer Zielbeschreibung nachweisen. Hier wird unter Strukturpolitik direkt eine Veränderung der Beschäftigungslage verstanden. Struktureller Wandel ist aktiv durch eine "verstärkte Ausrichtung auf beschäftigungspolitische Ziele" zu bewirken. Adressaten müssen neben Betrieben vor allem Existenzgründer und Beschäftigungsinitiativen sein.[229] In Bottrop wird als Hauptaufgabe der Wirtschaftsförderung die Bekämpfung der Arbeitslosigkeit in den Vordergrund gestellt. Es bleibt "zu berücksichtigen, daß die traditionelle Wirtschaftsförderung unmittelbar keine Arbeitsplätze schaffen kann, sondern immer nur auf das Erbringen von infrastrukturellen Vorleistungen für Wirtschaftsunternehmen beschränkt ist".[230] Strukturpolitische Strategien beziehen sich hier in einer Veränderung der Beschäftigungsstrukturen insbesondere auf die Fristigkeit von Arbeitsverhältnissen und die Dauer der Arbeitslosigkeit. Strukturpolitische Zielaussagen werden direkt auf Arbeitsmarktziele bezogen.

6.2.2.3 Zielbereich "Beeinflussung des Arbeitsmarktes"

Aus der Befragung geht eine gleichmäßige Verteilung arbeitsmarktorientierter Zielnennungen für das *"Auffangen der Arbeitslosigkeit"* einerseits und die *"Beschäftigungsförderung"* andererseits hervor.

Die Städte Bochum, Dortmund, Oberhausen, Dorsten, Hattingen und Lünen definieren die Förderung von Beschäftigungsinitiativen als Aufgabe der Wirtschaftsförderung,- mit allerdings deutlich unterschiedlicher Gewichtung. Aus den Textdokumenten der Städte Bochum, Dortmund, Bottrop und Lünen geht hervor, daß hier die Beschäftigungsförderung eine bewußte arbeitsmarktsteuernde Funktion als zusätzliches oder gar wichtigstes Strategieelement übernimmt. Sie wird als ein "neues Aufgabenfeld" angesehen, was sich auch in der personellen Ausstattung der Wirtschaftsförderung in Bochum und Dortmund niederschlägt. Auch in Oberhausen wird Beschäftigungsförderung als eine "zweite Säule" der Wirtschaftsförderung verstanden, doch "eine dauerhafte, langfristige Etablierung eines "zweiten" Arbeitsmarktes quasi als kommunale Alternativwirtschaft" ökonomisch für nicht vertretbar gehalten.[231] Im Vordergrund steht eine begleitende kurzfristige Arbeitsmarktentlastung, die durch eine besonders hohe (Langzeit)arbeitslosigkeit motiviert ist.

---

[228] Vgl. Stadt Gelsenkirchen (Hrsg): Entwicklungsperspektiven für den Raum Gelsenkirchen. Gelsenkirchen 1987.

[229] Vgl. Stadt Lünen (Hrsg.): a.a.O.,1987, S.32.

[230] Vgl. Stadt Bottrop (Hrsg):Standortbestimmung der kommunalen Wirtschaftsförderung. Bottrop 1988, S.3.

[231] Vgl. Stadt Oberhausen (Hrsg.):Oberhausen 2000. Initiative zur ökonomischen und ökologischen Entwicklung Oberhausens. Oberhausen 1988, S.1f.

"Maßnahmen zur Minderung von Arbeitsmarktproblemen" werden ferner von den Städten Dortmund, Mülheim, Hattingen und Lünen als Ziel vorgegeben. Es weist auf einen durch die Arbeitslosigkeit induzierten kommunalpolitischen Handlungsdruck hin. Dabei wird prinzipiell nur in Mülheim direkt auf die kommunale Sozialpolitik verwiesen, ohne von der Wirtschaftsförderung ausgehend strategische Ansätze zu formulieren. Die "Qualifizierung des Arbeitskräftepotentials in bezug auf die Nachfragestrukturen wird nur von den Oberzentren Duisburg, Essen, Bochum, Dortmund sowie der Stadt Gelsenkirchen als wichtiger Zielbereich identifiziert. Bezüglich der Arbeitsmarktziele bleibt festzuhalten, daß arbeitsmarktpolitische Initiativen im Vergleich zu flankierenden, beschäftigungspolitischen Maßnahmen (z.B. Förderung der Aus- und Weiterbildungsinfrastruktur) stärker hervorgehoben werden. Dies liegt sicherlich auch an der besseren Transparenz kommunalpolitischen Handelns in der Form von "Erfolgsindikatoren", wie z.B. Beschäftigte in AB-Maßnahmen.

Insgesamt bleibt die Formulierung von arbeitsmarktorientierten Zielen deutlich hinter der Beschreibung strukturpolitischer Leitbilder zurück. Die Analyse der Textdokumente zeigt eine eindeutige Konzentration der arbeitsmarktorientierten Zielbeschreibungen auf wenige Kommunen. Bochum, Dortmund, Bottrop und Lünen kennzeichnen mindestens zwei arbeitsmarktorientierte Zielformulierungen.

6.2.2.4 Zielbereich "Ansiedlungspolitik und Bestandspflege"

Aus der Befragung lassen sich drei unterschiedliche Zielbereiche ableiten, die sich auf die Prioritätensetzung zwischen Ansiedlungspolitik und Bestandspflege beziehen. Sechs Zieldefinitionen konzentrieren sich auf die Ansiedlung von Unternehmen. Die Formulierungen bleiben sehr allgemein und haben Leitbildcharakter. Es wird allgemein von der *"Ansiedlung von Produktion und höherwertigen Dienstleistungen"* oder der *"Ansiedlung von auswärtigen bzw. wachstumsstarken Unternehmen"* gesprochen.

Zehn Kommunen nennen im Rahmen der Textdokumente die "Ansiedlung von innovativen bzw. technologieorientierten Unternehmen". Die Einführung des Innovationsbegriffes in ansiedlungspolitische Zieldefinitionen signalisiert zumindest ansatzweise eine Antizipation der Produktionszyklustheorie im Entwurf politischen Handelns. Dieser Gedanke sollte aber nicht überbewertet werden, wenn man ein gegenseitiges "Abschreiben" von Zieldefinitionen berücksichtigt. Hier kann sicher auch die Bedeutung von mentalen Absetzbewegungen in die Diskussion eingebracht werden. Man fordert "innovative Strukturelemente" um sich von Problembranchen abzugrenzen.[232] Die zweite hier zu berücksichtigende Zielkategorie bezieht sich auf das kommunale Flächenmanagement. Es wurde im Rahmen der Befragung fünfmal genannt. Dabei wird allgemein von der *"Bereitstellung von Gewerbeflächen"*, oder problemorientierter, von der *"Beseitigung des Flächenengpasses"* sowie dem *"rationellen Flächenverbrauch"* gesprochen.

Acht Städte gehen im Rahmen von Textdokumenten detailliert auf die Bereitstellung von Gewerbeflächen als Zielvariable ein. Duisburg, Essen, Bochum und Witten legen dabei Gewerbeflächenbilanzen vor. Die Problematik des Gewerbeflächenmangels wird von allen

---

[232] ARING ET.AL. haben hierzu Stellungnahmen aus der "Expertenwelt" dokumentiert. Vgl. Aring et.al.: a.a.O., S.162ff.

Kommunen erkannt und findet Berücksichtigung im wirtschaftspolitischen Zielsystem. Hinsichtlich der landesplanerischen Genehmigung zusätzlicher Gewerbeflächenausweisung überwiegt das Argument der Sicherung von zukünftigen Ansiedlungspotentialen. Bei der Vorstellung von spezifischen Gewerbegebieten wird der intrakommunalen Verlagerung und Bestandssicherung größere Aufmerksamkeit geschenkt. Eine gleichwertige Gewichtung wird im Rahmen der Befragung nur von Gelsenkirchen als Erstzielnennung herausgestellt.

Die Befragung ermittelte fünf weitere Zielbeschreibungen, die sich konkret auf die Gewerbebestandspflege beziehen. Dabei wird von der "*Stabilisierung der örtlichen Industrie*" oder der "*Förderung wachstumsorientierter ortsansässiger Betriebe*" gesprochen. Essen zeigt die deutlichste Bestandspflegeorientierung. Zielwiederholungen sind "*Strukturwandel aus dem Bestand*" und "*endogene Gewerbebestandspflege*". Neben Essen erörtern Mülheim, Gelsenkirchen, Marl und Herten eine erwünschte "Bindung der Unternehmen an die Stadt".

Wirtschaftsförderungskonzepte, Jahresberichte und Strategiepapiere vermitteln jedoch ein anderes Bild. Für acht Städte, darunter sowohl die Oberzentren Duisburg und Dortmund, als auch kreisangehörige Ruhrgebietsstädte wie Herten, Hattingen und Witten, lassen sich Hinweise auf eine gleichrangige Gewichtung der beiden Politikfelder ableiten. In diesem Zusammenhang muß bezweifelt werden, ob die traditionelle ansiedlungsorientierte Wirtschaftsförderungskonzeption tatsächlich ihre Rolle zugunsten einer bestandsorientierten Politik eingebüßt hat.[233] Hierauf wird bei der Diskussion der Politikfelder noch einzugehen sein.

6.2.3 Zur Bedeutung von Zielindikatoren

Zielindikatoren sind sowohl Instrumente zur quantitativen Abgrenzung von Zielen, als auch Kennziffern einer Zielerreichungskontrolle. Sie reflektieren gesellschaftspolitische Zielsetzungen und binden Zieldefinitionen an spezifische Vorgaben.[234] Abb.23 zeigt die in Textdokumenten der Ruhrgebietsstädte zitierten Zielindikatoren.

In Gelsenkirchen und Marl konnten in internen Strategiepapieren keine Hinweise auf die Festlegung von Zielindikatoren gefunden werden. Es wird dort auf statistische Belege und die Diskussion möglicher Zielüberprüfungen verzichtet.

In neun Städten wird die *Schaffung und Sicherung von Arbeitsplätzen* durch Maßnahmen der kommunalen Wirtschaftsförderung sowie auch der regionalpolitischen Förderprogramme angegeben. Diese arbeitsplatzbezogenen Indikatoren spielen im Rahmen der politischen Legitimierung von Wirtschaftsförderungsaktivitäten eine zentrale Rolle.[235] Dabei weisen Duisburg und Essen auch Zahlen für einzelne Erschließungsmaßnahmen aus. Das Problem der Messung "gesicherter Arbeitsplätze" bleibt ungelöst und wird in keinem Textdokument andiskutiert. Zumeist erfolgt eine Differenzangabe von bestehenden Arbeitsplätzen zu zwei Zeitpunkten, wobei das Arbeitskräftepotential der neu angesiedelten Betriebe geschätzt wird.[236] Neben der

---

233 Vgl. z.B. Cuny, R.H.: a.a.O., 1987, S.34-39.
234 Vgl.BMBau (Hrsg): a.a.O., Bonn1977, sowie Meise, J.; Volwahsen, A.: a.a.O., 1980.
235 Vgl. Naßmacher, H.: a.a.O., 1987, S. 193-212.
236 Vgl. z.B. Stadt Duisburg (Hrsg): Duisburg 2000. Erste Erfolge auf den Weg in den Strukturwandel. Duisburg 1990, S.20f.

Arbeitsplatzstatistik steht die Gegenüberstellung von Fördermitteleinsatz und dadurch induzierte Investitionstätigkeit im Mittelpunkt erfolgsorientierter Analysen. Textdokumente von sieben Ruhrgebietsstädten berücksichtigen diese regionalpolitischen Indikatoren, die mit einer Liste förderwürdiger oder zur regionalpolitischen Förderung beantragter Projekte verbunden sein können. Aber auch die bloße Nennung der Zahl von Maßnahmen mit regionalpolitischem Projektcharakter und deren potentielle staatliche Subventionierung wird als Aktivitätsnachweis der Wirtschaftsförderung angesehen. In den Städten Essen und Herne werden Investitionen und Arbeitsplatzschaffung in einem Indikator zusammengefaßt.

Abb.17: Zielindikatoren in Textdokumenten zur kommunalen Wirtschaftsförderung

Zielindikatoren:	Duisburg	Essen	Bochum	Dortmund	Oberhausen	Mülheim	Bottrop	Gelsenkirchen	Herne	Marl	Herten	Hattingen	Witten	Lünen
Arbeitsplätze	■	■	■	■		■			■		■	■		■
Fördermittel und Investition	■		■	■	■	■			■			■		
Fördermittel/Arbeitsplatz		■												
Kapitalintensität Erschließung		■					■							
Flächenbilanzen	■	■	■	■									■	
Maßn. Flächenrecycling			■					■						■
Arbeitsplatzdichte						■			■		■		■	
Beratungsstatistik		■							■					
Anzahl Projektvorschläge	■	■		■		■						■		
Rentabilität Beschäftigungsinit.		■	■					■						

■ Zielindikator dokumentiert
Quelle: eig. Erhebung

Die Städte Duisburg, Essen, Bochum, Dortmund und Witten legen Gewerbeflächenbilanzen vor, um Handlungsspielräume und Erfolge der Gewerbeflächenmobilisierung darzustellen. Indikatoren zu arbeitsplatzbezogenen Flächenintensitäten veröffentlichen die Städte Dortmund, Herne, Herten und Witten.

Statistiken zu Beratungsdienstleistungen fungieren in den Städten Essen, Bochum und Herne als Aktivitätsnachweis der Bestandspflegepolitik. Essen untermauert die als Hauptziel definierte "endogene Gewerbebestandspflege" durch eine besonders detaillierte statistische Analyse, die neben der Zahl der Beratungsfälle auch sogenannte "erfolgreiche" Beratungen zu erfassen versucht. Es bleibt aber mit Blick auf den Gesamtraum festzuhalten, daß die Bestandspflege im Rahmen von Ansätzen einer Erfolgskontrolle eher vernachlässigt wird.

Beschäftigungspolitische Maßnahmen werden vor allem mittels Beschäftigtenzahl in AB-Maßnahmen ,bzw. BSHG-Programmen quantifiziert. Die Rentabilität von Beschäftigungsinitiativen wird in Textdokumenten der Städte Essen, Bochum und Bottrop andiskutiert, ohne letztendlich zu einer Indikatorabgrenzung zu gelangen. Trotzdem ist ein derartiger Ansatz bemerkenswert, weil damit ein Versuch unternommen wird, marktkonformen Beschäftigungsinitiativen einen besonderen Stellenwert einzuräumen.[237]

Berücksichtigt man die Zahl zitierter Zielindikatoren in den Textdokumenten der Ruhrgebietsstädte, so zeigt sich eine allgemeine regionale Differenzierung zwischen den Oberzentren und den übrigen Städten. Außerhalb der Oberzentren werden nur in Herne und Mülheim mehr als drei Zielindikatoren diskutiert. Der Wirtschaftsförderungsbericht der Stadt Essen weist mit neun die meisten Zielindikatoren aus. Die Berücksichtigung einer umfassenden Erfolgskontrolle im Rahmen der Textdokumente ist zudem von den zur Verfügung stehenden personellen Bearbeitungskapazitäten abhängig (Abb.17).

6.3 Ansiedlungspolitik

6.3.1 Gewerbeflächenpotentiale und Standortentwicklung

Die Möglichkeiten zur Umsetzung ansiedlungspolitischer Konzepte ist zunächst von den verfügbaren Gewerbeflächenpotentialen abhängig. Bezüglich der kurzfristig zur An- oder Umsiedlung verfügbaren Industrie- und Gewerbeflächen ergeben sich in den meisten Ruhrgebietskommunen nur sehr begrenzte Handlungsspielräume. 13 Städte verfügen über weniger als 10 ha kurzfristig mobilisierbares Gewerbeflächenpotential. Mehr als 20 ha können nur die Städte Bochum, Dortmund, Marl und Hattingen aufweisen (Abb.18). Der sich hier abzeichnende Gewerbeflächenmangel wird auch in der Bewertung der Flächenreserven als Engpaß der kommunalen Wirtschaftsförderung deutlich. 17 Städte sprechen hier von einem erheblichen oder zentralen Engpaß. Nur im Kreis Unna, sowie den Städten Marl und Hattingen werden die noch vorhandenen Flächenreserven nicht als Problemdruck wahrgenommen.

Die Ergebnisse übertreffen beiweitem unter Berücksichtigung einer Problemverschärfung in den letzten Jahre beiweitem die von HEUER für die kommunale Wirtschaftsförderung in der Bundesrepublik Deutschland ermittelten Werte. Dort lag die Bewertung als "erheblichen" oder "zentralen Engpaßfaktor, in Abhängigkeit von der Stadtgröße, nur zwischen 50 % und 60 % der Nennungen[238]. Der Flächenengpaß wird noch deutlicher, wenn man berücksichtigt, daß jährlich sowohl für Ansiedlung als auch für Umsiedlung eine Gewerbeflächennachfrage von 10 ha bis 20 ha anzusetzen ist.[239] Bezüglich der vorhandenen mittel- und langfristigen Reserveflächen ergibt sich ein stärker differenziertes Bild. Sie schwanken zwischen 8 ha und 350 ha (Abb.19). Immerhin weisen noch sechs Städte im langfristig nutzbaren Flächenpotential eine Flächenreserve von 20 ha und weniger auf.

---

[237] Zur strukurellen Differenzierung von Beschäftigungsinitiativen siehe Kap.3.4.3 und 6.5.2
[238] Vgl. Heuer, H.: a.a.O., 1985, S.113ff.
[239] Erfahrungswerte aus Oberzentren des Ruhrgebietes.

Abb. 18: Erschlossene, kurzfristig verfügbare Gewerbeflächen im Ruhrgebiet

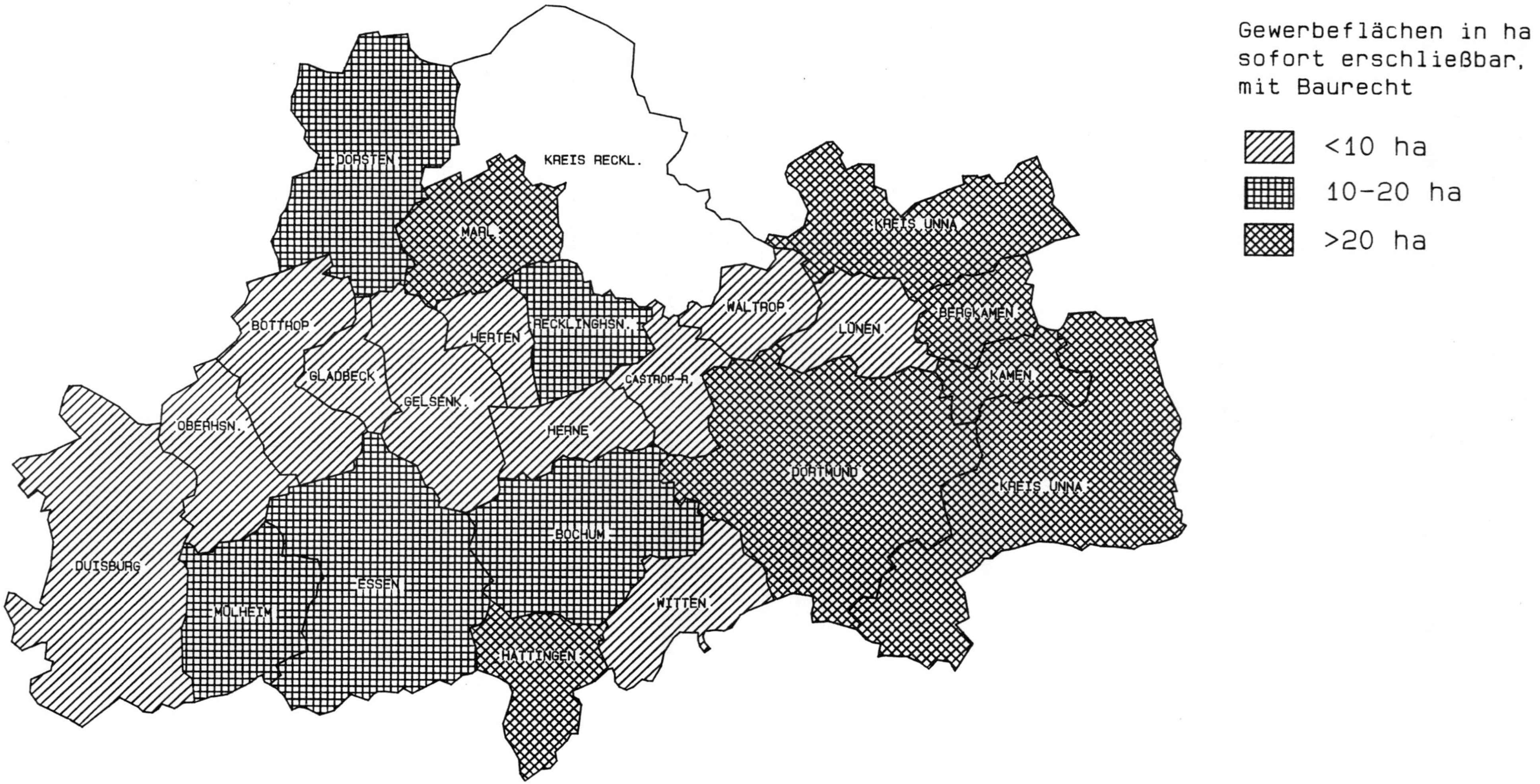

Gewerbeflächen in ha sofort erschließbar, mit Baurecht

<10 ha
10-20 ha
>20 ha

Abb. 19: Verfügbares Gewerbeflächenpotential in den Ruhrgebietsstädten (mittel- bis langfristige Planung)

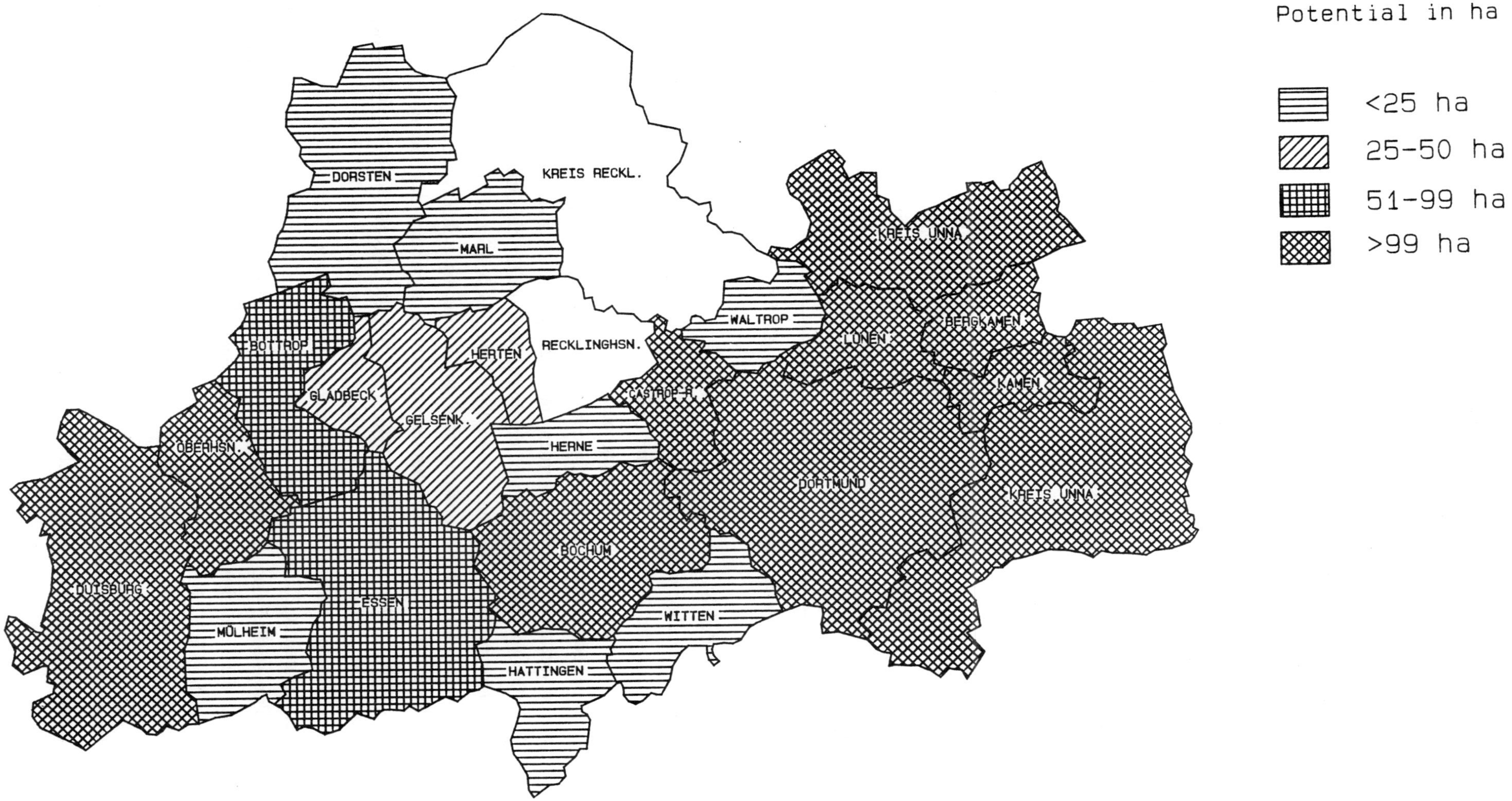

Tab.12: Industrie- und Gewerbeflächensanierung durch den Grundstücksfonds Ruhr in den Ruhrgebietsstädten (Stand: 31.12.1988)

Stadt	Fläche (ha)	Analysen (ha)	Sanierung (ha)	abgeschlossen (ha)	(%) wiederverwertet
Duisburg	53,03	7,30	19,88	33,92	15,2 %
Essen	33,51	22,02	11,49	5,01	15,0 %
Bochum	91,93	66,40	24,15	1,38	1,5 %
Dortmund	90,49	19,82	70,67	4,00	4,4 %
Oberhausen	64,08	31,91	0,0	18,90	20,6 %
Mülheim	1,00	1,00	0,00	0,00	0,0 %
Bottrop	9,18	9,18	0,00	0,00	0,0 %
Gelsenkirchen	29,52	12,77	12,08	4,67	15,8 %
Herne	7,57	4,82	0,00	2,75	0,0 %
Recklinghs.	21,50	0,00	20,15	1,35	0,0 %
Herten	6,09	6,09	0,00	0,00	0,0 %
Castrop-R.	86,94	86,91	0,00	0,03	0,1 %
Waltrop	7,00	7,00	0,00	0,00	0,0 %
Witten	1,42	0,00	0,00	1,42	0,0 %
Lünen	4,44	0,00	0,00	4,44	15,5 %
Kamen	17,68	17,68	0,00	0,00	0,0 %

Quelle: eig. Berechnungen nach Statistik des MSWV 1989

Zu berücksichtigen sind bei diesen Zahlen allerdings unterschiedliche zeitliche Realisierungshorizonte und qualitative Anforderungen. Vor allem die großen Reservepotentiale der Hellwegstädte Duisburg, Bochum und Dortmund enthalten einen hohen Anteil an Zechen- und Industriebrachen, deren Nutzungpotentiale heute nur geschätzt werden können. Die mittlerweile vom Grundstückfonds Ruhr aufgekauften Brachflächen, die bisher nur zu einem sehr geringen Anteil wiederveräußert wurden, werden mittelfristig das kommunale Flächenangebot entscheidend beeinflussen. Dabei ergeben sich erhebliche Vorteile für die Oberzentren Duisburg, Essen, Bochum und Dortmund, da sich hier schon erhebliche Flächenpotentiale im Sanierungsverfahren befinden und somit Mitte der neunziger Jahre zur Verfügung stehen werden (Tab.12). Gleiches trifft auf Gelsenkirchen und Recklinghausen zu, wobei allerdings das Gesamtflächenvolumen, das vom Grundstücksfonds aufgekauft wurde, hinter dem der Hellwegstädte zurückbleibt. Für die genannten Städte ist zumindest eine Entspannung auf dem Bodenmarkt abzusehen. Castrop-Rauxel wird langfristig profitieren, weil die zur Sanierung anstehende Gesamtfläche sehr groß ist. Mit Blick auf den aktuellen Flächenengpaß und ein mittelfristig sehr komfortables Flächenpotential in den Hellwegstädten sind die kurzfristig vorhandenen Flächenpotentiale in den Randstädten des Reviers und der Emscherzone als Handlungsspielraum nicht zu unterschätzen. Sie können sich augenblicklich bei Sicherung einer qualitativ ausreichenden Infrastrukturausstattung als Konkurrenzvorteil erweisen.

Brach- und Altlastenverdachtsflächen werden von 18 bzw. 16 Städten erfaßt. Die Information liegt zumeist in Form einer nicht parzellenscharfen kartographischen Darstellung vor. Eine

Altlastenverdachtsflächenerfassung fehlt bei der Wirtschaftsförderungsgesellschaft des Kreises Unna und in den Städten Witten, Hattingen und Mülheim. Dabei wurde auf fehlende personelle Kapazitäten verwiesen. Die relativ vagen Schätzungen zum Anteil der Altlastenverdachtsflächen am Gewerbe- und Industrieflächenbestand streuen zwischen 10 % bis über 50 %. Nahezu alle Brachen werden auch als Altlastenverdachtsflächen eingestuft. Die Altlastenproblematik stellt einen erheblichen Engpaßfaktor für die kommunale Gewerbepolitik dar. Nur im Kreis Unna sowie den Städten Mülheim, Dorsten, Waltrop und Hattingen wird sie nicht als Problem eingestuft. Daten und Bewertungen zum kommunalen Flächenangebot werden in den Textdokumenten in unterschiedlicher Ausführlichkeit behandelt. Eine herausragende Stellung nimmt die Flächenpolitik in den Textdokumenten der Städte Essen, Bochum, Mülheim, Gelsenkirchen, Hattingen und Witten ein. Sie seien hier auch in bezug auf unterschiedliche konzeptionelle Ansätze zitiert.

Essen und Bochum legen ausführliche Flächenbilanzen zu einzelnen Gewerbegebieten vor. Desweiteren verweisen sie auf die Zahl der Grundstücksveräußerungen im Verlaufe der letzten Jahre und dokumentieren somit eine langfristig orientierte Bodenvorratspolitik. Der Flächenbedarf für Neuansiedlungen wird dabei auf 20 % bis 30 % des Geamtbedarfs geschätzt. In Essen entfielen im Zeitraum von 1978 bis 1988 bei Flächenverkäufen von 129,5 ha, 9,9 ha auf Ansiedlungen und 10,8 ha auf Neugründungen.[240] Dies zeigt deutlich, daß flächenpolitische Vorgaben zwar primär im Ansiedlungskontext problematisiert werden, aber im größerem Maße doch Handlungsspielräume der Bestandspflegepolitik abstecken.

In Dortmund bestehen die flächenpolitischen Vorgaben vor allem in einer zeitlichen Prioritätensetzung der Standortentwicklung sowie spezifischen Funktionszuweisungen zu einzelnen Gewerbegebieten. Im Vordergrund steht dabei die strikte Selektion von technologie- und forschungsorientierten Gewerbe- und Dienstleistungsbetrieben für das Technologiezentrum und den Technologiepark. Desweiteren wurden für neun Gewerbegebiete Hemmfaktoren der Standortentwicklung (überdurchschnittliche Grundstückskosten, baurechtliche und technische Nutzungsbeschränkungen, Altlasten, wenig ansprechendes Umfeld) identifiziert.[241] Auch in Bochum finden sich im Rahmen der Flächenanalyse derartige nutzungsorientierte Ansätze der Standortentwicklung. Kriterium einer erfolgreichen Gewerbeflächenpolitik ist die "Verfügbarkeit von geeigneten Gewerbeflächen, die für eine bestimmte Nutzung an einem gewünschten Standort zu einem passenden Zeitpunkt bereitgestellt werden können".[242] Das Wirtschaftsförderungskonzept der Stadt Mülheim stützt sich primär auf die Neuausweisung von Gewerbeflächen, ohne weiter zu spezifizieren. Die "Aufschließung von Gewerbebrachen" und die Nutzung von Baulücken werden als zusätzliche Maßnahmen verstanden. Flächenbezogene Daten beschränken sich auf eine allgemeine Abgrenzung des Flächenpotentials. In Gelsenkirchen konzentriert sich die Diskussion auf die Entwicklungsmöglichkeiten von drei zentralen Industrie- und Zechenbrachen.

Die Städte Marl, Herten und Witten fallen bezüglich ihrer flächenpolitischen Aussagen durch Begründungszwänge zur Neuausweisung von Gewerbegebieten auf. Im Mittelpunkt steht der Konflikt zwischen der landespolitisch erwünschten, bzw. in der Gebietsentwicklungsplanung formulierten Begrenzung des Landschaftsverbrauchs und der aus der Perspektive der kommunalen Wirtschaftsförderung eingeforderten Sicherung von Gewerbeflächen, die vor allem auch für mögliche

---

[240] Vgl. Stadt Essen (Hrsg): Wirkungsanalyse der kommunalen Gewerbeflächenpolitik in Essen 1978-1988, Essen 1990, S.26f.
[241] Vgl. Hennings, G.: a.a.O., 1988, S.40f.
[242] Vgl. Stadt Bochum (Hrsg.): a.a.O., 1989, S.45.

Ansiedlungen bereit gestellt werden müssen. Als Nachweis für die anhaltend hohe Flächennachfrage wird zunächst das im Verlaufe der letzten Jahre abnehmende disponible Flächenpotential zitiert. Sowohl in Marl als auch in Witten wird eine gutachterliche Prüfung zur baurechtlichen Sicherung einzelner zusätzlicher Gewerbeflächen diskutiert. Auch in Oberhausen wird diese Problematik aufgegriffen. Es geht um die "Sicherung einer ansiedlungsorientierten Bodenvorratspolitik, die eine ökologische Vernetzung von Grün- und Freizeitflächen als Option enthält, ohne unüberwindbare Barrieren gegen Ansiedlungsvorhaben" zu errichten.[243] In Herten wird die Gewerbeflächendiskussion mit dem Hinweis auf ein doch realisierbares Ansiedlungspotential gestützt.:

"Die Entwicklung einzelner städtischer Gewerbegebiete zeigt, daß ein Markt existiert, der aktiv zu bearbeiten ist. In dieser Hinsicht ist es möglich und notwendig, von den Neuansiedlungen eine Vielzahl an Herten zu binden."[244]

Das Lünener Wirtschaftsförderungskonzept verweist beiläufig auf notwendige Neuerschließungen von Gewerbegebieten, weil durch eine "massive Gewerbeansiedlungspolitik" auch zu einer Konsolidierung des kommunalen Haushaltes beigetragen werden kann. Es ist das einzige Textdokument, in dem Gewerbeflächenerschließung und Ansiedlungsstrategien direkt auf eine "Mehrung der kommunalen Finanzkraft" bezogen werden.[245]

Das ansiedlungsorientierte Angebot von Standortgemeinschaften, in der Form von Gewerbeparks sowie Technologie- und Gründerzentren, findet eine ausführliche Erörterung in den Textdokumenten der Städte Duisburg, Essen, Bochum, Dortmund, Bottrop und Herne. Im Vordergrund steht ein deutliches "sich Absetzen" von herkömmlichen Gewerbegebieten. Sie stellen neben dem Standortangebot vor allem ein Marketinginstrument dar, auf das noch im Rahmen der Ansiedlungswerbung eingegangen wird. In bezug auf die Standortentwicklung hat sich bereits eine Klassifizierung von potentiellen Gewerbeflächen nach ihren Entwicklungmöglichkeiten als Gewerbeparks etabliert. In allen vorliegenden Konzepten werden in diesem Zusammenhang zumindest ansatzweise stadtplanerische Leitbilder wie die *"Entwicklung hochwertiger Architektur, landschaftliche Integration"* oder *"Sicherung einer ökologischen Ver- und Entsorgung"* zitiert. Duisburg und Bochum legen bereits Standortlisten vor. Man orientiert sich damit an den Leitbildern des "Arbeiten im Park"-Projektaufrufes der Internationalen Bauausstellung Emscherparks. Entscheidende Motivation ist hier auch die Aussicht auf zusätzliche staatliche Fördermittel.

Die Jahresberichte 1988 und 1989 der Bochumer Wirtschaftsförderung gehen sehr detailliert auf einzelne Gewerbeparkvorhaben ein. Dabei werden bereits konkrete Vorstellungen über potentielle Nutzungen der vorgesehenen Standorte definiert. So soll z.B. der Unternehmenspark Springorum auf einem ehemaligen Kraftwerkstandort für "vornehme Adressen" im Technologiebereich reserviert werden. Für den Gewerbepark Holland auf einer Zechenbrache ist die Errichtung eines textiltechnischen Zentrums angedacht. Für beide Flächen ist die baurechtliche Sicherung noch nicht abgeschlossen.

Indirekt zeigen sich hier auch Zusammenhänge zwischen Standortentwicklung und Zielgruppenwahl. Die Formulierung von Nutzungsvorschlägen orientiert sich an einer "engen Kooperation mit der

---

[243] Stadt Oberhausen (Hrsg.): a.a.O., S.2f.
[244] Stadt Herten (Hrsg): a.a.O., 1987, S.11
[245] Stadt Lünen (Hrsg): a.a.O., 1987

Landesregierung und der LEG".[246] Es ist ein Hinweis auf die erheblichen Einflußmöglichkeiten des Landes auf den Bodenmarkt mittels standortbezogener Fördermittel. Es ist auch ein Hinweise auf eher komplexe Verhandlungen zwischen Verwaltung, Legitimatoren und Investoren. Im Mittelpunkt steht dabei die Suche nach Kompromißlösungen zwischen den teilweise sehr anspruchsvollen Nutzungsvorstellungen der Verwaltung und den an der Investitionsrendite orientierten Nutzungsinteressen. Für den Gewerbepark Holland wird angemerkt:

"Von der Bochumer Wirtschaftsförderung sind bereits erste aussichtsreiche Ansiedlungsgespräche geführt worden. Die Wünsche der potentiellen Investoren erstrecken sich dabei sowohl auf die Nutzung der denkmalgeschützten Gebäudesubstanz als auch auf andere Grundstücke des Gewerbeparks. Ferner werden mit verschiedenen Partnern Vorüberlegungen angestellt, im Rahmen des Gewerbeparks ein textiltechnisches Zentrum "Öko-Textil" einzurichten."[247]

Kommunale Gewerbehöfe treten in der flächenpolitischen Diskussion deutlich hinter die Forcierung von Gewerbeparkprojekten zurück. Nur in Bottrop ist die Option des kommunalen Gewerbehofes als Instrument der Standortentwicklung textlich belegt. Er wird hier als kostengünstiger Standort charakterisiert, der sowohl in Gewerbeparks integriert, aber auch als selbständiger Standort entwickelt werden kann.[248]. Aus der Befragung geht hervor, daß bisher nur in fünf Städten Gewerbehöfe realisiert wurden bzw. geplant sind. In den vier zur Zeit betriebenen Gewerbehöfen in den Städten Oberhausen, Dorsten und Herten konnten bis Ende 1989 41 Betriebe mit insgesamt 930 Beschäftigten angesiedelt werden. Die Gewerbehöfe spielen aber im Rahmen der Standortentwicklung im Ruhrgebiet eine eher untergeordnete Rolle. In der konkreten Befragungssituation wurde auf die Rolle von Gewerbehöfen erst bei Nachfragen näher eingegangen.

Ansiedlungspolitik ist, wie gezeigt wurde, vor allem vom disponiblen Flächenpotential abhängig. Einflußgrößen sind neben der Neuausweisung von Industrie- und Gewerbeflächen die mögliche Reaktivierung von Brachflächen sowie der Flächenbedarf der ortsansässigen Unternehmen. Die Problematik staatlicher Interventionen im Rahmen der Brachflächenmobilisierung wurde in bezug auf die Veränderung des mittelfristigen interkommunalen Gewerbeflächenangebotes und damit auch der Konkurrenzstrukturen aufgegriffen. Desweiteren konnten Konfliktpotentiale zwischen Gebietsentwicklungsplanung und kommunaler Gewerbeflächenausweisung identifiziert werden. Vor allem Kommunen in der Ballungsrandzone versuchen hier ihre Interessen mittels gutachterlicher Stellungnahmen durchzusetzen.

6.3.2 Zur strategischen Bedeutung der Ansiedlungspolitik innerhalb der Wirtschaftsförderung

Das nachweisbar deutlich reduzierte Ansiedlungspotential nach Nachkriegsboom, Wiederaufbau und darauf folgenden Strukturkrisen lassen eine primär auf Ansiedlung orientierte kommunale Wirtschaftspolitik wenig effektiv erscheinen. Zunehmend sind Ansiedlungserfolge Merkmal eines auf den regionalen Arbeitsmarkt bezogenen Nullsummenspieles im intraregionalen, interkommunalen Konkurrenzkampf. Indiz hierfür sind die geringen Wanderungsdistanzen. Anlaß für Standortwechsel sind primär nicht regionale Standortsituationen (Infrastruktur, Arbeitsmarkt und Lohnniveau),

---

[246] Vgl. Stadt Bochum (Hrsg.): a.a.O., 1990, S.81.
[247] Ebenda, S.82.
[248] Vgl. Stadt Bottrop (Hrsg.): a.a.O., 1988, S.25.

sondern mikrostandörtliche Entwicklungshemmnisse wie Flächenmangel oder baurechtliche Probleme in Gemengelagen. In der Zeit von 1970 bis 1979 fanden 63 % aller Standortverlagerungen innerhalb der jeweils betroffenen Raumordnungsregion statt.[249]

Trotz dieses empirisch nachweisbaren, wirtschaftsräumlichen Bedeutungsverlustes, wird Ansiedlungspolitik von nahezu allen Kommunen als strategisch wichtige Komponente bejaht. Selbst wenn Bestandspflegeaktivitäten in den Vordergrund gestellt werden, wird dennoch nicht auf Aktivitätsnachweise im ansiedlungspolitischen Bereich verzichtet. NAßMACHER stellt einen Rückgriff auf Ansiedlungspolitik auch in den Zusammenhang eines "Versagens endogener Konzepte und intraregionaler Problemlösungsansätze. Sie hebt damit auf die Kompensation eines durch Arbeitsmarktprobleme, Standortdefizite und kommunale Finanzierungsengpässe resultierenden Problemdrucks durch quantitativ nachweisbare Ansiedlungserfolge ab.[250] POHL gibt zu Bedenken, daß Ansiedlungswerbung, und damit Ansiedlungspolitik, im praktischen Politikvollzug eine größere Rolle spielen kann, als dies in Konzepten vorgegeben wird.[251] Eine exakte Standortbestimmung der Ansiedlungspolitik innerhalb der gewerbepolitischen Strategieentwicklung bleibt schwierig, da sich konkrete Verhaltensmuster der politischen Akteure und die damit verknüpften Bargaining- und Legitimationsprozesse zumeist nicht belegen lassen. Es führt dazu, daß Studien zur kommunalen Wirtschaftsförderung in der Regel nur Handlungspotentiale aufgezeigen können, die von einer grundsätzlichen Beschreibung einzelner Politikbereiche und Instrumente ausgehen.[252]

In Duisburg, Dortmund, Oberhausen und Gelsenkirchen wird die selektiv orientierte Ansiedlungsiedlungspolitik direkt im Zusammenhang mit den strukturwandelbedingten Arbeitsplatzverlusten dargestellt. In Herten, Hattingen und Witten wird mittels einer eingeforderten Entwicklung neuer Standorte auf eine aktive Ansiedlungspolitik abgehoben. Textdokumente der Städte Witten und Lünen sprechen von einer angestrebten optimalen Bindung des vorhandenen Ansiedlungspotentials. Für Lünen wird eine "massive Gewerbeansiedlung" gefordert. Im Rahmen der Befragung wurde von der Wirtschaftsförderungsgesellschaft des Kreises Unna die Ansiedlungspolitik als Hauptaufgabe der Wirtschaftsförderung definiert.

Die Analyse der Textdokumente und Hinweise im Rahmen der Befragung stützen Naßmachers These, daß die Implementation einer umfassenden Bodenvorratspolitik ebenfalls als Indiz für eine vordergründig verfolgte Ansiedlungspolitik angesehen werden kann. Hinweis auf eine unterschiedliche Bewertung der Ansiedlungspolitik innerhalb der kommunalen Wirtschaftsförderung im Ruhrgebiet gibt der relative Arbeitaufwand für "Ansiedlungswerbung und Imagepflege" an den Gesamtaktivitäten der Wirtschaftsförderungsdienststellen (Tab.20). Er bewegt sich zwischen 10 % und 40 %, wobei das arithmetische Mittel des Analyseraumes bei 17,9 % liegt. Unterdurchschnittliche Anteile gaben alle Wirtschaftsförderungsdienststellen mit mehr als sechs Beschäftigten an. Dabei konzentriert sich die Ansiedlungswerbung in der Regel auf wenige Mitarbeiter, während die Betriebsberatung personell deutlich stärker besetzt ist. Neben der Wirtschaftsförderungsgesellschaft des Kreises Unna, die grundsätzlich die Ansiedlungspolitik in den

---

[249] Vgl. Bullinger, D.: Tendenzen betrieblichen Standortwechsels in Ballungsräumen. In: RuR, H.3, 1983, S.82-89.
[250] Vgl. Naßmacher, H.: a.a.O., 1987, S. 175ff.
[251] Vgl. Pohl, M.: a.a.O., 1988, S. 106ff.
[252] NAßMACHER gelingt es dabei im Rahmen eines Drei-Städte-Vergleichs am ehesten Handlungsmuster herauszuarbeiten, die auf eine Gewichtung von Politikbereichen innerhalb des Wirtschaftsförderungshandelns hinweisen. Vgl. Naßmacher, H.: a.a.O., 1987.

Vordergrund stellt, weisen fünf Städte mit einem deutlich geringeren Personalbesatz in der Wirtschaftsförderung einen Arbeitsaufwandanteil der "Ansiedlungswerbung" von mehr als 20 % auf. Noch deutlicher wird in diesem Zusammenhang das Verhältnis zwischen den Arbeitsaufwandanteilen der Ansiedlungswerbung und der Betriebsberatung. Hierbei fällt aber dennoch auf, daß mit der Ausnahme von Dortmund die personalstarken Wirtschaftsförderungsdienststellen nicht die höchsten Verhältniswerte zugunsten der Betriebsberatung aufzeigen (Tab.13).

Tab.13: Personalausstattung und Arbeitsaufwand für Ansiedlungswerbung

Stadt	Mitarbeiterzahl	Arbeitsaufwand Ansiedlungswerbung (%)	Verhältnis Arbeitsaufwand Ansiedlungswerbung/Betriebsberat.
Duisburg	23	10 %	1 : 2,5
Essen	25	15 %	1 : 3,3
Bochum	24	15 %	1 : 3,3
Dortmund	25	10 %	1 : 6,5
Oberhausen	4	15 %	1 : 4,0
Mülheim	4	10 %	1 : 6,0
Bottrop	6	20 %	1 : 0,5
Gelsenkirchen	10	10 %	1 : 4,3
Herne	6	10 %	1 : 5,0
Gladbeck	3	35 %	1 : 1,0
Dorsten	2	5 %	1 : 8,0
Marl	5	40 %	1 : 1,0
Recklinghausen	5	25 %	1 : 1,6
Herten	4	10 %	1 : 5,0
Castrop-Rauxel	3	30 %	1 : 0,7
Lünen	4	10 %	1 : 5,0
Kreis Unna[1]	2	30 %	1 : 1,7
Witten	6	30 %	1 : 1,0
Hattingen	3	10 %	1 : 3,0
Mittelwert	8,6	17,9 %	1 : 2,3

[1] Hauptamtliche Geschäftsführer. Bei Bedarf 6 bis 8 Halbtagskräfte aus der Kreisverwaltung, die der WFG abgestellt werden.
Quelle: eig.Erhebungen

Der Zusammenhang zwischen Personalbesatz und Bedeutung der Aufgabenbereiche bzw. Politikfelder ist bisher nicht diskutiert worden. GRÄTZ verweist auf die grundsätzliche Problematik, Arbeitsbereichen der Wirtschaftspolitik Beschäftigungsanteile, z.B. über Stellenplanbeschreibungen, zuzuordnen.[253] Dieses Problem wurde hier durch die Schätzung des jeweiligen Arbeitsaufwandes umgangen. Trotzdem können diese Daten nur eine allgemeine Tendenz angeben.

---

[253] Vgl. Grätz, C.: a.a.O.,1983

6.3.3 Zielgruppenorientierte Ansiedlungspolitik

6.3.3.1 Branchenbezogene, regionale und betriebliche Zielgruppenwahl

Die Zielgruppenorientierung der kommunalen Wirtschaftsförderung wurde bereits bei der Analyse strukturpolitischer Ziele berührt (siehe Kap. 6.2.2.2, Abb.14,15). Elf der zwanzig befragten Wirtschaftsförderungsdienststellen nennen Kriterien einer branchenorientierten Zielgruppenwahl. Die sieben Städte Duisburg, Dortmund, Oberhausen, Bottrop, Gelsenkirchen, Gladbeck und Hattingen definieren branchenspezifische Ansiedlungswünsche bezüglich des verarbeitenden Gewerbes. Die Hälfte dieser Kommunen weist aber darauf hin, daß sie eigentlich nur auf ein Ansiedlungsangebot reagieren können. Bei den genannten Branchen zeigt sich eine Konzentration auf Umwelttechnologien sowie Meß- und Regeltechnik. Mit der Ausnahme von Dortmund heben alle Städte, die Branchenpräferenzen nennen, auf die Ansiedlung und Förderung von umwelttechnologieorientierten Unternehmen ab. Drei unterschiedliche Motivationskreise müssen diskutiert werden. Im Vordergrund steht zunächst die landespolitische Förderung von Umwelttechnologien im Rahmen der regionalen Wirtschaftsförderung. Sowohl die regionalisierte Regionalpolitik mittels ZIM und ZIN, als auch die Internationale Bauaustellung Emscherpark, heben auf diese strukturpolitische Vorgabe ab. Desweiteren hat eine Bezugnahme auf Umwelttechnologie eine imageorientierte Signalwirkung. Sie schafft einen Gegenpol zu den Problembranchen Eisen und Stahl und wird mit Zukunftsorientierung gleichgesetzt. Dabei sind neue Konkurrenzstrukturen innerhalb der Strukturwandlungsprozesse entstanden. Am Beispiel der Förderung umwelttechnologieorientierter Unternehmen wird die Argumentation für eine zielgruppenorientierte Ansiedlungspolitik noch näher erläutert (siehe Kap. 6.3.3.2).

Die Textdokumente weisen Branchenpräferenzen teilweise präziser aus. Es lassen sich insgesamt neun Ruhrgebietsstädte mit umwelttechnologischer Orientierung abgrenzen (Abb.28) . So werden Entsorgungstechnologien in Duisburg, Bochum und Dortmund angesprochen, während Gelsenkirchen und Marl Biotechnologie, Umweltmedizin und Toxikologie in die Diskussion einbringen. Mikroelektronik, Verkehrstechnologie und Logistiksysteme (Duisburg) sowie Glastechnologien (Gelsenkirchen) wurden als weitere Branchen- und Produktionsschwerpunkte im Rahmen der Befragung genannt. Bergbauzulieferindustrien und Bergbautechnologie wurden vom Zechenstandort Bottrop angeführt.

Abb.20: Ansiedlungsorientierte Branchenpräferenzen in den Textdokumenten

	Duisburg	Essen	Bochum	Dortmund	Oberhausen	Mülheim	Bottrop	Gelsenkirchen	Herne	Marl	Herten	Hattingen	Witten	Lünen
Präferenzen Verarb. Gew.														
Automatisierungstechnologie			♦	♦										
Robotik			♦	♦										
Mikroelektronik	♦			♦										
Elektrotechnik				♦										
Neue Werkstoffe								♦						
Textiltechnologie		♦												
Bergbautechnologie								♦		♦				♦
Meß-und Regeltechnik			♦					♦		♦				
Umwelttechnologien	♦	♦	♦	♦	♦		♦	♦				♦	♦	
Entsorgungstechnologien	♦		♦	♦										
Biotechnologie/Toxikologie								♦		♦				
Chemie										♦				
Präferenzen Dienstleistungen														
produktionsorientierte DL.	♦	♦	♦	♦				♦	♦		♦	♦	♦	
F&E-Abteilungen, Institute	♦	♦	♦	♦				♦		♦		♦		
Ausbau universitärer Einricht.								♦				♦	♦	
Beratungseinrichtungen							♦	♦						
staatliche Behörden							♦	♦						
Handel							♦						♦	

♦ Präferenzen
(Quelle: eig. Erhebungen nach Textdokumentauswertung)

Darüber hinaus differenzieren die Textdokomente im mikroelektronischen Bereich zwischen Automatisierungstechnologien, Robotik und Elektrotechnik als Forschungs- und Produktionsbereiche für die Oberzentren Duisburg, Bochum und Dortmund. Sie sind vor allem mit den Forschungs- und Entwicklungsschwerpunkten der vorhandenen oder geplanten Technologiezentren verknüpft. Diese entwicklungsorientierte Spezialisierung von Technologiezentren ist vielleicht die wichtigste Motivation zur Festsetzung von branchen- und produktionsorientierten Zielgruppenpräferenzen. Sie zitiert Ansätze einer "innovationsorientierten Regionalpolitik", die mittels Forschungs- und Entwicklungsangeboten, universitären Ausgründungen und der Ansiedlung von Forschungs- und Entwicklungsabteilungen einzelner Unternehmen zu einer Modernisierung der regionalen Wirtschaftsstruktur beitragen will.

Bottrop, Marl und Lünen heben aufgrund ihrer Funktion als Bergbaustandorte auf die Förderung von Bergbautechnologien bzw. die allgemeine Unterstützung von Bergbauzulieferindustrien ab. Hier stehen kurzfristige Strukturerhaltungsmotive im Vordergrund. Bottrop und Lünen sind bei bereits überproportionaler Arbeitslosigkeit von weiteren Entlassungen im Bergbau bedroht. In Marl steht zusätzlich der Ausbau als Chemiestandort im Mttelpunkt. Angestrebt wird eine Auflockerung der großbetrieblichen Strukturen durch mittelständische Betriebe der Chemietechnologie und der mit ihr verknüpften Meß- und Regeltechnik. Es geht hier um eine Konsolidierung und Diversifizierung der vorhandenen wirtschaftsräumlichen Strukturen[254].

Grundsätzlich kann der durch hohe Arbeitslosigkeit erzeugte Problemdruck als Motivation für eine Nennung von Zielgruppen im Rahmen der Ansiedlungspolitik vermutet werden. Während insgesamt nur sieben von zwanzig befragten Wirtschaftsförderungsämtern bzw. -gesellschaften Zielgruppen angeben, sind sechs der neun Ruhrgebietsstädte mit einer den Landesschnitt um mehr als 50 % übersteigenden Arbeitslosenquote darunter vertreten.

Die Präferenznennungen im Dienstleistungsbereich sind schwer einzuschätzen. Ursache sind neben der Heterogenität des Dienstleistungssektors insbesondere die im Vergleich zum produzierenden Gewerbe "anderen" Standortanforderungen. Bisher wurde Dienstleistungsförderung zumeist als eine Art "Zentrenförderung" verstanden, die entweder auf einen regionalen Mittelpunkt anspielte oder Sonderfunktionen wie Verkehrsknoten, Medienstadt und Messeplatz beschrieb.[255]

Zehn der 14 Ruhrgebietsstädte, deren Textdokumente analysiert wurden, definieren "produktionsorientierte Dienstleistungen" als Zielgruppe der Ansiedlungspolitik. Neben den vier Oberzentren handelt es sich hiebei um die Städte Gelsenkirchen, Herne, Herten, Hattingen und Witten. Im Rahmen der Befragung nennen zum Thema Dienstleistungsförderung nur fünf Städte keine Zielgruppen im Dienstleistungsbereich. Eine allgemeine, nicht spezifizierte, Förderung von Dienstleistungen geben acht Städte an (siehe auch Kap. 6.2.2.2, Abb.15). Einzelne Bereiche des tertiären Sektors werden von den den sechs Städten Dortmund, Bottrop, Gelsenkirchen, Marl, Herten und Witten genannt.

Die Textdokumentanalyse läßt Schlüsse auf Motivationen für einzelne Zielgruppenselektionen im Dienstleistungsbereich zu. Die Ansiedlung von unternehmensbezogenen Forschungs- und Entwicklungsabteilungen sowie universitätsnahen Forschungsinstituten wird in erster Linie von den Universitätsstandorten favorisiert. In Duisburg wird die beachtliche Konzentration von Einrichtungen im High Tech-Bereich", insbesondere die "technischen Institute der Universität Duisburg" sowie die "Fraunhofer-Gesellschaft mit ihrem Institut für mikroelektronische Schaltungen und Systeme" als Signal für die Errichtung eines an die Forschungsinstitute gebundenen Technologieparks verstanden.[256] Es geht dabei um die "Verzahnung von grundlagenorientierter Hochschulforschung und anwendungsorientierter Industrieforschung".[257] Diese Ansiedlungskonzeption verfolgt primär technologiepolitische Ziele der Wirtschaftsförderung. In Essen wird in Verbindung zu Universität und Technologiezentrum vor allem auf die Zielgruppe der Existenzgründer abgehoben. Diese rekrutieren sich primär aus dem Bereich der

---

[254] Vgl. Lutzny, D.: Wirtschaftsförderung heute und morgen. Perspektiven für Marl. In: Marler Handbuch 1989. Marl 1988, S.39-50.
[255] Vgl. Pohl, M.:a.a.O., 1988, S.109ff.
[256] Vgl. Stadt Duisburg (Hrsg): a.a.O., 1990, S.15f.
[257] Vgl. Stadt Bochum (Hrsg.): a.a.O., 1990, S.95.

Hochschulabsolventen und den F+E-Abteilungen ansässiger Unternehmen. Der Besatz universitärer Forschungsinstitute gibt damit branchenbezogene Zielbereiche im forschungsorientierten Dienstleistungsbereich vor. Grundsätzlich stützen sich Ruhrgebietsstädte, die nicht Hochschulstandorte sind, auf die Möglichkeit einer Auslagerung universitärer Einrichtungen. Dieses wird, neben Hattingen, auch von den Städten Witten und Gelsenkirchen besonders artikuliert. Letztere soll hier exemplarisch zu Wort kommen:

"Forschungsinstitute etwa der Max-Planck-Gesellschaft, der Fraunhofer-Gesellschaft, der Deutschen Forschungsgemeinschaft usw. blieben für Gelsenkirchen immer unerreichbar. Auch im Bereich der privaten Unternehmen in Gelsenkirchen fehlen, von wenigen Ausnahmen abgesehen, Forschungs- und Entwicklungsabteilungen oder -Stäbe. Dies liegt zum einen an der Unternehmensstruktur..., aber ebenso an dem fehlenden Synergiepotential. An dieser Hürde sind auch in jüngster Zeit alle Bemühungen der Stadt um die Ansiedlung privater, forschungsintensiver Unternehmen gescheitert".[258]

Als Zielprojektion wird aus dieser Situation abgeleitet:

"Die Stärkung des tertiären Wirtschaftsbereiches und insbesondere des tertiären Bildungsbereiches gehört zu den dringendsten Zielen der Stadtentwicklungspolitik in Gelsenkirchen. Die Region fordert die gezielte Ansiedlung von öffentlichen Einrichtungen, die geeignet sind, Entwicklungsimpulse und Multiplikatoreffekte im Emscher-Raum auszulösen, sowie eine Aufwertung vorhandener Institutionen".[259]

Im folgenden werden dann Vorschläge zur Gründung oder Auslagerung von universitären Einrichtungen sowie zu Kooperationen mit etablierten Hochschulen unterbreitet. Thematisch stehen dabei einerseits die Umwelttechnologie inclusive eines geplanten Technologieparkes sowie die Gründung eines Institutes für Industriegeschichte im Vordergrund. In Gelsenkirchen soll der Versuch unternommen werden, durch Einzelprojekte, vor allem im Dienstleistungsbereich, "auch an einem Nicht-Hochschulstandort Forschungs- und Entwicklungsaktivitäten als Innovationspotentiale zu etablieren." Die Strategie bleibt aber verhaltener als an den Hochschulstandorten und fordert mit der "gezielten Ansiedlung von öffentlichen Einrichtungen" eine staatlich aktive Ansiedlungspolitik ein. Sie wird auch von Witten und Bottrop aufgegriffen.

Neben der direkt branchen- bzw. aufgabenbezogenen Zielgruppenorientierung im Dienstleistungsbereich spielt auch das Motiv der sicheren Arbeitsplätze (2 Nennungen) und der potentiellen Innovationseffekte (7 Nennungen) eine wichtige Rolle bei Nennung von Präferenzen im Dienstleistungsbereich. Es deutet sich also auch hier der Problemdruck des defizitären Arbeitsplatzangebotes an. Im Gegensatz zur Zielgruppenwahl innerhalb des Verarbeitenden Gewerbes kann aber kein direkter Zusammenhang zwischen der Wahl spezifischer branchenorientierter Zielgruppen und dem Problemdruck durch überproportionale Arbeitslosigkeit hergestellt werden.

Die branchenbezogenen Selektionsprozesse vollziehen sich zumeist in einem mehrdimensionalen Entscheidungsprozeß zwischen Verwaltungshandeln und nur schwer von der Verwaltung kontrollierbaren "Bargaining"-Prozessen der Legitimatoren mit einzelnen Investoren. Die Bewertung potentieller Ansiedlungsfälle durch die Legitimatoren ist als Einflußgröße nicht zu unterschätzen.

---

[258] Stadt Gelsenkirchen (Hrsg.): a.a.O., 1987, S.11
[259] Ebenda, S.11

Die Befragung deutete auf zwei Beschränkungen der Entwicklung selektiver branchen- oder produktionsorienterter Ansiedlungsstrategien hin. Zum einen wird der doch insgesamt reaktive Charakter der Ansiedlungspolitik unterstrichen. Eine aktive Einflußnahme auf unternehmerische Standortentscheidungen ist in der Regel nicht möglich. Die Qualität der Fallbearbeitung und damit vor allem das Interesse der Legitimatoren sowie die flächenpolitischen Handlungsspielräume entscheiden über konkrete Ansiedlungserfolge. Dabei werden die strategischen Möglichkeiten bezüglich einer branchenorientierten Dienstleistungsförderung besonders kritisch gesehen. Allgemeiner Konsens ist, daß man Dienstleistungsbetriebe grundsätzlich jeder Zeit bevorzugen würde, Auswahlmöglichkeiten aber begrenzt sind. Bemerkenswert ist, daß vor allem in Bezug auf Dienstleistungen auf mögliche Ansätze im Rahmen der "Arbeiten im Park"-Projekte verwiesen wurde.

Auf der anderen Seite wurde vor allem von Wirtschaftsförderungsdienststellen der kleineren kreisfreien Städte unterstrichen, daß von der Verwaltung vorgelegte strukturpolitisch motivierte Ansiedlungskonzepte zunächst oftmals auf Widerstand stoßen. NAßMACHER bringt in diesem Zusammenhang als ein nicht zu vernachlässigendes Argument die Interessen ortsansässiger Unternehmen ins Spiel, die aus Wahrung ihrer Besitzstände und einer möglichen unliebsamen Förderung der Konkurrenz grundsätzlich skeptisch eingestellt sind.[260] Ein weiteres Konfliktpotential resultiert aus der zeitlichen Dimension strukturpolitischer Strategien. Von den Legitimatoren oftmals eingeforderte kurzfristige Ansiedlungserfolge können kontraproduktiv zu einer langfristig angelegten branchen- oder technologieorientierten Strategie sein.

Nur fünf Städte formulieren regionale Aquisitionsstrategien. Bochum weist hier mit einer in der Wirtschaftsförderung institutionalisierten Außenhandelsberatung ein sehr professionelles Konzept auf. Im Mittelpunkt steht die "Unterstützung des Mittelstandes bei der Erschließung europäischer, aber auch außereuropäischer Märkte sowie bei der Abwicklung von Exportgeschäften."[261] In diesem Zusammenhang ist die Eröffnung von Kontaktbüros für die arabische Welt (Deutsch-Arabisches-Zentrum) als auch für China von großer Bedeutung.

Wie auch in Duisburg und Dortmund wird auf die Kooperation mit der IHK hingewiesen. In Dortmund steht ferner in Zusammenarbeit mit dem Kreis Unna die Eröffnung eines Akquisitionsbüros in den USA zur Diskussion. Gladbeck orientiert sich bezüglich einer räumlichen Aquisitionsstrategie an der im Rahmen der Emscher-Lippe-Agentur (ELA) auszufüllenden regionalen Kooperation zwischen den Kommunen des Kreises Recklinghausen und den kreisfreien Städten Bottrop und Gelsenkirchen.[262] Von Seiten der ELA werden vor allem Norditalien und Japan als Akquisitionsgebiete angedacht.

Berücksichtigt man alle Nennungen, so kristallisieren sich Skandinavien und Südostasien als primäre Aquisitionsgebiete heraus. Motivationen sind einerseits das "sich Einbringen" in den europäischen Binnenmarkt und andererseits das Teilhaben an Direktinvestitionen aus dem ostasiatischen Raum, da sich Düsseldorf zu einem Zentrum japanischer "Deutschland-Zentralen" entwickelt hat. Die

---

[260] Vgl. Naßmacher, H.: a.a.O.,1987
[261] Vgl. Stadt Bochum (Hrsg.): a.a.O., 1990, S.107.
[262] Die ELA befand sich zum Zeitpunkt der Interviews noch in der Aufbauphase. Ihre Hauptaufgabe wird in der regionalen Akquisition und dem Ausbau der Kooperationen zwischen den beteiligten Kommunen liegen. Die ELA ist privat-rechtlich, ähnlich wie die WFG Duisburg als "public-private-partnership instititutionalisiert.

Möglichkeiten einer Aquisition "erster Adressen" werden dabei realistisch als begrenzt angesehen. Neben diesen Schwerpunkten regionaler Aquisition werden Nordamerika, der Maghreb-Raum, China und Österreich als Zielgebiete genannt.

Aus der Befragung geht hervor, daß die Entwicklung regionaler Aquisitionsstrategien vor allem an persönliche Netzwerke geknüpft ist. Hilfreich ist insbesondere eine Kooperation mit den Industrie- und Handelskammern. Vorteile ergeben sich hier auch aus Gründen der Bearbeitungskapazitäten für die Hellwegstädte. Drei der fünf Ruhrgebietsstädte mit regionalen Zielgruppen sind Oberzentren. Mit der ELA liegt ein wichtiger Ansatz vor, "kleinere" Kommunen durch Bündelung ihrer Kapazitäten hier partizipieren zu lassen.

6.3.3.2 Exkurs: Zur branchen- und technologieorientierten Ansiedlungsförderung im Bereich der Umwelttechnologien

Die Förderung und Ansiedlung von Unternehmen sowie Forschungseinrichtungen aus dem Bereich der Umwelttechnologien hat sich als eine im Ruhrgebiet weit verbreitete branchen- und technologieorientierte Zielgruppenpräferenz herauskristalisiert. Neun Ruhrgebietsstädte nehmen in Textdokumenten hierzu Stellung. Mit Hilfe der Textdokumentanalyse soll hier beleuchtet werden, welche Motivationen hinter dieser Zielgruppenpräferenz stehen und inwieweit Unterschiede in der strategischen Konzeption dieser Zielgruppenpräferenz zu erkennen sind.

Probleme ergeben sich bereits in der Abgrenzung von Umwelttechnologien und dem Umweltschutz verpflichteten Industrien. Es handelt sich dabei um eine produktorientierte Querschnittsverflechtung, die von der Meß- und Regeltechnik und den damit verbundenen Maschinenbautechnologien über das Rohstoffrecycling hin bis zu Deponietechniken reicht. Im Mittelpunkt stehen Produkte und Dienstleistungen, die zu einer Verbesserung der Umweltqualität beitragen.

Von staatlicher Seite, insbesondere vom Land Nordrhein-Westfalen, sind erhebliche Impulse zur Förderung von Umwelttechnologien ausgegangen. Im Entwicklungsprogramm Ruhr von 1968 wurden "Maßnahmen zur Reinhaltung von Luft und Gewässern" als Aktionsfeld definiert. Die Förderung umweltfreundlicher Produktionen wurde vor allem durch Erlaßpolitik und die finanzielle Förderung von Produktionsumstellungen forciert. Das Nordrhein-Westfalen-Programm von 1975 erweiterte den umweltpolitischen Zielbereich um die Lärm- und Abfallproblematik.

Eine Zusammenführung von Technologie- und Innovationsförderung mit dem "Ausbau des Umweltschutzes durch Sanierung stark umweltbelasteter Anlagen" sowie einem verstärkten Natur- und Wasserschutz deutete sich im Aktionsprogramm Ruhr (1979) an. Es leitete bezüglich der umwelttechnologischen Förderung und konkreten Umweltschutzmaßnahmen eine regionalpolitische Offensive ein, die entscheidend durch das Technologieprogramm Wirtschaft (TPW) getragen wird. Seit 1985 wird es durch das ebenfalls mittelstandsorientierte Programm Zukunftstechnologien ergänzt. Beide Programme unterstützen primär Forschung und Entwicklung sowie produktionsorientierte Umsetzung in den Bereichen Umwelt- und Energietechnologie, Mikroelektronik, Meß- und Regeltechnik sowie Biotechnologie.[263]

---

[263] Kommission Montanregionen (Hrsg.): a.a.O., S.264ff, S.307ff.

Die Zukunfsinitiativen Montanregionen und Nordrhein-Westfalen eröffnen nun als letzten Schritt eine projektorientierte Verzahnung von Innovations- und Technologieförderung" mit dem Ziel der "Verbesserung der Umwelt- und Energiesituation"[264]. Die strukturpolitische Strategie der landespolitisch flankierten Förderung der Umwelt- und Energietechnologien als Diversifizierungsansatz findet ihre besondere Berücksichtigung im Memorandum zur Internationalen Bauausstellung Emscherpark:[265]

"Es besteht Konsens, daß für die Bewältigung des Strukturwandels im Emscher-Raum eine diversifizierte Produkt- und Unternehmensstruktur in Industrie, Handwerk und Dienstleistungen benötigt wird. Verschiedene Produktionskonzepte müssen nebeneinander entwickelt werden. Die Sektoren Montan, Energie, Umwelttechnik, Abfallentsorgung, High-Tech, Handwerk und Dienstleistungen werden darin ihren Platz haben, aber eben nicht in dominanter Form."

Der Bund wurde bezüglich der Förderung von Umwelttechnologien auf der Ruhrgebietskonferenz vom 24.02.1988 mit folgenden finanziellen Förderungen in die Pflicht genommen:[266]

a) Unterstützung des Bundesminister für Forschung und Technologie an der thematischen Erweiterung von Forschungsschwerpunkten, insbesondere Energieforschung;
b) Förderung einer Pilotanlage zur Abfallbeseitigung in Duisburg;
c) Förderung von ca. 20 Modellvorhaben im Rahmen des Programms "Investitionen zur Vermeidung von Umweltbelastungen" mit einem Investitionsvolumen von 120 Mio. DM;
d) Förderung des neu zu gründenden Instituts für Umwelttechnologie und -analytik an der Universität Duisburg;

Vor dem Hintergrund der staatlichen Förderprogramme und landespolitischen Entwicklungskonzepte sind die Handlungsspielräume einer auf die Förderung von umwelttechnologischen Unternehmen abzielenden Wirtschaftsförderungspolitik einzuordnen. Neben den wirtschaftsstrukturellen Voraussetzungen und Interessenstrukturen der kommunalpolitischen Akteure sind diese staatlich gesetzten Rahmenbedingungen nicht zu vernachlässigen.

Die Städte Duisburg, Bochum und Oberhausen stellen die Projektierung von Bodensanierungszentren in den Mittelpunkt ihrer umwelttechnologischen Zielgruppenpräferenzen. Dieses strukturpolitische Signal wird in den drei Städten ähnlich begründet. Duisburg legt dabei die ausführlichste Argumentation vor:

"Die Lösung des Sondermüllproblems und ein erfolgreiches Flächenrecycling" werden als ein "notwendiger Flankenschutz für die Umstrukturierung der Stadt" bewertet und erfordern die gemeinsame Suche nach Lösungsansätzen zwischen der dominanten Grundstoffindustrie und der Stadt".[267]

Die Gründung einer Planungsgesellschaft mit den Hauptgesellschaftern Thyssen-Handelsunion und Rheinisch-Westfälische Elektrizitätswerke sowie einer Beteiligungsoption für Stadt und Stadtwerke Duisburg für ein Sondermüllentsorgungszentrum auf einer Industriebrache der Thyssen AG ist ein

---

[264] Land NRW (Hrsg.): Zukunftsinitiative für die Regionen Nordrhein-Westfalens (ZIN). Düsseldorf 1990.
[265] MSWV (Hrsg): a.a.O., Düsseldorf 1988, S.34.
[266] Kommission Montanregionen (Hrsg.): a.a.O., S.265f.
[267] Stadt Duisburg (Hrsg.): a.a.O., 1990, S.38f.

erstes wichtiges Signal. Im Mittelpunkt dieses umwelttechnologischen Pilotprojektes, das nach Vereinbarungen der Ruhrgebietskonferenz vom Bund gefördert werden soll, steht die Hochtemperaturverbrennung von Sondermüll mit der Entsorgung verseuchter Böden und Shreddermülls. Neben dem Entsorgungszentrum soll das an der Universität Duisburg neugegründete Institut für Umwelttechnologie und Umweltanalytik den Technologietransfer in diesem Bereich beschleunigen und die Standortattraktivität Duisburgs steigern helfen. Auch dieses Institut erfährt Unterstützung durch Mittel aus dem Bundeshaushalt.

In Bochum wird die Realisierung eines "Zentrum für angewandte Umwelttechnologien" auf einer Industriebrache von 15,8 ha, zur Zeit in LEG-Besitz, angestrebt. Kernstück soll auch hier eine "neu konstruierte Hochtemperaturverbrennungsanlage sein, die organisch, insbesondere durch kokereispezifische Rückstände verunreinigtes Erdreich", aufbereiten kann. Das Bochumer Projekt umfaßt aber zusätzlich einen Umwelttechnologiepark, in dem sich schwerpunktmäßig Unternehmen aus den Bereichen Altlastenentsorgung, Umweltschutzverfahren und -dienstleistungen ansiedeln sollen. Der Wirtschaftsförderungsbericht 1989 der Stadt Bochum spricht von "einer großen Nachfrage entsprechender Unternehmen aus dem Bereich Umwelttechnologie" und erwartet daß "die Realisierung des Umwelttechnologieparks in absehbarer Zeit abgeschlossen werden kann".[268] Dabei wird auf bereits nachweisbare Ansiedlungserfolge verwiesen und als primärer Schwerpunkt der Bereich Umweltanalytik definiert. Es wird desweiteren auf den Modellcharakter abgehoben:

"Ein enges inhaltliches und räumliches Zusammenspiel aller im Bereich des Zentrums für angewandte Umwelttechnologie anzusiedelnde Nutzer (Bodensanierungszentrum, Stadtwerke, Unternehmen aus dem Bereich Umwelttechnologie) stellt die besondere Qualität des Standortes dar".[269]

In Bochum wird ein umfassender, sich dennoch durch Spezialisierung und standortlichen Verflechtungen auszeichnender Ansatz verfolgt, während in Duisburg das Einzelprojekt im Vordergrund steht. Es muß allerdings betont werden, daß die Errichtung der Entsorgungszentren, das heißt Müllverbrennungsanlagen, planungsrechtlich noch nicht gesichert ist und Planfeststellungsverfahren inclusive Umweltverträglichkeitsprüfungen abgewartet werden müssen.

In Oberhausen wird zunächst auf die Rolle der Umwelttechnik als "Schlüsseltechnologie für die industrielle und ökologische Erneuerung Oberhausens" abgehoben, die als "Ansiedlungsmagnet instrumentalisiert und gefördert werden muß.[270] Ähnlich der Duisburger Argumentation wird zunächst die Altlastensanierung und Entsorgung in den Mittelpunkt gerückt und Sanierungs- und Entsorgungsanlagen in die Diskussion eingebracht. In diesem Zusammenhang fordert man aber gleichzeitig die Ansiedlung hochqualifizierter Beschäftigung in Begleiteinrichtungen, "z.B. im Bereich der Analytik" und setzt sich vor allem für die Initiierung und Begleitung geeigneter staatlicher Fördermaßnahmen ein. Hier zeigt sich einerseits sehr deutlich die förderprogrammorientierte Konzeptentwicklung.

Essen und Dortmund thematisieren primär den umwelttechnologischen Technologietransfer im Rahmen des Ausbaus bzw. der Neugründung von Universitätsinstituten. Beide Städte haben auf diesem Feld ZIM/ZIN-Anträge eingereicht. Entscheidend scheint auch hier das Angebot der

---

[268] Stadt Bochum (Hrsg.): a.a.O., Bochum 1990, S.76f.
[269] Ebenda, S.77
[270] Stadt Oberhausen: a.a.O., Oberhausen 1989, S.2f.

staatlichen Förderung gewesen zu sein. Während in Essen die Umweltverfahrenstechnik im Mittelpunkt steht, projektiert Dortmund ein "Umwelt- und Qualitätszentrum" im Rahmen des Technologieparkausbaus. In Essen ist die Umwelttechnologieförderung ein Aspekt der Förderung neuer Technologien.

Gelsenkirchen und Hattingen heben in der politisch gewollten Förderung von Umwelttechnologien und der Ansiedlung von umwelttechnologieorientierten Industrien als Nicht-Universitätsstandorte auf Kooperation mit staatlichen Institutionen sowie Universitätsinstituten ab.

In Gelsenkirchen werden Umweltmedizin, Umweltchemie, Toxikologie, Energieeinsparungstechnologien und Glastechnik als Branchen- und Technologieschwerpunkte der Ansiedlungspolitik formuliert. Im Mittelpunkt steht zunächst der Aufbau des Wissenschaftsparks Rheinelbe auf einer Zechen- und Industriebrache als ein zentrales "Arbeiten im Park"-Projekt der IBA Emscherpark. Den Grundstock hierfür sollen sowohl die Auslagerung und der Ausbau der glastechnologischen Forschung der ansässigen Flachglas AG, als auch die Ansiedlung des Institutes für Arbeit und Technik des Wissenschaftszentrums Nordrhein-Westfalens bilden. Desweiteren wird die Kooperation mit der FH und der Universität Bochum sowie dem Hygiene-Institut und dem staatlichen Amt für Wasser- und Abfallwirtschaft in Herten angestrebt. Ziel des Wissenschaftspark, dessen Ausbau nachfrageorientiert erfolgen soll, ist die Schaffung von "Synergieeffekten im Spannungsfeld von Forschung, Fortbildung und Wirtschaft".[271] Im Rahmen der ZIM-Projektentwicklung wird die Erweiterung der Nebenstelle Gelsenkirchen der FH Bochum um den Studiengang "Entsorgungstechnik" sowie die Förderung eines Forschungsinstitutes für Umwelt- und Kältetechnik vorgeschlagen. Im Vordergrund steht das Bemühen, sich als Nicht-Universitätsstandort trotzdem zu einem attraktiven Forschungsstandort zu entwickeln. In Bezug auf Strategie und Thematisierung ist die Projektorientierung in Gelsenkirchen mit der in Bochum vergleichbar.

---

[271] Stadt Gelsenkirchen (Hrsg.): a.a.O., 1987, S.13f

In Hattingen ist nach der Teilschließung der Thyssen Henrichshütte vom Land Norrhein-Westfalen die Entwicklung zu einem Umweltschutzzentrum" thematisiert worden. Als Signal für weitere Ansiedlungen sollte hier die Gründung des Abfallentsorgungs- und Altlastensanierungsverbandes mit Standort Hattingen verstanden werden. Desweiteren wurde ein Kooperationsvertrag mit dem Institut für Umweltschutz der Universität abgeschlossen. Die strukturpolitische Orientierung der ZIM-Anträge beschränkte sich auf ein Gutachten zum Ausbau Hattingens zum Umweltzentrum und zeigt sehr deutlich die Bedeutung von staatlichen Impulsen bei der Formulierung kommunaler strukturpolitisch motivierter Wirtschaftsförderungsziele. Ansiedlungserfolge im Bereich umwelttechnologischer Unternehmen konnten bisher nicht nachgewiesen werden. Selbst bei den lokalen Akteuren wird diese Zielvorgabe insgesamt eher skeptisch eingeschätzt.[272]

Bottrop weist bezüglich der Umwelttechnologieförderung als zielgruppenorientierte Ansiedlungsstrategie eine eher reaktive Position auf. Man möchte vom "regionalen Potential der im Umweltschutz engagierten Unternehmen profitieren", das auf 600 Firmen mit rund 100.000 Beschäftigten geschätzt wird[273]. Im Rahmen der IBA Emscherpark wird als Demonstrationsprojekt die Entwicklung eines Gewerbeparkes "Ökologisches Produzieren" vorgeschlagen. Im Vordergrund steht dabei die Integration der Beschäftigungsförderung mit der Unterstützung von Beschäftigungsinitiativen aus dem Bereich des Umweltschutzes. Das Projekt wird aber insgesamt sehr zurückhaltend vorgetragen, da eine Realisierung noch nicht gesichert scheint. Letztendlich soll über den umweltschutzorientierten und landschaftsplanerischen Anstoß hinaus langfristig ein Ansiedlungpotential geschaffen werden.

Tab.14 faßt Projektierungen und strategische Ansätze im Bereich der Umwelttechnologieförderung zusammen. Nur die Städte Bochum und Gelsenkirchen entwickeln dabei umfassende Projekte, die als "flagships" entscheidend zu einer Verbesserung der Standortattraktivität beitragen können.[274] In beiden Projekten ist die LEG federführend tätig.

Während in drei Ruhrgebietsstädten die Bodensanierung und Sondermüllverbrennung als Thema aufgegriffen wird,- ohne dabei die planungs- und umweltrechtlichen Probleme besonders in den Vordergrund zu stellen -, fordern fünf Städte zudem den Ausbau oder die Gründung von umwelttechnologischen Forschungsinstituten ein, dem teilweise durch ZIM-Anträge Nachdruck verliehen wird.Die sich hier manifestierenden parallelen strategischen Ansätze deuten auf interkommunale Diffusionsprozesse innerhalb der wirtschaftspolitischen Politikentwicklung hin. Sie resultieren aus dem erheblichen Konkurrenzdruck zwischen den einzelnen Kommunen und bedürften einer genaueren Analyse.[275] Sie laufen auf die Identifizierung einer *"innovativen Kommunalpolitik"* und ihre Kopie durch andere Kommunen hinaus. Ferner deutet sich hier eine oder mangelhafte regionale Kooperation an. Nur so ist es zum Beispiel zu erklären, warum mehrere

---

272 Ergebnis der Befragung.
273 Vgl. Stadt Bottrop (Hrsg): a.a.O., 1988, S.22f.
274 Vorzeigeprojekte (flagships) als Signal für geänderte wirtschaftspolitische Strategien und Konzepte der Stadtentwicklung sind bisher vor allem in Großbritannien Gegenstand kommunalpolitischer und wirtschaftsgeographischer Forschung. Allgemein Stellung beziehen hierzu AMBROSE und SPENCER. In Deutschland wird das strategische, vorallem imageverändernde, Potential einzelner städtebaulicher Projekte im Rahmen des Standortmarketings von Gewerbegebieten diskutiert. Vgl. auch Thaker, J.; Walcha, H.: Städtebauliche Konzeption und politische Strategie. In: Bauwelt 98, H. 24, S. 1043-1047.
275 Auf den Diffusionsbegriff wird zu einem späteren Zeitpunkt im Zusammenhang mit der Analyse von Sitzungsunterlagen der Wirtschaftsförderungsausschüsse eingegangen. Vgl. Kap.7.

Tab.14: Umwelttechnologieförderung im Ruhrgebiet: Projekte und strategische Ansätze

Stadt	Projekte und Strategien
Duisburg	Gründung Konsortiums zur Errichtung eines Sondermüllentsorgungszentrum
	Projektierung Entsorgungszentrum Duisburg
Essen	Förderung der umwelttechnologischen Forschung an der GH Essen
Bochum	Konzeption Umwelttechnologiepark mit angegliedertem Bodensanierungszentrum (BSZ); "Kernstück" des BSZ ist Hochtemperaturverbrennungsanlage zur Aufbereitung organischer und kokereispezifischer Rückstände
	Umweltanalytik als Schwerpunkt des Entwicklungszentrums an der Universität; Gentechnologie als Forschungsschwerpunkt der Universität
Dortmund	Berücksichtigung des Umweltschutzes und umwelttechnologischer Betätigungsfelder im Rahmen von Beschäftigungsinitiativen
	Gründung eines Umweltzentrums innerhalb des Technologieparks (ZIM-Antrag)
Oberhausen	Umwelttechnologie als Strategieelement der Akquisition, aber keine einseitige Förderung
	Bei Ansiedlung von Sanierungs- und Entsorgungsanlagen müssen auch Unternehmen aus dem Bereich der Umweltanalytik mit angesiedelt werden können
Bottrop	Demonstrationsobjekt "Ökologisches Produzieren"; soll als Ansiedlungsmagnet fungieren
	"Vom regionalen Potential im Umweltschutz engagierter Firmen profitieren"
Gelsenkirchen	Inhaltliche Schwerpunktbildung: Umweltmedizin, Umweltchemie, Biomedizin
	Kooperation mit staatlichen Behörden und universitären Einrichtungen; Ansiedlung von Forschungsinstituten
	Wissenschaftspark Rheinelbe als "flagship"

Tab.14: Umwelttechnologieförderung im Ruhrgebiet: Projekte und strategische Ansätze (Forts.)

Stadt	Projekte und Strategien
Hattingen	Initiative des Landes zur Entwicklung zum Umweltzentrum
	Gründung Abfallentsorgungsverband mit Sitz in Hattingen
	Bodenwaschanlage auf dem Gelände der ehemaligen Henrichshütte der Thyssen AG
Marl	Umweltschutzforschung als Baustein des Klein-Technologiezentrums.

(Quelle: eig.Erhebungen nach vorliegenden Textdokumenten)

Städte anstatt eine Konzentration der Umwelttechnologieforschung zu tolerieren, auf die Ansiedlung und Gründung eigener, regionaler Institute bestehen. Damit wird auch eine politische Interessenabwägung zwischen einer regionalpolitisch einzufordernder Diskriminierung und einer Verfolgung von Gleichbehandlungszielen angesprochen. Eine Arrow'sche Wahlstimmenmaximierung spielt dabei eine nicht zu unterschätzende Rolle.[276]

6.3.4 Standortmarketing und Ansiedlungswerbung

6.3.4.1 Instrumente und Inhalte der Ansiedlungswerbung

Die Ansiedlungswerbung entwickelt sich aus der Wahl von Instrumenten einer aktiven Marktpolitik, die versucht, das noch vorhandene Ansiedlungspotential optimal abzuschöpfen. Es geht darum, Bodenmarkt- und Standortinformationen in einen durch ein Nachfrageoligopol geprägten Markt verstärkt einzubringen.[277]

Die wichtigsten Instrumente der Ansiedlungspolitik liegen neben der Beratung in den Wirtschaftsförderungsdienststellen in der indirekten Ansprache mittels Werbemaßnahmen sowie im Besuch von Ausstellungen und Messsen.

Im Rahmen der Befragung nennen 17 Wirtschaftsförderungsdienststellen die Beratung sowie auch die indirekte Ansprache als Instrument der ansiedlungsorientierten Kommunikationspolitik. Sie sind

---

[276] BÖKEMANN stellt kommunalpolitisches Handeln in den Zusammenhang von politisch-ökonomischer Strategieentwicklung. Gebietskörperschaften tauschen, auch auf Veranlassung höherer staatlicher Instanzen, Leistungen des Staatsapparates gegen Leistungen der übrigen Wirtschaftssubjekte. Dieser Prozeß wird durch Wahlstimmen bewertet. Das Konzept der Wahlstimmenmaximierung und die Suche nach dem mehrheitsbeschaffenden "Medianwähler" geht auf DOWNS und ARROW zurück. Zusammenfassend definiert BÖKEMANN Gebietskörperschaften als Produzenten von Standorten. Vgl. Bökemann, D.: Theorie der Raumplanung. München 1984, S.321-343.

[277] Vgl. Hotz, D.: a.a.O., 1985, S.164f.

die Grundlage einer jeden werbeorientierten Kommunikationspolitik. Es folgen Messe- und Ausstellungsbesuche mit elf, und "Direct Mail"-Aktionen mit nur noch acht Nennungen. Sieben Städte nehmen bei sehr konkretem Ansiedlungsinteresse direkt Kontakt mit den potentiellen Investoren auf. Dabei steht eine Abschätzung der zu erwartenden Standortanforderungen im Vordergrund. Eine solche Strategie kann von Vorteil sein, um Gemengelagen zu verhindern. Alle Kommunen mit direkter Akquisition heben aber hervor, daß es sich aus Bearbeitungskapazitäts- und Kostengründen nur um Einzelfälle handeln kann.

Im Vergleich zu empirischen Erhebungen von HEUER und GRÄTZ Anfang der achtziger Jahre weist ein im Untersuchungsgebiet höherer Anteil der befragten Kommunen die Instrumente Beratung/Information und Werbemaßnahmen als Bestandteil einer ansiedlungsorientierten Kommunikationspolitik aus.[278]

Bezüglich der Ausgestaltung der Ansiedlungswerbung lassen sich erhebliche qualitative Unterschiede nachweisen. 17 der 20 befragten Wirtschaftsförderungsdiensstellen greifen auf die allgemeine Stadtwerbung zurück. Desweiteren verfügen 16 über wirtschaftsförderungsspezifische Standortprospekte. Dagegen schalten nur 12 Dienststellen Anzeigen in den Printmedien. Die Werbemaßnahmen konzentrieren sich auf Fachzeitschriften (zehn Nennungen) und Tageszeitungen mit nationalem Absatzgebiet (acht Nennungen). Die hohe Akzeptanz von Fachzeitschriften resultiert vor allem aus im Vergleich kostengünstigen Werbemöglichkeiten in Zeitschriften der kommunalen Interessenverbände. Nur die Wirtschaftsförderungsgesellschaften des Kreises Unna und der Stadt Duisburg sowie die Städte Gelsenkirchen und Herne verfolgen auch eine internationale Verbreitung der Standortwerbung mittels internationaler Tageszeiten.

Tab.15: Geschaltete Anzeigen in den Printmedien als Instrument der Ansiedlungs- und Standortwerbung (eig. Erhebungen)

Stadt	Zahl geschalteter Anzeigen	*Tagesezeitung* regional	national	international	*Fachzeitschrift*
Duisburg	100	X	X	X	X
Essen	3				X
Bochum	10		X		X
Dortmund	40	X	X		X
Mülheim	10	X	X		X
Gelsenkirchen	10	X	X	X	X
Herne	50	X	X	X	X
Dorsten	2				X
Marl	20	X			
Recklinghsn.	4		X		
Lünen	2				X
WFG Unna	60	X	X	X	X

---

[278] Vgl. Grätz, C.:a.a.O., 1983 S.208ff.; Heuer, H.:a.a.O., S.130ff.

Die Zahl geschalteter Anzeigen ist letztendlich ein wichtiges Indiz für den vom Verwaltungshandeln sanktionierten Stellenwert der Ansiedlungswerbung. Die durchschnittliche Zahl geschalteter Anzeigen liegt im Untersuchungsgebiet bei 26. Überdurchschnittliche Werte erzielen hier Duisburg, Dortmund, Herne und die WFG des Kreises Unna (Tab.15).

Eine Zusammenhang zwischen Stadtgröße, kommunaler Haushaltssituation und Werbeaktivitäten kann hier nicht festgestellt werden. Es handelt sich primär um einen von objektiven wirtschaftsstrukturellen Bedingungen relativ unabhängigen Entscheidungsprozeß. Es sei in diesem Zusammenhang auf HEUER verwiesen, der vier Motivationskreise für die Etablierung einer aktiven Außenwerbung abgrenzt.[279] Im ersten Falle werden bereits kurzfristig Ansiedlungserfolge angestrebt. Dieser Ansatz kann für Marl, Herne und den Kreis Unna nachvollzogen werden. Ein zweiter Städtetyp zielt auf mittelfristige Wirkung und wird vor allem in bezug auf die Definition eines "neuen" Images eingesetzt. Derartig umfassende Marketingkonzeptionen liegen in Duisburg und Dortmund zugrunde, wo Imagewirkung der konkreten Ansiedlungswerbung vorangestellt wird. Die beiden weiteren von Heuer beschriebenen Gründe für Ansiedlungswerbung lassen sich kaum voneinander trennen. Sie sind als passive Anpassungsstrategien zu charakterisieren und beziehen sich auf das "Prinzip Hoffnung" sowie die Reaktion auf das Verhalten der Konkurrenz. Diese eher skeptische Bewertung war insbesondere von den verbleibenden sieben Ruhrgebietsstädten Essen, Bochum, Mülheim, Gelsenkirchen, Dorsten, Recklinghausen und Lünen zu vernehmen. NOKIELSKI problematisiert in diesem Zusammenhang ein "Übertragen der Aktionslogik der Konsumgüterwerbung auf die Ware Standortgemeinde". Damit deutet er auch an, daß Ansiedlungswerbung imgrunde die "Faszination des Spekulativen" verloren hat, und primär durch die Kleinarbeit des Informierens, Aufbereitens und Weitergebens charakterisiert ist.[280]

Als begleitende Werbemaßnahmen wird von Essen und Bochum das Bemühen um die Veröffentlichung von ausführlichen Presseberichten sowie das Absetzen von Mitteilungen in Funk und Fernsehen angesehen. Diese Instrumente werden schon aus Kostengründen sehr extensiv genutzt. Auch in Gelsenkirchen wurde von Versuchen berichtet, Anzeigenwerbung mit der Lancierung eines Aufsatzes zu koppeln. Informationsveranstaltungen mit Journalisten und Wirtschaftsempfänge der Städte (jeweils vier Nennungen) sind als ergänzende Maßnahmen weiter verbreitet. Nur Bochum und Herten können auf Standortatlanten für das Akquisitionsgeschäft verweisen. Insbesondere die kreisangehörigen Städte wie Bottrop und Gelsenkirchen sehen hier eine zusäzliche Aufgabenstellung für den Kommunalverband Ruhrgebiet, der eine gesamträumliche Imagekampagne ins Leben gerufen hat.[281] Von den meisten Städten wird sie als begleitende Maßnahme genutzt.

Für den Emscher-Lippe-Raum zeichnet sich eine engere regionale Koordination von Ansiedlungswerbung im Rahmen der Emscher-Lippe-Agentur ab, die vor allem auf einer regional spezifizierten Akquisition fußt.

---

279 Ebenda ,S.130ff.
280 Vgl. Nokielski, H.: a.a.O., 1981, S.20f.
281 Der KVR gibt gesamträumliche Werbeprospekte und Standortbeschreibungen unter dem Slogan "Ruhrgebiet - Ein starkes Stück Deutschland heraus".

Die Werbeinhalte stellen in der Regel eine auf "ökonomische Aspekte fixierte Sichtweise der kommunalen Wirklichkeit dar".[282] Die zentrale Botschaft weicht selten von einer Auflistung potentieller Standortvorteile ab, die mit einer günstigen Lage beginnen und durch den Sitz eines herausragenden Orchesters abgerundet werden. HOTZ stellt zutreffend fest:

"In der Regel lagen alle Standorte mitten in Europa, mit entsprechend gleichem Markt bzw. gleichen Bezugsmöglichkeiten, verfügten alle Standorte über hervorragende Verkehrserschließung..., wenn nicht am Ort, so doch unmittelbar in der Nähe, hervorragende Arbeitskräfte - jung, ausgebildet und vor allem zahlreich, alle denkbaren Finanzierungshilfen...und einem Serviceangebot, das vergessen läßt, was Verwaltung heißen kann."[283]

Mit Blick auf strukturpolitisch orientierte Ansätze in der kommunalen Wirtschaftsförderung ist die Frage nach zielgruppenorientierter Ansiedlungswerbung von großem Interesse. Die Frage nach einem "besonderen Werbeslogan" stieß aber in den meisten Kommunem auf Unverständnis. Es dokumentiert sich hier letztendlich doch eine pessimistische Einschätzung der Wirkung von kommunal initiierten Werbekonzeptionen und Imagekampagnen.

Nur für die drei Oberzentren Duisburg, Bochum, Dortmund sowie die Stadt Marl konnten bewußt selektierende Werbeslogans nachgewiesen werden. Dieser Trend signalisiert, vor allem mit Blick auf britische Beispiele, Handlungsdefizite. Für mehrere Städte Großbritanniens liegen mittlerweile umfangreiche Image- und Werbekonzepte vor. Sie zielen in der Regel auf einer Veränderung des lokalen Images in Verbindung mit einer selektiven Ansiedlungsstrategie. BURGESS und WOOD haben eine erste Studie zur Entwicklung und Wirkung einer Image-Ansiedlungskampagne am Beispiel der London Docklands vorgelegt. Sie räumen grundsätzlich den Medien eine nicht zu vernachlässigende Rolle in der Vermittlung wirtschaftsräumlicher Informationen ein. Werbestrategien tragen mit ihren codierten Inhalten zur Schaffung einer neuen regionalen Wahrnehmung bei. BURGESS und WOOD fassen als Funktion der Imagewerbung zusammen:

"The basic function of adverising, from a client-agency perspective, is to create a "unique product which is differentiated from all its competitors".[284]

SINGER bestätigt die strategische Funktion einer "kommunalen Imageplanung" mit der Möglichkeit, einzelne Vorstellungen vom Raum und räumliche Informationen beliebig zusammenzustellen und zu vermarkten.[285] Der Erfolg hängt letztendlich von der Art der "Decodierung" der Werbemaßnahmen durch die potentiellen Klienten ab.

Duisburg betreibt als einzige Ruhrgebietsstadt eine umfassende Image-Investoren-Kampagne mit selektiven zielgruppenorientierten Aussagen. Sie ist international angelegt und hebt neben der Anspielung auf weiche Standortfaktoren auf bereits getätigte Investitionen mit Signalwirkung ab. Im Mittelpunkt steht dabei der Ausbau von Forschungseinrichtungen sowie die Entwicklung zum Güterverkehrs-Zentrum.

In Dortmund ist die Ansiedlungswerbung konkret auf das Technologiezentrum abgestellt. Es hat sich im Laufe der Zeit zu einem Imageträger entwickelt. Auf eine aufwendige Kampagne wurde hier vor

---

[282] Singer, C.: a.a.O., 1988, S.273.
[283] Vgl Hotz, D.: a.a.O., 1985, S.167
[284] Vgl. Burgess, J.; Wood, P.: a.a.O., 1988, S.96.
[285] Vgl. Singer, C.: a.a.O., S.272f.

allem aufgrund der angespannten kommunalen Finanzsituation verzichtet.[286] Desweiteren verweist man auf die gezielte Vermarktung einzelner Gewerbegiete, wobei auch die Kooperation mit privaten Maklern gesucht wird. In Bochum und Marl finden einzelne Branchen des verarbeitenden Gewerbes sowie Technologiefelder der Universität bzw. Forschungsinstitute in zielgruppenorientierten Werbeslogans Berücksichtigung. Während in Marl auf die Zulieferer der chemischen Industrie abgehoben wird[287], wird in Bochum z.B. auf das know-how der örtlichen Bauindustrie und des Bauingenieurwesens Bezug genommen[288]. Desweiteren signalisiert der Slogan "Die Uni lehrt Fach-Chinesisch" ein vielfältiges Forschungsangebot der Ruhr-Universität. Alle vier Städte mit spezialisierter Ansiedlungswerbung sind bereits bei der Abgrenzung von Wirtschaftsförderungszielen durch die Formulierung von Zielgruppenpräferenzen aufgefallen.

Die Imagewirkung der Ruhrgebietsstädte wird von 13 Kommunen als Problem bzw. Engpaßfaktor der Wirtschaftsförderung eingeordnet. Nur die WFG des Kreises Unna sowie die Städte Mülheim, Witten und Recklinghausen sehen im extern bewerteten Image keinen Engpaß. Alle Städte, die zielgruppenorientierte Werbe- und Imagekampagnen durchführen oder diskutieren, identifizieren hier auch einen wesentlichen Problemdruck. Desweiteren kann ein direkter Zusammenhang zwischen Höhe der Arbeitslosigkeit und der Negativbewertung des Images als Engpaßfaktor abgeleitet werden. Acht der neun Städte mit einer um mindestens 50 % über dem Landesschnitt liegenden Arbeitslosenquote bewerten das Image zumindest als Problem der Wirtschaftsförderungspolitik.

Der EG-Binnenmarkt spielt für die inhaltliche Konzeption der Ansiedlungswerbung für die meisten Ruhrgebietsstädte keine Rolle. Auch hier dokumentiert sich die bisher geringe Bedeutung zielgruppenorientierter Werbekonzepte. In Essen und Bochum wird zur Zeit die Entwicklung eines besonderen Aquisitionskonzeptes diskutiert. Während die WFG Unna eine Verstärkung der internationalen Werbeaktivitäten ins Kalkül zieht, verweist Duisburg in diesem Zusammenhang auf die bereits mit dem Werbeslogan "Verkehrsdrehscheibe Europa" vollzogene inhaltliche Implementation.

Die Diskussion zur kommunalen Imageplanung und damit zur Entwicklung besonderer Strategien der Ansiedlungswerbung steht in Deutschland erst am Anfang. Duisburg, Bochum, Dortmund und Marl müssen zumindest für das Ruhrgebiet in diesem Bereich als innovativ eingestuft werden. Vor allem in Mülheim, Bottrop und Gelsenkirchen wird eine Neukonzeption der Ansiedlungswerbung angedacht. Es ergaben sich aber Hinweise auf erhebliche Widerstände bei den Legitimatoren und verwaltungsexternen Akteuren. Sie befürchten insbesondere eine Verringerung von Handlungsoptionen durch eine zu "klare" Spezialisierung. Kompromißlösungen zwischen Verwaltung und Legitimatoren münden dabei häufig im Angebot von unverbindlichen "Schein-Inhalten", wie z.B. "Stadt mit Herz". Das Voranstellen von städtebaulichen Prestigeprojekten und Standortentwicklungen ist eine weitere Strategie, die ansatzweise von Gelsenkirchen, Herne und Castrop-Rauxel verfolgt wird. Hier eröffnen sich im Zusammenhang mit der IBA zusätzliche

---

[286] GRÄTZ weist in seinen Erhebungen bereits auf erhebliche Differenzen in den Werbeetats der Kommunen am Beginn der achtziger Jahre hin. Während dieser in Bottrop bei 10.000 DM p.a. lag, wurden für Dortmund bereits 250.000 DM angegeben. Heute (1990) liegt der Etat einer Imagekampagne in einem Oberzentrum bei über 1 Mio.. DM, vgl. Grätz, C. 1983, S.209.

[287] Werbeslogan der Marler Wirtschaftsförderung: "Mit dem Standort Marl sind Sie die langen Wege zu Ihrem Rohstofflieferanten los".

[288] Mit dem Slogan "Skyline von Bochum" wird ein Bild der Skyline von Manhattan verknüpft.

Handlungsspielräume. Eine konkrete Bewertung einzelner IBA-Projekte im Kontext der Ansiedlungswerbung und Imageplanung ist noch nicht möglich.

6.3.4.2 Preis- und finanzpolitische Marketinginstrumente

Die Bedeutung preis- und finanzpolitischer Instrumente darf im Rahmen des auf die Ansiedlungswerbung aufbauenden Standortmarketings nicht unterschätzt werden.

Die Befunde von GRÄTZ konnten hier bestätigt werden. Die Bedeutung und Wirkung preispolitischer Maßnahmen wird allgemein sehr hoch eingeschätzt.[289] In 15 Städten, und damit in 75 % der befragten Wirtschaftsförderungsdienststellen, werden Erschließungsbeiträge und/oder Subventionierung der Bodenpreise als Instrumente der Ansiedlungspolitik eingesetzt. Hinweise hierfür ergeben sich aus vielfältigen Äußerungen wie *"Am Grundstückspreis wird ein Ansiedlungsvorhaben nicht scheitern"*. Insbesondere bei Industriebrachen liegt in einer ausreichenden Bodenpreissubventionierung die einzige Chance zur Wiedernutzung durch neue Investitionen.[290]

Die Stadt Essen hat für vier Zechenbrachen die kommunalen Investitionen und Erlöse veröffentlicht. Dabei wird sehr deutlich, daß eine kostendeckende Veräußerung der Gewerbegrundstücke in den meisten Fällen nicht realisierbar ist und somit Subventionsmechanismen eine strategische Bedeutung zukommen.

Tab.16: Kosten und Erlöse der Brachflächenmobilisierung am Beispiel Essener Zechenbrachen

	Zeche Ernstine	Zeche Wolfsbank	Zeche Katharina	Zeche Emil-Emscher
Nettobauland (ha):	46,0	13,4	22,0	35,0
Kosten in Mio. DM:				
Grunderwerb:	13,10	4,05	8,86	6,12
Erschließung:	8,00	3,20	1,95	6,12
Aufbereitung:	4,50	1,77	2,10	32,5
Einnahmen in Mio. DM:				
Verkaufserlöse:	14,20	3,95	11,00	10,56
Fördermittel:	1,90	2,50	1,10	16,83
Nettokosten der Stadt:	9,50	2,57	0,4	12,93
%-Anteil der Verkaufserlöse				
an den Kosten:	55,5 %	43,8 %	88,0 %	26,2 %
angesiedelte Betriebe:	78	40	23	26
davon Neuansiedlungen:	16 (20,5 %)	9 (22,5 %)	2 (8,7 %)	1 (3,8 %)
davon Verlagerungen:	62 (79,5 %)	31 (77,5 %)	21 (91,3 %)	25 (96,2 %)
Arbeitsplätze insg.:	4680	1010	1600	1061
neue Arbeitsplätze:	1300 (27,8 %)	405 (40,1 %)	466 (29,1 %)	266 (25,1 %)

(Quelle: Stadt Essen (Hrsg.) 1988, eig. Berechnungen)

---

[289] Vgl. Grätz, C.: a.a.O., 1983, S.210ff.
[290] Ergebnis der Befragung.

Obwohl preispolitische Maßnahmen aus wettbewerbsrechtlicher Perspektive problematisch sind, ergeben sich bereits bei Grätz und Heuer Hinweise auf ihre große ansiedlungspolitische Bedeutung. Die Veräußerung von Gewerbeflächen bis zu einem Drittel unter dem ermittelten Verkehrswert wird heutzutage landesaufsichtsrechtlich toleriert. Die Handlungsspielräume für diese bodenpolitischen Marketinginstrumente sind entscheidend von den Einnahme- und Ausgabenstrukturen der kommunalen Haushalte abhängig. In Anbetracht der hohen fixen Ausgabenbelastungen durch zu leistende Transferzahlungen sowie der kommunalen Verschuldung können im regionalen Vergleich in den Ruhrgebietskommunen erhebliche Einschränkungen in der Wahl bodenmarktbezogener Marketinginstrumente resultieren.

Sechs Ruhrgebietsstädte haben im Verlaufe der letzten beiden Jahre in begrenztem Umfang kommunale Finanzhilfen als ansiedlungsorientierte Anreizinstrumente etabliert. Die Einstellungen in den Finanzhaushalten bewegen dabei zwischen 10.000 DM und 175.000 DM. Sie sind primär Existenzgründungsbeihilfen und daher als Marketinginstrument im Rahmen der Ansiedlungswerbung eher vernachlässigbar. Durch die Verschachtelung von regionalpolitischer Regelförderung und Sonderprogrammen herrschen mit Ausnahme der Landesfördergebiete Essen und Mülheim im Untersuchungsraum annähernd gleichwertige Fördermöglichkeiten. Eine unzureichende regionalpolitische Flankierung wird auch nur in den Städten Mülheim, Recklinghausen und Essen als Engpaßfaktor der Wirtschaftsförderungspolitik gesehen. Während in Essen und Mülheim die Nachteile durch niedrigere Fördersätze im Vordergrund stehen, wird in Recklinghausen auf deren geringe Effizienz aufgrund der "bloßen" Mitnahmeeffekte abgehoben.

6.4   Bestandspflege

6.4.1   Flächenpolitik und Informationssicherung

Die Handlungsspielräume der kommunalen Bestandspflegepolitik resultieren, wie in Kap. 3.4.2 bereits angedeutet wurde, aus den mittelfristig gesicherten gewerblichen Reserveflächen und den zur Verfügung stehenden betrieblichen und standörtlichen Informationen. Aus der Analyse der Flächenreserven im Zusammenhang mit der Ansiedlungspolitik geht hervor, daß die intrakommunalen Verlagerungspotentiale in den Ruhrgebietsstädten zumindest kurzfristig sehr begrenzt sind. Eine Neuausweisung von Flächen scheint auch gegenüber der Landesplanung schwer durchsetzbar, was sich aus dem intensiven Bemühen einzelner Städte (z.B. Witten und Marl) u.a. mit gutachterlichen Analysen zu Gewerbeflächenneuausweisungen ablesen läßt.

Spielräume ergeben sich primär in der Mobilisierung von Brachflächen. Tab.16 zeigte am Beispiel wiedergenutzter Zechenbrachen in Essen auch die große Bedeutung der Flächenmobilisierung für intrakommunale Verlagerungen auf. Aufgrund der angespannten Flächensituation muß die Bestandssicherung am "alten" Standort jedoch zunehmend in den Mittelpunkt der Bestandspflegepolitik rücken. Sie erfordert detaillierte Standortkenntnisse und Planungskonzepte. Wirtschaftsräumliche Informationen sind auch für ein Setzen von Prioritäten zwischen unterschiedlichen Bestandspflegemaßnahmen sowie zwischen diesen und Ansiedlungskonzepten von entscheidender Bedeutung.

Abb. 21: Durchgeführte gutachterliche Studien zur Wirtschafts- und Arbeitsmarktstruktur in den Ruhrgebietsstädten im Zeitraum von 1985-1990

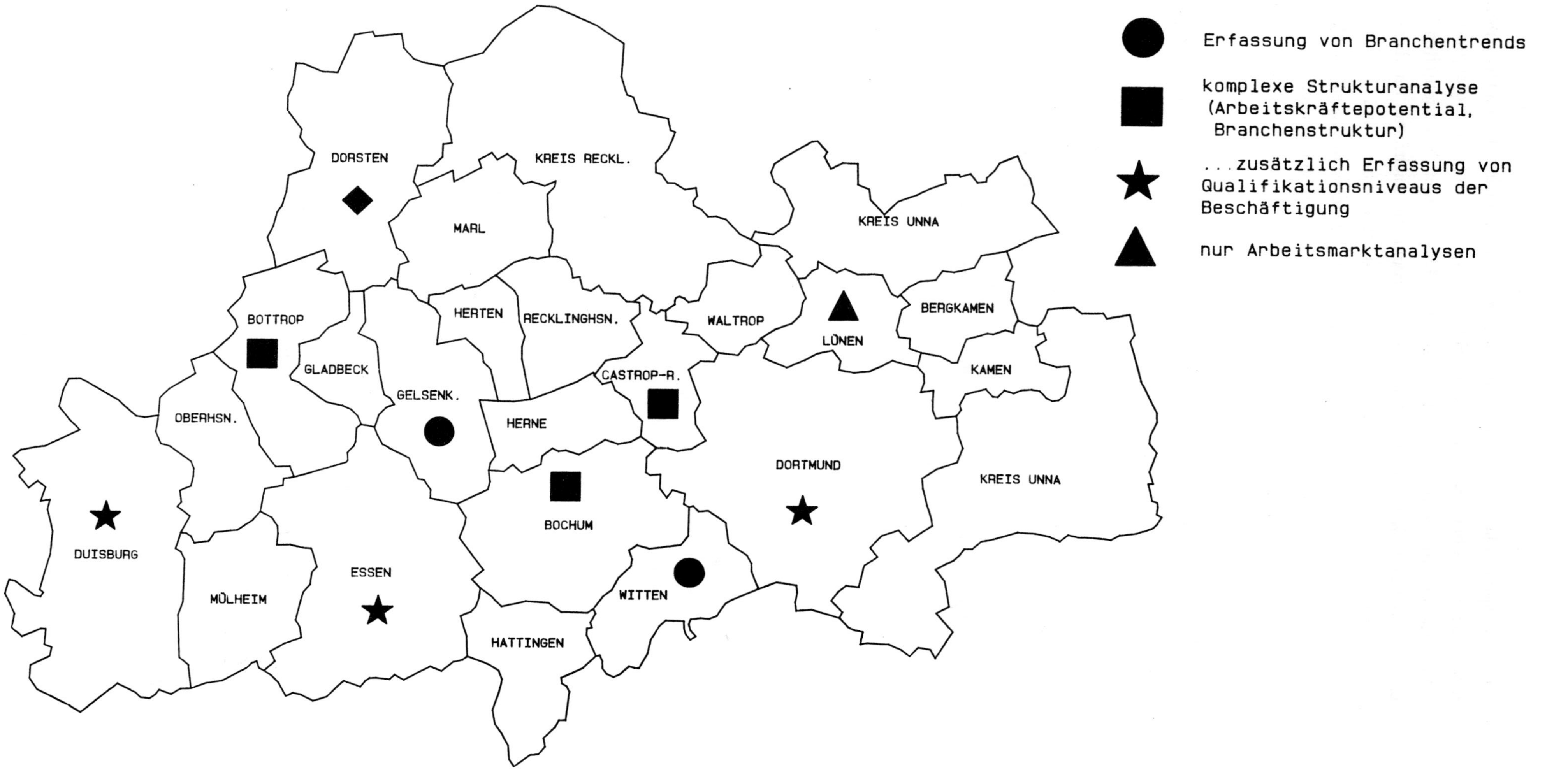

◆ allg. Beschreibung des Arbeitskräftepotentials

● Erfassung von Branchentrends

■ komplexe Strukturanalyse (Arbeitskräftepotential, Branchenstruktur)

★ ...zusätzlich Erfassung von Qualifikationsniveaus der Beschäftigung

◀ nur Arbeitsmarktanalysen

Abb.22: Strukturräumliche und arbeitsmarktbezogene Analyseindikatoren in den Textdokumenten der Ruhrgebietsstädte

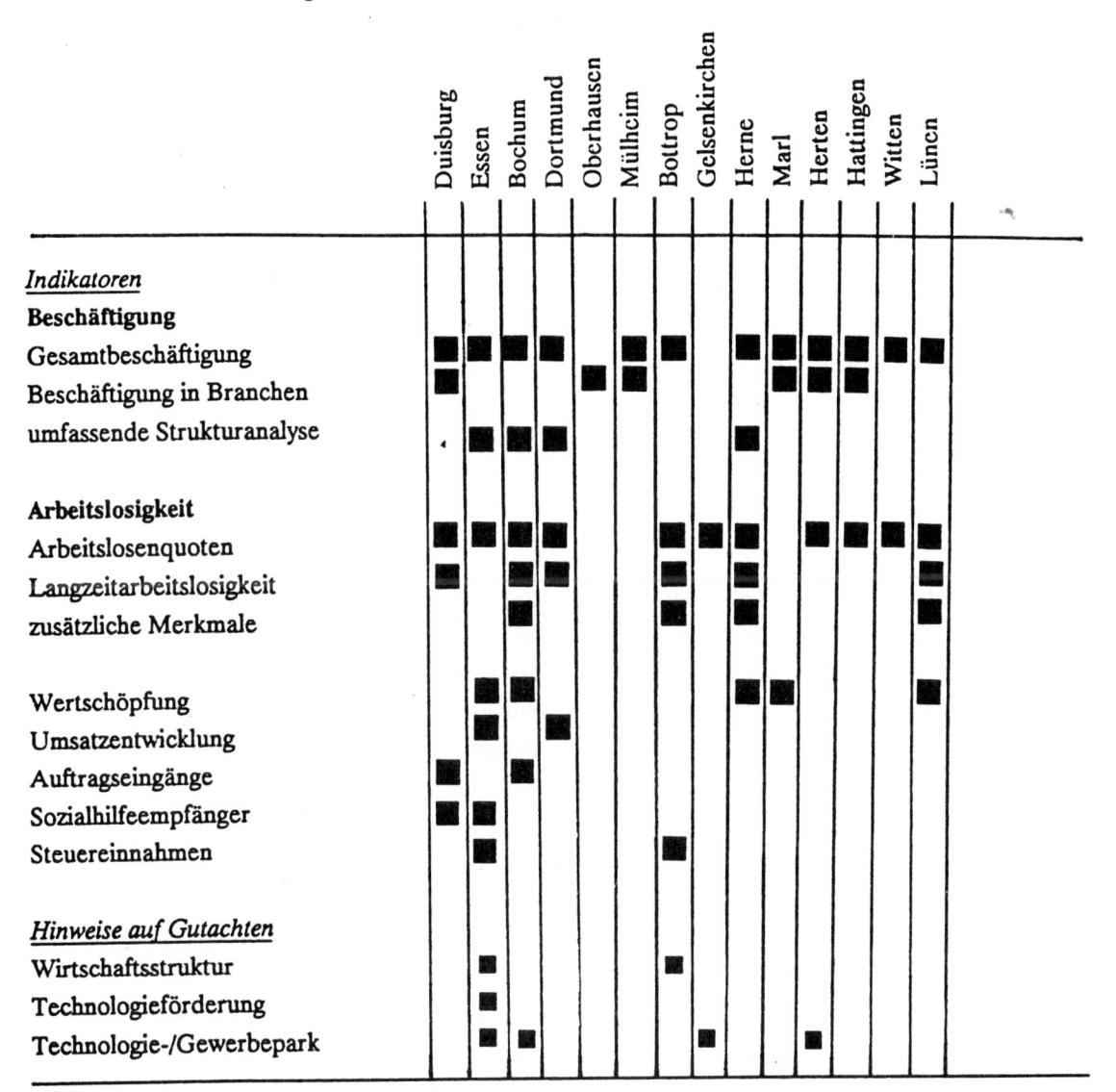

Indikatoren	Duisburg	Essen	Bochum	Dortmund	Oberhausen	Mülheim	Bottrop	Gelsenkirchen	Herne	Marl	Herten	Hattingen	Witten	Lünen
Beschäftigung														
Gesamtbeschäftigung	■	■	■	■		■	■		■	■	■	■	■	■
Beschäftigung in Branchen	■				■	■			■	■				
umfassende Strukturanalyse	▪	■	■	■					■					
Arbeitslosigkeit														
Arbeitslosenquoten	■	■	■	■			■	■	■		■	■	■	■
Langzeitarbeitslosigkeit	■	■		■			■	■						■
zusätzliche Merkmale				■			■		■					■
Wertschöpfung		■	■						■	■			■	
Umsatzentwicklung		■			■									
Auftragseingänge	■		■											
Sozialhilfeempfänger	■	■												
Steuereinnahmen		■					■							
Hinweise auf Gutachten														
Wirtschaftsstruktur		▪					▪							
Technologieförderung		▪												
Technologie-/Gewerbepark	▪	▪							▪		▪			

■ ▪ nachgewiesene Merkmale
(Quelle: eig. Erhebungen nach vorliegenden Textdokumenten)

Nur die Hälfte der befragten Ruhrgebietsstädte hat im Verlaufe der letzten fünf Jahren Gutachten zur Wirtschaftsstruktur und zum Arbeitsmarkt einholen können. Die durchgeführten Studien konzentrierten sich auf branchenstrukturelle Analysen (8 Nennungen) und der Ermittlung des Arbeitskräftepotentials (7 Nennungen). Nur in vier Städten fand eine detaillierte Analyse der Arbeitslosigkeit und deren Strukturmerkmale statt (Abb.21). Komplexe Wirtschaftsstruktur- und Arbeitsmarktanalysen liegen zunächst für die drei Oberzentren Duisburg, Essen und Dortmund vor. Lünen ist aus der Perspektive der kreisangehörigen Städte mit der vorliegenden Arbeitsmarktbeobachtung eine positive Ausnahme.

Diese räumliche Divergenz in der Qualität vorliegender wirtschaftsräumlicher Informationen spiegelt sich auch in der Beschreibung der wirtschaftsräumlichen Entwicklungstrends innerhalb der Textdokumente wider. Allgemeine Indikatoren, wie die Entwicklung der Gesamtbeschäftigung oder die Entwicklung der Arbeitslosenquote und absolute Arbeitslosenzahlen finden sich in den meisten analysierten Textdokumenten der Ruhrgebietsstädte. Differenzierende Indikatoren, wie die Analyse einzelner Branchen, Strukturmerkmale zur Arbeitslosigkeit, Zahl der Sozialhilfeempfänger sowie Auftragseingänge beschränken sich auf wenige Textdokumente.

Abb.22 zeigt die Anzahl in den Textdokumenten verwendeter wirtschaftsräumlicher Indikatoren. Eine größere Informationsdichte läßt sich für drei Oberzentren und Herne ableiten. Hinweise auf detaillierte Gutachten zu wirtschaftsräumlichen Strukturen, Technologieförderung oder Gewerbe-/Technologieparkkonzepten beschränken sich auf Textdokumente von maximal vier Kommunen. Die Bestandsaufnahme der wirtschaftsräumlichen Strukturen nimmt unterschiedlich breiten Raum in den Textdokumenten ein.

Im Bereich der konkret standörtlichen Informationssicherung fällt auf, daß bisher nur neun Ruhrgebietsstädte Gemengelagenanalysen als Element eines möglichen Flächeninformationssystems erstellt haben. Dies liegt auch an der Einschätzung der Gemengelagen als Problem, nicht aber als Engpaß der Wirtschaftsförderungspolitik. Während fünf befragte Dienststellen, darunter die WFG des Kreises Unna und drei weitere Randstädte, hier kein Hemmnis sehen, stufen 14 Städte die Gemengelagen als Problem ein.

Nur die Städte Dortmund, Gelsenkirchen, Castrop-Rauxel und Dorsten beziehen über die Standortermittlung hinausgehend Umweltindikatoren (insbesondere Immissionsgrenzwerte) in die Gemengelagenanalysen mit ein. Die Städte Essen, Dortmund und Lünen haben in diesem Zusammenhang Betriebsbefragungen durchgeführt, um so die konkreten betrieblichen Probleme in Gemengelagen einschätzen zu können. Dieses Vorgehen sollte auch als vertrauensbildende Maßnahme zwischen Verwaltung und Unternehmen nicht unterschätzt werden. In Dortmund, Herne und Dorsten wurden fallbezoge Konzepte zur Standortsicherung und Lösung der Gemengelagenprobleme erarbeitet.

HENNINGS berichtet über Versuche in Dortmund, Gemengelagen nach Verlagerungsdruck und Problemintensität zu typisieren. Grundlage ist eine Bestandspflegepolitik, die Verlagerung als "utima ratio" bewertet. Die Typisierungsversuche scheiterten vor allem an der Qualität der betrieblichen und standörtlichen Daten. Eine besondere baurechtliche Verankerung der Gemengelagen in die Flächennutzungsplanung mit dem Ziel eines verbesserten Bestandschutzes konnte nicht erreicht werden. Als Kompromiß wurde aber erarbeitet, daß "immissionsbedingte Konfliktbereiche" im Flächennutzungsplan kenntlich gemacht werden und hier verstärkt das Prinzip der "gegenseitigen Rücksichtnahme" in die Fallentscheidungen einfließen soll.[291] Damit wird zumindest das Problembewußtsein für eine Bestandssicherung in Gemengelagen bei Stadtplanung und Wirtschaftsförderung erhöht und die Problematik als Aufgabe des Verwaltungshandelns implementiert. Die Problematik der Sicherung standörtlicher Informationen wird von mehreren Kommunen erkannt. In Textdokumenten der Städte Essen, Mülheim (Ruhr), Bottrop, Herne und Lünen wird ausdrücklich auf den Zusammenhang zwischen effizienter Bestandspflegepolitik und Informationssicherung hingewiesen. Die Durchführung von gutachterlichen Studien und eigenen statistischen Erhebungen bleibt aus Kosten- und Bearbeitungskapazitätsgründen auf einzelne Kommunen und Problembereiche beschränkt.

---

[291] Vgl. die ausführliche Darstellung bei Hennings, G.: a.a.O., 1988

Im Ruhrgebiet kann von räumlich unterschiedlich stark ausgeprägten Informationsdefiziten bezüglich bestandspflegeorientierter Daten und Strukturmerkmale gesprochen werden. Die sich hieraus für das konkrete Verwaltungshandeln ableitenden Probleme werden für Bottrop wie folgt bewertet:

"Die Entwicklung eines Konzeptes für die lokale Wirtschaftsförderung muß auf der Kenntnis über die lokale Struktur, Beschäftigungssituation und eventuelle Neuanforderungen der Gewerbebetriebe aufbauen. Für den regionalen Raum sind eine Fülle von Informationen zum Teil bei den unterschiedlichsten Dienststellen vorhanden (...). Das Problem besteht darin, daß ein Großteil dieser Daten nicht für den Bereich der Stadt Bottrop aufgeschlüsselt und analysiert worden ist. Sie können nur unter erheblichem Zeit- und Personaleinsatz für den örtlichen Bereich ausgewertet werden."[292]

Die vorliegenden Ergebnisse für die Ruhrgebietsstädte sprechen aus der Perspektive des Verwaltungshandelns für eine stärkere institutionelle und regionale Kooperation in bezug auf die bestandspflegeorientierte Informationssicherung. Sie begünstigt einen gesamtwirtschaftlich effizienteren Einsatz der zur Verfügung stehenden Bearbeitungskapazitäten. Bezüglich institutioneller Koordinierungsmechanismen (z.B. zwischen Gewerbeaufsicht und Wirtschaftsförderung) müssen die rechtlichen und technischen Möglichkeiten des Datenaustausches ausgeschöpft werden.

6.4.2 Bestandsorientierte Leistungsangebote

Eine auf ortsansässige Unternehmen orientierte Kommunikationspolitik der Wirtschaftsförderung versteht sich im Rahmen der Daseinsfürsorge zunächst als "Schnittstelle" zwischen Verwaltung und Unternehmen. Mit der Ausnahme von Waltrop, wo Wirtschaftsförderungsaufgaben im Rahmen der Liegenschaftsverwaltung als Nebentätigkeit wahrgenommen werden, sind alle Dienststellen auf wirtschaftsförderungsorientierte Beratung im Amt vorbereitet. Die Beratung konzentriert sich in der Regel auf auf an die Verwaltung herangetragene Probleme. In den acht Städten Essen, Dortmund, Bottrop, Gelsenkirchen, Herne, Dorsten, Marl, Recklinghausen und Hattingen wird versucht, diesen reaktiven Charakter mittels der Herausgabe von Wirtschaftsförderungsinformationen und der Einladung zu Wirtschaftsgesprächen zu durchbrechen. In 14 Kommunen werden informelle Gesprächskontakte als wichtiges Instrument des Informationsaustausches zwischen Verwaltung, Legitimatoren und Unternehmen angesehen. Gleiches gilt auch für Betriebsbesuche, die von 17 Wirtschaftsförderungsdienststellen durchgeführt werden. Hierbei ergeben sich aber erhebliche Unterschiede in der Zahl der Betriebsbesuche. Sie hängt neben der Zahl der ansässigen Unternehmen vor allem von den Bearbeitungskapazitäten ab, die letztendlich auch ein Resultat der finanziellen und personalpolitischen Handlungsspielräume des Verwaltungshandelns sind. Während in den vier Oberzentren 80 und mehr Betriebsbesuche pro Monat anfallen, liegt ihr Aufkommen in den Städten Bottrop, Gladbeck, Recklinghausen, Hattingen und bei der WFG des Kreises Unna bei weniger als zehn (Abb.23).

Schriftliche Befragungen organisieren nur die WFG des Kreises Unna und die Wirtschaftsförderungsdienststellen der Städte Essen, Bochum, Bottrop, Gladbeck, Herten und Castrop-Rauxel. Ihre geringere Akzeptanz liegt sowohl in den Bearbeitungskapazitäten der Verwaltung als auch in der Kooperationsbereitschaft der Unternehmen begründet.

---

[292] Stadt Bottrop (Hrsg.):a.a.O., S.5.

Abb. 23 bringt mit dem *Quotienten Personalbesatz der Wirtschaftsförderungsdienststellen pro 1000 ortsansässiger Betriebe* einen quantitativen Indikator zur Relativierung der angebotenen Bearbeitungskapazitäten in Bezug auf die Nachfrage nach Wirtschaftsförderungsdienstleistungen neu in die politikorientierte Analyse der kommunalen Wirtschaftsförderung ein. Überraschend ist, daß mit der Ausnahme von Bochum die Kommunen mit personalstarken Dienststellen nicht die höchsten Indikatorwerte aufzeigen. Da für einen solchen Indikator keine Vergleichswerte vorliegen, muß offen bleiben, ob auch für Duisburg, Essen, Dortmund und Gelsenkirchen hier eine "Unterversorgung" vorliegt. Besonderer Nachholbedarf zeigt sich für Oberhausen, Mülheim und Dorsten.

Im Zusammenhang mit der Klärung baurechtlicher Fragen verweisen die WFG des Kreises Unna sowie die Städte Bochum, Gelsenkirchen, Dorsten und Herten auf die besondere Berücksichtigung von Umweltschutzbelangen. Während in Duisburg, Oberhausen und Bottrop die Existenzgründungsberatung zu den wichtigsten Beratungsinhalten gezählt wurde, nannten hier die Städte Bochum und Marl sowie die WFG des Kreises Unna die Technologieberatung.

Im Rahmen der Textdokumentanalyse zeigt sich vor allem in den Oberzentren eine besondere Berücksichtigung spezialisierter Beratungsdienstleistungen . Zu nennen sind eine DV-gestützte Finanzprogrammberatung, Bauvoranfrageberatung, Aussenhandelsförderung und Informationsveranstaltungen in Zusammenhang mit dem EG-Binnenmarkt.

Sieben Kommunen haben ihr Beratungsangebot besonders an die Förderrichtlinien der ZIM/ZIN-Programme angepaßt. Es betrifft neben den Oberzentren die Städte Oberhausen, Mülheim, Hattingen und Witten. Dabei wird auch auf die zunehmende Bindung von Bearbeitungskapazitäten durch die Vielfalt der Fördermaßnahmen hingewiesen.

Die Städte Essen, Bochum und Herne veröffentlichen Statistiken zur Zahl der Beratungsfälle. Sie dienen vor allem als Aktivitätsnachweis im Rahmen der Legitimierung des Verwaltungshandelns und sind ein wichtiger Hinweis auf eine etablierte Bestandspflegepolitik.

Mit der Frage nach charakteristischen Beratungs- und Leistungsangeboten für mittelständische Unternehmen soll auf die Kritik von CLEMENS Bezug nehmen. Er sieht eine Vernachlässigung kleiner und mittlerer Betriebe im Rahmen der kommunalen Wirtschaftsförderung.

Immerhin verneinen elf Wirtschaftsförderungsdienststellen eine besondere mittelstandsorientierte Politikentwicklung. Die Argumentation folgt der Annahme, grundsätzlich das Leistungsangebot auf die mittelständische Wirtschaft ausgerichtet zu haben, oder nur mit mittelständischen Unternehmen konfrontiert zu werden.

Abb. 23: Betriebsbesuche als Instrument der Bestandspflege

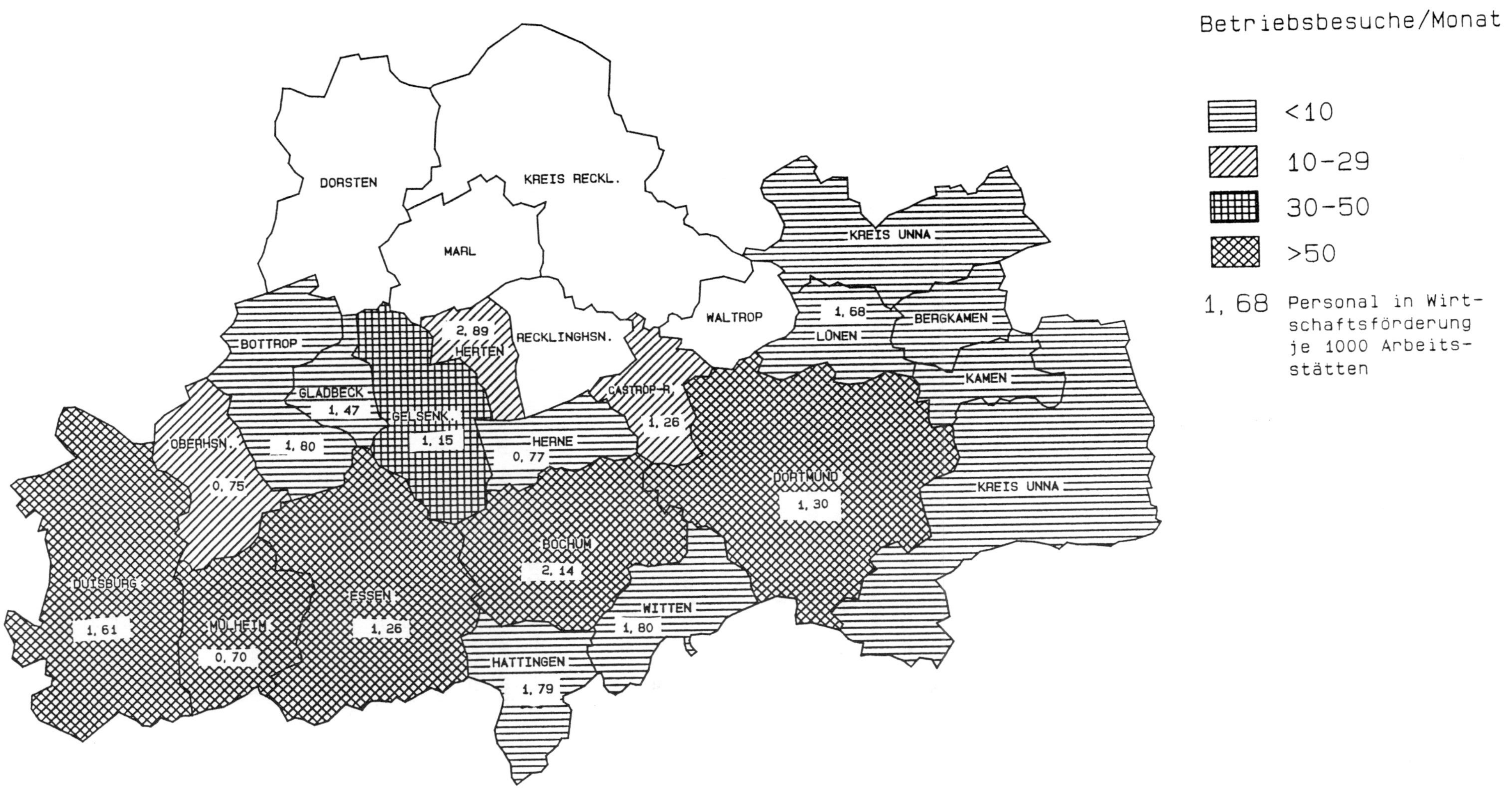

Betriebsbesuche/Monat

<10
10-29
30-50
>50

1,68 Personal in Wirtschaftsförderung je 1000 Arbeitsstätten

In Essen, Bochum und Gelsenkirchen wird die Lotsenfunktion der Wirtschaftsförderung als das zentrale Angebot an kleinere und mittlere Unternehmen angesehen. Die vier Städte Essen, Gelsenkirchen, Oberhausen und Hattingen messen hier der Finanz- und Technologieberatung große Bedeutung zu. Eine auf kleinere und mittlere Unternehmen zugeschnittene Standortberatung bringen die Städte Essen, Duisburg, Dorsten, Witten und Hattingen ein. Dabei werden sehr unterschiedliche Ansätze von Ortserkundungen, Gewerbegebietsgesprächen bis hin zu Immobilienbörsen und Bauanfrageberatung verfolgt. In Duisburg, Marl und Dorsten spielt die Organisation von Wirtschaftsgesprächen und Seminaren, also der Informationsaustausch, eine entscheidende Rolle. Er findet auch Berücksichtigung in der Vermittlung von Beratungsdienstleistungen, die in Duisburg, Marl und Bochum hervorgehoben wird. Mittels einer institutionalisierten Außenhandelsförderung, das heißt einer kommunal geförderten Einrichtung von Begegnungs- und Beratungsstätten für spezifische Exportregionen, geht Bochum einen im Ruhrgebiet bisher einmaligen Weg zur besonderen Unterstützung mittelständischer Unternehmen (Abb.24).

Bezüglich strukturpolitischer Impulse für die Etablierung einer besonderen Mittelstandsorientierung in der kommunalen Wirtschaftsförderung ergeben sich aus der Befragung interessante Hinweise. Mit der Ausnahme von Gladbeck nennen alle Kommunen mit einem überproportionalen Anteil an technologieintensiven Branchen des verarbeitenden Gewerbes besondere Leistungsangebote für die mittelständische Wirtschaft.[293] Dagegen ist der Anteil der Kommunen mit den höchsten Arbeitslosenquoten unterdurchschnittlich vertreten. Desweiteren konnten Hinweise auf Widerstände gegenüber einer spezifischen Mittelstandsorientierung gewonnen werden. In diesem Zusammenhang wurde in mehreren Fällen die Ablehnung von aus der Verwaltung hervorgegangen Konzepten durch die Legitimatoren erwähnt.

Die Analyse des bestandspflegeorientierten Leistungsangebotes bestätigt grundsätzlich HEUER bezüglich der Akzeptanz des zur Verfügung stehenden Instrumentariums. Grenzen werden allerdings durch die geringen hauswirtschaftlichen Handlungsspielräume und die personellen Bearbeitungskapazitäten gezogen, so daß in der Regel eine reaktive Konzeption vorherrscht.[294]

Erst die detaillierte Analyse des Beratungsangebotes und seine konzeptionelle Verankerung identifiziert erhebliche räumliche Unterschiede. Ein spezialisiertes Beratungsangebot, auch mit vorbeugendem Charakter z.B. im Rahmen einer Baurechtsberatung, können nur wenige Städte aufweisen. Spezialisierte Beratungsangebote konzentrieren sich auf die Oberzentren. Zumindest eine umfassende Finanzierungsberatung heben darüber hinaus die Städte Mülheim, Gelsenkirchen und Herne hervor. Ansätze einer Erfolgskontrolle bezüglich der Beratungsleistungen sind in Textdokumenten der Städte Essen, Bochum und Herne zu finden. Eine besondere Berücksichtigung des Mittelstandes beschränkt sich auf neun Kommunen des Ruhrgebietes.

---

[293] Vgl. Abgrenzung nach BURBERG ET.AL. in Kap.4.2.2
[294] Vgl. Heuer, H.: a.a.O., 1985, S.75ff.

Abb. 24: Besondere Leistungsangebote für "mittelständische Unternehmen"

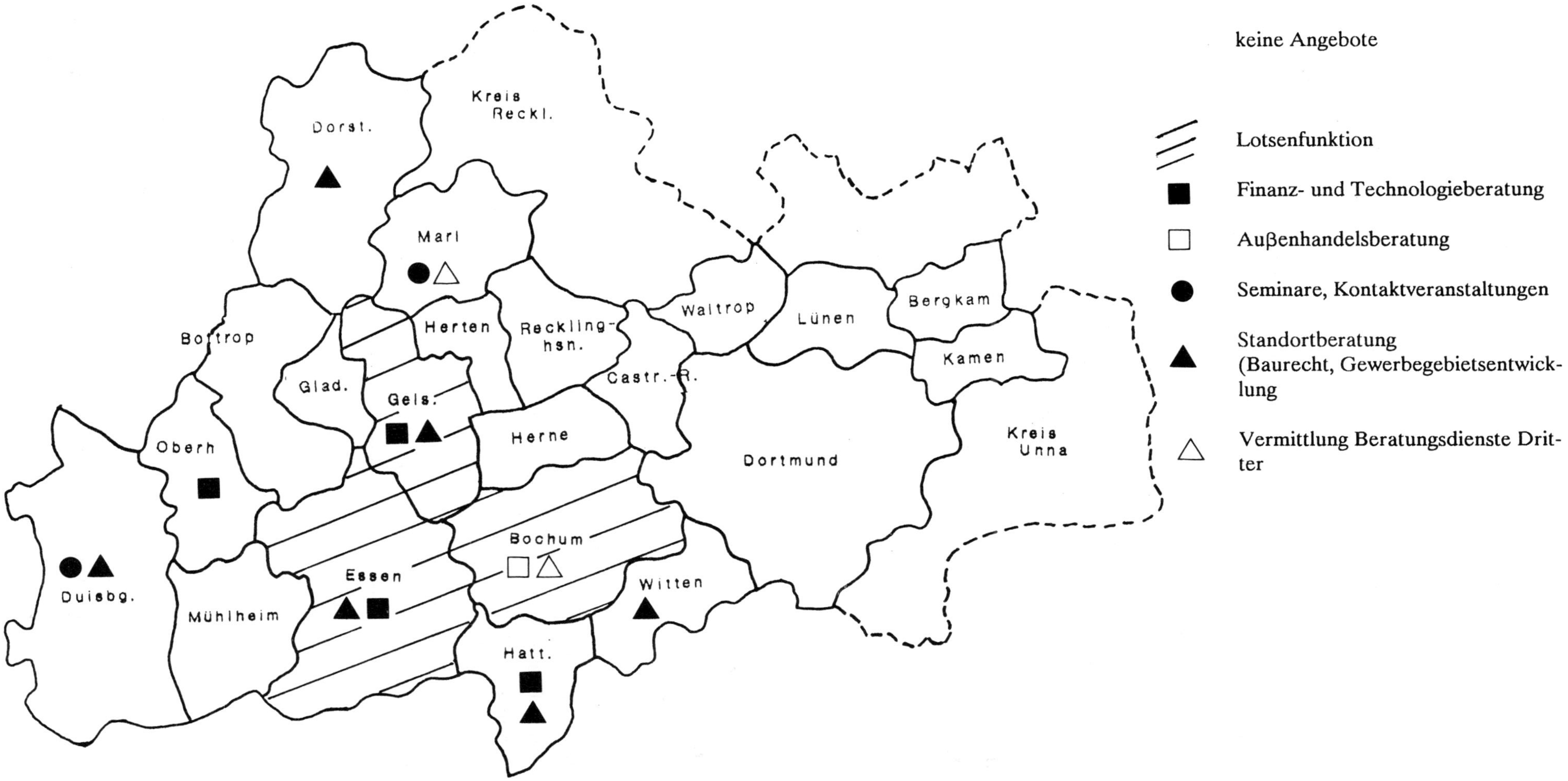

\\\	keine Angebote
■	Lotsenfunktion
□	Finanz- und Technologieberatung
●	Außenhandelsberatung
▲	Seminare, Kontaktveranstaltungen
△	Standortberatung (Baurecht, Gewerbegebietsentwicklung)
	Vermittlung Beratungsdienste Dritter

6.5 Arbeitsmarkt- und Beschäftigungspolitik

6.5.1 Zur Sicherung und Schaffung von Arbeitsplätzen als Aktivitätsnachweis der kommunalen Wirtschaftsförderung

Arbeitsmarkt- und beschäftigungspolitische Strategien werden vor allem vor dem Hintergrund von nachweisbaren Beschäftigungseffekten des aktuellen Verwaltungshandelns bewertet und entwickelt. Der Handlungsdruck resultiert aus der Funktion als Aktivitätsnachweis gegenüber der Öffentlichkeit und Legitimatoren. Die Wirtschaftsförderungsdienststellen der Städte Duisburg, Essen, Bochum, Dortmund Mülheim, Herne und Lünen haben im Verlaufe der letzten drei Jahre Zahlen zur Sicherung und Schaffung von Arbeitsplätzen veröffentlicht.

Tab.17: Schaffung und Sicherung von Arbeitsplätzen durch Unternehmensansiedlung und intrakommunale Verlagerungen in den Jahren 1988 und 1989

Stadt	Unternehmens-ansiedlungen	intrakommunale Verlagerungen	Summe	Anteil Ansiedl.(%)
Duisburg	1.130	3.150	4.280	26,4 %
Essen	1.500	7.500	9.000	20,0 %
Bochum	340	3.154	3.494	10,8 %
Dortmund[1]	929	2.400	3.329	27,9 %
Oberhausen[1]	418	k. Ang.		
Mülheim	219	909	1.128	24,1 %
Bottrop[1]	180	200[1]	380	47,4 %
Gelsenkirchen	330	k. Ang.		
Herne	450	345	795	56,5 %
Gladbeck	330	k. Ang.		
Marl[1]	250	k. Ang.		
Recklinghausen	1000	400	1400	71,1 %
Herten	400	100	500	80,0 %
Castrop-Rauxel	200	k. Ang.		
Waltrop	50	0	50	100,0 %
Witten	108	120	228	47,4 %
Hattingen	525	175	700	75,0 %
Lünen	610	870	1.480	70,0 %

[1] Angaben nur für 1989
(Quelle: eig. Erhebungen)

Aus der Befragung geht hervor, daß diese Daten verwaltungsintern durchaus skeptisch und zurückhaltend beurteilt werden, da man grundsätzlich von den Angaben der betroffenen Unternehmen abhängig ist. Insbesondere die Ermittlung "gesicherter Arbeitsplätze" aufgrund von flächenpolitischen Maßnahmen und weiteren Bestandspflegeaktivitäten bleibt problematisch. Die Frage nach der Sicherung und Schaffung von Arbeitsplätzen kann nur einen Einblick in die wirtschaftsräumliche Dynamik geben, doch sollte, da sie ein Element der Konzeptdiskussion innerhalb des Verwaltungshandelns ist, hier zitiert werden. Tab.17 differenziert soweit möglich zwischen Arbeitsplatzeffekten der Unternehmensansiedlung und intrakommunalen Verlagerungen in den Ruhrgebietsstädten im Verlaufe der Jahre 1988 und 1989.

Während in den Hellwegstädten intrakommunale Verlagerungen dominieren, profitieren Städte in der Ballungsrandzone eher von Ansiedlungen. In Herten und Lünen decken sich die offensiven ansiedlungspolitischen Konzeptionen mit der Struktur der Arbeitsplatzeffekte.[295] Bezüglich der Größenordnungen zeigen sich auch hier Ansätze einer disparitär verlaufenden Entwicklung. Dabei bewerten insbesondere drei Emscherstädte das Resultat der ansiedlungspolitischen Bemühungen als unbefriedigend.[296] Abnehmende bzw. im Vergleich geringe Ansiedlungspotentiale sowie eine überdurchschnittlich hohe Arbeitslosigkeit verstärken hier den Handlungsdruck in bezug auf die Erarbeitung kommunaler Arbeitsmarkt- und beschäftigungspolitischer Strategien. Die ausgewiesenen Arbeitsplatzeffekte lassen aber die Frage nach der Bedeutung ansiedlungsorientierter Konzepte im Rahmen der gewerbepolitischen Strategieentwicklung weiterhin offen.

6.5.2   Zur Implementation arbeitsmarkt- und beschäftigungspolitischer Ziele im Rahmen der kommunalen Wirtschaftsförderung

In den Ruhrgebietsstädten ist die Akzeptanz und Integration arbeitsmarktpolitischer Strategien im Rahmen der kommunalen Wirtschaftsförderung unterschiedlich ausgestaltet worden. In Bochum, Dortmund, Bottrop und Lünen dokumentiert sich mit dem Aufbau von Abteilungen und Stabsstellen für Beschäftigungsförderung eine vollständige Integration unter dem Dach der Wirtschaftsförderung. Arbeitsmarktpolitik im Sinne von direkter Beschäftigungsförderung mit der Schaffung von Beschäftigungsmöglichkeiten wird als eigentliche "strategische Komponente" kommunaler Wirtschaftsförderung aufgefaßt. Damit wird sie auch als ein "orginärer Bestandteil der Tätigkeit der Wirtschaftsförderung" eingeordnet.[297] Dabei wird von einem aktiven "Herantragen von Marktfeldern" gesprochen.[298] Kommunal initiierte Arbeitsmarktpolitik soll also Defizite marktwirtschaftlicher Entwicklung ausgleichen. Die vor allem bezüglich finanzieller Ressourcen dennoch begrenzten Möglichkeiten werden in Lünen wie folgt kommentiert:

"Angesichts begrenzter Finanzmittel und fortgesetzter Konsolidierungsbemühungen um den städtischen Haushalt stößt die Bereitschaft für eigene beschäftigungswirksame Ausgaben an Grenzen."[299]

In diesem Zusammenhang sei an die begrenzten Bearbeitungskapazitäten erinnert. Nur die beiden Oberzentren Bochum und Dortmund sind in der Lage fünf und mehr Mitarbeiter für die Arbeitsmarktpolitik abzustellen. In Duisburg, Essen, Oberhausen, Mülheim, Dorsten, Castrop-Rauxel und Hattingen wird eine nicht im Rahmen der Wirtschaftsförderung koordinierte Arbeitsmarktpolitik aktiv begleitet. Hier steht die Funktion als "ergänzende Strategie" im Vordergrund. In Oberhausen wird eine aktive Arbeitsmarktpolitik als kurz- bis mittelfristiges Instrument zur Reduzierung des durch Arbeitslosigkeit verursachten sozialen Problemdrucks

---

[295] Vgl. Stadt Lünen 1987, S.39f; Stadt Herten (Hrsg) 1987, S.15f.
[296] Kommentierung im Rahmen der Befragung.
[297] Vgl. Stadt Dortmund, 1990, S.40.
[298] Vgl. Stadt Bottrop (Hrsg.), 1988, S.9f.
[299] Stadt Lünen, 1987, S.71.

hingewiesen. Auf "zahlreiche Anstrengungen" weist das Wirtschaftsförderungskonzept der Stadt Mülheim hin und stellt die "Abstimmung auf lokaler Ebene" in den Vordergrund.[300]

Die Befragung eröffnete unter den Kommunen mit einer nur partiellen Integration arbeitsmarktpolitischer Maßnahmen in die Wirtschaftsförderung Hinweise auf Interessen- und Entscheidungskonflikte zwischen den verwaltungsorientierten Akteuren und den Legitimatoren. Zumeist wurden arbeitsmarktpolitische Interventionen von Kommunalparlamenten und Stadtbezirksvertretungen eingefordert. Zu solchen Forderungen gehört auch die Einrichtung von kommunalen Beschäftigungsgesellschaften, die unter Beteiligung weiterer Träger öffentlicher Belange und der Wirtschaft arbeitsmarktpolitische Aktivitäten koordinieren sollen. Die kommunale Wirtschaftsförderung tritt dann als "Vermittler" und Lieferant von Informationen auf. In Essen wird ausdrücklich darauf hingewiesen, daß aus der Perspektive der kommunalen Wirtschaftsförderung die Beratung marktwirtschaftlich orientierter Beschäftigungsinitiativen im Vordergrund zu stehen hat. In den bisher nicht genannten Kommunen ist eine wirtschaftsförderungsorientierte Implementation der Arbeitsmarktpolitik noch nicht angedacht worden. Die Beratung von Beschäftigungsinitiativen erfolgt im Bedarfsfall im Rahmen der allgemeinen Beratungsaktivitäten. Eine zielgruppenorientierte Ansprache findet hier aber nicht statt. In Herne wird ausdrücklich auf eine Nichtzuständigkeit der Wirtschaftsförderung hingewiesen und wie in Marl und Witten wird dieses Politikfeld innerhalb von Textdokumenten nicht angesprochen.

Arbeitslosigkeit und die schwierige kommunale Haushaltslage werden als Argumente für eine besondere Implementation der Arbeitsmarktpolitik herangezogen. Dennoch läßt sich ein direkter Zusammenhang zwischen Höhe der Arbeitslosigkeit und wirtschaftsförderungsorientierter Implementation der Arbeitsmarktpolitik nicht nachweisen. Gelsenkirchen verzichtet trotz höchster Arbeitslosenquoten auf eine Arbeitsmarktpolitik innerhalb der Wirtschaftsförderung. Die Gestaltung kommunaler Arbeitsmarktpolitik scheint eher einer subjektiven Problemwahrnehmung durch die Legitimatoren zu unterliegen, die auch durch politökonomische Verhaltensmuster beeinflußt werden.[301]

Beschäftigungspolitische Ziele[302] werden in fast allen Ruhrgebietsstädten im Rahmen der Handlungsspielräume des traditionellen Instrumentariums implementiert. Im Vordergrund stehen Sicherung und Ausbau von Infrastrukturen und die qualitätsorientierte Entwicklung von Standorten. Die analysierten Textdokumente der Städte Duisburg, Essen und Gelsenkirchen nehmen ausführlich Stellung zur Förderung von Aus- und Weiterbildungseinrichtungen zur Sicherung der beruflichen Qualifikationsniveaus.

Technologie- und Innovationspolitik werden in den Ruhrgebietsstädten als langfristig angelegte Beschäftigungspolitik vor allem im Rahmen einer von der Wirtschaftsförderung koordinierten Standortentwicklung umgesetzt und durch Beratungsangebote akkommodiert. Sie wird im Rahmen der strategieorientierten wirtschaftspolitischen Diskussion von den meisten der hier analysierten, Textdokumente aufgegriffen. Die Argumentation stützt sich dabei auf die Förderung örtlicher

---

[300] Stadt Mülheim (Ruhr), 1988.
[301] Hinweise ergeben sich aus der Befragung. Zur politökonomischen Theoriebildung der Wahlstimmenmaximierung siehe Frey, B.: Moderne politische Ökonomie. München 1977.
[302] Beschäftigunspolitik ist hier im Sinne von HEINELT zu verstehen. Vgl. Heinelt 1989, S.87.

("endogener") Entwicklungspotentiale.[303] Tatsache ist, daß zumindest die Universitäten und angesiedelten Großforschungseinrichtungen Impulse für eine zielgruppenorientierte Innovationsförderung vorgeben können.[304]

Tab.18: Zur Bedeutung der arbeitsmarkt- und beschäftigungspolitischen Strategiediskussion in den Textdokumenten

Stadt	Seiten insgesamt	%- Anteile am Gesamtumfang	
		Arbeitsmarkt-/ Beschäftigungspolitik	Technologiepolitk
Duisburg	184	18 %	11 %
Essen	105	2 %	13 %
Bochum	210	3 %	11 %
Dortmund	49	8 %	12 %
Oberhausen	9	17 %	14 %
Mülheim	21	17 %	5 %
Bottrop	43	19 %	9 %
Gelsenkirchen	23	11 %	4 %
Herne	23	0 %	28 %
Marl	10	0 %	52 %
Herten	30	3 %	13 %
Hattingen	15	10 %	7 %
Witten	17	0 %	3 %
Lünen	69	10 %	10 %

(Quelle: eig. Berechnungen nach vorliegenden Textdokumenten)

Tab.18 spiegelt die Bedeutung der arbeitsmarkt- und beschäftigungspolitischen Strategiediskussion innerhalb der Textdokumente wider. Sie dokumentiert auch, wo eine wirtschaftsförderungsorientierte Implementation der Arbeitsmarkt- und Beschäftigungspolitik stärker in den Vordergrund tritt. Während in Duisburg und Gelsenkirchen beschäftigungspolitische Aktivitäten im Vordergrund stehen, wird in Bottrop, Mülheim und Oberhausen primär auf das arbeitsmarktpolitische Maßnahmenfeld abgehoben.

---

[303] Es sei hier nochmals auf die Problematik des theoretischen Ansatzes der "endogenen Entwicklungspotentiale verwiesen. Vgl. Strassert 1984, Hartke 1985. Siehe auch Kap. 3.4.3.

[304] OAKEY spricht in diesem Zusammenhang von der "regionalen Nutzung und Bindung innovativer Potentiale" und rückt damit die Verknüpfung von lokaler Innovationsfähigkeit und wirtschaftsräumlichen Austauschbeziehungen in den Vordergrund. In diesem Sinne sind die Universitäten im Ruhrgebiet ein Angebot zum Ausbau innovationsorientierter Wirtschaftsstrukturen, die aber exogener Entwicklungsimpulse bedürfen. Vgl. Oakey, R. P.: Innovation and Regional Growth in Small High Technology Firms: Evidence from Britain and the USA. In: Reg. Stud., 18, 1984, S.238.

6.5.3 Direkte Beschäftigungsförderung

Die Struktur der arbeitsmarktpolitischen Maßnahmen spiegelt die Integration der Arbeitsmarktpolitik in den Kontext der Wirtschaftsförderung wider.

Die Städte Herne, Gelsenkirchen und Waltrop verzichten grundsätzlich auf den Einsatz arbeitsmarktpolitischen Instrumentariums. Sie berücksichtigen Beschäftigungsinitiativen auch nicht im Zusammenhang mit den Beratungsangeboten. Daten zur Förderung und Organisation von Beschäftigungsinitiativen liegen hier nicht vor.

Tab.19: Arbeitsmarktpolitische Maßnahmen in den Ruhrgebietsstädten

Maßnahme	Anzahl der Nennungen
keine arbeitsmarktpolitischen Maßnahmen:	3
Förderung von Beschäftigungsinitiativen:	14
- Bereitstellung von Räumlichkeiten:	10
- Vermittlung von Fördermitteln:	11
- Kommunale Fördermittel:	6
Konzept für Beschäftigungsinitiativen:	2
Gründung Beschäftigungsgesellschaft:	2
Projektierung AB-Maßnahmen:	10
Koordination mit Arbeitsverwaltung:	5
Qualifizierung Arbeitsloser mittels VHS:	5
Aufbau von Beratungskapazitäten:	2
Unterstützung, Förderung von Aus- und Weiterbildungseinrichtungen;	5
Existenzgründungsförderung:	2

(Quelle: eig. Erhebungen)

14 Ruhrgebietsstädte verweisen auf eine "Förderung von Beschäftigungsinitiativen (Tab.19). Dabei stehen die weniger kostenwirksamen Beratungsdienstleistungen der Vermittlung von staatlichen Förderprogrammen sowie die Vermittlung und Bereitstellung von Räumlichkeiten im Vordergrund.

Daten zur regionalen Verteilung von Fördermitteln der direkten Beschäftigungsförderung liegen nicht vor. Die fünf Städte Essen, Bochum, Dortmund, Dorsten und Castrop-Rauxel sowie die WFG des Kreises Unna haben kommunale Fonds zur Förderung der Beschäftigungsförderung aufgelegt. In Bochum und Dortmund wird in diesem Zusammenhang auf eine Koppelung mit dem Landeskreditprogramm der West LB verwiesen.

Die Städte Lünen und Bottrop haben Konzepte zur Förderung von Beschäftigungsinitiativen erarbeiten lassen. Dabei wird auch eine Konzentration auf spezifische Zielgruppen diskutiert. Die

Textdokumente der Städte Dortmund, Bottrop und Lünen greifen hier vor allem Beschäftigungsfelder im Umweltschutzbereich auf. Eine umfassende strukturpolitische Einordnung der Beschäftigungspolitik wird in Bottrop geleistet. Hier wird auch auf Effizienzkriterien und Grenzen einer Subventionierung abgehoben.[305]

Tab.20: Zu Beschäftigung und Arbeitsmarkteffekten der von der kommunalen Wirtschaftsförderung betreuten Beschäftigungsinitiativen

Stadt	Anzahl Initiativen	Arbeitsplätze	Arbeitsplätze pro Initiative	Entlastungsquote (%)	Arbeitslosenquote (%)
Essen	k. Ang.	k. Ang.			13,0 %
Bochum	69	183	2,6	0,98 %	11,6 %
Dortmund	316	645	2,0	2,02 %	13,0 %
Oberhausen	1	70	70,0	0,65 %	11,6 %
Bottrop	6	120	20,0	2,18 %	11,8 %
Gladbeck	k. Ang.	k. Ang.			13,4 %
Dorsten	2	70	35,0	k. Ang.	10,2 %
Marl	2	50	25,0	k. Ang.	9,9 %
Recklinghsn.	2	8	4,0	0,10 %	10,0 %
Herten	k. Ang.	k. Ang.			11,7 %
Castrop-Rauxel	2	27	13,5	0,70 %	11,9 %
Hattingen	10	40	4,0 %	1,29 %	13,2 %
Lünen	2	130	65,0	2,28 %	13,0 %
WFG Unna	2	100	50,0		

Anm.:

$$\textit{Entlastungsquote (\%)} = \frac{\text{Beschäftigte in BI}}{(\text{Arbeitslose + Beschäftigte BI})}$$

(Quelle: eig. Erhebungen)

Tab.20 erfaßt, ausgehend von Befragungsergebnissen, Arbeitsmarkteffekte und Größenstruktur von Beschäftigungsinitiativen. Die Daten aus 14 Städten verdeutlichen erhebliche Unterschiede in der Zahl geförderter Initiativen und ihrer Größenstruktur. Die "*Entlastungsquote*" versucht, die konkreten Arbeitsmarkteffekte in bezug auf die lokale Arbeitslosigkeit zu relativieren. Sie berechnet sich als Anteil der Beschäftigung in Beschäftigungsinitiativen (BI) an einer fiktiven Arbeitslosenzahl, die davon ausgeht, daß die jetzt Beschäftigten in Beschäftigungsinitiativen zusätzliche Arbeitslose darstellen würden. Die höchsten Arbeitsmarktentlastungseffekte zeigen sich mit Dortmund, Bottrop und Lünen, also dort wo Beschäftigungsförderung als Bestandteil einer kommunalen Wirtschaftspolitik integriert wurde bzw. als neue Strategie der Wirtschaftsförderung aktiv implementiert wird. Eine Entlastungsquote von maximal 2 % bis 3 % macht aber auch deutlich, daß

---

[305] Vgl. GEWOS (Hrsg.): Beschäftigungsförderung in Bottrop. Bochum 1990.

kommunale Beschäftigungsförderung nur ein zusätzliches Instrument zur staatlicher Arbeitsmarktpolitik darstellen kann. Inwiefern die mit kommunaler Arbeitsmarktpolitik zu erzielenden Effekte eine besondere kommunale Investitionstätigkeit rechtfertigen, bleibt der politischen Bewertung überlassen. Sie kommt in den bereits dargestellten grundsätzlichen Positionen zur kommunalen Arbeitsmarktpolitik ansatzweise zum Ausdruck.

Tab.21 gibt Auskunft über die Städte mit kommunalen Finanzhilfen für Beschäftigungsinitiativen. Es handelt sich hier um Kommunen, die 1988 mit Arbeitslosenquoten von über 14 % konfrontiert waren. Mit Dortmund und Castrop-Rauxel sind die Städte mit der zweit- bzw. dritthöchsten Arbeitslosenquote im Ruhrgebiet vertreten.

Tab.21: Kommunale Finanzhilfen für Beschäftigungsinitiativen (durchschnittliche jährliche Förderung 1988/89)

Stadt	Anzahl der Initiativen	Arbeitsplätze	kom. Förderung in in TDM	Arbeitslosenquote (%)	Ant. Langzeit arbeitslose (%)
Essen	k. Ang.	k. Ang.	140	15,7 %	54,0 %
Bochum	69	183	2000[1]	16,3 %	41,0 %
Dortmund	316	645	3020[1]	18,2 %	42,1 %
Dorsten	2	70	350	14,0 %	k. Ang.
Castrop-Rauxel	2	27	300	17,0 %	33,6 %
WFG Unna	2	100	k. Ang.		

[1] incl. Mittel des West LB-Kreditprogrammes zur Förderung von Beschäftigungsinitiativen
(Quelle: eig. Erhebungen)

Zehn Kommunen setzen die Projektierung von AB-Maßnahmen als Wirtschaftsförderungsinstrument ein (Tab.19). Im Vordergrund steht die Beratungshilfe für Beschäftigungsinitiativen. Daneben werden ABM-Stellen auch für Aufgaben innerhalb der Verwaltung projektiert. Diese Angaben aus der Befragung sollten jedoch nicht überschätzt werden. Im Rahmen der Textdokumentanalyse verweisen jeweils nur vier Städte auf den Einsatz von AB-Maßnahmen (Bochum, Dortmund, Bottrop, Lünen) und BSHG-Mitteln (Dortmund, Mülheim, Bottrop, Lünen). Im Rahmen der Befragung äußern sich nur die fünf Städte Dortmund, Dorsten, Marl, Herten und Lünen zu einer Kooperation mit der Arbeitsverwaltung (Tab.19). Es sind auch die Kommunen, welche weitere arbeitsmarktpolitische Maßnahmen wie die Qualifikation Arbeitsloser im Rahmen von VHS-Programmen oder eine an den Problemen der Arbeitslosigkeit orientierte Existenzgründungsberatung anbieten. Die Förderung von Aus- und Weiterbildungseinrichtungen nennen fünf Kommunen im Rahmen der Befragung und wird in acht Städten innerhalb der Textdokumente diskutiert. Hier sind auch Kommunen beteiligt, die kommunale Arbeitsmarktpolitik nicht an die Wirtschaftsförderung gekoppelt haben. Duisburg, Essen und Gelsenkirchen seien als Beispiele genannt. Es handelt sich hier auch primär um ein beschäftigungspolitisches Instrumentarium, das sich am Ausbau der Infrastruktur orientiert.

Die insgesamt nur gering ausgeprägte Kooperation kommunalpolitischer Maßnahmen mit der Arbeitsverwaltung weist zumindest auf konzeptionelle Defizite in diesem Politikbereich hin. Auch innerhalb der Kommunalverwaltungen sind Koordinierungsmechanismen schwach entwickelt.

6.5.4 Technologieorientierte Standortgemeinschaften - Ansätze kommunaler Technologieförderung

Technologieorientierte Standortgemeinschaften stehen als infrastrukturorientierte Maßnahmen im Zentrum einer kommunalen Technologiepolitik. Der in den siebziger Jahren landespolitisch forcierte Auf- und Ausbau der Hochschulen im Ruhrgebiet hat hier die entscheidenden Impulse gegeben. Ihre strukturpolitische Bedeutung für kommunale Wirtschaftsförderungsstrategien ist aber erst in den achtziger Jahren erkannt worden.

Bis Mitte 1990 sind im Ruhrgebiet sechs technologieorientierte Standortgemeinschaften mit Beteiligung der kommunalen Wirtschaftsförderung an der Projektentwicklung errichtet worden (Tab.29). Die strukturpolitische und strategische Funktion der technologieorientierten Standortgemeinschaften im Kontext der kommunalen Wirtschaftsförderung im Ruhrgebiet soll ausgehend von einer genetischen und ansatzweise typologischen Betrachtungsweise erschlossen werden:

1985 wurde das Technologiezentrum Dortmund als erste technologieorientierte Standortgemeinschaft im Ruhrgebiet eröffnet. Es ist bis heute Bindeglied einer umfassenden kommunalen technologiepolitischen Wirtschaftsförderungskonzeption. Im Vordergrund stand dabei zunächst das Bemühen, überregionale F&E-Einrichtungen in Dortmund anzusiedeln und Existenzgründungen aus den Forschungsinstituten der Universität zu fördern. Diese Politik wurde und wird mit einem Ausbau der Technologietransferangebote begleitet. Bei der Errichtung des Technologiezentrums wurde von Beginn an auf eine herausragende Qualität der zentralen Dienstleistungen geachtet. Im Mittelpunkt der Konzeption standen als strukturpolitische, zielgruppenorientierte Impulse die Forschungsschwerpunkte der Universität. HENNINGS hebt die Hinwendung zum F&E-Potential der Universität als wichtigstes Signal der innovationsorientierten Regionalpolitik hervor und beschreibt als Fazit:

"Die Universität hat sich dadurch (Technologiezentrum; Anm. d. Verf.) zu einer voll akzeptierten Institution entwickeln" können. Fehler einer vornehmlich quantitätsorientierten Hochschulpolitik wurden dabei korrigiert".[306]

DREHER bewertet im Zusammenhang mit den Ansiedlungserfolgen im Technologiezentrum Dortmund drei entscheidende wirtschaftsstrukturelle und psychologische Effekte, die zu dessen regionaler Vorbildfunktion beigetragen haben:[307]

---

306 Vgl. Hennings, G.: a.a.O., 1988, S.43ff.
307 Dreher, B.: Technologiezentrum und Technologiepark Dortmund.-Thesen. In: ILS (Hrsg.): Innovation in alten Industriegebieten. Dortmund 1988, S.120f.

a) Der *Klimaeffekt* besteht im Erzeugen einer Aufbruchstimmung in Forschung, Wissenschaft und Wirtschaft. Er trägt die Imagewirkung des Technologiezentrums für die gesamten Wirtschaftsförderungsaktivitäten der Stadt.

b) Der positive *Beschäftigungseffekt* ist quantitativ langfristig, qualitativ aber bereits kurzfristig wirksam. In Dortmund konnten im Verlaufe der ersten fünf Jahre 400 Arbeitsplätze für qualifizierte Mitarbeiter in 50, vornehmlich mittelständischen, Unternehmen geschaffen werden.

c) Der *Sogeffekt* beschreibt die anhaltende Nachfrage nach Ansiedlungsmöglichkeiten und das Auftreten von "spin-off"-Ausgründungen aus der Universität.

In Duisburg wurde das Konzept der kommunalen Technologiepolitik aufgegriffen. In gleicher Weise wurde hier die Ansiedlung von F&E-Einrichtungen verfolgt und als Instrument der Ansiedlungspolitik und Existenzgründungsförderung 1987 ein universtätsorientiertes Technologiezentrum eröffnet.

Es folgte die Errichtung von vier weiteren, im Ansatz technologieorientierten Standortgemeinschaften in den Städten Essen, Marl, Gelsenkirchen und Herne. Ihre strukturpolitische Zielsetzung liegen vornehmlich in der Ansiedlung von technologieorientierten Unternehmen und der Schaffung von Voraussetzungen für eine verbesserte Förderung des Technologietransfers. Es handelt sich hierbei um Klein-Technologiezentren, Technologiezellen und Gründerzentren. Während in Essen nach dem Muster der Technologiezentren eine Anbindung an die Universität vorliegt, orientiert sich das Klein-Technologiezentrum Marl auf die Funktion als Chemie-Standort. In Gelsenkirchen und Herne steht das Standortangebot an sich im Vordergrund. In bezug auf Ansiedlungsstrategien erfolgt zwar eine intensivere Prüfung der Kandidaten, die sich aber primär an einer Negativliste orientiert und somit nur einen sehr allgemeinen strukturpolitischen Rahmen vorgibt.[308]

Im Juni 1990 beherbergten die sechs technologieorientierten Standortgemeinschaften insgesamt 148 Unternehmen mit 1.310 Beschäftigten (Tab.14). Bezüglich der Standortsituationen steht die Nutzung von Brachflächen im Vordergrund. Fünf Standorte sind durch ausreichende Erweiterungsflächen, vier durch moderne Kommunikationsinfrastrukturen gekennzeichnet.

Vor allem der nachweisbare Erfolg des Technologiezentrums Dortmund haben zur Planung bzw. Projektierung von 15 weiteren technologieorientierten Standortgemeinschaften geführt (Tab.23).

---

[308] Die WFG Herne hat Ablehnungsfälle zur Ansiedlung im Gründerzentrum in ihrem Jahresbericht dokumentiert. Siehe Wirtschaftsförderungsgesellschaft Herne mbH: Geschäftsbericht 1988. Herne 1989, S.21.

Tab.22: Realisierte technologieorientierte Standortgemeinschaften im Ruhrgebiet (Stand: Juli 1990)

Stadt	Typ	Anz. Be-triebe	Arbeits-plätze	Anmerkungen (Zielgruppen)
Duisburg	TZ	20	200	Mikroelektronik, Umwelttechnik Kooperat. Uni u. Fraunhofer-Inst.
Essen	KTZ	48	400	innovative Unternehmen
Dortmund	TZ	40	460	Systemtechnik, Robotik, Logistiksysteme; Anbindung an Uni Dortmund Bereich Medizintechnik
Gelsenkirchen	KTZ	10	150	schwache Negativselektion
Herne	GZ	18	50	Einzelfallbearb., Negativselektion
Marl	KTZ	12	50	Chemie-Forschung, Meßtechnik; Kooperation mit der Hüls AG

TZ   Technologiezentrum
KTZ   Klein-Technologiezentrum
GZ   Gründerzentrum
(Quelle: eig. Erhebungen)

Neben dem Ausbau vorhandener Einrichtungen sowie die Planung von Gründerzentren rücken dabei sehr spezialisierte Standortkonzentrationen mit Unternehmen aus dem Bereich der umwelttechnologischen Forschung und Anwendung ins Blickfeld (siehe Kapitel 6.3.3.2). Diese auch städtebaulichen Musterprojekte orientieren sich an den programmatischen Vorgaben der ZIM/ZIN-Förderung und werden gleichzeitig als strategische Modellvorhaben der IBA Emscherpark herausgestellt. Es deutet sich hier in bezug auf Konzeption und Ausführung eine erhebliche Fremdbestimmung an. Sie dokumentiert sich z. B. im Jahresbericht der Essener Wirtschaftsförderung mit der Feststellung, daß "die Landesregierung zukünftig vorrangig eine neue Form der Gewerbeparks fördern will"[309]. Als weitere Projektbeispiele seien das Entsorgungszentrum Duisburg und das Projekt "Ökologischer Gewerbepark" in Bottrop genannt.

GRABOW und HILPERT schätzen die Zahl der als "innovationsfördernd deklarierten Projekte" bundesweit auf 700. Die ca. 140 geplanten Technologie- und Gründerzentren böten ein Angebot für 1000 Unternehmen.[310]

---

[309] Stadt Essen 1989, S.29, 104.
[310] Vgl. Hilpert, U.: a.a.O., 1989, S.564ff.; Grabow, B.:Technologie- und Innovationsförderung auf lokaler Ebene: Erste Auswertungen einer empirischen Befragung. In: Schuchardt, W.; Hack, L.; Naschold; F.: Technikgestaltung in der Stadt- und Regionalentwicklung. Dortmund 1989, S.99f.

Tab.23: Technologieorientierte Standortgemeinschaften (projektiert oder in Planung)

Stadt	Vorhaben
Duisburg	*Technologiepark*: Mittelständische Unternehmen aus dem Technologiebereich; Aufnahme von Auslagerungen aus dem Technologiezentrum *Entsorgungszentrum Duisburg*: Pilotanlage zur Klärschlammverbrennung; Ansiedlung von forschungsorientierten Unternehmen
Essen	*Wissenschaftspark in Verbindung mit Fraunhofer Institut:* Unternehmen mit umwelttechnologischer Forschung; Ausnutzen universitärer "spin-offs"
Bochum	*Technologiezentrum:* Beherbergung von acht Technologiebereichen Bochumer Universitätsinstitute; Existenzgründungsförderung *Umwelttechnologiepark*: Bodensanierungszentrum und angewandte Umwelttechnologien; Pilotprojekt einer Brachensanierung
Dortmund	*Ausbau Technologiepark:* Ansiedlung F&E-Unternehmen, bevorzugt Mittelstand mit Ausrichtung auf Forschungszweige des TZ Dortmund
Bottrop	*Gründerzentrum/anspruchsvoller Gewerbepark:* produktionsorientierte Dienstleistungen, DV-Bereich
Gelsenkirchen	*Ausbau der Technologiezelle zum Technologiezentrum:* Ansiedlung von Existenzgründern; Universitätskooperation erwünscht *Wissenschaftspark Rheinelbe:* Glastechnologie, Energieeinsparungstechnologie; Kooperationsverträge mit Instituten der Universität Bochum
Herne	*Anwenderzentrum als Ergänzung zum Gründerzentrum:* Standortgemeinschaft für innovative Jungunternehmer; Kooperation mit Hochschulen angestrebt *Medientechnologiezentrum:* Standortgemeinschaft für Betriebe aus dem Medienbereich
Marl	*Ausbau Technologiezentrum:* Chemie-Forschung und Meßtechnik

Tab.23: Technologieorientierte Standortgemeinschaften (projektiert oder in Planung) (Forts.)

Stadt	Vorhaben
Herten	*Umwandlung eines Gewerbehofes in ein Technologiezentrum:* Unternehmen aus dem DV-Bereich; Software-Entwickler
Castrop-Rauxel	*Technologiezentrum "Medical":* Standortgemeinschaft medizintechnisch orientierter Unternehmen in Verbindung mit Dialyse-Zentrum
Lünen	*Technologieorientiertes Gründerzentrum:* dezentrale Technologieförderung; max. 1 ha; Recyclingtechnologien in Zusammenhang mit Automatisierungssystemen

(Quelle: eig. Erhebungen; Befragung und Dokumentauswertung)

Angesichts des geringen Ansiedlungspotentials und der bereits 1984 festgestellten erheblichen Auslastungsprobleme von Technologiezentren kann ein Überangebot schließlich zu einer unerwünschten, aber kaum zu vermeidenden Reduzierung der Ansiedlungsbeschränkungen führen[311]. STAUDT geht davon aus, daß bei diesen Entwicklungstrends die Beschäftigungseffekte begrenzt bleiben müssen[312]. Hinweise hierfür lassen sich bereits in Textdokumenten der Ruhrgebietsstädte finden:

"Industrie- und Gewerbeparks sind großflächige betriebliche Standortgemeinschaften, die der gemeinsamen Unterbringung mehrerer selbständiger Betriebe dienen. Eine besondere Standortqualität der Parks soll neue Gewerbeunternehmen nicht nur des High-Tech-Bereiches, sondern auch des zumeist arbeitsintensiveren Low-Tech-Bereiches anziehen."[313]

Das Wirtschaftsförderungskonzept Herten läßt hier Handlungsdruck seitens der Legitimatoren erkennen. Obwohl die Chancen zur Ansiedlung von technologieorientierten Unternehmen in Herten eher skeptisch beurteilt werden, zeigt sich gleichzeitig eine Tendenz zu aktionistischem Verhalten:

"Das heißt jedoch nicht, daß keine Bemühungen in dieser Richtung unternommen werden sollten. Jedes technologie- bzw. innovationsorientierte Unternehmen sollte intensiv umworben werden."

In Gelsenkirchen wird eine Anpassung der projektbezogenen Ansiedlungsbedingungen am Beispiel des IBA-Projektes "Wissenschaftspark Rheinelbe" (Tab.30) problematisiert:

"Der Erfolg des Projektes hängt entscheidend davon ab, ob es gelingt, dem hohen Qualitätsanspruch an einen "Wissenschaftspark" gerecht zu werden."

---

[311] SCHRUMPF schätzt für das Jahr 1984 für realisierte Technologie- und Gründerzentren eine Auslastungsquote von 30-50 %. Vgl. Schrumpf, H.: Technologieparks als Instrument der kommunalen Wirtschaftsförderung. Bochum 1984, S.102.

[312] Vgl. Staudt, E.: Ausnahmefälle bewirken keinen Strukturwandel. In: Wirtschaftswoche, Nr.23 v. 31.05.1985, S.60. Siehe auch BMWI (Hrsg): Technologieparks in der Bundesrepublik Deutschland. Bonn 1985, S.15.

[313] Stadt Bottrop 1988, S.23.

Die Suche nach "sinnvollen Alternativen zu sogenannten high-tech-Parks", wie im Oberhausener Wirtschaftsförderungskonzept eingefordert wird, weist ebenfalls auf diese Problematk hin. Textdokumente aus Mülheim, Witten und Lünen diskutieren Subventionsbedarf und Beschäftigungseffekte technologieorientierter Standortgemeinschaften. Sie heben damit auf die grundsätzliche Bewertung der Raumwirksamkeit von Technologie- und Gründerzentren ab. STERNBERG hat ermittelt, daß über 80 % der Unternehmen in Technologie- und Gründerzentren sich auch ohne diese technologieorientierte Standortgemeinschaft in der jeweiligen Region angesiedelt hätten. Der entscheidende Vorteil von Technologiezentren liegt also primär in der Nutzung synergetischer Effekte.[314] SEGAL ET.AL. beschreiben als unternehmerisches Ziel von Unternehmen in Technologiezentren an Universitätsstandorten das Erkennen und Ausnützen von Marktlücken mittels synergetischer Effekte und das Streben nach allmählicher wirtschaftlicher Unabhängigkeit.[315] Die Verknüpfung von technologieorientierten Standortgemeinschaften und Forschungseinrichtungen tragen insbesondere zu einer Beschleunigung des Informationstransfers bei.[316] Allerdings liegen keine eindeutigen empirischen Ergebnisse zu den Kopplungseffekten zwischen Universität, technologieorientierten Existenzgründungen und hierdurch motivierten weiteren Unternehmensansiedlungen vor. KRIST verweist im Gegensatz zu STERNBERG auf relativ geringe Anteile örtlicher "spin-offs" an den Unternehmen in technologieorientierten Standortgemeinschaften. Einen überdurchschnittlichen Anteil junger Unternehmen in technologieorientierten Standortgemeinschaften und damit eine Signalwirkung für Ansätze eines Strukturwandel bestätigen dennoch SUNMAN und LOWE.[317] 85 % der Unternehmen beschäftigen zwischen zwei und neun Mitarbeiter, wobei Teamgründungen sich letztendlich bezüglich ihrer Überlebensfähigkeit als erfolgreicher erweisen.[318] FIEGE hebt mit Blick auf die Situation im Ruhrgebiet auf die besseren Entwicklungschancen für technologieorientierte Standortgemeinschaften an Universitätsstandorten ab. Das dort gebundene Forschungspotential setzt wichtige Impulse für eine Zielgruppenorientierung und die Etablierung von "spin-off"-Effekten. Damit scheint sich für das Ruhrgebiet STERNBERGs Analyse zu bestätigen.

Im Rahmen der Textdokumentanalyse fallen die Universitätsstandorte durch eine grundsätzlich optimistische Bewertung technologiepolitischer Maßnahmen auf. Im Vordergrund steht sowohl in Dortmund, als auch in Duisburg, Bochum und Essen eine zielgruppenorientierte Beschreibung der Projektvorhaben mittels einer Festlegung von Ansiedlungskriterien. Sie werden durch das örtliche Forschungsangebot abgegrenzt.Ausführlich Stellung beziehen hier außerdem die Städte Herne und Marl, die bereits technologieorientierte Standortgemeinschaften etabliert haben (siehe auch Tab.22 , S.137). Beschäftigungs- und Struktureffekte einer kommunalen Technologiepolitik sind entscheidend von einer lokalen Präsenz universitärer und anderer überregionaler Forschungseinrichtungen abhängig. Diese wirtschaftsstrukturellen Kriterien werden aber innerhalb der kommunalpolitischen

---

[314] Vgl. Sternberg, R. 1988, S.157ff.
[315] SEGAL, QUINCE & PARTNERS beziehen sich auf eine genetische und am Unternehmerverhalten orientierte Analyse technologieorientierter Unternehmen im Einzugsbereich der Cambridge University. Vgl. Segal, N.S.; Quince, R.E. & Partners: The Cambridge Phenomenon: The Growth of High Technology Industry in a University Town. Cambridge 1985, S.33.
[316] Vgl. Krist, H.: Gründer- und Technologiezentren als Element bestandsorientierter regionalpolitischer Strategien. Karlsruhe 1985, S.1f.
[317] Vgl. Sunman, H.; Lowe, J.: West Germany. Innovation Centres and Science Parks. Cardiff 1986, S.57.
[318] Vgl. Knigge, R.; Petschow, U.: Technologieorientierte Unternehmensgründungen. Berlin 1986, S.55.

Entscheidungsprozesse von einer nicht rational faßbaren Imagewirkung einzelner Projektvorhaben überlagert.

Im Ruhrgebiet ist der für die bundesweite Verbreitung von Technologiezentren als Motivation identifizierte "Sillicon Valley-Mythos"[319] als "Dortmund-Phänomen" spezifiziert worden. Die Ansiedlungserfolge und strukturpolitischen Effekte einer "guten Idee" sollen auf die jeweiligen örtlichen Verhältnisse übertragen werden. Diese Motivation konnte im Rahmen der Befragung in nahezu allen Kommunen mit Projektvorhaben identifiziert werden. Strukturpolitische Bedenken und mögliche negative Folgewirkungen werden zwar, wie bereits aufgezeigt, erkannt und diskutiert, dann aber oftmals mit imageorientierten Argumenten zugunsten der Projektvorhaben verworfen. Dabei wird vor allem auf die strukturpolitische Signalwirkung dieses oder jenes Projektes abgehoben, ohne konkrete Entwicklungsziele näher zu definieren. Kommunale Technologiepolitik steht damit in der Gefahr zu einem Mittel "mentaler Absetzbewegungen" zu werden[320], indem ihre Projekte nur als Signal einer Strukturveränderung eingeschätzt werden. Zur Bedeutung des "Park"-Begriffes als Imageträger und Strategieelement der kommunalen Wirtschaftsförderung, den zahlreiche Projektvorhaben zitieren, wird noch an anderer Stelle einzugehen zu sein. HILPERT verweist auf imageorientierte Interessen verschiedener gewerbepolitischer Akteure[321] in bezug auf die Realisierung von technologieorientierten Standortgemeinschaften. Solche Konstellationen können zu einer Projektrealisierung ohne spezifische wirtschaftsräumlichen Konzepte führen.

Abb.25 zeigt neben den realisierten und projektierten technologieorientierten Standortgemeinschaften vorhandene und geplante Technologietransfereinrichtungen. Es muß hier mit Blick auf ein Überangebot an technologieorientierten Standortangeboten nach den Erfolgsaussichten der Projekte gefragt werden. Die augenblickliche Situation weist auf die interkommunalen Konkurrenzstrukturen hin. Sie werden durch regionale Diffusionsprozesse in der strukturpolitischen Konzeptentwicklung verstärkt. Angesprochen wird hier die zeitliche Dimension der Projektentwicklung sowie die Einordnung der Vorgaben in den gesamträumlichen Kontext. Dabei hat die fehlende regionale, interkommunale Koordinierung entscheidend zur Projektvielfalt beigetragen. In die gleiche Richtung wirken die programmatischen Vorgaben der ZIM/ZIN-Förderung sowie der Projektansatz der IBA Emscherpark.

Auch im Bereich der kommunalen Technologieförderung müssen zur Absicherung von Projektmaßnahmen regionale Koordinierungsstrategien verstärkt Berücksichtigung finden. Ein möglicher Ansatz sind Kooperationsvereinbarungen zwischen Kommunen, Technologietransferstellen und Universitäten. Zwischen Witten, Herne und Bochum einerseits, sowie zwischen Lünen und Dortmund andererseits sind erste Vereinbarungen getroffen worden. Gelsenkirchen, Recklinghausen und Hattingen haben zur Förderung des Technologietransfers Absprachen mit den Universitäten Bochum bzw. Dortmund getroffen[322]. Darüber hinaus haben die

---

[319] Vgl. Hilpert, U.: a.a.O., 1989, S.564ff.
[320] Auf die sozialen und psychologischen Entscheidungsmuster kann hier nicht im einzelnen einzelnen eingegangen werden. ARING ET.AL. identifizieren Aus- und Abgrenzung in der räumlichen Wahrnehmung sowohl in der Alltags- und Expertenwelt. Mit mentalen Absetzbewegungen wird der Versuch einer positiven Ausgrenzung in bezug auf Strukturkrise und regionales Umfeld beschrieben. Vgl. Aring et.al. 1989, S.190ff.
[321] Von der Kommunalverwaltung über Banken und Großunternehmen bis zu Immobillienmaklern. Vgl. Hilpert, U. 1989, S.564ff.
[322] Hier bestätigen sich die von Fiege beschriebenen erweiterten Entwicklungsspielräume der Hochschulstandorte. Vgl. Fiege, R. 19988, S.123ff.

Hochschulstädte Kooperationen mit "ihren" Universitäten abgeschlossen. Erfolgsprognosen für einzelne Projekte können hier nicht gegeben werden. Eine regionale Koordinierung mit dem Verzicht auf Projektansätze, deren Realisierung schon im Vorfeld problematisch erscheint, kann die Durchsetzung einzelner technologieorientierter Standortprojekte erhöhen. Dabei muß insbesondere die Realisierung von mehreren themenähnlichen Projekten überprüft werden. Dies gilt vor allem für die vorgesehenen Bodensanierungszentren und Umwelttechnologieparks und wenig spezifizierten Gründerzentren.

Lokaler Verzicht muß Perspektiven einer regionalen Koordination eröffnen. Die Festlegung von standortbezogenen Ansiedlungsbeschränkungen sowie eine konkrete Orientierung auf unterschiedliche Zielgruppen können eine Erschließung von Marktnischen und damit die Erfolgsaussichten fördern. Eine regionale Koordination beim Ausbau von technologieorientierten Standortgemeinschaften kann über interkommunale Trägergemeinschaften abgesichert werden, die bisher nur in Bochum mittels des bereits erwähnten Kooperationsvertrages mit den Städten Herne und Bochum realisiert wurde.

Mit Blick auf die Erfolgsbedingungen des Technologiezentrums Dortmund lassen sich folgende allgemeine technologieorientierten Entwicklungsstrategien der kommunalen Wirtschaftsförderung abgrenzen:

a) Technologieorientierte Standortgemeinschaften sind an das lokale Forschungsangebot anzubinden. Kooperationen mit Universitäten und überregionalen Forschungseinrichtungen sollten dabei auch regional koordiniert werden. Die Effizienz einer regionalen Verteilung themengleicher Forschungsinstitute sollte hinterfragt werden. In diesem Zusammenhang muß insbesondere eine Koordinnierung zwischen den jüngeren universitätsnahen Technologiezentren Duisburg, Essen und Bochum angedacht werden.

b) Technologieorientierte Standortgemeinschaften können sich auch an unternehmensbezogenen F&E-Aktivitäten orientieren. Bisher wurde ein solches Konzept nur in Marl realisiert. Es ist für den Wissenschaftspark Rheinelbe in Gelsenkirchen angedacht, in dessen Mittelpunkt energie- und glastechnologische Forschung stehen sollen. Impulse durch ortsansässige Unternehmen können eine thematische Spezialisierung entscheidend vorantreiben.

c) Die interregionale Konkurrenzsituation erfordert vor der Projektrealisierung ausführliche Marktstudien. Insbesondere für wenig spezifizierte Gründerzentren sollten zumindest allgemeine Bedarfsstudien durchgeführt werden. Sie können zur Selektion erfolgversprechender Projekte beitragen.

Abb. 25: Technologieorientierte Infrastruktur im Ruhrgebiet (Standorte)

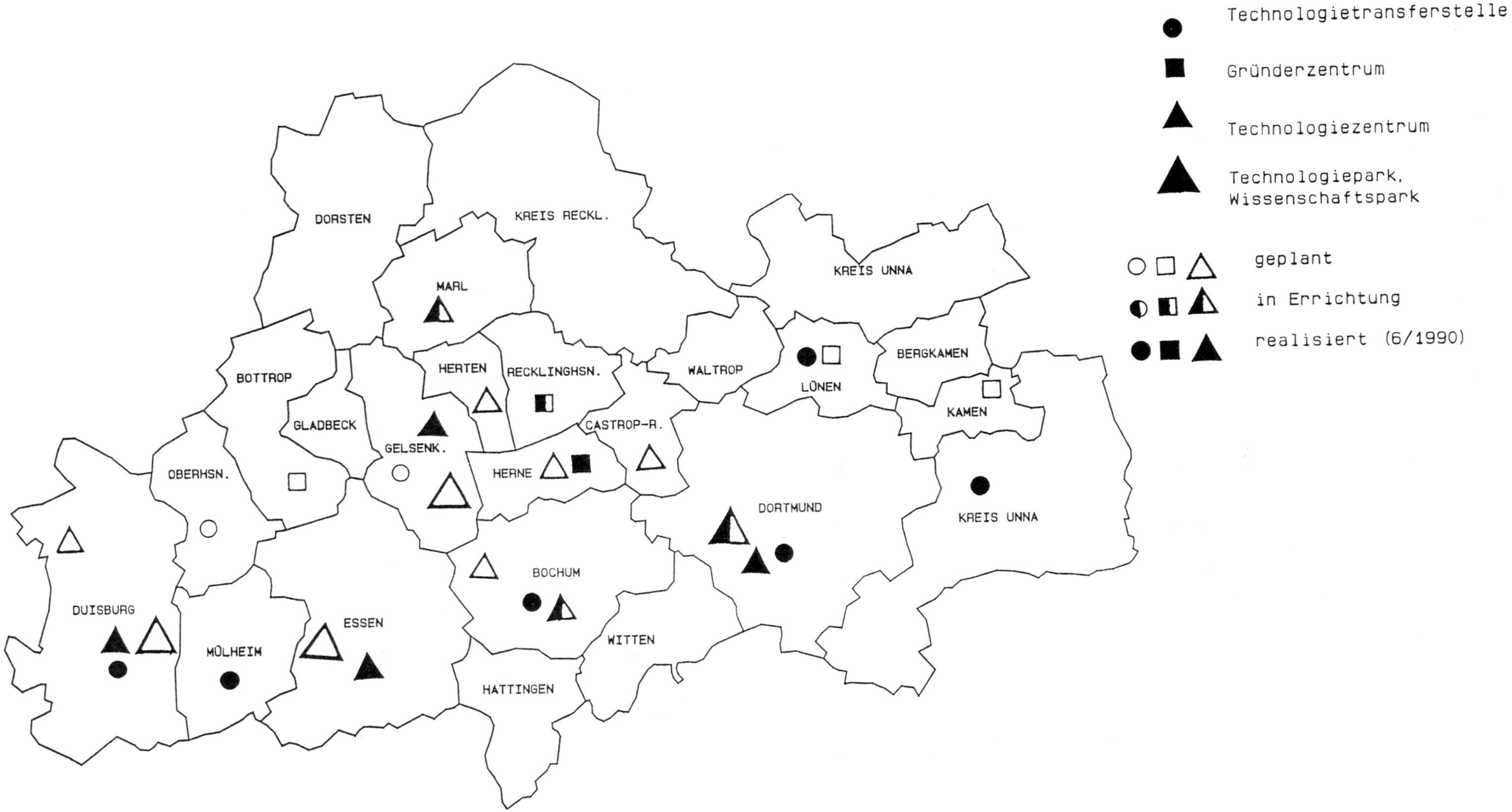

Mit der kommunalen Technologiepolitik werden regionale Koordinierungsbedarfe kommunaler Wirtschaftsförderung angesprochen. Konkurrenzstrukturen und staatliche Programmierung stellen dabei die entscheidenden Hemmnisse dar. Gleichzeitig deuten sich auch hier intraregionale Disparitäten an, die durch Entwicklungsvorsprünge der Hochschulstandorte gekennzeichnet sind. Dieses dokumentiert sich auch in der Zieldefinition "*Ansiedlung von Forschungsinstituten*" in den Nicht-Hochschulstandorten Gelsenkirchen und Hattingen. Gleichzeitig bieten die Hochschulstandorte das ausführlichste Angebot der Technologietransferberatung.

7. Entscheidungsprozesse in der kommunalen Wirtschaftsförderung: Anmerkungen zur Auswertung der Ausschußvorlagen und Niederschriften

7.1 Anmerkungen zu den vorliegenden Dokumenten

Die inhaltliche Auswertung von Niederschriften und Beschlußvorlagen der für Wirtschaftsförderung zuständigen Ratsausschüsse kann, wie bereits im Rahmen der Methodendiskussion erläutert, nicht in einen systematischen interkommunalen Vergleich von Problemwahrnehmungen und Entscheidungsprozessen einmünden. Tab.24 dokumentiert funktionale und inhaltliche Merkmale der vorliegenden Dokumente.

Tab.24: Inhalte der vorliegenden Ausschußdokumente (1988-1990)

Merkmale	Anzahl der Dokumente nach Merkmalen[1]					
	DU[2]	ES	DO	OB	GE	REC[2]
Dokumente insg.	6	1	25	13	2	2
Niederschriften	0	1	22	11	0	0
Beschlußvorlagen	6	0	3	2	2	2
Inhalte						
- Flächenpolitik	2	1	13	3	1	1
- Wirtschaftsstruktur	0	0	5	2	1	1
- Gutachten	0	0	9	0	0	0
- Bestand/Ansiedlung	0	1	5	0	0	0
- Projekte	2	0	10	4	0	1
- Arbeitsmarktpolitik	4	0	10	4	0	0
- Technologieförderung	0	5	0	0	0	
- ZIM/ZIN-Programme	2	0	4	1	0	1
- Fördermittel	6	1	4	1	1	1
- Organisation der Wifö.	0	0	3	1	0	0

[1] Mehrfachnennungen sind möglich
[2] Beschlußvorlagen zu Antraglisten regionaler Förderprogramme
Quelle: eig. Auswertung nach vorliegenden Dokumenten

Die Auswahl der Städte unterlag keiner repräsentativen Stichprobennahme. Dieses methodische Defizit ist sowohl Folge der kleinen Grundgesamtheit als auch der fehlenden Kooperationsbereitschaft einzelner Kommunen, die entsprechenden Unterlagen zur Verfügung zu stellen. Desweiteren ist die Unvollständigkeit der Unterlagen aus den Städten Duisburg, Gelsenkirchen und Recklinghausen bezüglich des abgefragten Zeitraumes von Januar 1988 bis Juni 1990 problematisch.

Unterschiedliche Informationsdichten und Dokumentationsstile erschweren inhaltliche Vergleiche.[323] Nachgezeichneten Diskussionsverläufen und problemorientierten Stellungnahmen steht eine Auflistung von Beschlußfassungen gegenüber. Dabei werden Informationen auch gezielt auf ein Mindestmaß öffentlicher Berichterstattung reduziert. Beschlußvorlagen signalisieren Entscheidungskonflikte nur ansatzweise in der Form von "Kompromißformeln" oder der Formulierung von Verwaltungsaufträgen zur Klärung von Einzelfragen. Im folgenden soll anhand der behandelten Themen- und Problembereiche auf Entscheidungsabläufe eingegangen werden. Der Abriß erhebt keinen Anspruch auf Vollständigkeit, sondern will bisherige Ergebnisse kommentieren.

7.2 Entscheidungsprozesse und Entscheidungskonflikte

7.2.1 Organisation der Wirtsschaftsförderung

Mit der Etablierung von kommunalen, auch teilprivatisierten, Wirtschaftsförderungsgesellschaften nimmt die Komplexität informeller Entscheidungs- und Verhandlungsabläufe zu. Die vorliegenden Dokumente zeigen, daß sich die Rats- und Ausschußarbeit in diesen Städten auf die Abgrenzung von Verfügungsrechten für die privatrechtliche Gesellschaft konzentriert. im Vordergrund steht die Genehmigung von Kapital und Geschäftsbilanzen sowie die Abtretung von Eigentumsrechten in bezug auf kommunale Gewerbeflächen. Damit wird ein allgemeiner Handlungsrahmen vorgegeben. Die wirtschaftspolitische Strategieentwicklung wird über die Aufsichtsgremien der Wirtschaftsförderungsgesellschaft abgewickelt. Informelle Unterrichtungen und Verhandlungen zwischen einzelnen politischen Akteuren ersetzen teilweise die durch Ausschüsse ausgeübte Kontrollfunktion.[324] Personelle Verflechtungen zwischen Ratsmandat und Aufsichtsratstätigkeit spielen eine wichtige Rolle. Die Transparenz kommunalpolitischer Entscheidungsprozesse ist bei der privatrechtlichen Organisationsform herabgesetzt. Sie fördert korporatistische Organisations- und Entscheidungsmuster.[325]

---

[323] Vgl. Kapitel 5.

[324] UHLIG weist auf die begrenzten Steuerungsmöglichkeiten der Legitimatoren schon bei kommunalen Eigengesellschaften hin. Die Umsetzung von Zielvorgaben kann zumindest verzögert werden. Vgl. Uhlig, K.: Public Private Partnership. In AfK, 1990, S.106f.

[325] Die Ausbildung korporatistischer Entscheidungsstrukturen innerhalb kommunalpolitischer Handlungsabläufe ist vor allem von der angelsächsischen politikwissenschaftlichen Analyse aufgegriffen worden. Vgl. z.B. Dunleavy, P.: Quasi-governmental sector professionalism. In: Barker, A.: Quangos in Britain. London 1982; King, D.: The New Right, the New Left and Local Government. In: Steward, J.; Stoker, G.: The Future of Local Government. London 1989, S.185-212.

7.2.2 Zu Diffusionsprozessen kommunalpolitischer Strategieentwicklung

Die Wahrnehmung von Maßnahmen und Projektierungen in Nachbarkommunen bzw. Städten mit ähnlichen Problemlagen stellt eine wichtige Argumentationsbasis für das fallbezogene Entscheidungshandeln dar. In den vorliegenden Dokumenten sind drei Fälle belegt. Dabei handelt es sich um zwei technologieorientierte Standortgemeinschaften und ein Güterverteilzentrum.

Der einfachste Erklärungsansatz greift auf die vergleichbaren wirtschaftsräumlichen Ausgangsbedingungen zurück, die zu einer gleichartigen Strategieentwicklung führen müssen. Der Nachweis, Strategieansätze von anderen Kommunen aufgrund derer Erfolge übernommen oder sich den interkommunalen Konkurrenzstrukturen angepaßt zu haben, ist selten führbar. Aus den Niederschriften kann abgeleitet werden, daß Rats- und Ausschußmitglieder Verwaltungsaufträge erteilen, in denen die Realisierung des Projektes X der Stadt A auch in der Stadt B realisiert werden kann. Eine Argumentation nach dem Muster "wenn A das Projekt X realisiert hat, dann müssen *wir* es auch planen", übt schon einen stärkeren Druck auf das Verwaltungshandeln aus. Die Verwaltung begegnet solchem Legitimatorendruck durch Einschaltung weiterer politischer Akteure. In den vorliegenden Fallbeispielen aus Oberhausen und Dortmund[326] wird vor allem die IHK zur Stellungnahme eingeschaltet. Die Integration zusätzlicher wirtschaftspolitisch orientierter Akteure soll die Entscheidungskompetenz der Verwaltung stärken helfen. Die Übernahme externer Entwicklungskonzepte kann auch von der Verwaltung forciert werden, in dem sie bei Anfragen Konzepte anderer Kommunen zitiert. Dies läßt sich hier insbesondere im Bereich der Arbeitsmarktpolitik festmachen, wo Finanzierungsmodelle für AB-Maßnahmen diskutiert werden. Die Wahrnehmung und Bewertung interkommunaler Konkurrenz sowie die Antizipation von Problemdruck und erfolgversprechenden Handlungsansätzen müssen in einem Konzept der Diffusion kommunalpolitischer Strategieentwicklung weiter konkretisiert werden.[327]

7.2.3 Strukturpolitisch orientierte Ansiedlungsbeschränkungen im kommunalpolitischen Entscheidungsprozeß

Ansiedlungsbeschränkungen wurden bisher vor allem im Zusammenhang mit der Realisierung von technologieorientierten Standortgemeinschaften diskutiert.

Dokumentierte Ansiedlungserfolge in Technologiezentrum und Technologiepark haben in Dortmund zu einem breiten Konsens bei der qualitativen Differenzierung von Gewerbegebieten geführt. Die planerische Sicherung des Technologieparkumfeldes mit der Konzeption weiterer qualitativ anspruchsvoller Gewerbestandorte gehörte zu den zentralen Aktivitäten gewerbepolitischen Handelns. Kostenargumente wurden in diesem Zusammenhang nicht eingebracht. Die zukunftsorientierte Sicherung von Wachstumsimpulsen steht bei allen Maßnahmen im Vordergrund.

---

[326] Die konkreten Maßnahmen und Projektvorhaben werden hier aus Datenschutz- und Geheimhaltungsgründen nicht genannt.

[327] Zur allgemeinen Diskussion reicht der klassische Definitionsansatz von KATZ, LEVIN und HAMILTON aus: "... the process of diffusion may be characterized as (1) acceptance (2) over time, (3) of some specific item an idea or practice, (4) by individuals, groups or other adopting units linked to (5) specific channels of communication, (6) to a social structure, and (7) to a given system of values or culture. Im Vordergrund müssen hier zeitliche Dimension, Diffusionskanäle und Akteursverhalten stehen. (zit. nach Windhorst, H.-W.: Geographische Innovations- und Diffusionsforschung. Darmstadt 1983, S.1)

Für nicht technologieparkorientierte Standorte sind aber auch in stärkerem Maße Kompromißformeln bezüglich konkreter Strukturentwicklungsziele und Ansiedlungsbeschränkungen festzustellen. Zur Durchsetzung von Einzelinteressen wird gern auf die Problematisierung von Nutzungskonflikten zwischen Gewerbe, Wohnen und Verkehrs(fluß) zurückgegriffen. Dies kann auch bedeuten, daß ein zunächst konkretes Entwicklungsprojekt (z.B. Güterverteilzentrum) schließlich zu einem unverbindlichen Ansiedlungs- bzw. Umsiedlungsziel *"Standort für verkehrsintensive Betriebe"* führt.

7.2.4 Arbeitsmarktpolitische Konzeptentwicklung

Die Auswertung der Niederschriften und Beschlußvorlagen offenbart unterschiedliche Positionen der politischen Akteure in bezug auf den Einsatz arbeitsmarktpolitischer Instrumente. So wird die Problematik hoher Arbeitslosenzahlen sowie der Langzeitarbeitslosigkeit in unterschiedlicher Häufigkeit in die strategieorientierte Diskussion der politischen Akteure eingebracht.[328] Insbesondere die Abwägung zwischen Existenzgründungsförderung und sozialpolitischem Maßnahmenbündel ist Gegenstand von "Bargaining"-Prozessen zwischen den einzelnen Akteuren. Über das AFG ist die Arbeitsverwaltung in die Entscheidungsprozesse eingebunden, was von einzelnen Akteuren unterschiedlich bewertet wird. Mit der Forderung nach Ausweitung sozialer Beschäftigungsförderung zeigt sich einerseits eine besondere Sensibilität für die Folgeprobleme der Langzeitarbeitslosigkeit. Andererseits wird damit auch der "policy-mix" zwischen Technologieförderung, zielgruppenorientierter Ansiedlungs- und Bestandspflegepolitik sowie den arbeitsmarktpolitischen Maßnahmefeldern immer wieder überprüft: "Wirtschaftsförderung darf nicht einseitig auf die Technologiepolitik ausgerichtet sein."[329]

Es offenbart sich hier aber auch Aktionismus bezüglich der Raumwirksamkeit arbeitsmarktpolitischer Maßnahmen. Öffentliche Appelle zur Einstellung von Langzeitarbeitslosen und zum Angebot von Lehrstellen spiegeln nicht nur antizipierten Problemdruck wider, sondern sind auch ein Indiz, daß die arbeitsmarktpolitischen Angebote nur zu einer marginalen Entlastung des Arbeitsmarktes beigetragen haben. Dabei werden insbesondere die geringe Effizienz einzelner Qualifizierungsmaßnahmen als neuer Handlungsbedarf bewertet und weitere Finanzmittel von der Arbeitsverwaltung eingefordert.[330]

Während Probleme im Bereich der AFG-Förderung kontrovers zwischen den politischen Akteuren diskutiert werden, ist eine Zurückhaltung bei der konkreten Analyse von Arbeitsmarktstrukturen

---

[328] Vgl. z.B. Häufigkeit des thematischen Aufgriffs der Arbeitsmarktpolitik in den Niederschriften und Beschlußvorlagen der Städte Duisburg und Oberhausen (Tab.25).

[329] Inhaltliche Wiedergabe dokumentierter Stellungnahmen in Niederschriften öffentlicher Sitzungen des Ausschusses für Wirtschafts- und Strukturförderung der Stadt Dortmund im Jahre 1989.

[330] Mit Blick auf die britischen Erfahrungen stellen auch ALLEN ET.AL eine gewisse Disillusionierung in bezug auf die Effizienz arbeitsmarktpolitischer Instrumente fest: "The implementation of these instruments of active government labour market policy can, furthermore, only rarely break through the principle of selecting the best qualified workers already predominant in the normal displacement process...The employment offices themselves cannot create a market." Vgl. Allen, K et.al.: Requirements for an Effective Regional Policy. In: Albrechts, L. et.al.: Regional Policy at the Crossroads. European Perspectives. London 1989, S.121f.

feststellbar. Insbesondere bei der Frage des "Facharbeitermangels" werden kritische Kommentierungen vor allem von der Verwaltung zu entkräften versucht. Es liegt im Interesse der Wirtschaftsförderung, hier nicht einen möglichen Standortnachteil in der Öffentlichkeit besonders darzustellen. Hier zeigen sich deutlich die Öffentlichkeitswirkung der Ausschußarbeit und die daran orientierten Verhaltensweisen der Legitimatoren. Grundsätzlich wird der Problemdruck der Arbeitslosigkeit von den einzelnen politischen Akteuren in unterschiedlicher Intensität wahrgenommen und somit sehr differenziert in Forderungen an die Verwaltung umgesetzt. Als Leerformel beschreibt die Zielvorgabe "Aktivitäten gegen die Dauerarbeitslosigkeit verstärken" letztendlich einen allgemeinen Grundkonsens.

7.2.5 Zur Beantragung regionalpolitischer Fördermittel

Die Regionalisierung der Regionalpolitik hat zu einer starken Bindung von Bearbeitungskapazitäten beigetragen[331]. Die legitimierenden politischen Akteure sind hier zunächst auf die Verwaltungsvorlagen angewiesen. Im Legitimationsprozeß der Ausschuß- und Ratsarbeit können einzelne Maßnahmen mit einem besonderen Dringlichkeitsappell versehen werden, der auf die unbedingt notwendige staatliche Förderung hinweist. Von entscheidender Bedeutung ist hier auch die Einordnung der einzelnen Fördermaßnahmen nach Förderprioritäten, die letztendlich auch Interessenmehrheiten von politischen Akteuren zum Ausdruck bringen.

Bei Förderanträgen zur Erschließung oder Sanierung von Gewerbegebieten geht aus vorliegenden Dokumenten hervor, daß konkrete Rahmenplanungen und Entwicklungskonzepte oftmals noch gar nicht vorliegen. Es kann als Indiz gewertet werden, zunächst einmal Fördermittel für ein Projektvorhaben zu sichern, bzw. das Gesamtfördervolumen für die Stadt zu maximieren. Diese strukturpolitischen Defizite müssen kritisch den Zielvorgaben der ZIM/ZIN- Programmierung gegenübergestellt werden, die gerade eine besondere strukturpolitische Themenbindung der Förderprojekte fordern.[332] In Duisburg erfolgt erst im Rahmen der Ausschußverhandlungen eine Abstimmung zwischen Arbeitsmarktpolitik und "klassischer" Wirtschaftsförderung[333]. Sie orientiert sich an den Handlungsspielräumen der regionalpolitischen Förderung. Die Arbeitsmarktpolitik wird im wesentlichen über das "NRW-EG-Ziel 3-4-Programm" abgewickelt. Dagegen steht für die infrastrukturorientierten Wirtschaftsförderungsmaßnahmen die ZIM/ZIN- und die NRW-EG-Ziel 2- Programmierung im Mittelpunkt. Die Festlegung von Förderprioritäten prägt die Koordinierung der beiden Politikbereiche.

7.3 Methodischer Ausblick

Die Analyse von Niederschriften und Beschlußvorlagen stößt bei interkommunalen Vergleichen aufgrund der unterschiedlichen Dokumentationstechniken schnell an ihre Grenzen. Im Rahmen dieser Arbeit konnten Verflechtungen zwischen Verwaltungshandeln und den kommunalpolitischen Legitimationsprozessen nur sehr allgemein skizziert werden.

---

[331] Vgl. Stadt Dortmund (Hrsg.): a.a.O., S.15; siehe im Detail Kapitel 8.2.
[332] Vgl. Kapitel 4.5.
[333] In Duisburg ist die Arbeitsmarktpolitik kein Aufgabenbereich der Wirtschaftsförderungsgesellschaft Duisburg mbH.

Grundsätzlich ist dieser methodische Ansatz zur Diskussion zu stellen. Vor allem bei langfristig angelegten, auch vergleichenden Einzelfallstudien ließen sich bei Kopplung mit weiteren qualitativen quellenorientierten Verfahren[334] wichtige Hinweise auf konkretes Entscheidungsverhalten gewinnen. Zumindest werden aber Rückschlüsse auf die Wahrnehmung von Problemdruck durch die Legitimatoren erleichtert.

Bei allen Einschränkungen sollten mit diesem methodischen Ansatz weitere Erfahrungen gesammelt werden. Er trägt mit dem Versuch, den "begrenzten Ausschnitt von Realität" im Forschungsprozeß zu erweitern, zur Bereicherung qualitativer Sozialforschung bei.[335]

8. Ansätze zu einer räumlichen und strategieorientierten Typisierung von Wirtschaftsförderungskonzepten

8.1 Eine räumliche Differenzierung nach konzeptimmanenten Kriterien

Eine räumlich typologische Differenzierung der Konzepte kommunaler Wirtschaftsförderung kann nun aus den ermittelten Zielvorgaben und Zielordnungen sowie der analysierten konkreten Politikimplementation abgeleitet werden. Es handelt sich dabei um einen qualitativen Ansatz, der sich an inhaltlichen Aussagen und Instrumentenwahl orientiert. Durch die parallele Auswertung von Interviews und konzeptorientierten Textdokumenten wird die Einordnung von Einzelaussagen erleichtert.

Abb.26 zeigt Elemente einer strukturpolitischen Konzeptentwicklung im regionalen Vergleich. Dabei liegen folgende Strategieelemente zugrunde:

- Flächenpolitische Konzeptionen zwischen Sicherung vorhandener Gewerbeflächen und großflächiger Standortentwicklung.

- Formulierung und Implementation ansiedlungsorientierter Strategien.

- Ausbau der wirtschaftsnahen Infrastruktureinrichtungen (einschließlich der Aus- und Weiterbildungseinrichtungen).

- Implementation einer technologiepolitischen Förderung.

Dabei lassen sich fünf strukturpolitische Strategietypen unterscheiden:

Typ 1: Kommunale Wirtschaftsförderung wird als ein reagierendes Handeln aufgefaßt. Es dominieren Maßnahmen der Flächensicherung. Insbesondere sind Flächennutzungskonflikte Gegenstand des Verwaltungshandelns.

---

[334] Vorstellbar ist z.B. die parallele Ausertung der Lokalpresse. Sie ermöglicht ein Nachzeichnen von in die Öffentlichkeit getragenen Argumentationen und Interessenkonflikten.
[335] Vgl. Sedlacek, P.: Qualitative Sozialgeographie. Versuch einer Standortbestimmung. In: Sedlacek, P.: Programm und Praxis qualitativer Sozialgeographie. Oldenburg 1989, S.12.

Abb. 26: Zur räumlichen Differenzierung von strukturpolitischen Konzeptelementen in der kommunalen Wirtschaftsförderung in den Ruhrgebietsstädten

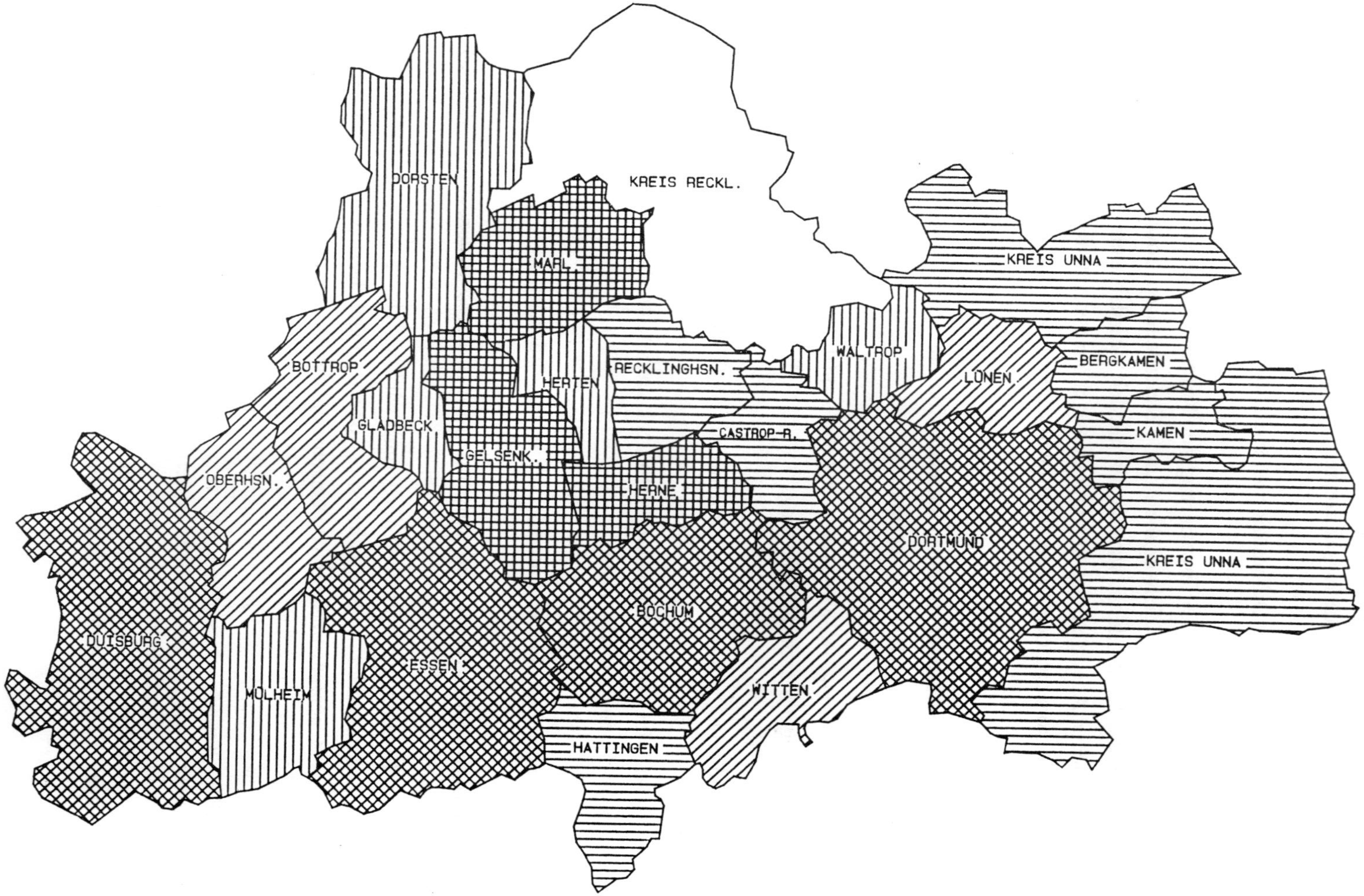

Legende

Typ 1: reaktiv, allg. flächensichernde Maßnahmen.

Typ 2: flächenpolitischer Ansatz; aktive Ansiedlungspolitik.

Typ 3: über flächenpolitische Maßnahmen hinausgehend; Verbesserung der Standortbedingungen; Förderung Technologietransfer und Bildungsinfrastruktur.

Typ 4: Typ 3, zusätzlich technologiepolitische Maßnahmen (Gründerzentren, Technologiezentren) Bemühen um Ansiedlung von Forschungseinrichtungen; Zielgruppenorientierung.

Typ 5: Konzentration auf innovationsorientierte Regionalpolitik mit spezialisierter Technologieförderung; im Vergleich zu Typ 4 noch größere Bedeutung einer Zielgruppenorientierung.

Ausführliche Kommentierung im Text

Typ 2: Aktive Ansiedlungspolitik wird insbesondere durch flächenpolitische Maßnahmen flankiert. Dabei werden auch großflächige Standortentwicklungen ins Auge gefaßt.

Typ 3: Flächenpolitische Maßnahmen sind ein Ansatz zu einer umfassenden infrastrukturorientierten Verbesserung der lokalen Standortbedingungen. Dabei wird insbesondere auf den Ausbau der Aus- und Weiterbildungseinrichtungen abgehoben. Technologiepolitische Konzepte beschränken sich auf die Formulierung von Ansiedlungswünschen und die Vermittlung von Technologietransferdienstleistungen. In diesem Zusammenhang sind auch Kooperationsverträge zwischen kommunaler Wirtschaftsförderung und Hochschulen abgeschlossen worden.

Typ 4: Qualifizierungsförderung und Technologiepolitik spielen hier eine größere Rolle als flächenpolitische Maßnahmen. Als technologieorientierte Standortgemeinschaften sind Gründerzentren und Technologiezellen realisiert worden. Die Ansiedlungsbemühungen konzentrieren sich verstärkt auf den Ausbau technologieorientierter Infrastruktur. Grundsätzlich bemüht man sich um Verflechtungen zwischen technologieorientierten Standortgemeinschaften, Unternehmungen und Hochschulen.

Typ 5: Im Mittelpunkt der kommunalen Wirtschaftsförderung steht das Konzept der innovationsorientierten Regionalpolitik. Spezialisierte Technologieförderung soll durch an die Hochschulen stärker angebundene Technologiezentren, die zu Technologieparks ausgebaut werden können, sichergestellt werden. Die Spezialisierung wird dabei vor allem durch das Engagement einzelner Hochschulinstitute und überregionale Forschungseinrichtungen flankiert.

Die räumliche Verteilung dieser Strategietypen bestätigt zunächst die besondere strukturpolitische Bedeutung des Hochschulausbaus. Nach Dortmund und Duisburg zeigt sich sich mit zeitlicher Verzögerung auch in Essen und Bochum eine an dem örtlichen Forschungs- und Entwicklungskapazitäten orientierte Wirtschaftsförderungskonzeption. Spezialisierung und Zielgruppenorientierung sind hierdurch entscheidend vorstrukturiert worden. Gelsenkirchen, Herne und ansatzweise auch Witten versuchen durch Kooperationsverträge mit Hochschulen, die Projektierung von technologieorientierten Standortgemeinschaften und dem Verhaben selbst Forschungsinstitute an die Stadt zu binden, diesem strategischen Konzept zu folgen. Auf die Sondersituation in Marl mit der Verflechtung zur chemischen Industrie wurde bereits eingegangen (Abb.26).

Ansiedlungspolitische Konzepte dominieren in der Ballungsrandzone des südlichen und östlichen Ruhrgebiets. Neben Mülheim sind mehrere Kommunen der Emscherzone durch reaktive Konzepte gekennzeichnet.

Diese räumliche strukturpolitische Typisierung weist keine direkten Begründungszusammenhänge zu Arbeitslosigkeit und örtlicher Beschäftigungsstruktur auf. Strukturpolitische Strategieentwicklung wird vor allem durch vorhandene Infrastrukturausstattung und Bearbeitungskapazitäten in der Wirtschaftsförderung beeinflußt. Letzteres weist auch auf die Bedeutung fehlender finanzpolitischer Handlungsspielräume hin.

Abb. 27: Zur räumlichen Differenzierung von arbeitsmarktpolitischen Konzeptelementen in der kommunalen Wirtschaftsförderung in den Ruhrgebietsstädten

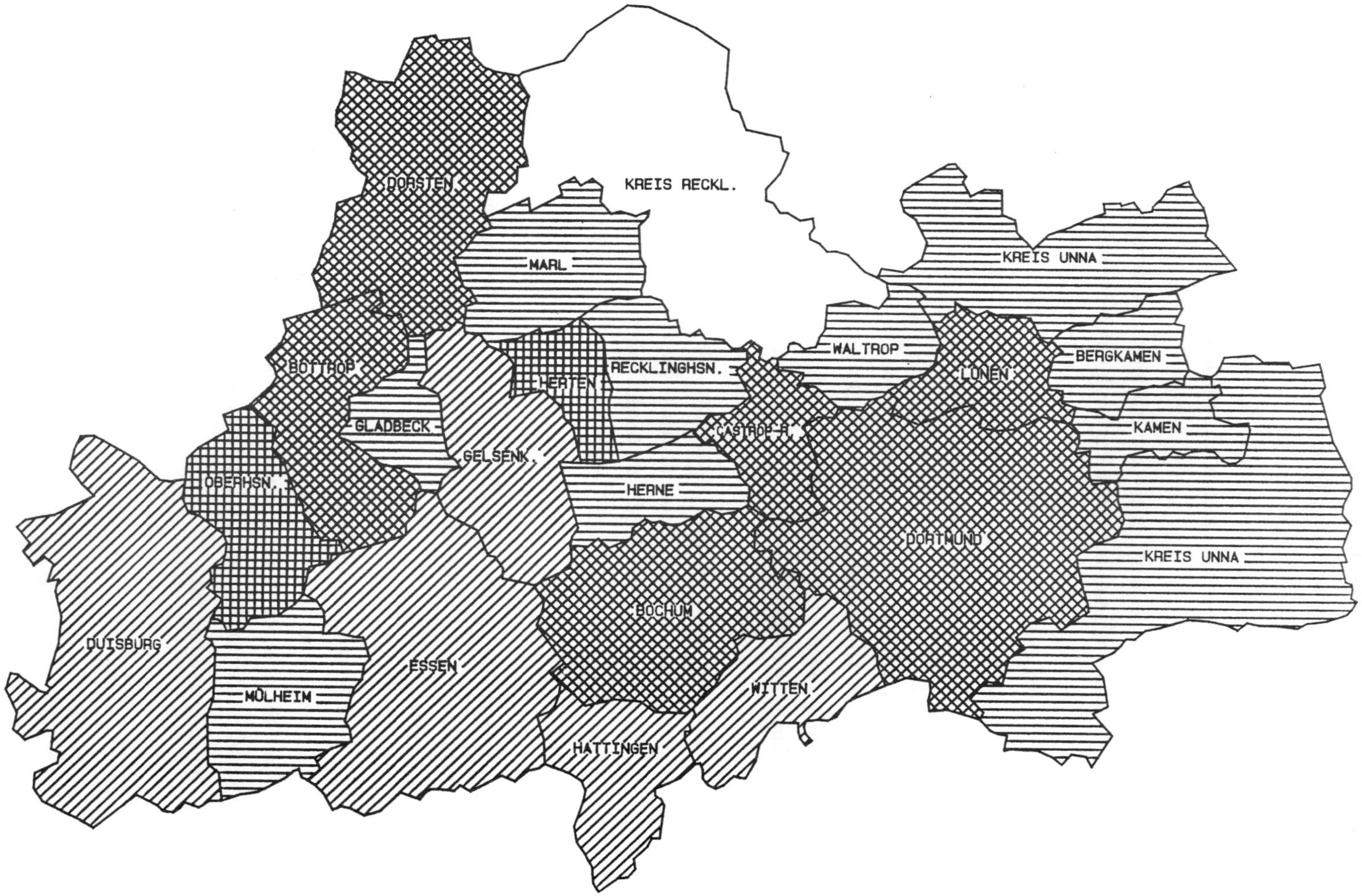

Typ 1:
arbeitmarktpolitische Maßnahmen als sozialpolitische Flankierung (unabhängig von der Wirtschaftsförderung).

Typ 2:
wie Typ 1, zusätzlich Ausbau der Aus- und Weiterbildungsinfrastruktur.

Typ 3:
aktive Arbeitsmarktpolitik wird als kurz- bis mittelfristige Strategie auch von seiten der kommunalen Wirtschaftsförderung koordiniert. Kommunale Finanzhilfen für Beschäftigungsinitiativen werden nicht gewährt.

Typ 4:
Kommunale Beschäftigungsförderung ist nicht nur vollständig in die Wirtschaftsförderung integriert, sondern wird auch durch kommunale Finanzhilfen flankiert. Ausbau von Aus- und Weiterbildungsangeboten.

Abb.27 hebt auf die Integration des arbeitsmarktpolitischen Instrumentariums in die kommunale Wirtschaftsförderung ab. Dabei lassen sich vier unterschiedliche Strategietypen ausdifferenzieren:

Typ 1: Hier werden arbeitsmarktpolitische Initiativen als sozialpolitische Flankierung unabhängig von der Wirtschaftsförderung durchgeführt.

Typ 2: Auch hier wird die Arbeitsmarktpolitik weitgehend unabhängig von der Wirtschaftsförderung implementiert. Im Rahmen der wirtschaftspolitischen Konzeptentwicklung wird aber der Ausbau der Aus- und Weiterbildungsinfrastruktur besonders verfolgt.

Typ 3: In diesen Städten wird darüber hinausgehend (vgl. Typ 2) eine aktive Arbeitsmarktpolitik als kurz- bis mittelfristige Strategie auch von Seiten der kommunalen Wirtschaftsförderung koordiniert. Kommunale Finanzhilfen für Beschäftigungsinitiativen werden nicht gewährt.

Typ 4: Kommunale Beschäftigungsförderung ist hier nicht nur vollständig in die kommunale Wirtschaftsförderung integriert, sondern wird auch durch kommunale Finanzhilfen flankiert. Gleichzeitig wird die Ansiedlung und Förderung von Aus- und Weiterbildungsangeboten forciert.

Die regionale Typisierung zeigt eine Konzentration von Kommunen mit einer Implementation aktiver Beschäftigungsförderung im östlichen Ruhrgebiet (Bochum, Dortmund, Castrop-Rauxel) sowie im westlichen Emscher-Lippe-Raum (Oberhausen, Bottrop, Dorsten). Während im östlichen Ruhrgebiet überproportionale Arbeitslosenquoten ein entscheidender Einflußfaktor sein können, ist diese Abhängigkeit für den Emscher-Lippe-Raum nicht nachvollziehbar. Vielmehr spielt hier eine subjektive Wahrnehmung des aus Arbeitslosigkeit resultierenden Problemdrucks durch die politischen Akteure eine wichtige Rolle. Bezüglich der Arbeitsmarktpolitik konnten ansatzweise komplexe Entscheidungsprozesse durch die Analyse der Ausschußunterlagen identifiziert werden. Sie weisen darauf hin, daß einfache Korrelationen zwischen wirtschaftsräumlichen Einflußgrößen und Politikimplementation ein problematischer analytischer Ansatz sein müssen. Gestützt durch Befragungsergebnisse und Textdokumentanalyse können die Angebote des AFG mit den potentiellen zukünftigen Einsparungseffekten bei den kommunalen Transferzahlungen als wichtiger Motivationsfaktor für eine wirtschaftspolitische Implementation der Arbeitsmarktpolitik angenommen werden.

Mit den vorliegenden regionalen qualitativen Typisierungsansätzen wird ein Konzept zur vergleichenden Analyse kommunaler Wirtschaftsförderung angeboten, das sich am strategischen Potential der Politikentwicklung orientiert. Dabei wird über eine quantitative Auswertung des Instrumenteneinsatzes hinausgegangen, indem dieser im Zusammenhang mit den konkreten Politikangeboten dargestellt wird.

8.2 Landespolitische Einflüsse und Steuerungsversuche

8.2.1 Regionale Wirtschaftsförderung und Zukunftsinitiativen (ZIM/ZIN)

Die vom Land NRW konzipierte Regionalisierung der Regionalpolitik hat sich zunächst in einem bürokratischen Mehraufwand für die Kommunen niedergeschlagen. Der "zunehmende Koordinierungsbedarf"[336] beeinflußt auch den Personalbedarf der kommunalen Wirtschaftsförderung. Mit Blick auf unterschiedliche personelle und finanzielle Flexibilität einzelner Kommunen können hier Ungleichgewichte entstehen.

Die vom Land vorgeschlagenen Regionen, in denen "unter Einbeziehung des Sachverstandes der örtlichen Entscheidungsträger aus den Bereichen Wirtschaft, Verwaltung, Politik und Wissenschaft" Maßnahmen und Projekte umgesetzt werden sollen, stößt in den Kommunen nicht immer auf Zustimmung.[337] Die erfolgreich betriebene Teilung der Region westliches Ruhrgebiet/Niederrhein in zwei selbständige Koordinationsregionen weist auf eine anhaltende Subventionskonkurrenz hin. Gleichzeitig wird deutlich, daß eine staatlich, "von oben" verordnete regionale Koordinierung auf der kommunalen Ebene eher skeptisch beurteilt wird.

Die als Aktionsfelder definierten Zielvorgaben beziehen sich auf Innovations- und Qualifizierungsförderung sowie die Modernisierung der Infrastruktur. Die besondere Förderung von Umwelttechnologien resultiert aus der Verknüpfung von allgemeiner Technologieförderung und dem Ziel der "Verbesserung der Umwelt- und Energiesituation". Zahlreiche Kommunen haben diese besondere Zielgruppenorientierung in ihre Wirtschaftsförderungskonzeptionen übernommen. Die Zusammenhänge zwischen regionalpolitischem Leitbild und kommunaler Strategieentwicklung sollten im Rahmen staatlicher Steuerungsversuche nicht unterschätzt werden. Insbesondere aus den Niederschriften und Beschlußvorlagen lassen sich Indizien für ein Verwaltungshandeln ableiten, das auf eine Maximierung des kommunalen Fördermittelvolumens abzielt. Es erklärt zumindest teilweise die Anpassung vieler Ruhrgebietskommunen an das regionalpolitische Leitbild. Damit wird einerseits ein Aspekt der Zielerreichungskontrolle der staatlichen Programmierung angesprochen. Andererseits deutet sich hier aber auch eine erhebliche staatliche strukturpolitische Lenkung an.

Projekte des Infrastrukturausbaus und der Technologieförderung stehen bei den 1988 bis 1990 mit höchster Priorität eingestuften ZIM/ZIN- Projekte im Vordergrund (Tab.25). Dabei zeigt eine Konzentration von Projekten auf die Arbeitsmarktregionen Recklinghausen (mit den Städten Bottrop und Herne) sowie Dortmund/Unna. Die Auswertung erfolgte nach dem Projekttitel und den daraus ersichtlichen vorrangigen Zielsetzungen. Es lassen sich hier bestimmte Schablonen der Projektentwicklung nachweisen. Erfolgreiche Projektbewerbungen anderer Kommunen werden aufgegriffen und auf die jeweiligen örtlichen Rahmenbedingungen zugeschnitten. Es ist ein weiteres Indiz für die Bedeutung von Diffusionsprozessen innerhalb der kommunalpolitischen Strategieentwicklung. In allen Arbeitsmarktregionen werden zumindest ein Technologiepark sowie großflächige Bodensanierungsprojekte zur Diskussion gestellt. Desgleichen bezieht sich der Ausbau von Bildungs- und Qualifizierungsangeboten zunächst auf die Verbesserung der Ausstattung von berufsbildenden Schulen.

---

[336] Vgl. Stadt Dortmund (Hrsg.): a.a.O., 1990, S.11ff.
[337] MWMT (Hrsg.): Zukunftsinitiative für die Regionen Nordrhein-Westfalens (ZIN). Zwischenbericht. Düsseldorf 1990, S.2ff.

Tab.25: ZIM/ZIN-Projektmaβnahmen erster Priorität nach Aktionsfeldern und Arbeitsmarktregionen (1988-1990)

Aktionsfeld	Arbeitsmarktregionen						
	DU	ES/MH	BO	OB	GE	BT/REC	DO/UN
Gutachten	3	0	4	0	2	6	2
Infrastrukturausbau	4	2	6	5	5	10	13
Qualifizierungsmaβn.	1	4	4	4	2	12	4
Technologieförderung	4	2	2	1	6	8	9
Umwelt-/Energietech.	2	2	2	8	3	10	8
Städtebau	2	0	0	0	0	0	1
Flächensanierung	2	0	1	0	1	1	2
insgesamt	20	10	23	18	21	49	41

(Quelle: eigene Erhebungen nach Kommission Montanregionen 1989 und MWMT 1990)

Tab.26: Projektinhalte der Fördermittelbeantragung in Duisburg 1988-1989

Projekt/Maβnahme	Anzahl der Projekte			bewilligte Fördermittel (TDM)
	beantragt	bewilligt	realisiert	
A. *Innovationsförderung*	20	7	4	59.101
- Standortentwicklung	4	2	2	14.651
- Forschungseinricht.	15	6	2	44.450
- Gutachten	3	0	0	-
B. *Qualifizierung*	51	13	12	16.016
- Lehrmittelausstattung	16	7	6	4.008
- Bildungsinfrastruktur	9	3	3	7.256
- Qualifizierungsmaβn.	21	1	1	4.137
- Gutachten	6	3	3	615
C. *Infrastruktur*	57	20	13	285.124
- Erschlieβung, Sanierung	13	4	2	16.364
- bes. bauliche Maβnahmen	11	4	3	12.120
- Verkehr	19	5	5	232.630
- Gutachten	6	5	3	22.404
- Städtebau	6	2	0	1.606

(Quelle: Stadt Duisburg 1990 und eig. Berechnungen)

Für die Stadt Duisburg liegt eine ausführliche Fördermittelantragsbilanz vor (Tab.26)[338]. Die bewilligten Fördermittel konzentrieren sich auf die Technologie- und Innovationsförderung sowie Infrastrukturvorhaben[339]. Im Rahmen der Technologieförderung steht die Gründung und Ausstattung von Forschungsinstituten im Vordergrund. Ein strategisches Verhalten, erst einmal Projekte aller potentiellen Träger anzumelden, zeigt sich insbesondere im Bereich der Qualifizierungsförderung. Die Auswertung der Duisburger Fördermittelanträge bestätigt die Annahme, daß die Zukunftsinitiativen ein angepaßtes Verwaltungshandeln verursacht haben. Konkurrenzdruck konnte nicht abgebaut werden, was in der gegenseitigen Adaption von Projektinhalten zum Ausdruck kommt.

Die Förderung von Gutachten durch die Zukunftsinitiativen trägt zur Informationssicherung in der kommunalen Wirtschaftsförderung bei. Aus mehreren Städten ist die Förderung von Strukturgutachten und Marktanalysen bekannt. Hier bietet sich eine Chance zur Erweiterung von kommunalen Handlungsspielräumen.

Die Verteilung der bewilligten Fördermittel der Zukunftsinitiative Montanregionen in der Zeit von Januar 1988 bis März 1989 weist eine deutliche Diskriminierung zugunsten der Städte Oberhausen, Dortmund und Hattingen auf. Sieht man von der sehr hohen Förderintensität in Dortmund ab, so verhält sich diese Mittelverteilung durchaus komplementär zur traditionellen regionalen Wirtschaftsförderung. Damit wird die Streuung der regionalpolitischen Finanzmittel noch verstärkt (vgl. Tab.27 und 4.4.2).

Im Rahmen der Befragung konnten die Zukunftsinitiativen sowie die Fördermittel der Gemeinschaftsaufgabe zur Verbesserung der regionalen Wirtschaftsstruktur als die wichtigsten Instrumente unternehmensbezogener Investitionsförderung identifiziert werden. Ein regionaler Vergleich ist aufgrund lückenhafter Daten nicht möglich.
Das Technologieprogramm Wirtschaft des Landes NRW (TPW) sowie Existenzgründungsdarlehen der Kreditanstalt für Wiederaufbau wurden als ergänzende mittelstandsbezogene Programme genannt. Ihr Fördermittelvolumen bleibt aber deutlich hinter dem der GRW zürück.

Ergänzende kommunale Finanzhilfen als kommunaler strukturpolitischer Handlungsspielraum sind von den sechs Städten Bochum, Dortmund, Gelsenkirchen, Gladbeck, Dorsten und Lünen etabliert worden. Diese Fonds bewegen sich mit einem Jahresetat zwischen 100.000 DM und 200.000 DM auf dem Niveau der Arbeitsmarktförderungsfonds. Im Vordergrund stehen Darlehen und Zuschüsse. In Dortmund wird besonders auf Liquiditätsbeihilfen für Existenzgründer und Neuansiedlungen abgehoben. In Gelsenkirchen fällt die Implementation mittels einer Sparkassenbeteiligungsgesellschaft auf. Damit werden Finanzhilfen zwar kommunal initiiert, aber in Federführung der Finanzwirtschaft durchgeführt[340].

---

[338] Stadt Duisburg 1990, S.57ff.
[339] Die Fördersumme der Infrastrukturvorhaben in der Höhe von 285,1 Mio. DM enthält eine Förderung des Stadtbahnausbaus in der Höhe von 172,9 Mio. DM, die primär nach dem GVFG finanziert werden soll.
[340] Der Anteil der Kommunen mit kommunalen Finanzhilfen entspricht den Beobachtungen von HEUER. Ihr Anteil schwankte im Rahmen der bundesweiten Befragung zwischen 6,6 % (bei Darlehen) und 15,8 % (bei Zuschüssen).Vgl. Heuer 1985 S.55.

Tab.27: Bewilligte Mittel für Projekte in öffentlicher Trägerschaft bzw. von besonderem öffentlichen Interesse im Rahmen der Zukunftsinitiative Montanregionen (ZIM) in den Jahren 1988 und März 1989 (Stand: 31.03.1989)

Stadt	Anzahl Projekte	Fördersumme in TDM	% bewilligter Mittel	Fördermittel/ Einw. in DM (1988)
Duisburg	6	53.900	6,5 %	102
Essen	7	16.328	2,0 %	26
Bochum	5	14.643	1,8 %	38
Dortmund	10	106.489	12,8 %	181
Oberhausen	5	167.904	20,2 %	760
Mülheim	1	2.047	0,2 %	12
Bottrop	1	13.158	1,6 %	133
Gelsenkirchen	5	51.293	6,2 %	179
Herne	1	1.900	0,2 %	11
Gladbeck	1	2.880	0,3 %	36
Herten	1	24.000	2,9 %	352
Castrop-Rauxel	2	2.127	2,6 %	27
Hattingen	4	115.948	13,9 %	2062
Witten	1	960	0,1 %	9
Bergkamen	1	9.762	1,2 %	201
Lünen	2	877	0,1 %	10

(Quelle: eig. Berechnungen nach DS Landtag NRW 10/4291)

Die Ruhrgebietskommunen bewerten den Bedarf an zusätzlichen kommunalen Hilfen unterschiedlich. Einerseits werden kommunale Finanzhilfen als ein ergänzendes Förderungsangebot verstanden, das in begrenztem Rahmen Spitzenfinanzierung der Existenzgründungsförderung Arbeitsplatzschaffung übernehmen kann. Gleichzeitig kann dadurch auch eine gewisse Unabhängigkeit von staatlichen Förderbedingungen erzielt werden.

Andererseits sieht die Mehrheit der Kommunen aber ein ausreichendes Angebot an staatlichen Förderprogrammen. In diesem Zusammenhang wird insbesondere auf die begrenzten finanziellen Spielräume der Kommunen abgehoben. Zumeist können nur noch Förderprogramme bedient werden, bei denen die kommunale Beteiligung höchstens 15 % betragen kann. Dieser Tatbestand weist allerdings auf eine zunehmende Abhängigkeit von staatlichen Förderprogrammen hin. Kommunale Förderprogramme treffen auch teilweise auf Widerstände bei den Legitimatoren[341]. Außerdem wird die Problematik von Mitnahmeeffekten zusätzlicher Förderinstrumente als Grund für kommunale Zurückhaltung angeführt.

Die kommunalen Gestaltungsspielräume werden allerdings auch zunehmend durch europäisches Wettbewerbsrecht beschränkt. MOMBAUER und CUNY kommen zu dem Schluß, daß Finanzhilfen

---

[341] Indizien ergaben sich im Rahmen der Befragung. Insbesondere Vorstöße der Verwaltung stoßen auf Widerstand.

gegenüber einer imageorientierten Standortentwicklung in den Hintergrund treten werden[342]. Die Befragung weist hier aber kommunale Anpassungsstrategien nach. Indirekte Subventionen können zwar in regionaler Differenzierung nicht quantitativ belegt werden, sind aber in den meisten Kommunen elementarer Bestandteil der kommunalen Ansiedlungs- und Bestandspflegepolitik. Neben der Bodenpreisbildung wird insbesondere auf die Festlegung der Erschließungsbeiträge und sonstigen Gebühren zurückgegriffen. Dieser im informellen Rahmen, konkret kaum nachweisbare, ablaufende Instrumenteneinsatz kompensiert weitgehend die Notwendigkeit einer kommunalen Fördermittelprogrammierung.

Die Anpassung an die europäische regionale Wirtschaftsförderung weist im Ruhrgebiet erhebliche Defizite auf. Nur sieben Städte bemühen sich um direkte Kontakte zu EG-Dienststellen. Während Bochum mittlerweile eine Regionalagentur für das RESIDER-Programm etablieren konnte, versuchen Duisburg, Dortmund, Gelsenkirchen, Marl und die WFG des Kreise Unna persönliche Kontakte zu nutzen. In Duisburg wird zudem die Schaffung eines "Amtes für Europaangelegenheiten" diskutiert, das neben der Betreuung von Städtepartnerschaften europäische Kontakte ausbauen soll. In Herten setzt man auf einen gemeinsamen Dialog der Bergbaustädte mit der EG, der noch im Detail konzipiert werden muß. Die traditionelle Koordinierung über das Land, die noch intensiviert werden soll, bevorzugt die Wirtschaftsförderung in Dortmund. Bezüglich der Einwerbung von EG-Strukturhilfemitteln zeigt das Land aber auch kein Interesse, besondere kommunale Initiativen zu unterstützen, da es selbst als Koordinator auftreten will.

Damit kommt ein spezifisches Problem des bundesrepublikanischen Föderalismus zum Tragen. Mit der europäischen Integration müssen die Bundesländer ihren Standort im föderalen System neu bestimmen. Von diesem hängen letztendlich die verbleibenen kommunale Handlungsspielräume und staatliche Steuerung ab. In Großbritannien, wo die Föderalismusdebatte in dieser Form unbekannt ist, nutzen Kommunen in viel stärkerem Maße als Ausdruck ihrer insgesamt eher geringen autonomen Handlungsspielräume unbefangener direkte Kontakte zur EG-Kommission.[343]

8.2.2 Zur Bedeutung der Internationalen Bauausstellung Emscherpark

Mit der IBA Emscherpark erfolgt eine städtebauliche Thematisierung strukturpolitischer Entwicklungsziele. Als Koordinierungsinstrument der Projektförderung trifft es unmittelbar Interessen der kommunalen Wirtschaftsförderung. Dies gilt insbesondere für die Leitbilder der "Arbeiten im Park"-Projekte.[344]

---

[342] Vgl. Kap. 2.3.2.: Kommunale Finanzhilfen dürfen als Beihilfen von geringer Bedeutung Förderhöchssätze und und am Umsatz orientierte unternehmensbezogene Kriterien nicht überschreiten. Vgl. Mombaur, M.P.: Europäischer Binnenmarkt: Kommunalpolitik und Wirtschaftsförderung im Wettbewerb der Standorte. In: DöV, H.6, 1989, S.247; sowie Cuny 1987, S.36.

[343] Vgl. zum Beispiel die Initiativen der Stadt Corby über die europäischen Strukturfonds ein Maßnahmenbündel zur aktiven Unterstützung des Strukturwandels zu schnüren. Siehe in Spencer, K.M.: The Decline of Manufacturing Industry in the West Midlands. In: Local Government Studies, 1987, S.7-13; sowie Seton, C.: Private cash to transform area of decay. In: Times v. 20.09.1988; und City Council of Corby (Hrsg.): Corby Works. Information Package. Corby 1987

[344] Vgl. MSWV (Hrssg): a.a.O., 1988.

Aus Tab.28 geht zunächst eine deutliche regionale Differenzierung bezüglich der Beteiligung an der IBA hervor. Die meisten Kommunen im Kern der Emscherzone haben weniger Projektvorschläge angemeldet als die drei Hellwegstädte Essen, Bochum, und Dortmund. Dies kann u.a. durch die unterschiedlichen Rahmenbedingungen des Verwaltungshandelns (Bearbeitungskapazitäten) erklärt werden. Desweiteren fällt auch eine grundsätzliche Einordnung der IBA in die gewerbepolitische Strategieentwicklung ins Gewicht. Es sei hier auch erwähnt, daß die Koordinierung für IBA-Projekte in den meisten Städten nicht bei der Wirtschaftsförderung angesiedelt ist, sondern diese nur bei Einzelprojekten hinzugezogen wird. Da die "Arbeiten im Park"-Projekte" grundsätzlich nur einen kleineren Anteil am gesamten IBA-Projektaufkommen darstellen, prägen sich die regionalen Disparitäten hier nicht so stark aus. Mit der Ausnahme von Dortmund hat keine Stadt mehr als zwei "Arbeiten im Park-Projekte" angemeldet. Oberhausen und Recklinghausen sind in diesem Bereich nicht tätig geworden. "Arbeiten im Park"-Projekte mit höchster Priorität, und damit voraussichtlich besten Realisierungschancen, haben die Städte Duisburg, Essen, Dortmund, Bottrop, Gelsenkirchen, Gladbeck, Herten, Castrop-Rauxel und Waltrop vorschlagen können.

Tab.28:	Projektvorschläge zur Internationalen Bauausstellung Emscherpark		
Stadt	Anzahl der Projektvorschläge		
	insgesamt	*"Arbeiten im Park"* insgesamt	*Priorität I*
Duisburg[1]	3	2	2
Essen	10	1	1
Bochum	15	2	1
Dortmund	11	4	1
Oberhausen	5	0	0
Mülheim	5	1	0
Bottrop	7	2	1
Gelsenkirchen	11	2	1
Herne	3	1	0
Gladbeck	3	1	1
Herten	3	2	1
Waltrop	5	1	1
Lünen	8	1	0
WFG Unna	10	1	1

1 berücksichtigt nur Projekte, die von der WFG Duisburg mit koordiniert werden
(Quelle: eig. Erhebungen)

Bei den "Arbeiten im Park"-Projekten handelt es sich neben drei technologieorientierten Standortgemeinschaften in Bochum, Gelsenkirchen und Herne um zielgruppenorientierte Gewerbeparks in Duisburg, Essen, Bottrop und Herten. Dienstleistungsparks haben Duisburg, Bochum und Gelsenkirchen als Entwicklungsprojekte vorgeschlagen. In Dortmund, Bottrop und Lünen wird die Reaktivierung von Zechenbrachen mit der Etablierung von Mischnutzungen, vornehmlich Wohnen und Grünflächennutzungen, verfolgt. Während Mülheim ein Projekt zur Gewerbeumfeldverbesserung angemeldet hat, möchte Waltrop die Wiedernutzung von Gebäuden auf einer Zechenbrache ermöglichen.

Fragt man aus der Perspektive der kommunalen Wirtschaftsförderung nach den Zielen und Leitbildern der IBA-Projektentwicklung, so stehen die Schaffung von attraktiven *Arbeits- und Lebensbedingungen* und die *Wiedernutzung von Brachflächen* im Vordergrund. Es folgen Aufwertung des *lokalen Images* und die *Ansiedlung von "High-tech"-Industrien* sowie die *Schaffung von Arbeitsplätzen im tertiären Sektor* (Abb.28). Die Zielbeschreibungen orientieren sich stark an den allgemeinen Leitbildern der IBA.

Abb.28: Ziele der IBA-Projekte aus der Perspektive der kommunalen Wirtschaftsförderung

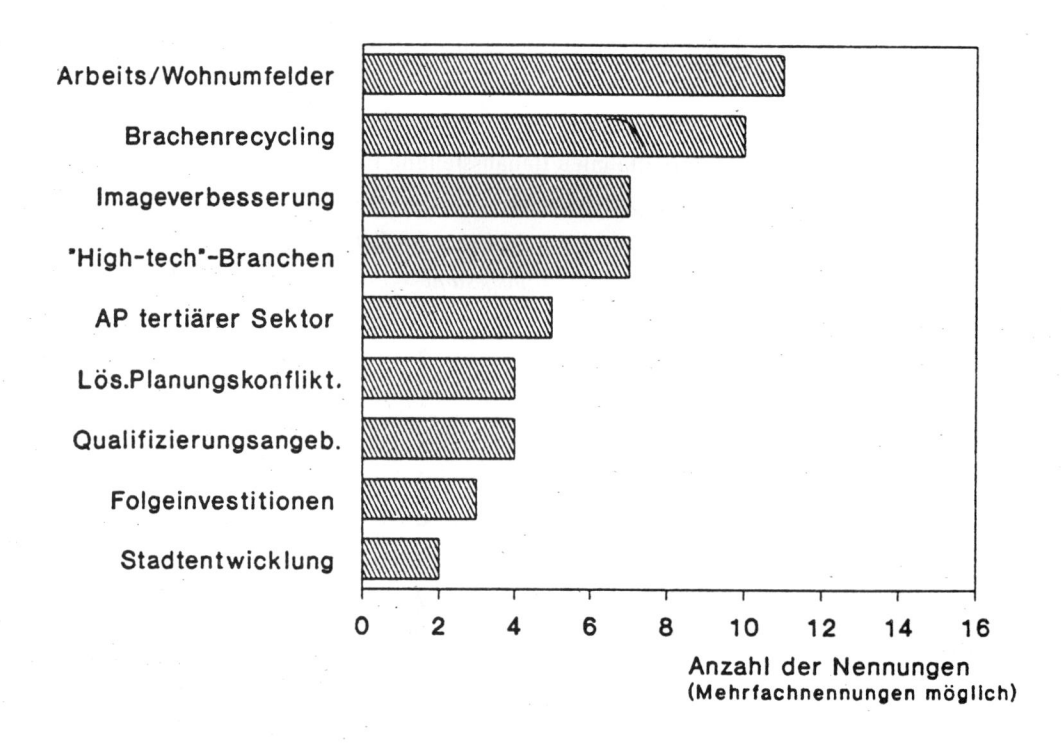

Mit dem zugrunde liegenden Projektkonzept des "Parks" wird insbesondere die Imagekomponente der Projektentwicklung angesprochen. Im Rahmen der Interviews wurde allgemein nach der Bedeutung von "Parkkonzepten" für die kommunale Wirtschaftsförderung gefragt. Elf Ruhrgebietsstädte sehen hier primär ein Instrument der Imagepolitik. Dabei läuft die Argumentation in zwei Richtungen. Zum einen wird auf die besondere Standortqualität abgehoben, die sich aus der "Berücksichtigung von ökologischen Planungsbelangen" (sieben Nennungen) ergibt. Der Parkbegriff wird mit Lebensqualität gleichgesetzt. Auf der anderen Seite werden Assoziationen zu Fortschrittlichkeit, Innovationsfähigkeit und "besonderen Arbeitsbedingungen für "white collar"-Arbeitskräfte" hergestellt.[345] Beide Interpretationen führen schließlich zum Leitbild der "attraktiven

---

[345] Zitat aus der Befragung.

Wohn- und Arbeitsfelder" (10 Nennungen). Eine "Signalwirkung für moderne Planungskonzepte" sehen dabei sieben Städte.

Das Imagepotential der Gewerbe-, Dienstleistungs-, Technologie- und Landschaftsparks bleibt aber sehr diffus. Nur die Städte Bochum, Marl und Herne sprechen von einem Wettbewerbsinstrument, das auf spezialisierte Standorte hinweist. Trotz der Einschätzung als Imageinstrument mehren sich aber die Anzeichen, daß der Parkbegriff mittlerweile als Strategieelement der Standortentwicklung entwertet worden ist und dieses durch die IBA nur noch beschleunigt wird (sechs Nennungen). Desweiteren wird problematisiert, daß Industrie- und Gewerbeparks keinen planungsrechtlichen Charakter besitzen, da sie kein Element der BauNVO sind. Spezifische Standortqualitäten können nur über die konkreten Richtlinien der Bauleitplanung festgeschrieben werden. Diese sind es jedoch, die sich als Hemmnis für die private Investitionstätigkeit herausstellen können. Zwei Emscherstädte (Bottrop und Gladbeck) signalisierten bereits Probleme, Investoren für die Ansiedlung in IBA-Projektgebieten zu gewinnen.

Die raumwirksamen Effekte einzelner IBA-Projekte müssen abgewartet werden. Die IBA hat in den meisten Fällen zu einer weiteren Konkretisierung bereits angedachter Entwicklungsprojekte geführt und somit wirtschaftspolitische Strategieentwicklung beeinflußt. Dies kann z.B. am Wissenschaftspark Rheinelbe in Gelsenkirchen belegt werden, der schon zuvor als ZIM-Projekt vorgeschlagen worden war. Gleiches gilt für für den "Businesspark Asterlagen" in Duisburg.

8.3 Konkurrenzstrukturen, regionale Kooperationen und strategische Nischen

Interkommunale Konkurrenz und die Bereitschaft zur regionalen Kooperation müssen in einem engen Zusammenhang gesehen werden. Acht Ruhrgebietsstädte bewerten die Konkurrenz zwischen den Kommunen zumindest als Problem der kommunalen Wirtschaftsförderung. Insgesamt kristallisiert sich als ein Ergebnis der Interviews ein hierarchisches Konkurrenzgefüge zwischen den Ruhrgebietsstädten heraus. Auf der einen Seite stehen die Oberzentren mit ihren im Vergleich überproportionalen gewerbepolitischen Bearbeitungskapazitäten in direkter Konkurrenz zueinander. Dabei geht es mit Blick auf technologiepolitische Orientierungen vor allem um die Ansiedlung von überregionalen Forschungseinrichtungen. Auf der anderen Seite haben sich besondere Konkurrenzverhältnisse zwischen Emscher- und Lippestädten herausgebildet. Hier geht es um eine allgemeine Partizipation am Ansiedlungsmarkt und die Verhinderung von Abwanderungen. Konkurrenzbeziehungen zwischen diesen beiden "Systemen" werden kaum als Hemmnis oder Problem beschrieben. Aufgrund der regionalen Flächenengpässe wird ein Verlagerungsdruck aus dem Ballungskern in die Ballungsrandzone nur in geringem Maße wahrgenommen.

Die Befragungsergebnisse geben wahrscheinlich nur einen Teil des realen interkommunalen Konkurrenzdruckes im Ruhrgebiet wider. Dafür sprechen zunächst die Defizite in bezug auf regionale Kooperationsbereitschaft. Nur zwischen den Städten Bottrop, Gelsenkirchen und Kommunen des Kreises Recklinghausen bahnt sich mit Gründung der privatrechtlich organisierten Emscher-Lippe-Agentur (ELA) eine institutionelle Kooperation an, die auch bereits in Textdokumenten als strategischer Ansatz Erwähnung findet. Nur in diesen Städten wurde ohne Nachfragen des Interviewers auf regionale Koordinierungsaktivitäten im Rahmen der Wirtschaftsförderung abgehoben. Die ELA soll in Zukunft vor allem Akquisitionsaktivitäten koordinieren und mittels eines aufzubauenden regionalen Gewerbeflächenkatasters sowie der

Durchführung von gutachterlichen Strukturanalysen eine verbesserte Informationsbasis für die gewerbepolitische Strategieentwicklung ermöglichen.[346]

Ein weiterer Kooperationsansatz sind die allerdings vor allem vom Land unterstützten Regionalagenturen zur Koordinierung spezifischer Förderprogramme. Die bisher gegründeten Agenturen in Bochum und Dortmund befinden sich noch im Aufbau, so daß eine Einschätzung ihrer Handlungsmöglichkeiten verfrüht ist.

Regionale Absprachen in bezug auf Gewerbeflächenplanungen beschränken sich auf wenig bedeutende Einzelmaßnahmen. Eine Ausnahme bildet hier vielleicht die Region Dortmund - Unna - Lünen. Dem Technologiepark Dortmund wird von den politischen Akteuren eine überregionale Standortattraktivität attestiert, die Auswirkungen auf die regionale Gewerbeflächenausweisung haben kann.[347]

Die aufgedeckten Diffusionsprozesse in der Entwicklung von Handlungskonzepten kommunaler Wirtschaftsförderung müssen als Anpassungsmechanismen an durch die politischen Akteure wahrgenommene Konkurrenzverhältnisse interpretiert werden. Dies gilt vor allem für das Aufgreifen von Strategieansätzen und Projektvorhaben benachbarter Kommunen. Im Rahmen dieser Arbeit wurde exemplarisch auf die Konzeption umwelttechnologieorientierter Projekte eingegangen.[348] Ein häufig gebrauchtes Argument ist hier der Hinweis auf ein noch nicht ausgeschöpftes Marktpotential, von dem eben auch die eigene Stadt profitieren könne. So wird z.B. in Gelsenkirchen mit Blick auf die erwünschte Ansiedlung einer Ausbildungsstätte im Medienbereich eingefordert:

"Die Ausbildung dieser Fachkräfte sollte nicht auf einzelne Medienzentren wie München oder Köln beschränkt sein."[349]

Zwischen Herne und Castrop-Rauxel zeichnet sich ein Konkurrenzkonflikt in bezug auf stadtplanerisch flankierte Standortgemeinschaften im medizintechnischen Bereich ab. Desweiteren muß hier an die große Anzahl projektierter technologieorientierter Standortgemeinschaften erinnert werden, von denen nur ein Teil langfristig die vorgegebenen bzw. angestrebten Entwicklungsziele erfüllen kann. Hier zeigen sich am dringlichsten regionaler Koordinierungsbedarf.

Konkurrenzdruck, fehlende regionale Kooperationen sowie Informationsdefizite in bezug auf wirtschaftsräumliche Entwicklungstrends sind die entscheidenden Hemmnisse einer stärkeren strukturpolitisch orientierten kommunalen Wirtschaftsförderung. Desweiteren sind hier Widerstände bei einzelnen politischen Akteuren festzustellen. Die Übernahme eines auch nur scheinbar erfolgreichen Entwicklungsansatzes benachbarter Kommunen wird in der Regel, gegenüber Versuchen neue "Marktnischen" zu erschließen, bevorzugt.

Die Erschließung neuer Zielgruppen innerhalb der Konzeptentwicklung in der kommunalen Wirtschaftsförderung konzentriert sich in den Ruhrgebietsstädten zunächst auf die Hochschulen und

---

[346] Informationsgespräch bei der ELA am 21.08.1990.
[347] Eine vom Verfasser durchgeführte Analyse der dokumentierten Ansiedlungen und regionalen Verlagerungen anhand von Ausschußunterlagen der Stadt Dortmund stützt eine solche Bewertung.
[348] Vgl. im Detail Kapitel 6.3.3.2.
[349] Vgl. Stadt Gelsenkirchen (Hrsg): a.a.O., 1987

bereits etablierten überregional operierenden Forschungsinstituten. Desweiteren ergeben sich für einige Städte auch positive Entwicklungsansätze aus der gesamträumlichen Orientierung auf Umwelt- und Bodensanierungstechnologien. Insgesamt wird aber eine auf komparative Entwicklungsvorteile zielende strukturpolitische Zielgruppenorientierung in Bestandspflege und Ansiedlungspolitik nur in wenigen Ruhrgebietsstädten ansatzweise implementiert. Auch regionale Akquisitionsstrategien werden nur von wenigen Städten formuliert. Sie sind in der Regel an Kontakte und Erfahrungen einzelner Mitarbeiter der Wirtschaftsförderungsdienststellen gebunden.

Ansiedlungspräferenzen und Zielgruppenorientierung werden oftmals als kommunale sektorale Strukturpolitik mißverstanden[350]. Es kann hier nicht um eine marktfeindliche politische Steuerung gehen, sondern es sollen Rahmenbedingungen für die Nutzung von komparativen Entwicklungsvorteilen geschaffen werden. Dabei kann es sinnvoll sein, daß spezifische Zielgruppen seitens der kommunalen Wirtschaftsförderung angesprochen werden. Regionale Koordinierung und Informationsaustausch können dabei zu einer Vermeidung von ruinösem interkommunalen Konkurrenzverhalten beitragen.

Die vorliegende Arbeit zeigt hier erhebliche Defizite und Handlungsbedarfe auf. Sie wirken verstärkt aufgrund einer eher zurückhaltenden Vermarktung individuell geprägter strukturpolitischer Entwicklungsvisionen. Beweis hierfür sind die wenig zielgruppenbezogenen Ansätze des kommunalen Standortmarketings. Man kann hier vielleicht auch von einer fehlenden "inneren Bindung" zwischen Vision und die sie ermöglichende Infrastrukturpolitik im Rahmen der kommunalen Wirtschaftsförderung sprechen. Insbesondere aus den altindustrialisierten Kerngebieten Großbritanniens sind mehrere Beispiele für eine enge Verzahnung von Standortmarketing und regionaler Strukturpolitik bekannt. Struktureller Wandel muß als individueller, abgrenzbarer Entwicklungserfolg sichtbar werden[351]. Individuelle Entwicklungskonzepte sind vielleicht auch wichtiger als die Gesamtsumme zugewiesener Fördermittel. Für die "ehemalige" mittelenglische Stahlstadt Corby faßt HALL im Kontext zum Fortschritt des strukturellen Wandels zusammen:

"...Although a great many incentives were provided for the town to acchive its economic regeneration, the point has to be made at the time of closure in 1979 almost half the UK was covered by Assisted Areas. So the solution to the problem cannot be seen simply as a fiscal one."[352]

---

[350] Vgl. Rüter, G: Regionalpolitik im Umbruch. Bayreuth 1987, S.361f.

[351] Vor allem im Rahmen der privatrechtlichen Stadtentwicklungsgesellschaften (Urban Development Corporations), denen planungshoheitliche Rechte übertragen wurden, bemühen sich um eine strukturpolitisch orientierte Themenbindung ihrer Entwicklungsgebiete. Ansiedlungs- und Imagewerbung sind zielgruppenorientiert. Zum Beispiel wird in Teesside bewußt auf eine erwünschte Standortkonzentration und Infrastrukturangebote der chemischen Industrie abgehoben: "Chemical industries capital of the world.". Vgl. CBI (ed.): Initiatives beyond charity: Report of the CBI Task Force on Business and Urban Regeneration. Newcastle 1988. Eine allgemeine Zusammenfassung verschiedener kommunaler wirtschaftspolitischer Entwicklungsansätze findet sich bei Karutz, M.: Chancen und Probleme der Stadtentwicklung und Wirtschaftsförderung in altindustrialisierten Stadtregionen Großbritanniens. Unveröffentl. Studienprojekt. Bonn 1989, S.35ff.

[352] In Corby wurde 1979 das Stahlwerk als Hauptarbeitgeber der Stadt mit noch 6000 Arbeitsplätzen geschlossen. Eine integrierte Entwicklungsstrategie mit der Qualifizierung von Arbeitnehmern und gezielter Standort- und Aquisitionspolitik hat eine Halbierung der Arbeitslosigkeit innerhalb von sechs Jahren ermöglicht. Sie betrug 1980 über 35,0 %. Vgl D. Hall, Chairman des Joint Industrial Development Commitee (JIDC) in: JIDC: Corby works.

Gerade mit Blick auf die verfestigten Konkurrenzstrukturen böte sich beim Aufgreifen eines solchen strategischen Konzeptes auch für den Gesamtraum die Chance, sich als dynamische Region mit vielschichtigen individuellen positiven Entwicklungsimpulsen zu repräsentieren.

Mit der IBA Emscherpark gelingt hier vielleicht bei einigen wenigen Projekten ein erfreulicher Durchbruch. Als Beispiel soll der Wissenschaftspark Rheinelbe in Gelsenkirchen genannt werden. Hier trifft eine sehr spezifizierte Projektidee (Forschungs- und Entwicklung im Bereich Glas-und Energietechnik) auf die Schaffung entsprechender infrastruktureller Rahmenbedingungen und private Investitionsinteressen. Es gibt aber nur wenige Projekte, für die sich ähnliches abzeichnet.

Die große Zurückhaltung der gewerbepolitischen Konzeptentwicklung im Ruhrgebiet bezüglich einer Förderung von "potentiellen Marktnischen" muß letztendlich vor dem Hintergrund sich gegenseitig verstärkender Einflußfaktoren gesehen werden. Konkurrenzdruck minimiert die Bereitschaft zu regionalen und teilweise auch institutionellen Kooperationen. Desweiteren liegen erhebliche Informationsdefizite in bezug auf wirtschaftsräumliche Strukturen sowie Entwicklungstrends vor, die vor allem auf Kapazitäts- und Finanzierungsengpässe zurückzuführen sind und im Rahmen einer regionalen Zusammenarbeit leichter zu lösen wären. Hieraus resultiert letztendlich eine allgemeine Unsicherheit im kommunalen Verwaltungshandeln, die erst recht bei Widerstand der Legitimatoren leicht durch ein Verdrängen möglicher konzeptioneller Optionen verarbeitet wird.[353]

Mit der Einforderung verstärkter regionaler interkommunaler Zusammenarbeit werden institutionalisierte Beziehungen und Verflechtungen innerhalb der föderalen staatlichen Organisation in den Mittelpunkt der Diskussion gestellt. Dabei ist insbesondere auf institutionelle Hemmnisse regionaler Kooperationen abzuheben. Im Rahmen dieser Arbeit wurde das kommunale Finanz- und Steuersystem und damit der vertikale Finanzausgleich als Problembereich erkannt. Es zeichnet sich hier ein Beitrag zur Föderalismusdebatte ab. Damit wird auch auf die Standortbestimmung raumwirksamer Kommunalpolitik abgehoben und auf die einleitende Diskussion dieser Arbeit zur Integration kommunalpolitischen Verwaltungshandelns in die Politische Geographie zurückgeführt. In Bezug auf die Konzeption kommunaler Wirtschaftsförderung sind vor allem ihre Regionalisierungspotentiale sowie die Verflechtungen mit der staatlichen Regionalpolitik auszuloten. Es stellt sich hier die Frage nach einer Neuorientierung, insbesondere Dezentralisierung in der sektoralen und regionalen Strukturpolitik. Diese Problematik erschließt sich direkt aus den Ergebnissen dieser räumlich exemplarischen Arbeit zur Raumgebundenheit sowie Strategie- und Politikentwicklung in der kommunalen Wirtschaftsförderung[354].

Information Package, Corby 1987. Siehe außerdem Burton, M.: Corby Works: How a steel town pulled its way out of recession. In: Municipal Journal 11, 1987.
[353] NAßMACHER und MAYNTZ heben die Bedeutung von "non-decision"-Prozessen in der Politikentwicklung hervor. Vgl. Naßmacher, H.: a.a.O., 1987, S.38ff.
[354] Siehe Kapitel 9.2.

9. Abschließende Überlegungen

9.1 Raumgebundenheit und Raumwirksamkeit kommunaler Wirtschaftsförderung unter Berücksichtigung methodischer Aspekte

Mit Raumbindungen und Raumwirksamkeit der gewerbepolitischen Strategieentwicklung werden die konkreten Raumbezüge des regionalen politischen Systems angesprochen.

Im Rahmen der vorliegenden Arbeit konnten drei unterschiedliche, räumliche Einflußfaktoren auf die Konzeption kommunaler Wirtschaftsförderung identifiziert werden:

a) Räumlich differenzierte Qualitäten der Infrastrukturausstattung und Flächenpotentiale.

b) Wirtschaftsräumliche Strukturmerkmale von der Beschäftigungsentwicklung, über die Arbeitslosigkeit bis hin zu finanzpolitischen Rahmendaten der Kommunen.

c) Räumlich differenzierte staatliche Rahmenbedingungen, wie regionalpolitische Vorgaben, sowie Einbindungen von Kommunen in besondere Kooperations- oder Konkurrenzstrukturen.

Infrastrukturausstattung, Flächennutzung und disponible Gewerbeflächenpotentiale stecken einen allgemeinen Handlungsrahmen für die kommunale Wirtschaftsförderung ab. Vor allem mit Blick auf die Förderung und den Vollzug der Brachflächenreaktivierung leiten sich erhebliche Entwicklungsvorteile für die Oberzentren Duisburg, Essen, Bochum und Dortmund ab. Größere Flexibilitäten ergeben sich für Kommunen der Ballungsrandzone nur kurzfristig, so lange der Vorteil größerer kurzfristiger Flächenreserven genutzt werden kann. Gleichzeitig wird hier aber auch ein zusätzlicher Entwicklungsdruck in Richtung einer Neuausweisung von Gewerbeflächen deutlich. Die Qualität der Gewerbeflächenstandorte mit ihren umweltrechtlichen Nutzungsbeschränkungen und städtebaulichen sowie sozialen Umfeldern determiniert weitgehend Handlungsspielräume der Bestandspflegepolitik. Unterschiedliche Informationsniveaus über Flächennutzungsstrukturen wirken sich zusätzlich räumlich differenzierend auf die Aktivitäten der Bestandspflegepolitik aus.[355]

Vor allem Informationsdefizite in bezug auf strukturräumliche Entwicklungstrends lassen eine Verknüpfung von Branchentrends mit zielgruppenorientierter Bestandspflege und Ansiedlungspolitik unwahrscheinlich erscheinen. Technologiepolitische Spezialisierungen und die Förderung von technologieorientierten Standortgemeinschaften werden in der Regel als Nutzung vorhandener Entwicklungspotentiale ausgelegt und nicht als bewußte strategische Reaktion auf branchenspezifische Beschäftigungstrends interpretiert. Allgemein wird auf die strukturwandelbedingten Arbeitsplatzverluste im Bergbau und montanindustriellen Verflechtungsbereich und auf die Schaffung von Arbeitsplätzen in anderen Branchen abgehoben. Lediglich für Bottrop und Dortmund lassen sich größere Parallelen zwischen Branchentrend und strukturpolitischen Handlungsansätzen nachweisen. Während in Bottrop positive Beschäftigungseffekte im Bergbau sowie der Eisen- und Metallerzeugung mit einer Zielvorgabe der

---

[355] HENNINGS sieht entscheidende Handlungsdefizite in der gewerbepolitischen und stadtentwicklungsorientierten Bewertung von Gemengelagensituationen. Gemengelagenkonzepte beziehen sich in der Regel auf besondere Einzelmaßnahmen. Handlungsanweisungen für das allgemeine Verwaltungshandeln scheitern bisher an fehlenden problemorientierten Typisierungsmaßstäben. Vgl. Hennings, G. (Bearb.): a.a.O., 1988, S.117ff.

möglichst langfristigen "*Strukturerhaltung*" zusammenfallen, wird in Dortmund in bezug auf Ansätze einer innovationsorientierten Regionalpolitik auf das überdurchschnittliche Beschäftigungswachstum in technologieintensiven Branchen des verarbeitenden Gewerbes hingewiesen.[356]

Qualifikatorische Merkmale der Beschäftigungsentwicklung finden im Rahmen der gewerbepolitischen Strategieentwicklung ebenfalls nur in sehr allgemeiner Form Berücksichtigung. Der auf breiter Front im Ruhrgebiet festzustellende Beschäftigungsabbau bei Metallberufen und Technikern wird bei der Forderung nach dem Angebot von Aus- und Weiterbildungseinrichtungen berücksichtigt.[357] Für eine strategieorientierte Implementation von beruflichen Qualifikationsstrukturen fehlen auch hier den Kommunen in der Regel detaillierte Informationen.

Die Höhe der Arbeitslosigkeit sowie der Anteil der Langzeitarbeitslosigkeit können ebenfalls nicht als direkt wirkende Einflußfaktoren auf die politische Strategieentwicklung identifiziert werden. Vielmehr spielen Prozesse der individuellen Problemwahrnehmung und die sich daraus ableitenden Motivationen der einzelnen politischen Akteure eine wichtige Rolle.

Hier wird auch ein methodischer Ansatz, der Raumbindungen politischer Strategieentwicklung durch Verknüpfung von räumlichen Strukturdaten mit Merkmalen der Politikentwicklung zu verknüpfen versucht, in Frage gestellt. Es muß dagegen stärker auf individuelle Entscheidungsmotivationen und die Wahrnehmung von Problemdruck abgehoben werden. WERLEN spricht, bezugnehmend auf POPPER, von einem "methodologischen Individualismus", der im Rahmen der geographischen Regionalforschung und damit auch in der politisch-geographischen Analyse Berücksichtigung finden sollte.[358] In diesem Zusammenhang müssen Vorschläge zu einer individuellen, einzelfallorientierten "Spurensuche" eingeordnet werden.[359]

Die Begrenzung von Handlungsspielräumen aufgrund von kommunalen finanzpolitischen Rahmenbedingungen ist ein Problem des gesamten Untersuchungsraumes. Intraregionale Differenzierungen fallen mit Blick auf die sich abzeichnenden interregionalen Diparitäten nicht mehr so stark ins Gewicht. Kommunale Haushaltsdaten werden primär im Zusammenhang mit ansiedlungspolitischen Zielsetzungen sowie arbeitsmarktpolitischen Engagements im Rahmen von AFG und BSHG zitiert.

Konkurrenzbeziehungen zwischen benachbarten Kommunen sowie staatliche Steuerungseinflüsse durch vertikalen Finanzausgleich und regionaler Verteilung von Fördermitteln müssen ebenfalls als

---

[356] Vgl. Hennings, G.: a.a.O., 1988, S.43ff; sowie Stadt Dortmund: a.a.O., 1990, S.19f.

[357] Beispiele sind das überbetriebliche "Qualifizierungszentrum" in Duisburg-Rheinhausen oder die Einrichtung von Ausbildungsplätzen im Bereich der CNC-Maschinensteuerung in Gelsenkirchen. Zu den allgemeinen qualifikationsbezogenen Beschäftigungstrends siehe Kapitel 4.2.3.

[358] "Das Basispostulat des methodologischen Individualismus fordert, "daß alle sozialen Phänomene, insbesondere das Funktionieren der sozialen Institutionen, immer als das Resultat der Entscheidungen, Handlungen, Einstellungen usw. menschlicher Individuen verstanden werden sollten, und das wir nie mit einer Erklärung aufgrund sogenannter Kollektive (Staaten, Nationen, Rassen usf.) zufrieden sein dürfen"". Popper zit. nach Werlen, B.: Geographische Regionalforschung als Situationsanalyse. Ein Vorschlag aus kritisch-rationaler Perspektive. In: Aufhauser, E.; Griffinger, R.: Perspektiven regionalwissenschaftlicher Forschung. Wien 1988, S.17.

[359] Vgl. Butzin, B.; Danielzyk, R.: Räumliches Bewußtsein und Regionalentwicklung im Ruhrgebiet. In: Verhandlungen des 46. Dt. Geographentages München 1987. Stuttgart 1988; sowie Aring, J. et.al.: a.a.O., 1989, S.94ff.

räumlich differenzierte Einflußfaktoren der gewerbepolitischen Strategieentwicklung berücksichtigt werden.

Aus der Perspektive des kommunalen Verwaltungshandelns konzentriert sich die Analyse der Raumwirksamkeit kommunaler Wirtschaftsförderung auf die Abschätzung von Arbeitsplatzeffekten im Rahmen von Ansiedlungserfolgen und Bestandspflegemaßnahmen. Dabei besteht eine erhebliche Abhängigkeit von betrieblichen Informationen, die nur schwer überprüfbar sind. Auswirkungen auf die lokalen Arbeitsmarktstrukturen werden bisher kaum erfaßt. Ein möglicher Ansatz ist die Berechnung von Entlastungskoeffizienten über die kommunal unterstützten ABM- und BSHG-Stellen.

Im Rahmen der politisch-geographischen Analyse findet die flächennutzungsbezogene Raumwirksamkeit der kommunalen Wirtschaftsförderung bisher wenig Beachtung. Im Vordergrund muß dabei die im Verwaltungshandeln angelegte Gewichtung zwischen Ansiedlungspolitik und Bestandspflege sowie die einzelfallorientierte Bewertung von Flächennutzungskonflikten stehen.[360]

9.2 Kommunale Wirtschaftsförderung und Regionalpolitik: Auf dem Wege zu einer Föderalismusdebatte

Defizite in der regionalen Kooperation zwischen den Ruhrgebietsstädten können nicht ausschließlich auf den vorhandenen Konkurrenzdruck zurückgeführt werden. Gleiches gilt für die beobachtete Zurückhaltung bei der Diskussion einer strategischen strukturpolitischen Orientierung auf spezifische Marktsegmente und Zielgruppen.[361]
Vielmehr werden hier fehlende Anreize innerhalb des kommunalen und regionalen Politikangebotes, also innerhalb des Instrumentariums, deutlich. Mit der eingeforderten Regionalisierung der Wirtschaftsförderungsaktivitäten werden insbesondere Verflechtungen zwischen staatlicher Regional- und Sektoralpolitik auf der einen und Handlungsmöglichkeiten der kommunalen Wirtschaftsförderung auf der anderen Seite angesprochen. Die vorliegenden Ergebnisse zur Erstellung von Handlungskonzepten in der kommunalen Wirtschaftsförderung im Ruhrgebiet erlauben damit auch Rückschlüsse auf die regionalpolitische Strategiediskussion. Anmerkungen zur Effizienz des regionalpolitischen Instrumentariums sowie Ansätzen einer Dezentralisierung der Regionalpolitik sind möglich.

Die Vielfalt und mangelhafte Koordination des regionalpolitischen Instrumentariums scheint eine kommunale Strategieentwicklung zu hemmen. In der Regel beschränkt sich das kommunale Verwaltungshandeln auf eine Unterstützung der Anträge und Fördermittelberatung. Dieses Verwalten fördert bürokratische Rationalität und führt zu einer größeren Passivität in bezug auf die Entwicklung von Eigeninitiative. Dadurch entstehen auch zusätzliche Flexibilitätsbarrieren innerhalb des Verwaltungshandelns.[362]

---

[360] BOESLER beobachtet allerdings ein zunehmendes Interesse an der Analyse von Flächennutzungskonflikten im Rahmen einer kleinräumigeren und großmaßstäblicheren Betrachtungsweise. Vgl. Boesler, K.-A.: a.a.O., 1987, S.88.
[361] Vgl. Kapitel 8.3.
[362] Vgl. Jens, H.: Aktuelle Probleme der regionalen Strukturpolitik. In: Wirtschaftsdienst, H.9, 1989, S.459-464.

Aus der marktwirtschaftliche Perspektive muß aber auch eine kommunale Sachkapitalförderung im Sinne der "klassischen" Regionalpolitik auf wettbewerbsrechtliche Bedenken und Beschränkungen stoßen. Die kommunale Wirtschaftsförderung hat aber dennoch direkte Subventionsmechanismen als Element einer Anreizpolitik in die kommunale Boden- und Erschließungspolitik integriert. Grundstückstransfers zum "Verkehrswert - X %" werden in der Regel auch von der Kommunalaufsicht toleriert.[363]

Die Kritik am klassischen regionalpolitischen Instrumentarium konzentriert sich auf die Dominanz der Sachkapitalförderung und die fehlende Koordinierung mit der sektoralen Strukturpolitik. Dabei ist durch einzelne Förderprogramme der Strukturwandel eher behindert als gefördert worden. Es waren seit Mitte der siebziger Jahre erhebliche Mittelabflüsse als Erhaltungssubventionen zu registrieren.[364] ORTMEYER spricht unter Bezugnahme auf den nachweisbar hohen Anteil der Mitnahmeeffekte von einem "finanziellen Dankeschön" für in Fördergebiete gelenkte Investitionen.[365] Humankapitalförderung wurde erst Mitte der achtziger Jahre ansatzweise in die staatliche Regionalpolitik aufgenommen. Es handelt sich dabei um Arbeitsplatzsubventionen zur Schaffung von qualifizierten Arbeitsplätzen im F&E- sowie Management-Bereich.

Die Diskussion um die Abgrenzung der Fördergebiete führt auf die erst relativ späte Berücksichtigung der altindustrialisierten Verdichtungsräume als regionalpolitische Problemregionenen zurück. Die Gewichtung zwischen Infrastruktur- und Arbeitsmarktindikatoren wird kontrovers diskutiert. Es überrascht nicht, daß im Ruhrgebiet eine noch stärkere Berücksichtigung der Arbeitsmarktindikatoren eingefordert wird. LAMMERS kritisiert in diesem Zusammenhang auch das praktizierte Schwerpunktorteprinzip, da eine Konzentration von Fördermitteln alleine noch keine Agglomerationsvorteile schafft.[366] Mit der Etablierung von Sonderprogrammen unter dem Dach der GRW zeigt sich ansatzweise eine Flexibilisierung in der Bund-Länder-Regionalförderung. Bisher sind jedoch die Programme lediglich verlängert worden, so daß nicht von einer Etablierung von befristeten problemangepaßten Förderprogrammen gesprochen werden kann, die von RÜTER als Merkmal einer effizienteren Gestaltung der regionalpolitischen Förderung eingefordert wird.[367] Die traditionelle regionalpolitische Förderung wird von den Ruhrgebietskommunen mittlerweile als Besitzstand aufgefaßt, so daß sie nur von einer Minderheit der Kommunen als noch nicht ausreichend angesehen wird. Die Kritik folgt erwartungsgemäß dem Fördergefälle zwischen den Landesfördergebieten und den GRW-Förderregionen.

Die in NRW mittels der Zukunftsinitiativen eingeleitete Regionalisierung der Regionalpolitik zeigt anstelle einer örtlichen Spezialisierung von Fördermaßnahmen zunehmend eine Parallelität der Projektförderungen. Sie ist gleichzeitig durch eine relativ breite Streuung der Fördermittel

---

[363] Die Befragungsergebnisse decken sich mit GRÄTZ (1983). Vgl. Grätz, C.: a.a.O., 1983, S.186.
[364] In den letzten Jahren haben sich zunehmend Autoren zu diesem Problembereich geäußert. Dabei ist die Diskussion insbesondere durch die Stellungnahmen des Sachverständigenrates zur Begutachtung der gesamtwirtschaftlichen Entwicklung 1984/85 bzw. 1988/89 belebt worden. Vgl. insb. Junkernheinrich, M.: Ökonomische Erneuerung alter Industrieregionen: das Beispiel Ruhrgebiet. In: Wirtschaftsdienst, H.1, 1989, S.29-35; sowie Rüter, G.: a.a.O., 1987, S.275ff.
[365] Vgl. Ortmeyer, A.: Regionale Wirtschaftspolitik kontrovers: das Thema Ruhrgebiet. In: Wirtschaftsdienst, H.3, 1989, S.154-158.
[366] Vgl. Lammers, K.: Ansatzpunkte für eine Neuorientierung der Regionalpolitik. Die Bund-Länder Regionalförderung - Ziele, Ansatzpunkte, ökonomische Problematik. In: Weltwirtschaft, H.1, 1987, S.61-81.
[367] Vgl. Rüter, G.: a.a.O., 1987, S.275ff.

gekennzeichnet. Desweiteren wird deutlich, daß eine "von oben" vorgeschlagene Festlegung von Koordinierungsregionen bei den Kommunen mit Mißtrauen begleitet wird. ZIM und ZIN haben den interkommunalen Konkurrenzdruck kaum abmildern können. Es hat hier eine Bürokratisierung der Regionalförderung stattgefunden. Die Zukunftsinitiativen bieten aber mit der Förderung von Strukturgutachten und Marktanalysen auch ein wichtiges zusätzliches Instrument zum Abbau von regionalen Informationsdefiziten an. Damit werden kommunale strukturpolitische Strategieentwicklung erleichtert und Realisierungschancen einzelner Projekte besser einschätzbar. Desweiteren muß die Möglichkeit zur Förderung von sehr spezialisierten Qualifikationsmaßnahmen gewürdigt werden. Insgesamt sind die Zukunftsinitiativen ein Ansatz zu einer effizienteren Koordinierung verschiedener regionaler und sektoraler Förderprogramme. Dennoch sind strukturpolitische Motive bei der Beantragung von ZIM/ZIN-Projekten eher sekundär. Wichtige Aktivitätsnachweise im kommunalpolitischen Legitimierungsprozeß sind vor allem die Zahl der Verwaltungsakte und die für die Stadt gesicherte Fördersumme. Es hat hier auch eine weitere Bürokratisierung der Regionalförderung stattgefunden.

HUMMEL und RÜTER verweisen auf die etablierte Verflechtung von regionalen Beihilfen und Förderprogrammen sektoraler Strukturpolitik. Eine partielle Reform der Regionalpolitik mit einer Herabsetzung von Förderpräferenzen "verstärkt nur die Nachfrage nach sektoralen Beihilfen".[368]

Vor allem im Zusammenhang mit Konzepten und Projektierungen im Bereich der Technologieförderung wird von den Ruhrgebietsstädten auf die Förderung örtlicher Entwicklungspotentiale abgehoben. Hier spielen insbesondere die Forschungs- und Entwicklungskapazitäten der Universitäten und Großforschungseinrichtungen eine zentrale Rolle, die in der Regel Fundament einer zielgruppenorientierten Innovationsförderung sind. Einzelprojekte werden dabei als Elemente einer sogenannten "innovationsorientierten Regionalpolitik" zitiert.[369] BRUGGER charakterisiert derartige Ansätze als "eine regionalpolitisch motivierte und dezentral angelegte gesamtwirtschaftliche Innovationspolitik...".[370]

Die hier von der kommunalen Wirtschaftsförderung ausgehende Einforderung einer Förderung "endogener Entwicklungspotentiale" sollte weniger vom Standpunkt wirtschaftstheoretischer Defizite, sondern vielmehr aus der damit verknüpften Dezentralisierung der Regionalpolitik diskutiert werden. BRUGGER stellt die Nutzung und Kontrolle der interregionalen Austauschbeziehungen im Interesse der betreffenden Region in den Mittelpunkt. Kontrolle wird in diesem Kontext als "Anziehen positiver exogener Einflüsse und Abwehr unerwünschter Einflüsse" festgelegt. Damit werden das Problem der unrealistischen, ausschließlichen endogenen Entwicklung umgangen, und Verflechtungen ausdrücklich im Konzept berücksichtigt. Unter diesen Prämissen kann eine eingeforderte Dezentralisierung von regionalpolitischen Entscheidungsbefugnissen diskutiert werden.

---

368 HUMMEL wendet sich insbesondere gegen eine überstürzte Abschaffung der Investitionszulage, wie sie schließlich im Rahmen der Steuerreform 1990 auch realisiert worden ist. Desweiteren muß sichergestellt sein, "daß Instrumentenwechsel nicht zu einem "kontraproduktiven Wettlauf" anderer Maßnahmen führt. Vgl. Hummel, M.: Abbau der Regionalförderung - ein Schritt in die falsche Richtung. In: Ifo-Schnelldienst, H.18/19, 1988, S.5-7.

369 Im Mittelpunkt des von EWERS und WETTMANN entwickelten regionalpolitischen Konzeptes steht die zielgruppenorientierte Förderung zur Veränderung des örtlichen Wettbewerbspotentials. Vgl. Ewers, H.J.; Wettmann, R.: Innovationsorientierte Regionalpolitik. Bonn 1980.

370 Brugger, E.A.: Innovationsorientierte Regionalpolitik. In: GZ, 68, 1980, S.194.

Als kommunale Variante der innovationsorientierten Regionalpolitik wird insbesondere die Einrichtung von technologieorientierten Standortgemeinschaften angesehen werden. Deren Popularität deutet aber gleichzeitig auf eine ineffiziente Konkurrenz zwischen den Kommunen hin. Bei der "Technologieparkpolitik spricht einiges für die Vermutung, daß bei diesem regionalpolitischen Instrument tagespolitischer Optimismus eine mindestens ebenso große Rolle spielt wie eine theoretisch durchdachte Konzeption".[371]

ORTMEYER spricht von einem Dilemma, daß zentrale Programmierung Subventionskonkurrenz verhindern kann und Diskriminierung durchsetzen hilft, aber gleichzeitig einer lokalen Strategieanpassung eher hinderlich sein kann[372]. Dezentralisierung der Regionalpolitik erfordert neue regionalpolitische Integrationsstrukturen zwischen zentralen und lokalen Entscheidungsebenen. Damit werden die Effizienz und regionalpolitischen Handlungsanreize innerhalb der föderalen Organisationsstrukturen angesprochen[373]. Informationsvorteile lokaler Entscheidungsebenen sind ein entscheidendes Argument einer Dezentralisierung von regionalpolitischen Entscheidungskompetenzen.[374] Grundsätzlich sind örtlich initiierte Förderprogramme mit regionalpolitischem Charakter nicht umstritten. Stellvertretend sei auf MILLER verwiesen:

"Locally initiated, implemented and managed initiatives can play a significant role in the response to economic and employment problems."[375]

Jedoch müssen die Rahmenbedingungen solcher Initiativen im Kontext des föderalen Systems geklärt sein. ROBERTS fordert in diesem Zusammenhang die Notwendigkeit einer Analyse der Auswirkungen lokaler politischer Initiativen auf die Handlungsfähigkeit gesamtstaatlicher Politikbereiche.[376] Dezentralisierungsstrategien müssen einzelne Politikbereiche hinsichtlich der Verlagerung von Entscheidungskompetenzen überprüfen. ARMSTRONG und TAYLOR sprechen von partieller Dezentralisierung, wobei sie insbesondere auf fiskalpolitische Handlungsspielräume anspielen.[377] RÜTER stellt Strukturen des gegenwärtigen kommunalen Finanzsystems in

---

[371] Erinnert sei an die zahlreivchen Projektierungen in den Ruhrgebietsstädten. Vgl. Rüter, G.: a.a.O., 1987, S.301.

[372] Vgl. Ortmeyer, A.: a.a.O., 1989.

[373] VON SUNTUM spricht ausdrücklich von der Notwendigkeit einer Föderalismusdebatte im Zusammenhang mit einer Dezentralisierung der Regionalpolitik. Vgl. Suntum, U. van: Regionalpolitik in der Marktwirtschaft. Baden-Baden 1981, S.169ff.

[374] YOUNG und MASON setzen lokale Entscheidungskompetenzen grundsätzlich für eine Konzeption alternativer regionalpolitischer Förderung voraus: "Whatever their fate, these "alternative strategies" represent the pinacle of the belief that local authorities can and do exert influence in their local economies. Vgl. Young, K.; Mason, C. (Hrsg.): Urban Economic Development. London 1983, S.2.

[375] Miller, D.: The Future of Local Economic Policy and Private Sector Function. In: Campbell, M. (Hrsg).: a.a.O., 1990, S.196.

[376] "It is important to consider the role of local economic development within the broader set of local, regional, national and international economic policies. In one sense this matter can be treated as a simple issue of deciding upon the most appropriate scale of policy formulation to meet the needs of an individual local arena." Roberts, P.: Local Economic Development: Alternative Forms of Local and Regional Policy for the 1990s. In: Albrechts et.al.: a.a.O., 1989, S.177.

[377] Neben einer Analyse räumlicher Auswirkungen aller Steuern, Abgaben und Subventionsprogramme müssen Folgewirkungen einer Veränderung der fiskalpolitischen

Deutschland in Frage. Dabei steht einerseits eine Reformierung der Gewerbesteuer, sowie andererseits ein Umbau der Finanzausgleichssysteme im Mittelpunkt. In der Vergangenheit sind Reformansätze zumeist zu Lasten der Kommunen gegangen. RÜTER hebt die Anreizfunktion der Gewerbesteuer für die kommunale Bereitstellung gewerbenaher Infrastrukturen hervor. Ihr Aufkommen muß sich an den Kosten der kommunalen Leistungen orientieren.[378] Sie sollte desweiteren bei Erhöhung der Bemessungsgrundlage als Wertschöpfungssteuer erhoben werden.

Eine Abschaffung der Mischfinanzierungen kann zu einer erweiterten finanzpolitischen Verantwortung der Kommunen in bezug auf die Implementation gewerbepolitischer Instrumente führen. Bei Sicherstellung einer kommunalen Internalisierung der anfallenden Kosten wäre nichts gegen kommunale Ansiedlungs- und Investitionsbeihilfen einzuwenden. Es bliebe den Kommunen überlassen, wie sie im Rahmen einer gesetzestreuen Haushaltsführung die Kosten decken würden. Eine Kostenabwälzung auf andere föderale Entscheidungsebenen wäre unzulässig. Dadurch könnte auch die Realisierung von Projekten mit erheblichen finanzpolitischen Risiken verhindert werden.[379] Die staatlichen Ebenen würden also nur rahmensetzend tätig werden. Als Instrumente können Obergrenzen der kommunalen Kreditaufnahme und die Festsetzung eines maximalen Ausgabenanteils für Finanzinstrumente der kommunalen Wirtschaftsförderung genannt werden.[380]

Ein Umbau des kommunalen Finanzsystems kann sicherlich auch im Sinne einer Anreizfunktion für regionale Kooperationen genutzt werden. Damit könnte wirkungsvoll zu einer Reduzierung der regionalen Kooperationsdefizite im Ruhrgebiet beigetragen werden.

MILLER und ALBRECHTS fordern gerade im Zusammenhang mit dem Ziel, regionale Koordinierung und Kooperation auszubauen, eine bewußte Integration der Privatwirtschaft in die kommunale gewerbepolitische Strategieentwicklung. Vor allem in Großbritannien hat sich mittlerweile eine Vielfalt von sogenanten "public-private-partnerships" etabliert. Sie müssen verstärkt Gegenstand der politikwisssenschaftlichen und politisch-geographischen Analyse sein, um ihre Übertragbarkeit auf deutsche Verhältnisse zu prüfen. Dabei müssen insbesondere Aspekte der Sicherung kommunaler Selbstverwaltungsstrukturen und der Entscheidungsprozesse im Vordergrund stehen.[381] Die flexibleren finanzpolitischen Handlungsspielräume können von Vorteil sein. In diesem

---

        Rahmenbedingungen berücksichtigt werden. Vgl. Armstrong, H.; Taylor, J.: Regional Economics and Policy. Oxford 1986, S.256ff.

[378] Eine ausführliche Darstellung der Gewerbesteuerproblematik findet sich bei Karrenberg, H.: Die Bedeutung der Gewerbesteuer für die Städte. Stuttgart 1985.

[379] In diesem Zusammenhang sei auf die im Ruhrgebiet regional nicht koordinierte Ausweisung von technologieorientierten Standortgemeinschaften verwiesen.

[380] In Großbritannien können 2 % der Finanzzuweisungen für Wirtschaftsförderung eingesetzt werden.(Section 137, Local Government Act 1972). Mit der "Local Government Regulation 1990" wird dieser Rahmen zugunsten der regionalpolitischen und stadtentwicklungsbezogenen Fördergebiete eingeschränkt. (Es ist ein interessanter Versuch eine partielle fiskalpolitische Dezentralisierung mit traditioneller Regionalpolitik zu verknüpfen; Anm. des Verfassers).

[381] GÄFGEN warnt in diesem Zusammenhang vor der Entwicklung undemokratischer, merkantilistischer Entscheidungsstrukturen, die mit einem Autonomieverzicht gegen Gewährung von Vorteilen verbunden sein könnten. Vgl.: Gäfgen, G.: Kooperative Wirtschaftspolitik, neuer Korporatismus und Wirtschaftsordnung. In: Klaus, J.; Klemmer, P.: Wirtschaftliche Strukturprobleme und soziale Frage. Analyse und Gestaltungsaufgaben. Berlin 1988, S. 41-69.

Zusammenhang sei insbesondere auf die in Deutschland sehr zurückhaltende Bereitstellung von Wagniskapital verwiesen.[382]

Mit der Erörterung kommunaler Autonomien sowie Verflechtungen zwischen Staat, Kommune und privatwirtschaftlichen Akteuren wird hier wieder der Ausgangspunkt der vorliegenden Arbeit erreicht. Es geht um die Einbindung kommunalen Verwaltungshandelns in das politische System und eine föderalistische staatliche Organisation. Das Verwaltungshandeln, hier am Beispiel der kommunalen Wirtschaftsförderung aufgezeigt, wird neben den räumlichen, sozioökonomischen Einflußfaktoren durch die Rahmenbedingungen des politischen Systems geprägt. Gleichzeitig gehen aber von der gewerbepolitischen Strategieentwicklung wiederum Impulse auf Autonomiestrukturen und Verflechtungen innerhalb des politischen Systems aus. Dieses konnte hier abschließend am Beispiel der Wechselbeziehungen zwischen kommunaler Wirtschaftsförderung und Regionalpolitik ansatzweise skizziert werden. ROBERTS schließt hier auf drei Strategietypen lokaler wirtschaftspolitischer Politikentwicklung:

a) Örtlich verankerte politische Strategien, die den besonderen örtlichen Strukturproblemen angepaßt sind. Die Entscheidung zwischen Sachkapitalförderung und sozial flankierender Beschäftigungspolitik bleibt der kommunalen Zielorientierung überlassen.

b) Unternehmensbezogene Sachkapitalförderung zur Lösung von betrieblichen Anpassungsproblemen (Klassische Regionalpolitik).

c) "public-private-partnerships" zur Förderung regionaler und institutioneller Kooperationen.

Desweiteren hebt ROBERTS auf die rahmensetzende Funktion des politischen Systems und der einzelnen Systemelemente ab, wenn er zwischen unterschiedlichen nationalen Bezugssystemen kommunalen Verwaltungshandelns differenziert:

"An English authority may do only those things which are expressly allowed to it, a Dutch gemeente may do anything except what is expressly disallowed."[383]

BÖHRET spricht in diesem Kontext von einem "regulativen" Verwaltungshandeln in Deutschland, das eine Flexibilisierung kommunaler Entscheidungsprozesse eher unwahrscheinlich erscheinen läßt.

Die Dynamik wirtschaftsräumlicher Verflechtungen stellt nicht nur ein entscheidendes Informationsproblem der gewerbepolitischen Strategieentwicklung dar, sondern wird in Zukunft verstärkt auch traditionelle Entscheidungsstrukturen und Koordinierungsprozesse in Frage stellen. JOHNSTON verdeutlicht diese Wechselbeziehungen zwischen politischen Institutionen und wirtschaftsräumlicher Entwicklung eindrucksvoll mit Blick auf die Aktivitäten transnationaler Unternehmen:

"National policies for the 1990s - although limited in scope - vis a vis multinational investment will have to acknowledge some changing patterns of multilocational investment strategies to the extent

---

[382] vgl. Sternberg, R.: a.a.O., 1987; sowie Lehner, F.; Nordhause-Janz, J.: a.a.O., 1989, S.99-130.
[383] Roberts, P.: a.a.O., 1989, S.175.

that the spatial scale within which the state exercise sovereign powers does not conform to the spatial scale of transnational corporations."[384]

Deutlich wird hier nicht nur der Bedarf an Verflechtungsanalysen für die kommunale gewerbepolitische Strategieentwicklung, sondern auch die Notwendigkeit, Handlungskonzepte kommunaler Wirtschaftsförderung und konkrete Politikentwicklung ständig nach Implementations- und Koordinierungsspielräumen zu überprüfen.[385]

Föderalismus sowie Raumbindungen und Raumwirksamkeit kommunaler Politikbereiche, hier die kommunale Gewerbepolitik, müssen in einem engen Zusammenhang gesehen werden. Es eröffnet sich hier ein weites Betätigungsfeld politisch-geographischer Analyse.

---

[384] Johnston, R.J.: The State, the Region, and the Division of Labor: In: Scott A.J.; Storper, M. (Hrsg.): Production, Work, Territory. Boston 1986, S.265-280.

[385] SCHULTE weist auf den engen Zusammenhang zwischen industriegeographischen Verflechtungsanalysen und regionalpolitischern Strategieentwicklung hin. Stöhr fordert die Identifizierung von "scopes for coordination und networks" bezüglich der Entwicklung von lokalen Projektmaßnahmen ein. Vgl.: Schulte, R.: Die Lieferverflechtungen der deutschen Luft- und Raumfahrtindustrie und ihre regionalen Beschäftigungseffekte. Dargestellt am Beispiel der MBB GmbH; sowie Stöhr, W.: Regional Policy at the Crossroads: An Overview. In: Albrechts, L. et.al.(Hrsg.): a.a.O., 1989, S.196.

10. Zusammenfassung

Mit dem Staat als zentralem Objektbereich hat die Politische Geographie bis heute eine Integration der kommunalpolitischen Ebene weitgehend vernachlässigt. Neben konflikttheoretischen Ansätzen und marxistisch orientierten Analysen zu lokalen Autonomien im angelsächsischen Raum konzentriert sich die Auseinandersetzung mit kommunalem Verwaltungshandeln und Entscheidungsprozessen kommunal orientierter politischer Akteure auf deren Einordnung in den systemtheoretischen Poltikansatz. Dessen Mehrdimensionalität eröffnet einen sehr allgemeinen Zugang zu kommunalpolitischen Themenbereichen im politisch-geographischen Kontext.

Ziel der Arbeit ist es, am Beispiel der Strategie- und Konzeptentwicklung in der kommunalen Wirtschaftsförderung im Ruhrgebiet, Raumbindungen und Raumwirksamkeit kommunalpolitischen Verwaltungshandelns anzudeuten. Damit soll auch ein Beitrag zur Integration der kommunalpolitischen Ebene in die politisch-geographische Konzeptentwicklung geleistet werden.

Der Analyse liegt mit dem Ruhrgebiet ein altindustrialisierter Verdichtungsraum zugrunde, dessen arbeitsmarktwirksamen strukturellen Anpassungsprozesse mögliche kommunale gewerbepolitische Problemlösungsstrategien besonders stimulieren.

Über traditionelle, bloβ Ziele und Instrumenteneinsatz beschreibende Analysen kommunaler Wirtschaftsförderung hinausgehend, werden strategische Aspekte der Politikentwicklung identifiziert und im Kontext wirtschaftsräumlicher Einfluβfaktoren beschrieben.

Die vergleichende Analyse von Zieldefinitionen, Instrumenteneinsatz und politikfeldbezogenen Konzeptionen mittels Befragung der Wirtschaftsförderungsdienststellen sowie auf Strategieentwicklung bezogener Dokumentauswertung erlaubt eine räumliche Typisierung von Wirtschaftsförderungskonzeptionen im Ruhrgebiet. Dabei werden insbesondere strukturpolitische Strategieentwicklung, Zielgruppenwahl, technologiepolitische Ansätze sowie Beschäftigungsförderung diskutiert.

Ein weiteres Ergebnis ist die Ermittlung von Diffusionsprozessen und Konkurrenzstrukturen in der gewerbepolitischen Strategieentwicklung. In diesem Zusammenhang werden auch staatliche Steuerungsversuche mittels der regionalpolitischen Programmierung deutlich, die Qualität und Absicherung der kommunalen Selbstverwaltung berühren. Dabei werden die Rolle von Staatstätigkeit und wirtschaftsräumlichen Einfluβfaktoren auf die Strategieentwicklung kommunalen gewerbepolitischen Verwaltungshandelns angesprochen. Es eröffnen sich hier Ansätze zu einer Föderalismusdiskussion.

Die Arbeit bietet letztendlich auch einen methodischen Ansatz zur strategieorientierten Analyse kommunalen Verwaltungshandelns im politisch-geographischen Kontext an.

Epilog

Am 3.Oktober 1990 wurde die staatliche Einheit Deutschlands mit dem Inkrafttreten des Einigungsvertrages zwischen der Deutschen Demokratischen Republik und der Bundesrepublik Deutschland (EVertr vom 31.08.1990) vollendet.

Vor allem durch die Schaffung zusätzlicher Förderpräferenzen zugunsten der fünf neuen Bundesländer haben sich die regionalpolitischen Rahmenbedingungen derart verändert, daß Auswirkungen auf die Strategieentwicklung der kommunalen Wirtschaftsförderung im Ruhrgebiet abzusehen sind. Gleiches gilt für Mittelkürzungen im Bereich der sektoralen Strukturpolitik.

Die vorliegende Arbeit konnte die jüngsten Entwicklungen nicht mehr berücksichtigen, zumal zum Zeitpunkt der Interviews mit den Wirtschaftsförderungsdienststellen im Juli 1990 eine besondere Sensibilisierung für die Problematik des deutschen Einigungsprozesses und seine Konsequenzen (noch) nicht festzustellen war.

Es bleibt anzumerken, daß sich der Handlungsdruck in bezug auf die gewerbepolitische Strategieentwicklung eher verstärkt hat. Die Ergebnisse der Arbeit haben somit nicht an Bedeutung verloren.

Bibliographie

Ache, P.; Bremm, H.-J.; Mertens, A.:Emscherzone im Umbruch. Szenarien zwischen Deglomerationstendenz und "kontrolliertem Umbau. In: Planer(in), H.3, 1989; S.2-5

Aden, W.: Strukturwandel, technologische Innovation, Wissenstransfer - Das Ruhrgebiet. In: Institut für Landes- und Stadtentwicklungsforschung (ILS) (Hrsg.): Innovation in alten Industriegebieten. Dortmund 1988, S.95-99

Albrechts, L; Moulaert, F.; Roberts, P.; Swyngedouw, E. (Hrsg.): Regional Policy at the Crossroads. London 1989

Allen, K.; Yuill, D.; Bachtler, J.: Requirements for an Effective Regional Policy. In: Albrechts, L. et.al.(Hrsg.): Regional Policy at the Crossroads. London 1989, S.107-124

Alles, R.: Die Verlagerung der Einzelhandelsnachfrage im Einzugsbereich von Verbrauchermärkten. In: AfK, 23, 1984, S.67-79

Allesch, J.: The Role of Innovation Centers for Economic Development. In: Allesch, J.; Fiedler, (Hrsg.): Management of Science Parks and Innovation Centers. Berlin 1985, S.42-51

Ambrose, P.: Whatever happened to Planning. London 1986

Ante, U.: Politische Geographie. Braunschweig 1981

Ante, U.: Zur Grundlegung des Gegenstandsbereiches der Politischen Geographie. Stuttgart 1985

Ante, U.: Zu aktuellen Leitlinien der Politischen Geographie. In: Zeitschrift für Wirtschaftsgeographie, H.1-2, 1989, S.30-40

Aring, J.; Butzin, B.; Danielzyk, R.: Krisenregion Ruhrgebiet? In: Wahrnehmungsgeographische Studien zur Regionalentwicklung, Bd.8, Oldenburg, 1989

Armstrong, H.; Taylor, J.: Regional Economics and Policy. Oxford 1986

Bade, F.-J.: Regionale Beschäftigungsentwicklung und produktionsorientierte Dienstleistungen. Berlin 1988

Bade, F.-J.: Funktionale Aspekte der regionalen Wirtschaftsstruktur. In: RuR, H.6, 1979, S.253-265

Banner, G.: Zur Leistung von Gemeindeordnungen. In: Frey, R.; Wittkämper, G.W.; Bellers, J. (Hrsg): Die Zukunft unserer Städte. Politikwissenschaftliche Analysen. Münster 1988, S.120-133

Banner, G.: Kommunale Steuerung zwischen Gemeindeordnung und Parteipolitik am Beispiel der Haushaltspolitik. In: DöV, S.364-372

Banner, G.: Zur politisch-administrativen Steuerung in der Kommune. In: AfK, 1982, S.26-47

Bauer, M.; Bonny, H.W.; Stark, K.-D.: Gewerbeentwicklung und Siedlungsflächenverbrauch. In: RuR, H.3, 1983, S.73-81

Becker, K.: Das Konzept der ausgeglichenen Funktionsräume. In: ARL (Hrsg): Grundriß der Raumordnung. Hannover 1982, S.232-237

Benzing, A.; Gaentzsch, G.; Mäding, E.; Tesdorpf, J. (Hrsg.): Verwaltungsgeographie. Köln Berlin Bonn München 1978

Berg-Schlosser, D.: Einführung in die Politikwissenschaft. München 1977

Blankenburg, E.; Krautkrämer, U.: Aktivierung lokaler Arbeitsmarktpolitik. In: AfK, 1979, S.61ff.

BMBau (Hrsg): Methoden und Möglichkeiten der Erfolgskontrolle städtischer Entwicklungsmaßnahmen. Schriftenreihe "Städtebauliche Forschung" Bd.03.060, Bonn 1977

BMBau (Hrsg.): Raumordnungsbericht 1990. Bonn 1990.

Bochum, Stadt (Hrsg.): Wirtschaftsförderung 1989 in Bochum. Bochum 1990.

Bochum, Stadt (Hrsg.): Wirtschaftsförderungsbericht 1989. Bochum 1990

Böckels, L.: Möglichkeiten einer Reform der Gewerbesteuer. In: Wirtschaftsdienst, H.2, 1989, S.82-86

Boddy, M.: Changing Public-Private Sector Relationships in the Industrial Development Process. In: Young, K.; Mason, C. (Hrsg.): Urban Economic Development. London 1983, S.34-52

Boddy, M.; Fudge, C. (Hrsg.): Local Socialism. London 1984

Boesler, K.-A.: Die Raumbezüge Politischen Handelns - Ansätze einer Neubelebung der Politischen Geographie in der Bundesrepublik Deutschland. In: Hütteroth, W.-D.; Becker, H. (Hrsg): 45. Dt. Geographentag Berlin. Tagungsber. und wiss. Abh., Stuttgart 1987, S.83-94

Boesler, K.-A.: Politische Geographie. Stuttgart 1983

Boesler, K.-A.:Raumordnung. Darmstadt 1982.

Boesler, K.-A.; Graafen, R: Zum Problem der Raumwirksamkeit rechtlicher Instrumente aus politisch-geographischer Sicht. In: GZ, 1984, S.197-210

Boesler, K.-A.; Klink, H.-J.; Tietze, W.; Voppel, G. (Hrsg.): Geographie Deutschlands. Bundesrepublik Deutschland. Staat - Natur - Wirtschaft. Berlin Stuttgart 1990

Boesler, K.-A.; Niemann-Hartog, E. den: Konsequenzen des EG-Binnenmarktes für die Wirtschaftsförderung in der Region Köln. Teilstudie: Analyse der Wirtschafts-struktur. Bonn 1990

Boesler, K.-A: Gedanken zum Konzept der Politischen Geographie. In: Die Erde, 105, 1974, S.7-33

Böhret, C.: Entscheidungshilfen für die Regierung. Opladen 1970

Böhret, C.: Neuere Aspeckte der Verwaltungsforschung am Beispiel "staatlicher Verwaltung und Wirtschafts-förderung". Speyer 1983

Böhret, C.; Siedentopf, H.: Verwaltung und Verwaltungspolitik. Berlin 1983

Bökemann, D.: Theorie der Raumplanung. München 1984

Bottrop, Stadt (Hrsg): Standortbestimmung der kommunalen Wirtschaftsförderung in Bottrop. Bottrop 1988

Bräunling, G.; Henckel, D.; Heuer, H.; Krist, H.: Gründer- und Technologiezentren - Planung, Finanzierung und Management. Seminarunterlagen. Karlsruhe 1984

Brösse, U.: Raumordnungspolitik. Berlin 1982

Brücher, W.: Industriegeographie. Braunschweig 1982

Brugger, E.A.: "Endogene Entwicklung": Ein Konzept zwischen Utopie und Realität. In: IzR, H.1/2, 1984, S.1-19

Bullinger, D.: Innovationsorientierte kommunale Wirtschaftsförderung und Technologietransfer auf lokaler Ebene - Möglichkeiten und Grenzen einer Neuorientierung. In: Denzer, K.J. (Hrsg): Weiterbildung und Wissenschaft als Dienstleistung für Kommunen und Region.. Bielefeld 1986, S.86ff.

Bullinger, D.: Tendenzen betrieblichen Standortwechsels in Ballungsräumen. In: RuR, H.3, 1983, S.82-89

Bullmann, U.: Kommunalpolitik zwischen lokaler Modernisierung und sozialer Ausgrenzung. In: Hucke, J.; Wollmann, H. (Hrsg): Dezentrale Technologiepolitik?. Basel 1989, S.449-470

Bundesanstalt für Arbeit (Hrsg.): Klassifizierung der Berufe, Systematisches und alphapetisches Verzeichnis der Berufsnennungen. Nürnberg 1980

Burberg, P.-H.; Michels, W.; Sallandt, P.: Zielgruppen-orientierte kommunale Wirtschaftsförderung. Münster 1983

Burgess, J.; Wood, P.: Decoding Docklands. In: Eyles, J.; Smith, D.M.: Qualitative Methods in Human Geography. Oxford 1988, S.94-117

Buttler, G.; Simon, W.: Wachstum durch Dienstleistungen. In: Beiträge zur Wirtschafts-und Sozialpolitik. Institut der deutschen Wirtschaft, Bd.156, Berlin 1988

Butzin, B.: Zur These eines regionalen Lebenszyklus im Ruhrgebiet. In: Mayr, A.; Weber,P.: 100 Jahre Geographie an der Westfälischen Wilhelms-Universität Münster. In: Münstersche Geographische Arbeiten, Bd.26. S.191-210

Butzin, B.; Danielzyk, R.: Räumliches Bewußtsein und Regionalentwicklung im Ruhrgebiet. In: Verhandlungen des 46. Dt. Geographentages München 1987. Stuttgart 1988

Campbell, M.(Hrsg.): Local Economic Policy. London 1990

Chapman, K.; Walker, D.: Industrial Location. Oxford 1987

Christ, J.S.: Direkte kommunale Wirtschaftsförderung. Ihre Zulässigkeit und ihr Verhältnis zur regionalen Wirtschaftsförderung von Bund und Ländern. Augsburg 1983

Clemens, R.: Kommunale Wirtschaftsförderung und gewerblicher Mittelstand. Bonn 1984

Clement, R.: Ist die Bundesrepublik kein High-Tech-Land?.In. Wirtschaftsdienst, H.9, S.465-469

Confederation of British Industry (CBI): Initiatives beyond charity. Report of the CBI Task Force on Business and Urban Regeneration. Newcastle-upon-Tyne 1986

Corby, Joint Industrial Development Commitee, JIDC): Corby Works. Information Package. Corby 1987

Cuny, R.: Die Bestandspflege rückt in den Vordergrund. In: Wirtschaftsdienst, 1987, S.34-39

Curdes, G.: Das Dilemma der Einkaufszentrenplanung als Dilemma kommunaler Infrastrukturplanung. In: RuR, H.3/4, 1974, S.156-160

Dear, M.: A theory of the local state. In: Burnett, A.D.; Taylor, P.J. (Hrsg.): Political Studies from Spatial Perspectives, Chichester, New York, Toronto 1981

Dear, M.; Clark, G.L.: State apparatus. Boston 1984

Dear, M.; Scott, A.J.: Urbanization and Urban Planning in Capitalist Society. London 1981, S.593-608

Dege, W.; Dege, W.: Das Ruhrgebiet. Kiel 1980

Department of the Environment (DoE): New Economic Development Power for Local Authorities in England and Wales. London 1989

Deutscher Bundestag: 18. Rahmenplan der Gemeinschaftsaufgabe "Verbesserung der regionalen Wirtschaftsstruktur". BT-Drucksache 11/5099

Dietrich, D.: Typische Problemsituationen von Industrie- und Gewerbebrachflächen. In: IzR, H.10/11, 1984, S.977ff.

Dortmund, Stadt (Hrsg.): Informationstechnik in Dortmund. Dortmund 1990

Dortmund, Stadt (Hrsg.): Wirtschaftsförderung Jahresbericht 1989. Dortmund 1990

Dostal, W.: Bildung und Beschäftigung im technischen Wandel. In: Beiträge zur Arbeitsmarkt- und Berufsforschung, Bd.65, Nürnberg, 1983

Dreher, B.: Technologiezentrum und Technologiepark Dortmund - Thesen. In: Institut für Landes- und Stadtentwicklungsforschung (ILS) (Hrsg.): Innovation in alten Industriegebieten. Dortmund 1988, S.120-122

Duisburg, Stadt (Hrsg): Duisburg 2000. Erste Erfolge auf dem Weg in den Strukturwandel. Duisburg 1990

Duisburg, Stadt (Hrsg.): Duisburg 2000. Perspektiven für eine neue wirtschaftliche Entwicklung. Duisburg 1988

Duncan, S.; Goodwin,M.: The Local State and Uneven Development. Oxford 1988

Dunleavy, P.: Quasi-governmental sector professionalism. In: Barker, A. (Hrsg.): Quangos in Britain. London 1982

Essen, Stadt (Hrsg): Wirtschaftsförderung in Essen. Essen 1988

Essen, Stadt (Hrsg.): Wirkungsanalyse der kommunalen Gewerbeflächenpolitik in Essen 1978-1988. Essen 1990

Estermann, H.: Industriebrachen. Karlsruhe 1986

Estermann, H.: Industriebrachen im Ruhrgebiet und der Grundstücksfonds. Dortmund 1983

Ewers, H.-J., Fritsch, M.: Bildungs- und qualifikationsorientierte Strategien der Regionalförderung unter besonderer Berücksichtigung kleinerer und mittlerer Unternehmen. In: Schriftenreihe "Raumordnung" des BMBau, Bd.06.053, Bonn 1984

Ewers, H.-J.: Die Bedeutung der lokalen Ebene für Innovationsstrategien im industriellen Sektor. In:Maier, H.; Wollmann, H. (Hrsg.): Lokale Beschäftigungspolitik. Basel 1986, S.127-148

Ewers, H.J.; Wettmann, R.W.: Innovationsorientierte Regionalpolitik. Bonn 1980.

Ewers, H.J.; Wettmann, R.W.: Innovationsorientierte Regionalpolitik. Bonn 1980

Ewringmann, D.; Kortenkamp, L.: Veränderte Rahmenbedingungen für die Regionale Wirtschaftspolitik. In: IzR, H.9/10, 1986, S.669-677

Ewringmann, D.; Zimmermann, K.: Kommunale Wirtschaftsförderung und Umweltschutz. In: AfK, 1973, S.281-305

Feuerstein, S.: Aufgabenfelder und Informationsbedarf kommunaler Wirtschaftsförderungspolitik. München 1981

Fiege, R.: Die Bedeutung von Forschungs- und Entwicklungseinrichtungen für den wirtschaftlichen Strukturwandel. In: Institut für Landes- und Stadtentwicklungsforschung (ILS) (Hrsg.): Innovation in alten Industriegebieten. Dortmund 1988, S.123-129

Fincher, R.: The political economy of the local state. In: Peet, R.; Taylor, P.J. (Hrsg.): New models in Geography. Vol.1, London 1989, S.338-360

Frey, B.: Moderne politische Ökonomie. München 1977

Frey, R.: Tradition im Umbruch. Die Kommunen vor der Zukunft. In: Frey, R.; Wittkämper, G.W.; Bellers, J. (Hrsg): Die Zukunft unserer Städte. Politikwissen-schaftliche Analysen. Münster 1988, S.5-23

Frey, R.; Wittkämper, G.W.; Bellers, J. (Hrsg): Die Zukunft unserer Städte. Politikwissenschaftliche Analysen. Münster 1988

Friedrich, P.: Standorttheorie für öffentliche Verwaltungen. Baden-Baden 1976

Friedrich-Naumann-Stiftung (Hrsg.): Regionale Strukturprobleme und Möglichkeiten neuer Technik. Königswinter 1988

Friedrichs, J.: Methoden zur empirischen Sozialforschung. Hamburg 1985

Fritsch, M.: Technologieförderung als regionalpolitische Strategie?. In: RuR, H.2/3, 1990, S.117-121

Fürst, D.: Kommunale Entscheidungsprozesse. Baden-Baden 1975

Fürst, D.; Mäding, E: Kommunale Finanz- und Investitionsplanung. Konstanz 1982

Gäfgen, G.: Kooperative Wirtschaftspolitik, neuer Korporatismus und Wirtschaftsordnung. In: Klaus, J.; Klemmer, P. (Hrsg.): Wirtschaftliche Strukturprobleme und soziale Frage. Berlin 1988, S.41-69

Gagel, A.: Arbeitsförderungsgesetz. Textausgabe mit Sachverzeichnis und einer Einführung. München 1990

Ganser, K.: Großräumige und kleinräumige Konflikte bei Verteilung von Arbeitsplätzen. In: Stadtbauwelt 57, 1978, S.24ff.

Ganser, K.: Strukturwandel und Handlungsstrategien in alten Industrieregionen: zur Umgestaltung des Emscherraumes-ein Ausblick. In: Schuchardt, W.; Hack, L.; Naschold; F.: Technikgestaltung in der Stadt- und Regionalentwicklung. Dortmund 1989, S.124-128

Gelsenkirchen, Stadt (Hrsg): Internationale Bauausstellung Emscher-Park. Projektvorschläge. Informationen zur Stadtentwicklung. H.70. Gelsenkirchen 1989

Gelsenkirchen, Stadt (Hrsg.): Entwicklungsperspektiven für den Raum Gelsenkirchen. Gelsenkirchen 1987

Gershuny, J.; Miles, I.: The new service economy. London 1983

Gesellschaft für Wirtschaftsförderung NRW mbH (Hrsg.): Thema Wirtschaftsförderung. Düsseldorf 1989

GEWOS (Hrsg.): Strukturelle Anpassung altindustrieller Regionen im internationalen Vergleich. Forschungsvorhaben im Auftrag des Bundesministers für Wirtschaft: Hamburg 1989

GEWOS (Hrsg.): Beschäftigungsförderung in Bottrop. Gutachten im Auftrage der Stadt Bottrop. Bochum 1990

GEWOS/RWI (Hrsg.): Strukturgutachten "Essen 2000". Bochum Essen 1989

Göb, R.: Kommunale Wirtschaftspolitik. In: AfK, 1987, S.66-87

Göb, R.: Kommunale Wirtschaftspolitik. In: Bauwelt, H.24, 1987, S.892-895

Göb, R.: Abschied von der Stadtentwicklungsplanung ? In: RuR, H.5-6, 1989, S.289-295

Graafen, R.: Die rechtlichen Grundlagen der Ressourcenpolitik in der Bundesrepublik. Ein Beitrag zur Rechtsgeographie. In: Bonner Geogr. Abh., Bd.69, Bonn, 1984

Grabow, B.: Technologie- und Innovationsförderung auf lokaler Ebene: Erste Auswertungen einer empirischen Befragung. In: Schuchardt, W.; Hack, L.; Naschold; F.: Technikgestaltung in der Stadt- und Regionalentwicklung. Dortmund 1989, S.98-112

Grätz, C.: Kommunale Wirtschaftsförderung. Kritische Bestandsaufnahme ihrer Funktion und Organisation. Bochum 1983

Grauhan, R.R.: Lokale Politikforschung 1. Frankfurt New York 1972

Grottian, P.: Mit Spenden neue Arbeitsplätze in den Kommunen schaffen ? In: Maier, H.; Wollmann, H. (Hrsg.): Lokale Beschäftigungspolitik. Basel 1986, S.127-147

Grotz, R.: Technologische Erneuerung und technologieorientierte Unternehmensgründungen in der Bundesrepublik Deutschland. In: GR, H.5, 1989, S.266-273

Hall, P.; Markusen, A. (Hrsg.): Silicon Landscapes. Berkeley 1986

Hamm, R.; Schneider, H.K.: Zum Umstrukturierungsproblem altindustrialisierter Ballungsräume. "List Forum", Bd.14, Düsseldorf 1988

Hampel, V.: Staatliches Handeln im Raum und politisch-räumlicher Konflikt. Eine politisch-geographische Untersuchung mit Beispielen aus Baden-Württemberg. In: Forschungen z. dt. Landeskunde, Bd.224. Trier 1985

Harding, A.: Public-Private-Partnerships in Urban Regeneration. In: Campell, M. (Hrsg.): Local Economic Policy. London 1990

Hart, D.A.: Urban Economic Development Measures in West Germany and the United States. In: Young, K.; Mason, C. (Hrsg.): Urban Economic Development. London 1983, S.9-33

Hartke, S.: "Endogene" und "exogene" Entwicklungs-potentiale. Dargestellt für unterschiedliche Teilräume des Zonenrandgebietes. In: GR, H.8, 1985, S.395-399

Hattingen, Stadt: Hattingen, lebendige Stadt im Strukturwandel. Perspektiven für die 90er Jahre. Konzeptpapier. Hattingen 1990

Hattingen, Stadt; LEG NRW (Hrsg.) Gewerbe- und Landschaftspark Hattingen-Henrichshütte. Hattingen. Konzeptpapier. Hattingen 1989

Hegner, F.: Handlungsfelder und Instrumente kommunaler Beschäftigungs- und Arbeitsmarktpolitik. In: Blanke, B.; Evers, A.; Wollmann, H. (Hrsg): Die zweite Stadt. 1986, S.119-153

Heidemanns, P.: Wirtschaftsförderung in Witten. Manuskript unveröffentl.

Heinelt, H.: Kommunale Arbeitsmarkt- und Beschäftigungspolitik. In: AfK, 1987, S.86-109

Heinelt, H.: Chancen und Bedingungen arbeitsmarktpolitischer Regulierung am Beispiel ausgewählter Arbeitsamtsbezirke. In: MittAB, H.2, 1989, S.294ff.

Heinelt, H.: Kommunen und Arbeitslosigkeit. Finanzielle Belastungen sowie arbeitsmarkt- und beschäftigungspolitische Aktivitäten. In: Diskussionspapiere Institut Pol. Wissenschaften. Hannover 1988

Henckel, D.: Neue Produktions- und Informationstechniken in alten Industrieregionen: Entwicklungstendenzen und Folgerungen. In: Schuchardt, W.; Hack, L.; Naschold; F.: Technikgestaltung in der Stadt- und Regionalentwicklung. Dortmund 1989, S.77-95

Hennicke, M.; Tengler, H.: Industrie- und Gewerbeparks als Instrument der kommunalen Wirtschaftsförderung. Eine empirische Analyse in der Bundesrepublik Deutschland. Stuttgart 1986

Hennings, G. (Projektlt.): Möglichkeiten und Formen der Berücksichtigung und Eingliederung von gewerbepolitischen Förderstrategien in die Städtebaupolitik und Stadtentwicklung. Fallstudie Dortmund. In: Schriftenreihe "Forschung" des BMBau, Bd.455, Bonn 1988

Hennings, G.: Bargaining in Gemengelagen. In: IfR-Mitteilungen, 24, 1984, 6-12

Hennings, G.: Innovationsstrategien der sozial- und umweltverträglichen Gewerbeplanung und Stadterneuerung. In: Schuchardt, W.; Hack, L.; Naschold; F.: Technikgestaltung in der Stadt- und Regionalentwicklung. Dortmund 1989, S.113-121

Her Majesty Stationary Office (HMSO): The Local Government (Promotion of Economic Development) Regulations 1990. London 1990.

Herne, Wirtschaftsförderungsgesellschaft Herne mbH: Geschäftsbericht 1988. Herne 1989

Herold, D.: Politische Geographie und Geopolitik. In: Politik und Zeitgeschichte. Beilage zu "Das Parlament" B 12/73, 1973

Herten, Stadt: Konzept für kommunale Wirtschaftsförderung in Herten. Unveröffentl. (Stand: 1987).

Hesse, J.J.: Erneuerung der Politik "von unten". Stadtpolitik und kommunale Selbstverwaltung im Umbruch. Opladen 1986

Heuer, H.: Kommunalfinanzen unter veränderten wirtschaftlichen Rahmenbedingungen. In: Frey, R.; Wittkämper, G.W.; Bellers, J. (Hrsg): Die Zukunft unserer Städte. Politikwissenschaftliche Analysen. Münster 1988, S.134-155

Heuer, H.: Instrumente kommunaler Gewerbepolitik. Ergebnisse empirischer Erhebungen. Stuttgart 1985

Hilpert, U.: Technologieparks und der Mythos von Silicon-Valley - Zur Möglichkeit lokaler Aktivitäten regionaler technologisch-industrieller Innovation. In: Hucke, J.; Wollmann, H. (Hrsg): Dezentrale Technologiepolitik?. Basel 1989, S.564-595

Hirsch, J.: The apparatus of the State, the reproduction of capital and urban conflicts. In: Dear, M.; Scott, A.J.: Urbanization and Urban Planning in Capitalist Society. London 1981, S.593-608

Hollander, R.: Gemengelage: Von der kommunalen Wirtschaftsförderung bis zum Bebauungsplan. In: IfR-Mitteilungen 24, 1984, S.2-5

Hotz, D.: Zielgruppe: Unbekannt. Informationsmarketing in der kommunalen Wirtschaftsförderung. In: RaumPlanung 1985, S.164-168

Hucke, J.; Wollmann, H. (Hrsg): Dezentrale Technologie-politik?. Basel 1989

Hummel, M.: Abbau der Regionalförderung - ein Schritt in die falsche Richtung. In: Ifo-Schnelldienst, H.18/19, 1988, S.5-7

Jägemann, H.B.: Zielbildungsprozesse in der Stadtplanung. Planungstechniken und -strategien aus planungs-theoretischer Perspektive. Fankfurt a.M. 1972

Jens, U.: Aktuelle Probleme der regionalen Strukturpolitik. In: Wirtschaftsdienst, H.9, S.459-464

Johnston, R.J.: The state, political geography and geography. In: Peet, R.; Taylor, P.J. (Hrsg.): New models in Geography. Vol.1, London 1989, S.338-360

Junkernheinrich, M.: Ökonomische Erneuerung alter Industrieregionen: das Beispiel Ruhrgebiet. In: Wirtschaftsdienst, H.1, 1989, S.28-35

Kahnert, R.: Städtebau und Wirtschaft. Dokumentation zum Forschungsfeld im Experimentellen Wohnungs- und Städtebau. In: Schriftenreihe "Forschung" des BMBau, Bd.472, Bonn 1989

Kaiser, M.: Qualifizierung in Beschäftigungsinitiativen. In: MittAB, H.3, 1987, S.305-320.

Karl, H.; Nienhaus, V.: Politische Flächenengpässe und regionale Entwicklungshemmnisse. In: Wirtschaftsdienst, H.9; 1989, S.470-476

Karrenberg, H.: Die Bedeutung der Gewerbesteuer für die Städte. Stuttgart 1985

Karrenberg, H.; Münstermann, E.: Gemeindefinanzbericht 1985, in: Der Städtetag, N.F., 38, 1985

Karutz, M.: Chancen und Probleme der Stadtentwicklung und Wirtschaftsförderung in altindustrialisierten Stadtregionen Großbritanniens. Unveröffentlichtes Studienprojekt für das Institut für Kommunalwissenschaften der Konrad-Adenauer-Stiftung. Bonn 1989

Kasparek, B.: Kommunale Wirtschaftsförderung - Das Beispiel Herten - Handlungschancen aus der Sicht einer Mittelstadt. In: Maier, H.; Wollmann, H. (Hrsg.): Lokale Beschäftigungspolitik. Basel 1986, S.196-221

Kelm, W.: Voraussetzungen für eine erfolgreiche Wirtschaftsförderung. In: Kommunalwirtschaft, H.2, 1973, S.53ff

King, D.: The New Right, the New Left and Local Government. In: Steward, J.; Stoker, G. (Hrsg): The Future of Local Government. London 1989, S.185-211

Klein, R.: Stadtfinanzen am Ende oder kommunalpolitische Wende. In: Hesse, J.J.: Erneuerung der Politik "von unten"? Stadtpolitik und Selbstverwaltung im Umbruch. Opladen 1986, S.62ff.

Klemmer, P.: Adoption Problems of Old Industrialized Areas. The Ruhr Area as an Example. In: Hesse, J.J. (Hrsg.): Regional Structural Chance and Industrial Policy in International Perspective: United States, Great Britain, France, Federal Republic of Germany. Baden-Baden 1988

Klemmer, P.: Die Shift-Analyse als Instrument der Regionalforschung. In ARL (Hrsg.): Methoden der empirischen Sozialforschung. Forschungs- und Sitzungsberichte, Bd.87, 1973, S.117-129

Klemmer, P.: Zur Reformdiskussion der regionalen Wirtschaftspolitik. In: RuR, H.4, 1985, S.147-151

Kling, M.: Grundelemente der Erwerbsstruktur in der Bundesrepublik Deutschland. In: MittAB, H.4, 1985, S.481-491

Knemeyer, F.-L.: Möglichkeiten und Grenzen kommunaler Wirtschaftsförderung. In: Knemeyer, F.-L.; Schäfer, D.; Heide, U. von der: Kommunale Wirtschaftsförderung. Stuttgart 1981, S.7-21

Knemeyer, F.-L.; Rost-Hagis; B.: Kommunale Wirtschaftsförderung. In: DVBl, H.6, 1981, S.241-247

Knigge, R.; Petschow, U.: Technologieorientierte Unternehmensgründungen. Berlin 1986

Kommission Montanregionen (Hrsg.): Bericht der Kommission Montanregionen. Düsseldorf 1989

König, K.: Funktionen und Folgen der Politikverflechtung. In: Scharpf, F.W.; Reisert, B.; Schnabel, F. (Hrsg.): Politikverflechtung II, Kronberg 1977

Konrad-Adenauer-Stiftung (Hrsg.): Entwicklungsagentur Ruhrgebiet. Vorschläge zur politisch-administrativen Weiterentwicklung des Ruhrgebietes. St.Augustin 1989

Korte, H.: Stadtsoziologie. Darmstadt 1986

Kraemer, D.: Revitalisierung von Industriebrachen. In: GR, H.7/8, S.47-49

Krauch: "Hüls hat sich schon immer mit dieser Region identifiziert". In: Konjunktur Industrie. Das einmalige Wirtschaftsmagazin aus dem Kreis Recklinghausen, 1988, S.20f.

Krist, H.: Gründer- und Technologiezentren als Element bestandsorientierter regionalpolitischer Strategien. Karlsruhe 1985

Kröll, J.; Grunenberg, S.: Betriebsverlagerungen als Mittel der kommunalen Wirtschaftsförderung. Eine Untersuchung der Gesellschaft für Wirtschaftsförderung im Kreis Warendorf mbH. In: RuR, H.4, 1989, S.250-253

Krüger, R.: Die Geographie auf der Reise in die Postmoderne?. Oldenburg 1988

Küchenhoff, G.; Küchenhoff, E.: Allgemeine Staatslehre. Stuttgart 1971

Kuhligk, S.: Standörtliche Analyse der monoindustriellen Agglomeration, dargestellt am Beispiel des aktuellen Pirmasenser Problemgebietes unter besonderer Berücksichtigung regionalpolitischer Aspekte. Diss. Berlin 1975

Lammers, K.: Ansatzpunkte für eine Neuorientierung der Regionalpolitik. Die Bund-Länder-Regionalförderung - Ziele, Ansatzpunkte, ökonomische Problematik. In: Weltwirtschaft, H.1, 1987, S.61-81

Lange, K.: Möglichkeiten und Grenzen kommunaler Wirtschaftsförderung. Köln 1981

Lange, K.: Rechtsprobleme kommunaler Wirtschaftsförderung. In: DVBl, 21, 1977, S.873ff.

Lauschmann, E.: Grundlagen einer Theorie der Regionalpolitik. In: Taschenbücher zur Raumplanung, Bd.2, Hannover, 1976

Lehner, F.; Nordhause-Janz, J.: Dezentrale Technologiepolitik: Neue Chancen für die Steuerung technisch-ökonomischer Innovationsprozesse?. In: Hucke, J.; Wollmann, H. (Hrsg): Dezentrale Technologiepolitik?. Basel 1989, S.99-130

Lünen, Stadt (Hrsg.): Wirtschafts- und Beschäftigungsförderung. Ziel- und Maßnahmenkonzept 1987/88. Lünen 1987

Lutzny, D.: Wirtschaftsförderung heute und morgen. Perspektiven für Marl. In: Marler Handbuch 1989, S.39-50. Marl 1988

Maier, F.: Beschäftigungspolitik vor Ort. Berlin 1988

Maier, H.; Wollmann, H. (Hrsg.): Lokale Beschäftigungspolitik. Basel 1986

Marcus, P.: Das kommunale Finanzsystem in der Bunderepublik Deutschland. Darmstadt 1987

Marl, Stadt: Konzeption zur Wirtschaftsförderung. Berichtsvorlage im Ausschuß für Stadtentwicklung, Wirtschaftsförderung und Umweltschutz vom 29.01.1990

Mason, C.: Labour Market Policy. In: Young, K.; Mason, C. (Hrsg.): Urban Economic Development. London 1983, S.53-78

Mayntz, R. (Hrsg.): Kommunale Wirtschaftsförderung. Berlin 1981

Mayntz, R.: Implementation politischer Programme. Königstein 1980

Mayntz, R.: Föderalismus und die Gesellschaft der Gegenwart. In: MPI/FG Discussion Paper 3/89. Köln 1989

Meise, J.; Volwahsen, A.: Stadt- und Regionalplanung. Ein Methodenhandbuch. Braunschweig 1980

Meyer-Krahmer, F.: Innovation, Behaviour and Regional Indigenous Potential. In: Reg.Stud., 19. 1985, S.523-535

Milbradt, G.: Die Kommunen - Motor der Wirtschaftsentwicklung? Manuskript zum Vortrag vom 24.06.1988. Köln 1988

Milbradt, G.: Ein Grundkonsens ist notwendig. Subventionen jeglicher Art bringen. In: Wirtschaft und Standort, 1988, S.14-19

Miller, D.: The Future of Local Economic Policy: A Public and Private Sector Function. In: Campbell (Hrsg.): Local Economic Policy. London, S.196-211

Mikus, W.: Industriegeographie. Darmstadt 1978

Ministerium für Stadtentwicklung, Wohnen und Verkehr NRW:Internationale Bauausstellung Emscher-Park. Werkstatt für die Zukunft alter Industriegebiete. Memorandum zu Inhalt und Organisation. Düsseldorf 1988

Ministerium für Stadtentwicklung, Wohnen und Verkehr NRW: Rechenschaftsbericht zum Grundstücksfonds Ruhr und zum Grundstücksfonds Nordrhein-Westfalen. Stand: 31.12.1988. Düsseldorf 1989.

Ministerium für Wirtschaft, Mittelstand und Technologie (MWMT): Zukunftsinitiative für die Regionen Nordrhein-Westfalens (ZIN). Zwischenbericht. Düsseldorf 1990

Möller, F.: Kommunale Wirtschaftsförderung. Stuttgart 1963

Mombauer, P.M.: Gemeindeordnung Nordrhein-Westfalen. Textausgabe mit Anmerkungen, Durchführungsbestimmungen und ergänzenden Vorschriften. Köln 1989

Mombaur, P.M.: Europäischer Binnenmarkt: Kommunalpolitik und Wirtschaftsförderung im Wettbewerb der Standorte. In: DöV, H.6, 1989, S.247ff.

Mühlheim an der Ruhr, Stadt (Hrsg.): Wirtschaftsförderung. Mühlheim (Ruhr) 1988

Naßmacher, H.: Wirtschaftspolitik "von unten". Ansätze und Praxis der kommunalen Gewerbebestandspflege und Wirtschaftsförderung. Basel 1987

Naßmacher, H.: Von der "alten" Gewerbeförderung zur technologie-orientierten Wirtschaftspolitik der Kommunen. In: Hucke, J.; Wollmann, H. (Hrsg): Dezentrale Technologiepolitik?. Basel 1989, S.516-533

Naßmacher, H.; Naßmacher, K.-H.: Kommunale Gewerbepolitik in Mittelstädten. In: AfK, 1983, S.28-47

Naßmacher, H.; Naßmacher, K.H.: Kommunalpolitik in der Bundesrepublik. Opladen 1986

Neinhaus, T.: Entwicklungsmöglichkeiten der Regionen: Aktueller Handlungsdruck und neue Perspektiven. In: Frey, R.; Wittkämper, G.W.; Bellers, J. (Hrsg): Die Zukunft unserer Städte. Politikwissenschaftliche Analysen. Münster 1988, S.156-177

Nokielski, H.: Von der Ansiedlungswerbung zu lokaler Strukturpolitik. In: Die Verwaltung, Bd.14, 1981, S.19ff.

Noll, W.: Dienstleistungen im Ruhrgebiet. Die Bedeutung höherwertiger Produktionsdienste für den Strukturwandel. In: GR, H.7/8, S.22-27

Nordrhein-Westfalen, Landtag (Hrsg.): LT-Drucksache 10/4291

Nuhn, H.: Technologische Innovation und industrielle Entwicklung. Silicon Valley - Modell zukünftiger Regionalentwicklung. In: GR, H.5, 1989, S.258-265

Nuhn, H.; Sinz, M.: Industriestruktureller Wandel und Beschäftigungsentwicklung in der Bundesrepublik Deutschland. In: GR, H.1, 1988, S.42-53

Oakey, R.P.: Innovation and Regional Growth in Small High Technology Firms: Evidence from Britain and the USA. In: Reg.Stud., 18, 1984, S.237-251.

Oberhausen, Stadt (Hrsg.): Oberhausen 2000. Initiative zur ökonomischen und ökologischen Entwicklung Oberhausens. Oberhausen 1988

Ortmeyer; A.: Regionale Wirtschaftspolitik kontrovers: das Thema Ruhrgebiet. In: Wirtschaftsdienst, H.3, 1989, S.154-158

Ossenbrügge, J.: Zwischen Lokalpolitik, Regionalismus und internationalen Konflikten: Neuentwicklungen in der anglo-amerikanischen Politischen Geographie. In: GZ, 1984, S.22-23

Paddison, R.: The fragmented state. Oxford 1983

Pauley, R.; Uppendahl, H.: Die Zukunft der kommunalen Selbstverwaltung im Vereinigten Königreich und in der Bundesrepublik Deutschland. Ein Tagungsbericht. In: AfK, I, 1985, S.90-98

Pieper, T.: Regionale Strukturpolitik in altindustrialisierten Gebieten. In: RuR, H.4, 1985, S.151-156

Pohl, M.: Wirtschaftsförderung in Großstädten. Ein Struktur- und Standortvergleich der 16 größten Städte im Bundesgebiet. Bremen 1988

Potratz, W.; Schnabel, F.: Technologiefolgenabschätzungen für praktische Kommunalpolitik oder: Versuch über eine schwarze Katze in einem schwarzen Zimmer. In: Hucke, J.; Wollmann, H. (Hrsg): Dezentrale Technologiepolitik?. Basel 1989, S.471-491

Pröpper, F.-J.: Mit wenig Geld viel machen - Spielräume aus der Sicht des Stadtkämmerers. In: Maier, H.; Wollmann, H. (Hrsg.): Lokale Beschäftigungspolitik. Basel 1986, S.64-84

Reissert, B.: Finanzielle Spielräume für kommunale Beschäftigungspolitik ?. In: Maier, H.; Wollmann, H. (Hrsg.): Lokale Beschäftigungspolitik. Basel 1986, S.35-63

Reiß-Schmidt, S.: Ideenwerkstatt zur Internationalen Bauausstellung Emscher-Park. In: Planer(in), H.3, 1989. S.1

Rheinisch-Westfälisches Institut für Wirtschaftsforschung (Hrsg.): Strukturelle Anpassung altindustrieller Regionen im internationalen Vergleich. Gutachten im Auftrag des Bundesministers für Wirtschaft. Essen 1989

Robert-Bosch-Stiftung GmbH (Hrsg): Werkzeuge qualitativer Stadtforschung. Bd.3 Gerlingen 1984

Robert-Bosch-Stiftung GmbH (Hrsg): Gewerbeentwicklung und Gewerbepolitik in der Großstadtregion. Gerlingen 1987

Roberts, P.: Local Economic Development: Alternative Forms of Local and Regional Policy for the 1990s. In: Albrechts, L. et.al.(Hrsg.): Regional Policy at the Crossroads. London 1989, S.170-179

Roesler, K.: Klassische Tätigkeitsfelder der Wirtschafts-förderung und Veränderungen des Aufgabenfeldes. Bonn 1983

Rohr, H.-G. von: Angewandte Geographie. Braunschweig 1990

Rohr, H.-G.: Zur Raumbedeutsamkeit des Rotstifts. In: GR, H.11, 1985, S.546-552

Rothkirch, C. von; Tessaring, M.: Projektionen des Arbeitskräftebedarfs nach Qualifikationen bis zum Jahr 2000. In.: Mitt.AB, H.1, 1986, S.105-118

Rüter, G.: Regionalpolitik im Umbruch.Bayreuth 1987

Sachverständigenrat zur Begutachtung der gesamtwirtschaft-lichen Entwicklung: Chancen für einen langen Aufschwung. Jahresgutachten 1984/85. Mainz 1984

Sachverständigenrat zur Begutachtung der gesamtwirtschaft-lichen Entwicklung: Jahresgutachten 1988/89. Mainz 1988

Saunders, P.: Rethinking Local Politics. In: Boddy, M.; Fudge, C. (Hrsg.): Local Socialism. London 1984, S.23-45

Saunders, P.: Why Study Central-Local Relations? In: Local Government Studies, 1982, S.55-66

Scheuch, E.K.: Das Interview in der Sozialforschung. In: König, R. (Hrsg.): Handbuch der empirischen Sozialforschung. Stuttgart 1967

Schmidt, W.: Technologiepark-Entwicklung. In: IzR, H.3, 1986, S.189-193

Schrumpf, H.: Technologieparks als Instrument der kommunalen Wirtschaftsförderung. Bochum 1984

Schulte, R.: Die Lieferverflechtungen der deutschen Luft- und Raumfahrtindustrie und ihre regionalen Beschäftigungseffekte. Dargestellt am Beispiel der Messerschmitt-Bölkow-Blohm GmbH. Diplomarbeit. Bonn 1986

Sedlacek, P.: Qualitative Sozialgeographie. Versuch einer Standortbestimmung. In: Sedlacek, P. (Hrsg.): Programm und Praxis qualitativer Sozialgeographie. Oldenburg 1989

Segal, N.S.; Quince, R.E & Partners: The Cambridge Phenomenon: The Growth of High Technology Industry in a University Town. Cambridge 1985

Seton, C.: Private cash to transform area of decay. In: The Times v. 20.09.1988

Singer, C.: Kommunale Imageplanung. In: AfK 1988, S.271-279

Smith, D.M.: Human Geography. A welfare approach. London 1977

Smith, D.M.: Where the Grass is Greener. Harmondsworth 1979

Spehl, H.: Regionale Wirtschaftspolitik und regionale Entwicklungsplanung. Bonn 1981

Spencer, K.M.: The Decline of Manufacturing Industry in the West Midlands: In: Local Government Studies, 1987, S.7-23

Stark, K.-D. (Bearb.): Die Gewerbeflächennachfrage in der Bundesrepublik Deutschland bis zum Jahr 2000. Gutachten im Auftrag des BMBau. Bonn 1986

Stelzer-Rothe, T.: Das Konzept der Wirtschaftsförderung der Stadt Köln. In: Kölner Forschungen zur Wirtschafts- und Sozialgeographie, Bd.35, 1988, S.163-178

Sternberg, R.: Technologie- und Gründerzentren als Instrument der kommunalen Wirtschaftsförderung. Bewertungen auf der Grundlage von Erhebungen in 31 Zentren und 177 Unternehmen. Dortmund 1988

Sternberg, R.: Technologie- und Gründerzentren als Instrument der kommunalen Wirtschaftsförderung. Bewertungen auf der Grundlage von Erhebungen in 31 Zentren und 177 Unternehmen. Dortmund 1988

Sternberg, R.: Technologie- und Gründerzentren in der Bundesrepublik Deutschland. Erste Ergebnisse einer bundesweiten Befragung vom März 1986. In: GR 38, H.10, 1986, S.532-538

Stich, R.; Porger, K.W.: Planen und Bauen in immissionsbelasteten Gemengelagen. Verwaltungspraxis-Rechtsprechung-Novellierungsvorschläge. Berlin 1983

Stöhr, W.: Regional Policy at the Crossroads: An Overview. In: Albrechts, L. et.al.(Hrsg.): Regional Policy at the Crossroads. London 1989, S.191-197

Stooβ, F.; Weidig, I.: Der Wandel der Arbeitslandschaft bis zum Jahr 2000 nach Tätigkeitsfeldern. In.: Mitt.AB, H.1, 1986, S.88-104

Storbeck, D.: Konzepte der Raumordnung in der Bundesrepublik. In: Akademie für Raumforschung und Landeskunde (ARL) (Hrsg.): Grundriβ der Raumordnung. Hannover 1982

Strassert, G.: "Regionales Entwicklungspotential". Ein Versuch zur Enträtselung eines Schlagwortes. In: RuR, H.1, 1984, S.19-26.

Sund, O.: Kommunale Beschäftigungspolitik. In: Maier, H.; Wollmann, H. (Hrsg.): Lokale Beschäftigungspolitik. Basel 1986, S.481-501

Sunman, H.; Lowe, J.: West Germany. Innovation Centres and Science Parks. Cardiff 1986

Suntum, U. van: Regionalpolitik in der Marktwirtschaft. Baden-Baden 1981

Thaker, J.; Walcha, H.: Städtebauliche Konzeption und politische Strategie. In: Bauwelt, 98, H.24, S.1043-1047

Thoss, R.: Neuorientierung der regionalen Strukturpolitik. In: RuR, H.4, 1985, S.146f.

Uhlmann, J.: Kommunale Wirtschaftsförderung im europäischen Binnenmarkt. In: Städte-und Gemeindebund, H.6, 1989, S.247-260

Wehling, H.-G.: Kommunalpolitik in der Bundesrepublik Deutschland. Stuttgart 1986

Welsch, J.: Branchenstrukturwandel im Ruhrgebiet. Referat vom 26.05.1987

Werlen, B.: Geographische Regionalforschung als Situationsanalyse. Ein Vorschlag aus kritisch-rationaler Perspektive. In: Aufhauser, E.; Griffinger, R.; Perspektiven regionalwissenschaftlicher Forschung. Wien 1988, S.14-21

Wild, K.-P.: Thesen zur regionalen Wirtschafts-, Technologie- und Berufsbildungspolitik in den 80er Jahren. In: IzR, H.9, 1982, S.709-712

Windhorst, H.-W.: Geographische Innovations- und Diffussionsforschung. Darmstadt 1983

Witten, Stadt (Hrsg.): Ziele und Möglichkeiten von Stadtentwicklung und Wirtschaftsförderung. Witten 1990

Young, K.; Mason, C. (Hrsg.): Urban Economic Development. London 1983

Young, K; Mason, C.:The Significance of Urban Economic Development Programmes. In: Young, K.; Mason, C. (Hrsg.): Urban Economic Development. London 1983, S.213-223

Zill, G.: Kommunale Wirtschaftsförderung in Großbritannien und in der Bundesrepublik Deutschland. In: Mayntz, R. (Hrsg.): Kommunale Wirtschaftsförderung. Berlin 1981, S.57-127

Zimmermann, H; Hardt, U.; Postlep, R-D.: Bestimmungsgründe der kommunalen Finanzsituation - unter Berücksichtigung der Gemeinden in Ballungsgebieten. Bonn 1987

Zinkhahn, W.; Söfker, W.: Baugesetzbuch. Textausgabe mit ausführlichem Sachverzeichnis. München 1990

Verwendete amtliche Statistik:

LDS Nordrhein Westfalen; Statistisches Bundesamt (Hrsg.): Statistik der sozialpflichtig beschäftigten Arbeitnehmer; Reihe A VI 1/2, 1980, 1984, 1988

LDS Nordrhein Westfalen (Hrsg.): Kommunale Finanzstatistik; Reihe L, 1984,1987, 1988

Kommunalverband Ruhrgebiet (Hrsg.): Arbeitsmarktberichterstattung 1984 - 1990

Kommunalverband Ruhrgebiet (Hrsg.): Lokales Informationssystem Arbeitsmarkt (LISA); Berufs-/Wirtschaftszweigmatrizen (LISA I), 1985 - 1988

ANHANG

A1 Fragebogen zu Konzepten und Maßnahmen in der kommunalen Wirtschaftsförderung

A2 Berufsbereiche nach qualifikatorischen und funktionalen Merkmalen (verändert nach BOESLER; DEN HARTOG-NIEMANN 1990)

**Fragebogen
zu
Konzepten und Maßnahmen
in der
kommunalen Wirtschaftsförderung**

Kreisfreie Stadt/Gemeinde:................................

I Ziele/Organisation

1 Welche wirtschaftspolitischen Ziele können Sie aus der Perspektive der Wirtschaftsförderung für Ihre Stadt/Gemeinde formulieren?
   1..
   2..
   3..
   4..

2 Wie sind diese Ziele im kommunalpolitischen Handeln dokumentiert?
   [ ] kein Konzept *(weiter mit Frage 3)*

   [ ] Wirtschaftsförderungskonzept
      - Jahr der Aufstellung:.....
   [ ] Stadtentwicklungskonzept
      - Jahr der Aufstellung:.....
   [ ] Maßnahmenkatalog zur Wirtschaftsförderung
   [ ]..

3 Welche Maßnahmen werden in Ihrer Stadt im Zusammenhang mit dem Ziel der "Schaffung einer ausgewogenen Wirtschaftsstruktur" entwickelt?
   1..
   2..
   3..
   4..

4 Wie sind die Aufgaben der Wirtschaftsförderung in Ihrer Stadt/Gemeinde organisiert?
   [ ] Selbständiges Amt oder Teilbereich eines Amtes
      Welches Amt:..
      Dezernatsbereich: [ ] ....
                       [ ] direkte Zuordnung zum Verwaltungschef
   [ ] externe Wirtschaftsförderungsgesellschaft
           - Kommunale Beteiligung:......%

5 Wieviele Mitarbeiter (ab Sachbearbeiterebene) sind mit den Aufgaben der Wirtschaftsförderung betraut?
- Anzahl:.......
- Verteilung des Arbeitsaufwandes in % auf folgende Aufgaben:
    - Koordination, Strategieentwicklung:......%
    - Beratung von Unternehmen vor Ort:........%
    - Ansiedlungswerbung und Imagepflege:......%
    - Statistik, Information:..................%

6 Mit welchen Ämtern oder Amtsbereichen findet eine regelmäßige Koordination der Aktivitäten statt?
....
....
....

II Ansiedlungspolitik/ Bestandspflege:

7 Welche Zielgruppenmerkmale werden bei der Ansiedlung von Unternehmen berücksichtigt?
[ ] keine Orientierung an Zielgruppen *(weiter mit Frage 8)*

[ ] Branchenzugehörigkeit:..
[ ] regionale Herkunft: ....
[ ] Betriebsgröße: ....
[ ]   ....

8 Gibt es bei der Ansiedlung von Dienstleistungsunternehmen besondere Präferenzen?
....
....

9 Betreiben Sie eine gezielte Kommunikationspolitik, um Betriebe zur Ansiedlung in Ihrer Stadt/Gemeinde zu bewegen?
[ ] nein *(weiter mit Frage 10)*

[ ] ja
   Welche Maßnahmen?
   [ ] Direkte Aquisition (Betriebsbesuche)
   [ ] Direct Mail (persönliche Anschreiben)
   [ ] Ausstellungen, Messebesuche
   [ ] Indirekte Ansprache (Werbung)
   [ ] Beratung im Amt

10 Welche Mittel und Medien werden zur Ansiedlungs-/Imagewerbung eingesetzt?
   [ ] keine *(weiter mit Frage 11)*

   [ ] Anzeigen in Tageszeitungen   [ ] regional
                                     [ ] national
                                     [ ] international
      - Anzahl geschalteter Anzeigen/Jahr:......
   [ ] Berichte in Funk und Fernsehen
   [ ] Prospekte zur Standortwerbung
   [ ] allgemeine Stadtwerbung
   [ ] sonstiges:................................

11 Gibt es einen besonderen Werbeslogan für die Wirtschaftsförderungswerbung?
   [ ] nein *(weiter mit Frage 12)*

   [ ] ja, wie lautet dieser?..
       ....
   [ ] besondere Werbestrategien in Bezug auf den europäischen Binnenmarkt 1993?...............

12 Betreiben Sie eine gezielte Kommunikationspolitik für die ortsansäßigen Unternehmen?
   [ ] nein *(weiter mit Frage 13)*

   [ ] ja, welche Mittel?
       [ ] Beratung im Amt
       [ ] informelle Gespräche
       [ ] schriftliche Befragungen
       [ ] Betriebsbesuche; Anz./Monat:.....
       [ ] ....

13 Welche Beratungsinhalte stehen bei Kontakten mit ortsansässigen Unternehmen im Vordergrund?
      1...
      2...
      3...

14 Gibt es besondere Angebote für mittelständische Unternehmen? Bitte charakterisieren Sie diese kurz!
      ....
      ....
      ....

15 Wieviele Betriebe konnten in den letzten beiden Jahren (1988-89) durch Vermittlung der Wirtschaftsförderung angesiedelt und umgesiedelt werden?

	Ansiedlung	Umsiedlung
- Anzahl der Betriebe:	....	....
- ca. Arbeitskräftepotentential:	....	....

- Welche *drei* Branchen waren am häufigsten vertreten?

	Ansiedlung	Umsiedlung
Chemie/Kunststoff	[ ]	[ ]
Steine/Erden	[ ]	[ ]
Eisen-, Metallerzeug.	[ ]	[ ]
Stahl-, Maschinen-, Fahrzeugbau	[ ]	[ ]
Elektrotechnik, Feinmechanik	[ ]	[ ]
Holz/Druck/Papier	[ ]	[ ]
Textil/Bekleidung	[ ]	[ ]
Nahrung/Genußmittel	[ ]	[ ]
Bauindustrie	[ ]	[ ]
Transport, Verkehr	[ ]	[ ]
Andere Dienstleistungen	[ ]	[ ]

III Flächenmanagement und Finanzpolitik

16 Werden in Ihrer Stadt Brachflächen und Altlastenverdachtsflächen erfaßt?

	ja	nein	ca. %-Anteil an GE/GI-Flächen:
- Brachflächen:	[ ]	[ ]	..............%
- Altlastenverdachtsfl.	[ ]	[ ]	..............%

17 Wieviel ha Gewerbeflächen (GE/GI) sind zur An-/Umsiedlung von Unternehmen verfügbar?
- erschlossen sofort zur Ansiedlung verfügbar:......ha
- unerschlossene Reserveflächen: ......ha

18 Sind in den letzten fünf Jahren Flächen von der LEG im Rahmen des Grundstückfonds Ruhr erworben worden:
[ ] nein *(weiter mit Frage 19)*
[ ] ja, Anzahl der Flächen:........
        Gesamtfläche in ha:........

19 Ist in Ihrer Stadt/Gemeinde eine Analyse der Gemengelagenproblemen versucht worden?
[ ] nein *(weiter mit Frage 20)*

[ ] ja, Merkmale:
   [ ] Standorte der Gemengesituationen
   [ ] Art der Gemengelagenprobleme; welche Problemlagen?
   ....

20 Werden von Ihrer Stadt Finanzhilfen an Unternehmen gewährt?
   [ ] nein *(weiter mit Frage 21)*

   [ ] ja, welche?
      [ ] Darlehen
      [ ] Zuschüsse
      [ ] Bürgschaften

   Wofür werden Mittel vergeben?
                                 ca. Anteil an allen
                                 kommunalen Finanzhilfen
   [ ] Neuansiedlungen   ......%
   [ ] Verlagerungen innerhalb
       der Stadt/Gemeinde   ......%
   [ ] Investitionen am alten Standort ......%
   [ ] Liquiditätsbeihilfen   ......%

   Wie hoch waren die Kommunalen Finanzhilfen an Unternehmen
   im letzten Jahr (1989)?....................DM

   Sind besondere wirtschaftspolitische Kriterien für die
   Vergabe von kommunalen Finanzhilfen erstellt worden?
   [ ] nein *(weiter mit Frage 21)*
   [ ] ja, welche?:..
   ....
   ....

21 Sind von Seiten Ihrer Stadt/Gemeinde Initiativen unternommen
   worden, direkt für die Zuweisung von EG-Strukturfondsförder-
   mitteln zu "werben"?
   [ ] nein *(weiter mit Frage 22)*

   [ ] ja, in welcher Form?.................................
   ....

22 Welche staatlichen Zuweisungsprogramme (Bund/Land) waren aus
   Ihrer Sicht die bedeutensten Förderprogramme in den letzten
   beiden Jahren (1988-1989)?
   <u>Förderprogramm:</u>   <u>ca. Fördersumme in DM:</u>
   1..................................   ....
   2..................................   ....
   3..................................   ....

IV Arbeitsmarkt- und Beschäftigungspolitik

23 Sind in den letzten fünf Jahren Gutachten zur Wirtschafts- und Arbeitsmarktstruktur eingeholt worden?
[ ] nein *(weiter mit Frage 24)*

[ ] ja, welche Inhalte?
    [ ] Analyse Branchenstruktur
    [ ] Entwicklung Arbeitskräftepotential
    [ ] Analysen zu Arbeitslosigkeit und Qualifizierungsmaßnahmen
    [ ] ....

24 Sind unter Beteiligung Ihrer Stadt/Gemeinde Gewerbehöfe und/ oder Technologie-/Gründerzentren errichtet worden?

	Gewerbehöfe	**Technologiezentren**
- Anzahl:	....	....
- Höhe kommunaler Beteiligung in %:	....	....
	......	
- Gesamtfläche in ha:	....	....
- Anzahl der Betriebe:	....	....
- ca. Arbeitskräftepotential (1989):	....	....
- Standort: neu erschlossene Flächen:	[ ]	[ ]
Nutzung von Brachflächen:	[ ]	[ ]
- besondere Standortvorteile:		
- ausreichende Erweiterungsflächen	[ ]	[ ]
- Verkehrsinfrastruktur	[ ]	[ ]
- Kommunikationsinfrastruktur	[ ]	[ ]
- Technologietransfer, Hochschulbeteiligungen	[ ]	[ ]
- branchenspezifische Vorgaben?:	....	....
	....	....
	....	....

25 Welche beschäftigungspolitischen Instrumente werden in Ihrer Stadt/Gemeinde *von der Wirtschaftsförderung aus* koordiniert?
[ ] kein Einsatz von beschäftigungspolitischen Instrumenten *(weiter mit Frage 26)*
[ ] Förderung von Beschäftigungsinitiativen durch:
    [ ] Bereitstellung von Räumlichkeiten
    [ ] kommunale Darlehen oder Investitionsbeihilfen
    [ ] .Vermittlung von Fördermitteln
     - Anzahl unterstützter Beschäftigungsinitiativen: .....
     - ca. Anzahl unterstützter Arbeitsplätze: .....
[ ] Projektierung von AB-Maßnahmen nach AFG
[ ] regelmäßiger Daten-/Informationsaustausch mit der Arbeitsverwaltung
[ ] Qualifizierungsangebote für Arbeitslose im Rahmen der VHS
[ ] spezifische Existenzgründungsberatung für Arbeitslose
[ ] ....

Wie hoch waren im letzten Jahr (1989) die *von Seiten der Wirtschaftsförderung* initiierten kommunalen Finanzhilfen an Beschäftigungsinitiativen?........................DM

V Internationale Bauausstellung Emscherpark (IBA)

26 Wieviele Projektvorschläge wurden zur IBA eingereicht?
  - Anzahl insgesamt:.....
  - Anzahl "Arbeiten im Park"-Projekte:....
    - davon Priorität I: ....

27 Nennen Sie bitte die beiden aus der Sicht Ihrer Stadt/Gemeinde wichtigsten "Arbeiten im Park"-Projekte!
  1...
  2...

28 Was sind die für Ihre Stadt/Gemeinde entscheidenden Entwicklungs- und Strukturziele Ihrer "Arbeiten im Park"-Projekte? *(Bitte maximal vier Nennungen in der Wertung nach ihrer Bedeutung von 1 bis 4)*
[ ] Schaffung besserer Arbeits- und Lebensbedingungen
[ ] Imageverbesserung
[ ] Förderung von Beschäftigungsinitiativen
[ ] Ausbau von Aus-/Weiterbildungseinrichtungen
[ ] "High tech"-Industrieansiedlung
[ ] Schaffung von Arbeitsplätzen im tertiären Sektor
[ ] Projekte zur Attrahierung von Folgeinvestitionen
[ ] Lösung von planungsrechtlichen Konfliktlagen
[ ] Wiedernutzung von Brachflächen
[ ] ....

29 Welche strategische Bedeutung kommt dem "Parkbegriff" im Rahmen
   Ihrer Wirtschaftsförderungspolitk zu?
   [ ] Instrument der Imagepolitik
   [ ] Berücksichtigung ökologischer Planungsbelange
   [ ] Schaffung attraktiver Wohn- und Arbeitsumfelder
   [ ] Signal für moderne Planungskonzepte
   Anmerkungen:..
   ....

                          ****

30 Welches sind Ihrer Meinung nach die wesentlichen Engpaßfaktoren
   einer erfolgversprechenden Wirtschaftsförderungspolitik?
   *(1=kein Engpaß, 2=wird nicht als Problem gesehen, 3=Problem,
   aber kein Engpaß, 4=erheblicher Engpaß, 5=zentraler Engpaß)*

	1	2	3	4	5
- geringe Flächenreserven	[ ]	[ ]	[ ]	[ ]	[ ]
- Gemengelagensituationen	[ ]	[ ]	[ ]	[ ]	[ ]
- Altlastenverdachtsflächen	[ ]	[ ]	[ ]	[ ]	[ ]
- interkommunale Konkurrenz	[ ]	[ ]	[ ]	[ ]	[ ]
- überreg. Verkehrsanbindung	[ ]	[ ]	[ ]	[ ]	[ ]
- lokales Verkehrsnetz	[ ]	[ ]	[ ]	[ ]	[ ]
- einseitige Wirtschaftsstruktur	[ ]	[ ]	[ ]	[ ]	[ ]
- Dominanz der Großbetriebe	[ ]	[ ]	[ ]	[ ]	[ ]
- Image	[ ]	[ ]	[ ]	[ ]	[ ]
- fehlender Förderregionstatus	[ ]	[ ]	[ ]	[ ]	[ ]

*Herzlichen Dank für die freundliche Unterstützung meines
Forschungsvorhabens !!!*

Berufsbereiche nach qualifikatorischen und funktionalen Merkmalen (verändert nach BOESLER; DEN HARTOG-NIEMANN 1990)

A		*Landwirtschaft, Forsten, Rohstoffgewinnung*
	I	Gewinner von Naturprodukten (01,02, 03, 04, 05, 06)
	IIa	Bergleute (07)
	IIb	Gewinner von anderen Rohstoffen (08,09)

B		*Produktionsorientierte und baubezogene Tätigkeiten*
	III	F&E-Tätigkeiten; Qualifikation über Hochschul- und Fachhochschulausbildung (60, 61, 883)
	IV	Techniker und Technische Sonderfachkräfte (o. Technische Zeichner); zumeist spezialisierte technische Ausbildung (62, 63 o. 635)
	V	Lehrberufe in eher spezialisierten Produktionsabschnitten (ohne Metallberufe); (27, 28, 29, 30, 31, 45)
	VI	Logistische Tätigkeiten und Maschinisten (überwiegend angelernte Tätigkeiten); (52, 54, 74)
	VII	Angelernte Tätigkeiten und Lehrberufe im allgemeinen Produktionsprozeß (ohne Metallberufe); (10, 11, 12, 13, 14, 15, 16, 17, 18, 32, 33, 34, 35, 36, 37, 44, 46)
	VIII	Metallbearbeitende Berufe (angelernte Tätigkeiten und Lehrberufe); (20, 21, 22, 23, 24, 25, 26)
	IX	Metallerzeuger (19)
	X	Ernährungsberufe (39, 40, 41, 42)
	XI	Hilfsarbeiter (47, 53)

C		*Kaufmännische Tätigkeiten*
	XII	Dienstleistungskaufleute (zumeist besondere Qualifikationsanforderungen); (69, 70)
	XIII	Warenkaufleute (zumeist besondere Qualifikationsanforderungen); (681)
	XIV	Verkäufer (682)

D		*Verkehrs- und Nachrichtenberufe*
	XV	Verkehrs- und Nachrichtenberufe (71, 72, 73, 74)

E		*Management, Beratung, Verwaltung*
	XVI	Management und Beratungstätigkeit ((Hochschul- und Fachhochschulausbildung); (75, 76, 81, 88 o. 883)
	XVII	DV-Fachleute mit besonderen Qualifikationsanforderungen (774)
	XVIII	Rechnungskaufleute insgesamt (74)
	IXX	Bürofachkräfte (781)
	XX	Bürofach- und Bürohilfskräfte insgesamt (78)

F		*Ordnungs- und Sicherheitsberufe*
	XXI	Ordnungs- und Sicherheitsberufe (unterschiedliche Qualifikationsniveaus); (79, 80)

G	*Gesundheitsdienst-, Sozial-, und Erziehungsberufe*
XXII	Ärzte, Apotheker (akademische Gesundheitsberufe); (84)
XXIII	Lehrer (87)
XXIV	Sozialpflegerische Berufe, Seelsorger (86, 89)
XXV	Überige Gesundheitsberufe (85)

H	*Allgemeine Dienstleistungsberufe*
XXVI	Allgemeine Dienstleistungsberufe (in Lehrberufen und angelernten Tätigkeiten); (90, 91, 92)

I	*Reinigungsberufe*
XXVII	Reinigungsberufe (angelernte Tätigkeiten); (93)

Zahlen in Klammern verweisen auf:

Klassifizierung der Berufe. Systematisches und alphabetisches Verzeichnis der Berufsnennungen. Bundesanstalt für Arbeit. Nürnberg 1980.